숙론민주정 헌정혁신

국가는 어떻게 번영하는가

안 성 호

HOW NATIONS PROSPER :
DELIBERATIVE DEBATE DEMOCRACY

박영사

[프롤로그]

왜 숙론민주정인가?

> "통치가 쟁취의 대상이 되면, 이 싸움은 동족 간 내란으로서 당사자는 물론 다른 시민마저 파멸시킨다."
>
> \- 플라톤
>
> "민주정치 질병에 대한 치료법은 더 많은 민주정치다."
>
> \- 존 듀이
>
> "정치의 존재이유는 자유다."
>
> \- 한나 아렌트

"피청구인 대통령 윤석열을 파면한다."

2025년 4월 4일 헌법재판소는 재판관 8명의 전원일치로 국회의 탄핵소추안을 인용하여 윤 전 대통령을 파면했다. 지난해 12월 14일 국회가 탄핵소추안을 통과시킨 지 111일 만의 선고였다. 엄동설한에 더디고 더디게 진행된 헌재의 파면 결정에 민주공화정의 붕괴를 걱정하며 잠을 설쳤던 국민은 가슴을 쓸어내렸다.

정치지도자 탄핵의 역사는 길다. 20여 세기 전 이미 로마공화정에는 자유를 위협한 시민을 민회나 법정에 고발하는 제도가 있었다(Machiavelli, 2022: bk. 1, chap. 7). 16세기 조국 피렌체공화국의 재기를 열망했던 니콜로 마키아벨리는 탄핵제도를 정치지도자가 반역을 꾀하거나 진영싸움에 뛰어들지 못하게 만드는 헌정제도로 평가했다.

내란에 대한 로마공화정의 단죄는 엄격하고 단호했다. 로마공화정의 창건자 루키우스 유니우스 브루투스는 집정관으로 취임한 직후 내란 혐의 재판을 맡았다. 끔찍하게도, 왕정복고를 모의하다 체포된 내란 주모자는 바로 자신의 두 아들이었다. 브루투스의 두 아들은 과거 왕 밑에서 누렸던 특권을 잃게 되자 다른 젊은이와 함께 역모를 꾸미다 발각되어 끌려왔다. 브루투스는 이 참담한 상황에서 의연하고 단호하게 처신했다. 자신의 두 아들에게 해외 추방형을 내리라는 주변의 권유를 마다하고 다른 내란범과 함께 처형했다.

공화국을 수호하고자 자신의 두 아들을 단호히 처단한 브루투스의 노블레스 오블리주는 폭포수처럼 로마인의 가슴에 스며들어 고대 로마를 번영의 길로 들어서게 만든 로마인 비르투(virtù)[1]의 전범이 되었다. 로마시민에게 자유를 안겨주기 위해 피로 맺어진 부정(父情)을 초월한 브루투스의 공화국 정신을 마키아벨리는 이렇게 격찬했다(Machiavelli, 2022: bk. 1, chap. 16).

> "로마공화정이 향후 자유를 지키고 곤경과 무질서에 대처하기 위해 브루투스가 자신의 두 아들을 처형한 것보다 더 강력하고 효과적이며 신중하고 필요한 처방책은 없었다."

민주공화정의 위기

대통령 탄핵으로 헌정위기는 한고비를 넘겼다. 그러나 아직 내란 심판은 끝나지 않았고, 헌정위기는 계속되고 있다. 12 · 3 비상계엄은 민주공화정이 한순간에 무너질 수 있음을 보여주었다. 헌정위기의 극복과 자유헌정질서(constitutio libertatis)의 확립을 위해 12 · 3 친위쿠데타의 위중한 비상사태를 잠시 복기하고자 한다.

2024년 12월 3일 22시 27분 대한민국 전역에 비상계엄이 선포되었다. 장갑차와 무장군인을 태운 헬기가 국회와 중앙선거관리위원회에 투입되었다. 포고령으로 일체의 정치활동이 중지되었고, 언론과 출판은 통제되었다. 포고령 위반자는 영장 없이 체포 · 구금 · 압수수색을 당하게 되었다.

이 위중한 상황에서 시민은 국회로 달려가 장갑차와 무장병력을 막아섰다. 군대와 경찰은 상부의 명령에 소극적으로 대응했다. 국회 담을 뛰어넘어 본회의장에 집결한 국회의원 190명(야당 172명과 국민의힘 18명)은 비상계엄 해제 요구안을 가결했다. 이로

1 virtù는 원래 '고대 로마의 시민이자 군인이었던 남성의 용맹과 역량'을 뜻하는 라틴어 virtus에서 파생되었다. virtus에서 vir는 남자 또는 남성을 뜻한다. virtù는 스토아 철학자에 의해 윤리적 덕성이, 중세 교부철학자에 의해 종교적 윤리를 포괄하는 개념으로 확장되었다. 마키아벨리는 여기에 로마공화정 초기의 정치적 용맹과 역량을 추가했다(김경희, 2018: 212-229).

써 비상계엄은 선포된 지 6시간 3분이 지난 이튿날 새벽 4시 30분 해제되었다.

2024년 12월 7일 대통령 탄핵소추안은 제1차 표결에서 의결정족수 미달(국회의원 재적 300명 중 재석 195명)로 무산되었다. 일주일 후 제2차 표결에서 국회의원 204명(야당 192명과 국민의힘 12명)은 탄핵소추안을 가결했다. 이후 공수처와 검찰 및 경찰 국가수사본부의 내란죄 혐의 수사와 헌법재판소의 탄핵 심판이 시작되었다.

대통령 탄핵심리 재판정에서는 사실과 사실성(factuality) 대 거짓과 허구가 격돌했다. 윤 전 대통령은 온 국민이 TV를 통해 실시간으로 목격한 친위쿠데타 혐의를 부인했다.

대통령을 도와 친위쿠데타를 주도한 김용현 전 국방장관은 아돌프 히틀러의 『나의 투쟁』(1925)을 애독한 것으로 드러났다. 국방장관의 공관을 22차례나 방문해 비상계엄을 모의한 노상원 전 정보사령관의 수첩에는 이른바 "반국가세력" 500여 명을 "수거해 사살"하거나 북한과 밀약하여 연평도 부근 해역에 침몰시키는 방안이 적혀 있었다.

2025년 1월 19일 새벽 대통령의 구속영장이 발부되자, 수백 명의 시위대는 서울서부지방법원의 시설을 파괴하고 경찰과 시민을 폭행했다. 이 폭동으로 경찰 56명(중상자 11명)과 시민 41명이 다쳤다. 법원 건물과 시설이 파괴되었고, 공수처 차량 2대와 언론사의 취재장비가 파손되었다. 이때 체포된 자는 141명, 구속된 자는 92명에 달했다.

2025년 3월 12일 더불어민주당은 이재명 대표의 암살계획을 제보받고 경찰에 신변 보호를 요청했다. 지난해 1월 부산의 흉기 테러 사건에 이은 두 번째 살해 위협이었다. 이에 대해 한 개신교 목사는 페이스북에 이 대표 암살을 부추기는 글을 올렸다.

10%대를 맴돌던 대통령 지지도는 대통령 탄핵정국 이후 30~40%대로 치솟았다. 이해하기 힘든 이변의 중심에 허위정보와 음모론이 있었다. SNS를 통해 민주당은 종북 · 친중 공산주의 반체제세력이며, 성 소수자 인권을 명분으로 동성애를 확산시키는 사탄의 무리라는 거짓말이 노인층과 상당수 보수 개신교단의 극우화를 선동했다.

헌재의 탄핵 심판 선고가 지연되면서 헌정위기는 '정치 내전'을 넘어 '폭력 내전'이 우려되는 아노크라시(anocracy)[2]의 수렁에 빠져들었다. V-Dem연구소의 『2025년 민주

2 아노크라시는 1974년 내전 전문가 테드 거 교수가 만든 신조어다(Marshall & Gurr, 2003). 내전은 종종 독재와 민주정의 중간 상태인 "아노크라시"에서 일어난다(Walter, 2025: chap. 1). 아노크라시는 독재국가가 민주화되거나 민주국가가 독재화되는 과정에서 나타나는 정치체제다. 내전의 위험성은 예상과 달리 소득 불평등이나 빈곤보다 아노크라시 상태에서 가장 크다. 잠재적 독재자는 일단 집권에 성공하면 헌법과 선거제도 및 사법부의 약점을 파고들면서 나라를 아노크라시 상태로 유인한다. 사람들은 때로 안전을 위해 자유를 포기한다.

정치보고서』는 한국이 2023년에 이어 2024년에도 전제화가 진행되어 끝내 자유민주정 국가에서 탈락해 선거민주정 국가로 추락했다고 발표했다.[3] 미국 퓨리서치센터의 조사에 의하면, 2024년 우리나라 국민의 63%는 민주정치에 불만을 드러냈다. 권위주의 지배를 선호하는 국민의 비율은 2017년 23%에서 2024년 40%로 상승했다.[4]

민회의 오래된 미래

고대 로마공화정은 요즘 우리가 직면한 헌정위기를 극복하는 지혜의 단서를 제공한다. 기원전 200년~120년경 그리스의 역사학자 폴리비오스는 로마공화정 번영의 첫 번째 원인이 뛰어난 헌정체제에 있음을 발견했다. 폴리비오스는 포에니전쟁 때 인질로 로마에 끌려갔다가 스키피오 아이밀리아누스와 만나 제3차 포에니전쟁에서 카르타고의 멸망을 직접 목격했다. 그는 조국 그리스의 쇠망과 로마의 번영 원인을 탐구했다. 그가 17년 동안 로마에 살면서 자료를 수집하고 체험하며 도달한 결론은 집정관(왕정)과 원로원(귀족정)과 민회(민주정)가 어우러진 혼합정체(mixed polity)였다. 로마공화정은 혼합정체를 통해 국내에서 기관 간 견제와 균형으로 안정을 이루었고, 국제관계에서는 조화와 협력의 단결된 힘으로 위기상황을 돌파했다(안성호, 2013: 51-52).

18세기 말 고대사와 고전에 밝았던 미국 제헌회의 참여자들은 로마공화정의 권력분립제를 견제와 균형 원리로 수용했고, 원로원과 민회를 참고해 양원제 입법기관을 설치했다. 이들은 상원의 명칭을 원로원인 senātus를 그대로 모방해 'senate'로 지을 만큼 로마공화정을 흠모했다.

그러나 미국 제헌회의 참여자들은 로마공화정의 민회에 대해서는 강한 거부감을 드러냈다. 이들은 스승을 죽인 배심재판을 증오한 플라톤 이후 이어진 민주정 혐오 전통에 따라 민회를 금기시했다. 미국헌법의 대표적 설계자였던 제임스 매디슨은 시민집회를 극도로 불신했다. 그는 "불안정, 비정의, 혼란"이야말로 민회의 피할 수 없는 치명적

---

3 V-Dem 연구소는 정체의 유형을 자유민주정치지수(LDI)에 따라 자유민주국가(liberal democracy), 선거민주국가(electoral democracy), 선거전제국가(electoral autocracy), 폐쇄전제국가(closed autocracy)로 나눈다. V-Dem 연구소가 평가한 2024년 한국의 자유민주정치지수는 41위, 선거민주정치지수는 45위, 자유요인지수는 34위, 평등요인지수는 26위, 참여요인지수는 44위, 숙의요인지수는 48위였다.

4 우파 성향 국민의 절반(49%)은 권위주의 지도자를 선호했다. 이에 비해 중도 성향 국민의 36%, 좌파 성향 국민의 28%는 권위주의 지도자를 선호했다.

질병이라고 주장했다(Hamilton, Madison, & Jay, 1999: 71-72). 대다수 제헌의회 참여자들은 매디슨의 견해에 동조했다. 결국, 이들은 미국 독립과 건국의 발원지 뉴잉글랜드의 타운미팅 시민집회를 무시한 순수대의제를 설계했다.

역사학자 루이스 멈포드는 『역사 속의 도시』(1961)에서 미국의 제헌회의 참여자들이 뉴잉글랜드 타운미팅의 가치를 전혀 이해하지 못하고 연방정부와 주정부에 제도화시키지 못한 오류가 "혁명 이후 미국 정치발전의 비극적 실패"를 초래했다고 진단했다(Mumford, 1961: 328-330). 20세기의 대표적 정치사상가 한나 아렌트는 미국 헌정질서의 과두적 대의제에 대한 멈포드의 진단에 공감했다. 그녀는 『혁명론』(1963)에서 제헌회의 참여자들이 직접민주제를 거부한 후 "아메리카의 혁명정신은 사그라졌고, 미국의 위대한 성취인 헌법조차 국민을 기만하기 시작"했다고 비판했다(Arendt, 2006: 231). 아렌트는 선거전제정(elective despotism)의 위험성을 정확히 간파했다.

르네상스 시대 마키아벨리는 로마 번영의 중심에 원로원과 함께 민회가 있었음을 통찰했다. 그는 『로마사 논고』(1517)에서 로마공화정은 훌륭한 제도의 도입으로 시민의 비르투를 분발시켜 번영했다고 지적했다. 시민의 비르투를 분출시킨 훌륭한 제도의 핵심은 바로 민회였다. 로마공화정에서 시민과 호민관은 민회에 출석하여 법률안을 발의하고 법률안에 대한 찬반 의견을 자유롭게 개진했다(Machiavelli, 2022: bk. 1, chap. 18).

전 세계 모든 나라를 군주가 지배하던 시대에 장-자크 루소는 인민의 동의에 기초한 헌정체제의 설계에 주력했다. 그는 로마공화정의 위대한 힘이 민회에서 비롯되었음을 알았다. 루소는 『사회계약론』(1762)에서 번영하는 나라를 위해 가장 먼저 할 일은 강건한 헌법을 만드는 것이며, 그 헌법은 거대한 영토가 제공하는 자원 대신 좋은 정부에서 시민 활력이 솟아나도록 설계되어야 한다고 강조했다. 그는 "탐욕스럽고 비겁하며 소심하고 자유보다 안일을 더 사랑하고 정부의 끈질긴 훼방에 지쳐 집회를 포기하는 시민은 주권을 잃는다."라고 경고하며 다음과 같이 역설했다(Rousseau, 2020: bk. 3).

> "민주정에서 시민은 힘과 절개로 무장하고 매일 '나는 노예의 평화보다 위험한 자유를 더 원한다'고 말해야 한다. 약간의 소란은 영혼에 활기를 불어넣는다. 인류를 진정으로 번영하게 만드는 것은 평화가 아니라 자유다. (…) 주권

은 시민이 모였을 때만 행사될 수 있다. 수도 로마와 그 주변에 거주하는 수많은 시민을 소집하는 일이 얼마나 어려웠을지 상상하기도 어렵다. 그러나 로마 시민은 매주 한 번씩 열리는 집회를 거르는 일이 거의 없었고, 심지어 일주일에 몇 차례씩 집회를 열기도 했다."

전통적으로 고전적 역사학계는 로마공화정의 쇠퇴가 원로원의 반발을 불러일으킨 호민관 티베리우스 그라쿠스의 토지개혁이 단행된 기원전 133년부터 시작되었다고 해석했다. 민회의 민중이 폭도로 돌변해서 직선 호민관을 민중선동가로 타락시켜 로마공화정을 쇠망의 길에 들어서게 만들었다고 보았다.

그러나 지난 200년의 로마사 연구는 이런 전통적 해석을 거부한다. 현대 주류 역사학계는 민회를 로마공화정 실패의 원인이 아니라 번영의 열쇠로 이해한다(Richard, 1994; Matsusaka, 2020: 102-104). 로마공화정이 쇠락한 원인은 역기능적인 과두정치, 파괴적 권력투쟁, 상비군의 비대화와 영토확장으로 인한 민회 소집의 어려움과 정당성 약화, 이로 인한 원로원과 집정관 및 장군의 집권화였다. 민회는 500년 로마공화정 번영을 견인한 핵심 국가기관이었다. 로마공화정에서 민회의 활약은 로마시민의 비르투, 안정된 정부, 활기찬 사회를 만들었고, 지중해 연안의 모든 민족을 통합했다. 민회는 방대한 영토를 갖게 된 공화정 말기부터 그 정당성과 위상이 하락했다. 그러나 민회는 제정(帝政)에서도 민중의 호응을 얻기 위해 황제들이 비상한 노력을 기울인 것에서 확인되듯이 또 다른 500년 동안 로마제국에 상당한 영향력을 행사했다.

잃어버린 보물

아렌트는 뉴잉글랜드 타운미팅의 헌정화에 실패한 미국혁명을 "보물을 잃어버린" 절반의 성공으로 평가했다(Arendt, 2006: chap. 5). 아렌트는 타운미팅을 시민의 정치적 자유가 실현되는 공적 공간으로 이해했다. 미국혁명은 국민에게 자유를 제공했지만, 자유가 행사될 공간은 제공하지 않았다. 국민이 아닌 국민의 대표만이 "표현하고 논의하고 결정하는" 행위, 즉 적극적 의미의 자유 행위에 참여할 기회를 얻었다. 시민적 권리를 보장하는 입헌적 제한정부(limited government)일지라도 시민이 통치에 직접 참여할 정치적 자유의 공간을 봉쇄하는 정부는 건강한 민주공화국이 아니다.

몇 년에 한 번 투표장에 나가는 국민에게서 샘솟는 애국심을 기대할 수 없다. 이웃이 2년에 한 번 불현듯 나타난다면, 이웃을 사랑한다는 도덕률이 실질적 의미를 지닐 수 없다. 마찬가지로 공화국이 시민 속에 살아 움직이는 실체가 아니면, 자신보다 공화국을 더 사랑하라는 권고는 공허한 훈계에 지나지 않는다. 국민에게 공화주의 정신을 함양할 정치적 자유의 공간을 제공하지 않는 나라는 야망과 권력욕에 불타는 엘리트의 파괴적 권력투쟁을 제어하고 이기심과 당파성을 초월해 공공선을 추구하는 공화국 시민을 가질 수 없다. 히틀러와 스탈린 전체주의는 바로 그런 나라에서 일어난 비극이다(Bryan, 2004: xv-xvi, 289).

엘리트와 시민의 부패와 타락을 막는 유일한 치유책은 공화국 시민이 "자유로운 행위(free deeds)"와 "살아 있는 언어(living words)"로 자신을 드러낼 공적 자유공간을 갖는 것이다. "삶에 찬란함을 선사하는 바로 그곳 폴리스에서" 시민은 삶의 무게를 견디며 겸손과 절제의 미덕을 갖춘 공화국 시민으로 꿋꿋하게 살아갈 수 있다(Arendt, 2006: 273).

시민의 공적 행복은 자유헌법질서 수립에 달려 있다. 진정한 공화국은 모든 시민에게 공적 자유공간을 제공해 국정운영의 참여자로서 누릴 공적 행복권을 보장한다. 반면에 전제국가는 통치자가 설혹 법치에 따르더라도 공적 행복권을 독점하고, 국민을 공적 영역에서 내쫓아 가정이라는 프라이버시의 골방에 갇혀 지내도록 강요한다. 이 점에서 순수대의제 정부는 전제국가와 다르지 않다. 간혹 계몽된 전제국가는 함포고복(含哺鼓腹)의 시혜로, 순수대의제는 보모정부(nanny government)의 복지정책으로 국민에게 사적 편익을 제공할 수 있다. 그러나 전제국가와 순수대의제는 모두 국민에게서 통치 참여의 공적 행복을 박탈한다.

대한민국 헌법 제10조는 공적 행복과 사적 행복을 구분하지 않고 뭉뚱그려 행복추구권을 규정하여 공적 행복의 가치를 모호하게 만들었다. 그러나 최초로 행복추구권을 규정한 미국 독립선언서의 초안자 토머스 제퍼슨은 존 애덤스에게 보낸 편지에서 통치에 참여하며 누렸던 "기쁨"은 이 세상 어느 것보다 더 소중한 체험이었다고 고백했다. 민주공화국은 일반 국민에게도 통치 참여의 기쁨을 누릴 권리를 보장한다. 대한민국헌법 제1조는 국민에게 사적 행복으로는 대체 불가능한 이 공적 행복을 보장하는 공적 자유의 공간 창출을 명령한다.

인간은 자치를 욕구하며 기회가 생기면 자치할 수 있다. 2009년 노벨경제학상 수상자인 엘리노 오스트롬과 남편 빈센트 오스트롬은 '자치하는 인간'의 세 가지 능력을 '조건부 협동인, 학습인, 창작인'으로 설명했다(안성호, 2018: 68-72). 구한말 기아와 폭정을 피해 두만강을 건너 시베리아에 이주한 한인의 촌락자치는 인간의 자치능력과 그 성과를 입증했다. 당시 시베리아 한인은 러시아 제정(帝政)이 잠정적으로 허락한 협소한 자유공간에서 자치를 실천함으로써 국내의 비참한 삶과 대조적으로 활기 있고 윤택한 삶을 살았다(Bishop, 1994: 262-279). 지금도 공적 행복에 대한 국민의 갈망은 계속되고 있다. OECD 회원국 국민의 79%는 중대한 국정 이슈를 직접 결정하길 원한다. 직접참정에 대한 우리나라 국민의 열망은 이보다 더 강렬하다. 무려 86%의 대한국민은 중대한 국정 사안을 국민투표로 직접 결정하길 열망하고 있다(Pew Research Center, 2023).

공적 자유공간을 "평의회(councils)"로 이해한 아렌트는 평의회가 공적 자유공간을 파괴하고 일당 독재로 치닫는 직업혁명가와 달리 정당 노선을 초월하는 성향이 있음을 관찰했다. 이른바 초당파성(non-partisanship)은 대면 시민집회인 평의회뿐 아니라 국민발안과 국민투표를 포함한 직접민주제의 일반적 특징으로서 숙론(熟論)을 촉진한다(Breen, 2018: 410-430; Gartner, 2021: 13-30). 직접민주제의 초당파성은 정치적 양극화가 극심하고 허위정보와 음모론이 횡행하는 소셜 미디어 시대에 "정보 네트워크의 오류 교정장치"(Harari, 2024: chap. 9)로서 직접참정의 중요성을 일깨운다. 정치를 오직 집권을 위해 권력투쟁을 일삼는 정당의 시각에서만 바라보는 편협한 정치관에서 벗어나야 한다. "정치의 존재 이유는 자유다"(Arendt, 1961: 145). 자유의 문제는 인간이 어떻게 함께 살아가야 하는가의 문제다.

초정파적 직접참정이 촉진하는 숙론은 내전 상태의 적대적 정당정치를 상생의 공론정치로 도약시키는 헌정혁신의 핵심 가치다. 절대다수의 국민은 싸우는 정치를 넘어선, 숙의 · 토론하는 새로운 민주정을 갈망하고 있다. 84%의 국민은 '전면적 개혁'(46%) 또는 '중대한 변화'(38%)를 원한다. 헌정체제의 변화에 무관심한 국민은 단 2%에 불과하다(Pew Research Center, 2021).

그러나 그동안 정치권은 국민의 요구에 응답하지 않았고, 중대한 국정 개혁과제는 마냥 방치되었다. 모처럼 정부가 의사증원 문제를 해결하겠다고 나섰다가 오히려 의료대란을 초래했다. 모든 개혁은 기득권자의 저항에 직면한다. 민주공화국에서 기득권자의 극심한 저항을 극복하려면 강압이 아니라 공감과 설득이 필요하다. 초정파적 직접민주제의 숙론은 느리고 조용하나 강력한 공감력과 설득력을 발동한다. 지난 150년 동안 스위스 연방정부는 1%의 숙론 직접입법으로 다문화사회의 갈등을 잠재우고 국정 난제를 해결했다. 그 결과 고도의 정치안정과 산업평화를 누리면서 번영을 구가해왔다.

직접참정에 대해 의구심을 품는 분들이 있다. 이들은 종종 직접민주제를 스위스처럼 인구 1천만 명 미만의 소국이나 지방정부에 적합한 제도라고 고집한다. 하지만 오늘날 인구 규모나 비용 문제는 직접민주제의 불가피한 제약 요인이 아니다. 1911년부터 주민발안제와 주민투표제를 도입하여 세계 5위 국가의 경제를 일군 미국 캘리포니아주의 인구는 4천만 명에 이른다. 한때 주민발안 13호(Proposition 13)로 재정적 곤경을 겪었으나 직접민주제의 자정 능력으로 극복했다. 게다가 최근 이런 결함을 제거하기 위해 주민발안제를 혁신했다. 미국에서 가장 빈번하게 직접민주제를 활용해온 캘리포니아주는 인종 갈등을 극복하고 경제적 번영을 이룬 다문화사회의 모범사례로 평가받고 있다(Walter, 2025: 275-276). 오늘날 대다수 캘리포니아 주민은 직접민주제를 자신들의 정체성을 드러내는 소중한 제도적 자산으로 여긴다(Gardels *et al.*, 2020: chap. 2).

빈약한 민주정에서 숙론민주정으로

윤 전 대통령의 탄핵이 확정된 후 우원식 국회의장이 대선과 함께 개헌 추진을 제안하자, 민주당과 민주당 지지자를 중심으로 이 제안이 내란의 단죄를 대충 무마하려는 '물타기 개헌' 주장이 아니냐고 강한 의문을 제기했다. 내란의 수습이 시급하며, 국민의 숙론을 거치지 않은 졸속 개헌은 피해야 한다. 그러나 개헌논의를 마냥 뒤로 미루자는 주장은 무책임하다. 오히려 대선을 계기로 개헌논의가 활성화되고, 개헌 일정과 의제가 핵심 공약으로 제시되어야 한다.

탄핵정국의 종결과 함께 위기의식이 사라지면서 개헌의 절박감도 사라졌다. 절박감 없는 혁신은 성공할 수 없다(Kotter, 2009). 심지어 어느 정치평론가는 대통령을 다시 탄핵으로 응징한 '87년 헌법이야말로 한국 민주정치의 복원력을 증명한 것이라고 주장한다. 헌법이 아니라 사람이 바뀌면 문제가 해결될 것으로 생각한다. 이 주장의 기저에는 '민주정치를 가장 덜 나쁜 정체'로 이해하는 조세프 슘페터의 '엘리트 민주정치' 관념이 자리 잡고 있다. 바이마르 공화국의 붕괴와 나치의 만행을 목격한 오스트리아 출신

경제학자 슘페터는 『자본주의, 사회주의, 민주주의』(1942)에서 민주정치란 결국 "정치 엘리트의 지배"일 뿐이며, 국민의 역할은 정치시장에서 통치자를 선택하는 것에 그친다고 주장했다. 슘페터의 이런 엘리트주의적 대의민주정치 관념은 여전히 위력을 발휘하고 있다.

1차대전 종전 후 대공황으로 이어진 혼돈의 시대에 존 듀이는 전혀 다른 관점에서 민주정 위기극복 방안을 제안했다. 듀이는 『공중과 그 문제』(1927)에서 "민주정치 질병의 치료법은 더 많은 민주정치"를 실천하는 것이라고 역설했다. 듀이의 '더 많은 민주정치' 관점은 "저열한 영혼은 위대한 인간을 믿지 않는다. 비천한 노예는 자유라는 말을 조롱"한다고 설파한 루소의 '시민주도 정치' 관점을 상기시킨다. 루소는 국가의 보존과 번영을 위해 우리가 가장 먼저 해야 할 일은 강건한 헌법을 만들어 시민의 활력이 살아나게 만드는 것이라고 강조했다(Rousseau, 2020: bk. 2, chap. 9). 루소와 듀이의 인간성 신뢰는 공적 자유공간에서 움트는 '우정의 정치(the politics of friendship)'를 제안한 아렌트의 '세계사랑(amor mundi)' 관점과 일맥상통한다. 더불어 살아갈 세상에서 인간의 "탁월 욕구(the desire to excel)"는 타인을 지배하려는 욕망이 아니라 자유의 공간에서 자신의 실존을 드러내 공동세계를 창출하는, "세계를 사랑하고 동료와 함께 지내기를 즐기며 공적 일에 참여하는" 원동력이다(Arendt, 2006: 110-111).

한편, 2024년 노벨경제학상 수상자 대런 애쓰모글루와 제임스 로빈슨은 『국가는 왜 실패하는가』(2012)에서 15년 동안의 정량적 연구결과를 토대로 수천 년의 역사적 사례를 분석했다. 이들은 국가의 권력이 "착취적 제도"를 통해 행사될 때 빈곤을 초래하지만, "포용적 제도"를 통해 행사될 때 번영을 누리는 이유를 설명했다. 이어 저술한 『좁은 회랑』(2019)에서 국가의 번영이 "국가의 힘"과 "사회의 힘"이 레드퀸 균형(red queen equilibrium)을 이루는 자유의 좁은 회랑에서 이루어진다고 역설했다. 그리고 이런 국가를 "족쇄 채워진 리바이어던(shackled Leviathan)"으로 정의했다.

필자는 '더 많은 민주정치'의 관점과 '자유의 좁은 회랑' 관점을 수용하여 민주정치의 품질과 정책성과의 관계를 규명할 필요가 있다고 판단했다. 한국행정연구원은 2019년부터 서울대학교 사회발전연구소와 OECD 거버넌스연구팀과 공동으로 국가포용성지수(State Inclusiveness Iidex: SII) 개발에 착수했다. 약 3년 동안의 연구를 통해 몇 가지 중요한 사실이 밝혀졌다(한국행정연구원 박준 외, 2021). 정치적 포용성은 경제적 ·

사회적 포용성과 긴밀히 연결된 것으로 확인되었다.

우리나라의 정치적 포용성 수준은 36개 OECD 회원국 중 32위로 매우 낮은 나라로 드러났다. 우리나라보다 정치적 포용성이 낮은 나라는 이스라엘(33위), 헝가리(34위), 멕시코(35위), 튀르키예(36위) 네 나라뿐이었다. 2019년 V-Dem연구소는 멕시코를 선거민주정 국가로, 헝가리와 튀르키예를 선거전제정 국가로 분류했다.[5] 이스라엘은 2023년 자유민주정 국가에서 선거민주정 국가로 전락했고, 우리나라는 이듬해 이스라엘을 뒤쫓아 자유민주정 국가에서 선거민주정 국가로 추락했다.

반면 정치적 포용성 수준이 매우 높은 나라는 노르웨이(1위), 스웨덴(2위), 핀란드(3위), 덴마크(5위) 등 스칸디나비아 국가와 스위스(4위), 네덜란드(6위), 독일(7위) 등으로 밝혀졌다.

국가포용성지수(SII) 연구는 국가의 포용성 수준과 혁신성 수준 사이에 높은 상관계수를 확인했다. 국가의 포용성 수준이 정책성과와 긴밀히 연관되어 있다는 증거는 산업화와 민주화에 성공하여 선진국 문턱에 올라섰다고 자부하는 우리나라에 엄중한 경고가 아닐 수 없다. 우리나라는 정당 지지자들 간 갈등이 가장 심각한 나라로서 폭력 내전을 걱정할 지경에 이르렀다. 각종 통계지표에서도 OECD 회원국 중 최하위권을 맴돌고 있다. 2024년 우리나라의 국회신뢰도와 법원 · 사법체계 신뢰도는 각각 21%와 33%로서 OECD 평균보다 무려 16%p와 20%p나 낮다. 2024년 우리나라의 인구 10만 명당 자살률은 28.6명으로 OECD 평균 11.1명의 2.6배로 단연 1위다. 남녀 임금의 격차도 OECD 회원국 중 1위다. 2023년 우리나라의 노인빈곤율은 39.8%로서 OECD 평균 14.2%의 거의 3배에 달한다. 2024년 세계행복보고서는 한국인의 행복순위를 58위로 평가했다. OECD 회원 중 SII 32위를 기록한 한국 민주정의 부끄러운 성적표다.

시민 · 지방 · 소수를 포용하는 숙론민주정

SII 연구를 비롯한 사회과학 연구에 의하면, 우리나라의 저질 정책성과가 무엇보다 시민 · 지방 · 소수를 배제하고 소외시키는 낮은 포용성에 기인한다. 아울러 포용성이 높은

5 1919년 우리나라는 V-Dem연구소의 자유민주정지수(LDI)로 측정된 민주정 품질 세계 12위로 자유민주정 국가로 분류되었다. 촛불집회로 박근혜 대통령이 탄핵된 후 문재인 정부가 집권한 상태에서 민주정 품질이 매우 높게 평가되었다. 한편, LDI 순위로 멕시코는 68위, 헝가리와 터키는 각각 85위와 153위였다. SII 분석은 우리나라의 정치적 포용성 수준이 얼마나 저급한 수준인지 여실히 보여주었다.

국가는 포용성이 낮은 국가에서 흔히 배제되거나 소외된 시민, 지방, 소수를 포용하는 헌정체제를 유지하며 비교적 우량한 숙론(熟論)[6]의 정치를 실현한다. 필자는 이런 포용성이 높은 국가의 민주정을 빈약한 민주정과 대비하여 '숙론민주정'으로 정의한다. 배제되거나 소외된 시민과 지방과 소수가 헌정체제에 들어와 목소리를 내고, 엘리트와 중앙과 다수가 그 목소리를 경청하는 포용적 민주정의 정수(精髓)는 숙론이기 때문이다.

현재 우리나라의 빈약한 민주정에서는 오직 엘리트와 중앙과 다수의 목소리만 들린다. 제도권 정치에서 발언권을 갖지 못한 시민, 지방, 소수는 아스팔트 위에서 엄동설한과 불볕더위와 싸우며 허공을 향해 분노를 폭발한다. 국회 정문 앞에는 늘 천막에서 풍찬노숙하며 억울함을 호소하는 사람들의 플래카드가 처연하게 걸려 있다. 그나마 이렇게라도 분노와 억울함을 표현할 수 있는 자유를 누리는 것을 다행으로 여겨야 할 형편이다.

시민, 지방, 소수의 언로만 막힌 게 아니다. 제도정치권에서도 숙론은 고사하고 협상과 타협조차 찾아볼 수 없다. 정치는 내전 상태에 빠졌고, 국회는 사생결단의 권력투쟁이 벌어지는 전장이 되었다. 숙론이 실종된 적대적 정당정치에서 헌정혁신과 중대한 국정 난제는 마냥 방치되고 있다.

'87년의 빈약한 민주정을 숙론민주정으로 바꾸려면 먼저 배제되고 소외된 시민, 지방, 소수에게 참여의 공적 공간을 만들어주는 권력공유 헌정혁신이 필요하다. 그리하여 엘리트-시민, 중앙-지방, 다수-소수가 권력을 공유하는 자유헌정질서가 세워져야 한다.

'숙론민주정' 헌정혁신은 세 가지 형태의 헌정체제 혁신을 요구한다. 엘리트-시민의 권력공유는 '직접민주제 혁신'으로, 중앙-지방의 권력공유는 '연방제 혁신'으로, 그리고 다수-소수의 권력공유는 '비례제 혁신'으로 실현된다. 세 가지 혁신에 우선순위가 정해진 것은 아니지만, 헌정혁신을 가로막는 기득권 저항을 극복하려면 지렛대 역할을 할 직접참정제 도입부터 시작하는 게 순리라고 생각한다. 헌법 제1조의 국민주권 명령을 준수하여 직접참정제가 도입될 때 자유와 번영의 숙론민주정으로 가는 헌정혁신의 길이 열릴 것이다.

이론적으로나 경험적으로 직접민주제 혁신, 연방제 혁신, 비례제 혁신은 서로 긴밀히 연관되어 있다. 직접민주제와 연방제와 비례제는 모두 오랜 세월 인류가 정치대화를

6 '숙론'은 동물행동학자인 최재천(2024) 교수가 최근 저술한 책 이름이다. 필자는 여기서 '숙론'을 '숙의·토론'의 준말로 사용한다.

위해 '정치적 권리의 평등(isonomia)'과 '평등한 발언권(isegoria)'을 실현하는 제도기술로 개발된 것이다. 제도기술로서 직접민주제와 연방제는 단짝으로 서로를 필요로 한다. 직접민주제는 연방적 지방분권제에서 제 기능을 발휘할 수 있다. 직접민주제 없는 연방제는 통상 중앙집권화를 초래한다(안성호, 2018: 200).

연방제와 비례제는 모두 포용과 분권 및 소수보호를 위한 제도기술이다. 연방제는 지역공동체들 및 정부수준들 간 권력분점을, 비례대표제는 정당들 및 투표자집단들 간 권력분점을 제도화하여 권력이 한 지역과 한 정파에 집중되는 것을 막는다. 네덜란드 출생의 비교정치학자 아렌드 레입하트는 연방주의적 지방분권제와 비례대표제가 어우러져 조정과 화합으로 유도하는 공존과 상생의 합의민주제를 권력집중으로 대립과 갈등을 부추기는 승자독식 다수결민주제의 대안으로 제시했다(Lijphart, 1999).

1~3건씩 지속적인 헌정혁신

헌정혁신은 한 번에 1~3건씩 꾸준히 추진하는 것이 바람직하다. 물론, 전제정에서 민주정으로 바뀌는 혁명적 상황에서 한꺼번에 전면적 헌정혁신이 요구될 수 있다. 그러나 이런 혁명적 상황이 아닌 경우 한 번 개헌할 때 3건 이내의 의제를 선정하여 1~2년 동안 전국민의 숙론을 거친 후 국민투표로 확정하는 것이 바람직하다. 한꺼번에 너무 많은 의제를 다루면 심층적 숙론이 어려울뿐더러 의제에 대한 이견조정도 힘들다.

헌정혁신은 수많은 난제를 한꺼번에 뚝딱 해결하는 마법의 방망이가 아니다. 숙론민주정 헌정체제는 오랜 세월 구성원의 지극한 정성과 부단한 노력으로 조금씩 다듬어진 공동체 예술품이다. 고대 아테네 도시국가의 민주정과 로마공화정의 민회는 어느 날 나타난 천재적 지도자의 발명품이 아니라 오랜 세월 동안 갈등과 난관을 극복하며 이루어낸 집단지성의 산물이었다.

더욱이 헌정체제에 관한 제도기술에는 세월이 흐르고 환경이 바뀌면 쇠락하는 '헌정부식(constitutional decay)' 증상이 나타난다. 지속적인 헌정혁신이 필요한 이유다. 스위스의 국민발안제와 국민투표제는 오랜 세월 꾸준한 헌정혁신의 산물이다. 원래 국민발안제와 국민투표제는 프랑스혁명 때 지롱드 헌법초안을 작성한 니콜라 드 콩도르세가 창안한 제도다. 이것을 19세기 초반 캔톤과 코뮌이 수용해 시행했고, 19세기 중반 이후 스위스 연방이 채택해 150년 동안 발전시켰다. 국민 다수와 캔톤 다수의 찬성으로 개헌을 확정하는 이중다수제, 국민발안에 대한 국회(정부)의 찬반 권고와 대안 제시 등은 국민발안투표를 통해 이룬 헌정혁신의 성과다. 지금도 직접민주제 헌정혁신은 계속되고 있다. 최근 스위스의 일부 코뮌은 주민발안의 숙의성을 높이기 위해 미국 오리건주가 창안한 '주민발안심의회'를 도입하기 시작했다. 2016년 미국 캘리포니아주 역시 주민발안의 숙의성을 높이기 위해 스위스 제도를 벤치마킹해 '주민발안투명성법'을 제정했다.

지속적인 헌정혁신은 연방제 혁신과 비례대표제 혁신에서도 확인할 수 있다. 다니엘 엘라자르에 의하면, 연방주의[7] 아이디어는 히브리 민족의 신과 인간 사이의 수직적 언약(covenant)에서 시작해 인간과 인간 사이의 수평적 언약으로 발전된 사상이다. 이후 고대로부터 중세와 근대 및 현대로 이어지며 다양한 방식으로 제도화되었다(Elazar, 1991: chap. 4). 오늘날 우리에게 익숙한 근대적 의미의 연방제는 18세기 말 미국의 헌법회의 참여자들에 의해 창안되어 다른 나라로 퍼져나갔다. 소규모 장점과 대규모 장점의 결합, 자치(self-rule)와 공동통치(shared rule)의 공존, 국민과 가까운 정부 순서로 권력을 우선 배분하는 보완성원칙(subsidiarity principle), 국민주권을 보장하는 시민공화주의를 특징으로 하는 근대적 연방제는 어느 날 갑자기 나타난 제도가 아니다. 정교하게 다듬어진 연방제 역시 오랜 세월에 걸쳐 고뇌와 투쟁을 통해 얻은 집단지성의 산물이다.

비례대표제의 역사는 직접민주제와 연방제보다 짧다. 그러나 비례대표제 역시 대의민주제와 정당이 출연한 이후 소선거구 다수결투표제의 단점을 극복하기 위해 2세기 이상 다양한 형태로 발전해왔다. 2025년 현재 37개 OECD 회원국 중 온전한 비례대표제를 채택하는 나라는 24개국이며, 우리나라를 비롯해 8개국은 비례대표제를 부분적으로 채택하고 있다. 우리나라는 국회의원 선거제도로 소선거구 다수제와 함께 이른바 준연동형 비례대표제를 채택하고 있다. 그러나 국회의원 재적의석 300석 중 46석(15%)만 비례대표의석으로 배정된 데다 거대 양당이 지배하는 위성정당 문제 등으로 승자독식 선거제도의 폐해는 개선되지 않고 있다.

SII 연구에서 숙론민주정으로 분류된 국가도 헌정부식의 위험에서 자유롭지 않다. 숙론민주정 국가도 AI 시대 컴퓨터 알고리즘에 의한 정보편향, 허위정보, 극우 파시스트 등장 등으로 어려움을 겪고 있다. 그러나 숙론민주정 국가는 이런 도전에 지속적 헌정혁

7 연방주의(federalism)는 언약(covenant)을 뜻하는 라틴어 foedus에서 만들어진 용어다.

신을 통해 능동적으로 대응하고 있다. 스위스는 2015년부터 2025년 3월까지 10년 동안 55건의 개헌 국민투표를 시행했다. 독일도 1949년 기본법 제정 이후 지금까지 60여 차례 개헌을 단행했다. 반면 우리나라는 1987년 대통령 직선제 개헌 이후 거의 40년 동안 단 한 차례의 헌정혁신도 이루지 못했다. 헌정혁신은 나라의 번영을 위해 과학기술혁신만큼 때로 그보다 더 중요하다.

헌정리더십과 시민비르투

미국 제헌헌법회의에 참여한 알렉산더 해밀턴은 『페더랄리스트 페이퍼』(1788) 제1호에서 우리가 "성찰과 선택"을 통해 좋은 정부를 세울 능력이 있는지, 아니면 계속해서 "우연과 무력"에 의존해 정치체제를 갖는 운명에 갇힐 것인지를 결정하는 중대한 갈림길에 서 있다고 설파했다(Hamilton, Madison & Jay: 1999: 27). 그는 나라의 흥망을 결정할 헌정혁신의 최대 걸림돌은 "기득권을 위협하는 모든 변화에 저항하는 사람들의 이해관계"와 "나라의 혼란을 틈타 권력을 확대하거나 출세를 꾀하는 사람들의 왜곡된 야망"이라고 지적했다. 18세기 말 해밀턴의 이 지적은 여전히 유효하다. 숙론민주정의 최대 장애물은 기득권 상실을 걱정하는 엘리트의 저항과 권력 마니아의 권력욕이다.

필자는 처음 로버트 그린리프의 『서번트 리더십』(1977)을 읽으며 상당히 많은 분량이 거버넌스체제에 관한 논의에 할당된 것을 의아해했다. 그러나 이 책을 숙독하며 진의를 깨달았다. 그린리프는 조직의 정상에 군림한 한 명의 수장에게 막대한 권력을 집중시키는 위계적 피라미드체제를 조직질병의 가장 중요한 원인으로 진단했다. 그는 조직질병을 치료하려면 피라미드체제를 동료제로 바꿔야 한다고 보았다. 그는 고대 로마에서 기원한 '동료제' 거버넌스 혁신이 섬기는 리더십을 발휘하도록 만드는 지름길이라고 역설했다. 그는 오늘날 계층제의 최정상에 한 명의 수장이 앉아 있는 제도로 인해 중요한 기관에서 신뢰상실의 위기에 처해 있다고 진단했다(Greenleaf, 2002: chap. 2).

일찍이 플라톤은 국가가 행복하게 다스려지려면 반드시 진리를 고수하는 입법자가 나와야 한다고 주장했다. 플라톤에게 헌정질서를 세우는 입법은 "신을 본받는 일(athanasia)"이었다. 프랑스의 철학자 몽테스키외는 『로마인의 영광과 쇠락의 원인에 관한 고찰』(1734)에서 고대 로마 번영의 비결이 로마공화정을 세운 국가지도자의 훌륭한 헌정리더십(constitutional leadership)에 있다고 보았다. 루소는 『사회계약론』(1762)에서 공화국 헌법을 설계하는 입법자는 "신적 능력"을 닮은 "탁월한 지성"의 소유자로서 인간 본성을 꿰뚫어 보고, 인간 행복에 깊은 관심을 기울이며, 백년대계의 관점을 지녀야 한다고 강조했다.

국민의 행복과 국가의 번영을 위해 헌신하겠다고 다짐한 지도자는 민주공화정 붕괴의 위기를 초래한 빈약한 민주정을 자유와 번영의 숙론민주정으로 바꾸는 헌정혁신을 일신의 안일과 당리당략을 빌미로 거부하거나 미루지 않을 것이다.

숙론민주정의 수립에 헌정리더십이 매우 중요하지만, 민주공화정의 주인은 결국 국민임을 자각해야 한다. 고대 그리스 아테네의 민주정과 고대 로마공화정의 수립에서도 위대한 헌정리더십과 함께 자유를 쟁취하고 지키기 위해 목숨을 걸고 폭정에 항거한 시민비르투가 있었다. 숙론민주정은 거져 주어지지 않는다. "아무도 자유를 위해 죽을 각오가 되어 있지 않으면, 우리는 모두 폭정 아래서 죽을 것이다"(Snyder, 2017: 152).

이 책의 구성

이 책은 지난 7년 동안 학술세미나와 정책토론회에서 발표한 아홉 편의 글을 수정 · 보완하여 단행본의 형식에 맞게 재편집한 것이다. 긴 기간 동안 다른 장소에서 발표된 글이므로 논리적 일관성을 유지하고 데이터를 업데이트하며 내용의 중복을 최대한 피하려고 첨삭했다.

그동안 이 책의 주제에 관해 국내외 논문과 서적을 두루 참고하고 틈틈이 고전을 애독하며 가까운 분들과 대화를 나누었다. 이 과정에서 사고의 깊이와 넓이가 더해지면서 일부 용어의 선택도 바뀌었다. 예컨대, 이 책의 핵심 용어인 '숙론민주정'은 고민 끝에 최종 선택되었다. 애당초 '포용민주정'이란 용어를 사용했으나 이미 다른 연구자가 이 용어를 다른 의미로 사용한 데다 포용적 헌정혁신이 촉진하는 성숙한 민주공화국의 진수가 '숙론'에 있다는 판단으로 숙론민주정으로 결정하였다.

제1장은 번영하는 나라의 숙론민주정을 만드는 헌정혁신의 필요성과 과제를 총론적 관점에서 다룬다. 숙론민주정 헌정혁신의 필요성을 제국과 공화국의 상반된 헌정질서의 관점에서 논의한 후 현재의 빈약한 민주정을 숙론민주정으로 바꾸는 헌정혁신의 과제를 제시한다.

제2장은 작금의 제3물결 전제화 추세와 양상을 살펴보고, 전제화 위협을 극복하고

자유와 번영의 좁은 회랑으로 인도할 숙론민주정 개념의 기원과 의미를 검토한다.

제3~5장은 시민을 소외시키는 과두적 대의민주제를 극복하기 위한 직접참정 확충의 문제를 다룬다. 제3장은 자유와 돌봄의 초등공화국 시각에서 풀뿌리민주정의 중요성과 실천방안을 논의한다. 제4장은 민주공화정의 위기극복을 위한 1% 직접참정을 논변한다. 제5장은 AI 시대 허위정보와 음모론의 도전에 대응한 오류 교정장치로서 직접참정의 의의와 헌정혁신의 세부과제를 검토한다.

제6장과 제7장은 지방을 종속시키는 과잉 중앙집권제를 극복하기 위한 연방적 지방분권의 문제를 다룬다. 제6장은 지방의 중앙 종속을 극복하고 지방의 자생력을 불어넣는 조세자치권의 현실을 분석하고 확보방안을 모색한다. 제7장은 지방소멸의 위기에 직면한 지방을 살리고 국회를 소모적 정쟁에서 정책으로 경쟁하는 민의의 전당으로 바꾸는 지역대표형 상원의 논거와 양원제 개혁방안을 제시한다.

제8장은 소수를 배제하는 승자독식 다수제의 결함을 극복하고 다수와 소수의 권력공유의 관점에서 제왕적 대통령제의 위험성을 지적하고 그 대안으로서 준대통령제(이원정부제)와 내각제, 나아가 양원제 국회를 활용한 준내각제 개혁방안을 논의한다.

제9장은 국민주도의 헌정혁신을 다룬다. 국제적 참여헌정주의 동향과 아이슬란드, 칠레, 스위스 사례를 비교 · 분석한 후 헌법개정 국민발안제 개헌과 국민투표법 개정 및 국민주도의 개헌절차법 제정의 필요성을 논의하고 개혁안을 제시한다.

감사의 말씀

이 책의 집필에 여러분의 도움을 받았다. 필자는 글을 쓰는 과정에서 새로운 아이디어나 논쟁거리가 생기면 주변의 몇 분에게 대화를 청했다. 이 요청에 기꺼이 응해 귀중한 논평과 조언을 주신 분들께 이 자리를 빌려 깊이 감사드린다. 성경륭 상지대학교 총장님의 높은 식견과 통찰은 이 책의 곳곳에 스며들어 있다. 때로 비판적인 의견도 생각의 깊이를 더하는 데 큰 도움이 되었다. 민 진 국방대학원 전 부총장님, 임도빈 서울대학교 교수님, 권수철 법제처 전 국장님, 민정식 관해해운 회장님, 그리고 동생인 안창호 국가인권위원장에게 감사드린다. 필자의 견해가 때로 부담스러웠겠지만 끝까지 경청해주고 조언과 격려를 아끼지 않으신 이분들 덕분에 이 책이 마무리될 수 있었다.

이 책의 핵심 주제인 숙론민주정은 '정책공간 포용과혁신' 포럼에서 발원했다. '숙론민주정' 아이디어를 움틔운 한국행정연구원의 국가포용성지수(SII) 연구는 바로 이 포럼을 창립한 분들의 선견지명과 열정에 힘입어 시작되었다. 그리고 이 책에 포함된 두 개의 장은 이 포럼에서 발표된 원고에 기초해 작성되었다. 이 자리를 빌려 포럼을 이끌어오신 분들께 감사드린다. 성경륭 전 이사장님, 박능후 대표님, 최기영 이사장님, 변창흠, 이정옥, 이수훈, 윤 황, 류영재 이사님, 김기봉, 조흥식, 송승철, 권호열, 김현철, 전영일, 임춘택, 김동주, 문명재, 정성훈, 심미선, 김홍수, 초의수, 주병기, 고영구 교수님, 강충경, 이석희 사무총장님, 윤범기 기자님, 한동환 전 감사님, 김준희 사무국장님, 그리고 민형배 국회의원님께 고마운 마음을 전하고 싶다.

헌법개정을 위한 시민운동에 헌신하시는 분들께도 감사드린다. 특히 '국민주도상생개헌행동'과 '헌법개정국민행동'에 동참하신 정세욱, 이시종, 김중석, 안동규, 이상선, 김준식, 이병렬, 송운학, 임진철, 이두영, 김태환, 박진강, 이창용, 정중규, 고문현, 허영구, 송창석, 박재율, 신대운, 안승문, 윤호창, 김정훈, 박재순, 최일도, 조인래, 노세극, 조현주, 정정화, 신용인, 양승원, 강영봉, 김일석, 문병교, 강정미, 신동진, 연성수, 김병학, 권영태, 민인홍, 강민창, 하승수, 이상수, 유병로, 신필균, 유종렬, 김태일, 이기우, 정두환, 김한중, 신지혜, 홍성주 등 동지님들께 경의를 표한다. 이분들의 숨은 헌신이 열매를 맺는 날이 기필코 올 것으로 믿는다.

이 책이 나오기까지 수시로 거친 원고를 교정해주고 다듬어준 아내에게 감사한다. 건강한 식단으로 하루 삼식을 제공해준 고마움도 이 자리를 빌려 전하고 싶다. 끝으로 이 책의 출간을 맡아주신 박영사 안종만 회장님, 안상준 대표이사님, 임재무 전무님, 그리고 이 책을 정성껏 제작해주신 박영사의 편집부 문선미 부장님을 포함한 직원 여러분께 감사드린다.

2025년 6월

안 성 호

차례

제6장
재정연방주의와 조세자치 ● 169

제7장
지방소멸 대응 지역대표형 상원 ● 203

제8장
대통령제와 내각제를 넘어서 ● 229

제9장 국민주도 헌정혁신 • 259

제1장
숙론민주정 헌정혁신의 길

♦

“우리가 제일 먼저 해야 할 일은 강건한 헌법을 만드는 것이다. 광대한 영토가 베푸는 자원보다 좋은 정부에서 솟아나는 활력에 기대는 것이 더 낫다.”

– 장-자크 루소

“우리는 우리 시대의 온갖 위기에 직면하여 너무 많은 민주정치가 아니라 너무 적은 민주정치 때문에 고통받고 있다.”

– 벤자민 바버

“모든 권력은 시민의 의사소통 권력에서 비롯된다.”

– 위르겐 하버마스

Ⅰ. 국가거버넌스 실패의 시대

몽테스키외는『로마인의 영광과 쇠락의 원인에 관한 고찰』(1734)에서 보잘것없던 도시국가 로마를 인류사에 커다란 발자취를 남긴 강대한 국가로 성장시킨 가장 중요한 요인으로 정치체제를 지적했다. 로마는 왕정 말기 폭정에 빠져 정치체제를 바꿀 것인가, 아니면 작고 가난한 왕국으로 남을 것인가를 결정해야 하는 선택 상황에서 왕정을 공화정으로 바꾸면서 번영의 길에 들어섰다고 몽테스키외는 진단했다. 당시 로마인은 적에게서 더 나은 제도를 발견하면 주저하지 않고 기존 제도를 즉시 포기할 줄 아는 혁신가였다. 그러나 로마는 공화정에서 제정(帝政)으로 바뀐 후 민중의 자유정신이 고갈되고 제국의 자기제어장치가 무너지면서 쇠망의 길로 들어섰다고 분석했다.

정치체제가 나라의 흥망에 미치는 중대한 영향은 실로 고대 그리스의 플라톤으로부터 오늘날 사회과학자에 이르기까지 누누이 지적되어온 공개된 비밀이다. 근래 발전경제학자 대런 애쓰모글루와 제임스 로빈슨은 15년 동안 공동연구를 통해 국가의 번영과 빈곤이 정치체제의 특성에 달려 있음을 재확인했다. 이들은『국가는 왜 실패하는가』(2012)에서 국가실패의 원인을 이렇게 지적했다.

> "국가실패의 원인은 경제성장을 저해하거나 심지어 발목을 잡는 착취적 정치제도를 시행하기 때문이다. (…) 고대로부터 오늘날까지 일부 사회는 경제성장을 촉진하는 포용적 정치제도를 발전시켰지만, 대다수 사회는 엘리트의 이익증진을 위해 경제성장의 숨통을 죄는 착취적 정치제도를 채택해왔다."

이들은 남한과 북한을 자신들의 입론을 증명하는 대표적 사례로 언급했다. 해방 후 80년 동안 남한은 우여곡절을 겪었지만 비교적 포용적인 정치체제로 비약적 경제성장을 이루어 선진국에 진입했지만, 북한은 잔혹한 세습 독재의 착취적 정치체제를 고집해 2024년 남한 GDP의 54분의 1에 불과한 세계 최빈국으로 전락했다.

하지만 곰곰이 들여다보면, 남한의 민주정에는 흠결이 많다. 권력투쟁에 골몰하는 적대적 정당정치는 국민을 분열시키고 고소와 고발로 정치를 검찰과 사법에 종속시켰다. 언론의 상업화와 진영 편향 보도는 정치적 양극화를 부추기고, 돈벌이 수단으로 전락한 소셜 미디어의 허위정보는 정치 내전을 넘어 물리적 내전을 촉발할 기세다. 이 와중에서 국민은 활극을 보듯 정치를 관람하며 정치인을 탓하고 허공에 대고 불만을 터뜨리며 아스팔트 위에서 분노를 쏟아놓는 신세가 되었다.

저질 민주정치가 초래한 극단적 진영 대립은 권위주의 중국의 부상과 미 · 중 패권경쟁과 세습왕조 북한의 핵무기에 직면한 한반도 평화를 위협하고 있다.[8] 고속 경제성장의 이면에 가려진 사회경제적 약자의 형편은 대다수 지수에서 OECD 회원국 중에서 최하위권에 머물고 있다. 2024년 출산율은 0.75명으로 연이어 세계 최하위를 기록했다. 소멸 위험에 직면한 시 · 군 · 구는 130개에 달하고, 대다수 지방대학은 정원미달 사태를 빚고 있다. 이미 1%대 경제성장, 무역수지 적자, 재정적자 누적, 연금재정 악화, 가계부채 폭증 등 경제위기 징후가 뚜렷하다. 설상가상으로 기후변화, 환경 붕괴, 전염병 창궐, 전쟁 위험, 불평등 심화 등 문명 위기가 인류의 생존을 위협하고 있다.

우리는 이 복합위기를 타개하기 위해 무슨 일부터 해야 하는가? 벤자민 바버는 이미 40년 전 『강한 민주정치』(1984)에서 "우리는 우리 시대의 온갖 위기에 직면해 너무 많은 민주정치 때문이 아니라 너무 적은 민주정치 때문에 고통받고" 있다고 진단했다. 그는 이 위기를 극복하기 위해 "빈약한 민주정(thin democracy)"을 "강한 민주정(strong democracy)"으로 전환해야 한다고 주장했다. 바버는 우리 시대의 위기를 극복하는 방안으로 참여민주정 헌정혁신을 제안했다(Barber, 2003: xvi-xxix).

> "정의와 공공선을 위한 투쟁은 정치의 장에서 최선으로 전개될 수 있다. 경제 번영과 쇠퇴는 정치가 결정한다. (…) 민주정이 생존하려면, 자유주의 이

8 대다수 역대 대통령의 불행한 최후는 한국 민주주의의 암울한 자화상이다. 네 명은 독재와 군사쿠데타로 비극적 죽음을 맞았고, 한 명은 검찰수사 도중 스스로 목숨을 끊었다. 두 명은 탄핵당했다. 그리고 두 명은 감옥에 갇혔다 풀려났고, 현재 한 명은 내란 혐의로 재판을 받고 있다. 국가의 가장 무서운 적은 외부의 적이 아니라 내부 자치역량의 결여다. 구한말 국권의 상실은 그 증거다.

> 론과의 관계를 느슨하게 만드는 제도를 발견하는 것이다. 강한 민주정이 현대 민주정치가 선택할 수 있는 유일하게 생존 가능한 정체다. 참여방식의 일대 혁신이 없으면, 자유민주정은 정치의 무대에서 쇠락의 운명을 면치 못할 것이다. (…) 자유로 통하는 하나의 길이 있다. 그 길은 민주정치를 통해 나 있다."

필자는 애쓰모글루와 로빈슨의 '포용국가' 입론과 바버의 '강한 민주정' 관점에서 OECD 회원국을 대상으로 민주정 품질과 국가번영의 관계를 검증할 필요가 있다고 판단했다. 이에 따라 2019년부터 한국행정연구원은 서울대학교 사회발전연구소와 OECD 거버넌스연구팀과 공동으로 국가포용성지수(State Inclusiveness Index: SII) 연구에 착수했다. 연구결과, 국가포용성 수준과 정책성과 사이에 높은 상관성이 존재하며, 민주정의 포용성이 높아질수록 정책성과가 높아지는 현상을 확인했다. 필자는 이 연구결과에 기초하여 포용성 수준이 높은 10개 정도의 국가를 숙론민주정으로 정의했다.

이 장의 목적은 빈약한 민주정을 숙론민주정으로 바꾸는 헌정혁신의 필요성과 과제를 논의하는 것이다. 이를 위해 먼저 제국 질서와 공화국 질서의 중간에 자리한 세 가지 헌정질서 유형을 전제정, 빈약한 민주정, 숙론민주정으로 범주화하고, 숙론민주정의 모범사례로서 스위스와 스칸디나비아 국가의 정책성과를 점검한다. 이어서 '87년 헌법질서의 결함과 병폐를 빈약한 민주정으로 진단하고, 이를 숙론민주정으로 전환하는 헌정혁신의 방향과 과제를 논의한다. 끝으로, 헌정혁신의 장애요인과 그 대책을 검토한다.

Ⅱ. 제국의 질서 vs. 공화국의 질서

인간관계를 조직하는 두 가지 상반된 헌정질서가 있다. 한쪽 극단은 피라미드 위계질서를 특징으로 하는 제국모형이다. 다른 한쪽 극단은 자율과 팀워크 및 결사에 기초한 공화국모형이다. 문화역사학자 리안 아이슬러는 『성배와 칼』(1995)에서 두 모형을 각각 지배모형(dominator model)과 동반자모형(partnership model)으로 명명했다. 제국모형은 자율과 협력 및 공공복리를 위한 자발적 봉사를 부정하고 억압한다. 반면 공화국모형은 이런 덕목을 촉진하고 장려한다. 각 모형의 서사는 상반된 자기실현적 예언력을 지닌다. 복잡한 인간세계에서 이 두 모형의 순수한 사례는 드물다. 이 두 모형은 극적으로 대비되는 양단의 헌정질서 특징을 묘사한 이념형이다.

제국 서사와 공화국 서사는 제각기 서로 첨예하게 대립하는 세계관을 가정한다. 제국은 지배 추구과정에서 황금우상, 증오, 배제, 경쟁, 폭력을 부추긴다. 제국의 서사는 인간을 책임을 회피하는 타율적 존재로 보고, 따라서 강압적 수단으로 위에서 아래로 강제할 때 사회질서가 유지된다고 가정한다. 반면 공화국은 생명존중, 돌봄, 공감, 협력, 동료 관계, 공동체 역량을 고양한다. 공화국 서사는 인간을 스스로 다스릴 수 있는 자유정신의 발현자로 가정한다. 제국 서사는 우리를 분열시키고 두려움과 폭력적 경쟁으로 내몰지만, 공화국 서사는 우리를 통합하고 신뢰와 협력을 촉진한다.[9]

1. 제국질서

권위주의 충동을 자극하는 제국질서는 강압적 수단을 통해서 소유하고 통제하며 파괴하는 힘을 지닌 지배권력(power over others)에 기초한다. 제국질서는 인간관계를 권력, 통제, 지위, 특권, 성(性)의 위계에 따라 조직한다. 제국의 관심은 큰 대가를 치르더라도 끊임없이 더 많은 하위권력을 모아 독점하는 것이다. 제국질서가 조장하는 승자독식 역학은 엘리트의 삶과 에너지를 온통 지배피라미드의 정상을 차지하려는 사생결단의 권력투쟁으로 소모하게 만든다. 제국질서에서 정치는 권력쟁취를 위한 투쟁일 뿐이다.[10] 제국질서에서 엘리트의 상호관계는 불신과 두려움, 이중성과 폭력적 공격으로 점철된다. 제국질서는 공동체의 문제를 언어 소통으로 해결하는 정치를 소멸시키고 그 자리를 폭력과 테러로 가득 채운다. 제국질서는 권리와 자유를 오직 피라미드의 정상을 차지한 소수에게만 허용한다. 권리와 자유를 빼앗긴 다중(多衆)은 굴종과 반항의 노예

9 이 두 서사는 인간의 내면에 존재하는 정신적 긴장의 두 측면을 반영한다. 사랑은 우리의 이성과 감성을 생명의 창조적 가능성으로 이끄는 영적 힘이다. 두려움은 위험을 경고하여 생존 욕구에 부응하도록 유도한다. 그러나 두려움이 우리의 방어기제를 일깨울 때, 우리는 심지어 사랑하는 사람들을 향해서도 폭력성을 드러낸다. 사랑과 두려움의 긴장을 해결하는 방법은 삶의 행로와 우리의 정치를 결정한다(Korten, 2006: 33-34).

10 찰스 라이트 밀스는 『권력엘리트』(1956)에서 정치를 "권력을 위한 투쟁"으로 정의했다. 그는 정치를 엘리트가 공직을 얻으려고 벌이는 권력투쟁으로 이해했다. 국공내전 중 마오쩌둥은 권력이 총구에서 나온다고 말했다. 공산당 일당 지배의 정당성 근거가 인민의 동의가 아니라 폭력에 의한 정복에 있음을 실토한 것이다. 이 비정한 '권력정치' 개념은 오늘날에도 '현실정치(Realpolitik)'라는 이름으로 뭇사람의 마음을 사로잡고 있다.

근성과 기회주의적 행동을 생존의 처세술로 터득한다. 건강한 정신과 성숙한 도덕적 감수성을 지닌 인재는 정치를 멀리한다. 그 결과, 제국질서의 고위직은 흔히 부패한 출세지상주의자로 충원된다.

제국질서는 인간을 사악하게 만든다. 장-자크 루소는 "인간이 타인을 지배하도록 정해졌을 때, 모든 것이 공모해 그의 마음에서 정의감과 이성을 빼앗는" 현상을 간파했다. 사회심리학자 필립 짐바르도는 스탠퍼드대 모의교도소 실험을 통해 단 2주 동안 진행된 교도소 위계질서가 교도관 역할을 맡은 피험자를 학대하는 압제자로, 수감자 역할을 맡은 피험자를 굴종의 노예로 타락시키는 끔찍한 광경을 목격했다. 이라크 아부그라이브 포로수용소의 인권유린과 학대에 관한 보고서는 군대와 민간의 명령체계가 수많은 선량한 병사들을 '썩은 사과'로 타락시키는 '썩은 상자'를 만들어냈음을 보여주었다. 나치스의 유대인 학살 주범 아이히만은 전범 재판에서 "나는 오직 명령에 충실히 따랐을 뿐"이라고 항변했다. 그는 교수대 앞에서 죽음을 앞둔 순간에도 참회는커녕 "잠시 후면, 여러분, 우리는 모두 다시 만날 것입니다. 이것이 모든 사람의 운명입니다. 독일 만세, 오스트리아 만세"를 외치며 상투어를 의기양양하게 되뇌었다. 예루살렘의 아이히만 재판을 참관한 한나 아렌트는 전체주의 명령체계와 개인의 무능력이 인간을 "말과 사유(思惟)를 상실한 악의 평범성(banality of evil)" 나락으로 떨어뜨렸다고 분석했다.[11]

2. 공화국질서

자유정신과 민주주의를 고무하는 공화국질서는 타인과의 권력공유(power with others)에 기초한다. 공화국질서는 인간관계를 합의적 의사결정을 중시하고 공동책임과 개인책임을 동시에 묻는 결사체(association)로 조직된다. 공화국질서는 공동체의 문제를 말로 설득해 해결하는 공론정치를 지향한다. 의견이 분분하고 중대한 이해관계가 걸린 난제는 구성원이 공적 토론을 거쳐 직접 결정한다. 공화국질서는 인간적 규모의 자

11 아렌트는 "악의 평범성" 개념을 통해 상황의 압도적 힘이 생각을 멈추고 기계처럼 자신에게 주어진 일에 충실하게 살아가려는 사람을 흉악범으로 만들 수 있음을 경고했다. 그러나 아렌트는 상황의 힘이 아무리 압도적일지라도 개인은 자신의 행동의 결과에 대해서 책임을 면할 수 없다고 보았다. "무사유(thoughtlessness)"는 결국 개인의 선택이며, 따라서 개인의 책임이다. 인간은 "말을 할 수 있는 존재로서 사유와 판단"을 선택할 수 있고, 그 선택에 대해서 책임져야 한다. 자기 행위의 의미를 생각지 않는 무사유 행위는 세계를 파멸로 이끌 수 있다. 아렌트는 아이히만에게서 세 가지 무능력, 즉 '말하기의 무능력', '생각하기의 무능력', '타인의 관점에서 판단하기의 무능력'을 발견했다(김선욱, 2015: 173-183).

유공간이 지닌 소규모의 한계를 복수 자유공간의 연방적 결합으로 극복한다.[12] 인간적 규모의 자유공간에서 발원한 권력은 차상위 정부를 거쳐 최종적으로 연방정부의 권력과 권위의 기초를 놓는다.[13] 공화국질서에서 권력은 행위(action)를 통해서 형성되고 서약을 통해서 유지된다(Arendt, 1963: 175). 공화국질서는 인권, 성평등, 비폭력, 상호신뢰, 돌봄, 구성원의 역량계발을 중시하고, 권력과 자원의 공정한 배분을 통해 인간 잠재력의 창조적 표출을 촉진한다.[14] 결국, 공화국질서는 더 풍성하고 효율적이며 인간적인 사회를 창조한다.

공화국질서는 "비굴과 오만을 모두 거부하는 시민정신을 진작"시킨다(Viroli, 2012: 47). 시민정신은 공화국의 공적 자유공간에서 동등한 사람들(equals)이 공동체의 진로를 논의하고 결정하는 과정에서 형성되는 애국심의 발로다.[15] 니콜로 마키아벨리는 『로마사 논고』(1519)에서 시민비르투(virtù civile)이 살아 있는 공화국에서만 자유가 살아남을 수 있다고 했다. 장-자크 루소는 『정치경제론』(1758)에서 "길게 보면 인민은 정부가 만드는 대로 만들어지는 존재임이 분명하다. (…) 자유 없는 애국심, 비르투 없는 자유, 시민 없는 비르투는 있을 수 없다. 시민을 창출하라. 그러면 그대가 얻고자 하는 모든 것을 얻을 것"이라고 역설했다. 알렉시스 드 토크빌은 『미국의 민주정치』(1836)에서 뉴잉글랜드 주민의 드높은 공공정신이 태어난 고향에 대한 애정이 아니라 타운공화국의 자치 체험에서 형성된 "성찰적 애국심(reflective patriotism)"임을 확인했다. 역사학자 스티븐 핼브룩은 히틀러의 침공야욕을 좌절시킨 스위스 고슴도치 국방의 비결이 "스위스가 지방분권적 연방제, 직접민주제, 시민군을 가진 공화국"이었던 데 있다고 결론지었다. 알프스 산기슭에 숨겨진 2만 2천 개의 지하벙커에서 최후의 한 사람까지 싸우다 죽을 각오를 다지는 스위스국민의 항전 의지는 공화국 사랑의 발로였다.[16] 풍전등화

12 연방주의(federalism)는 소규모의 장점과 대규모의 장점을 동시에 살리기 위해 구성원이 "자치(self-rule)와 공동통치(shared rule)"를 서약한 정체 디자인의 원리다(Elazar, 1991: 12).

13 토머스 제퍼슨은 카운티(county)를 인간적 규모의 동네(wards)로 나누어 "기초공화국(elementary republics)"을 세울 때 건강한 연방공화국이 수립된다고 생각했다. 그는 "소규모 공화국이 대규모 공화국을 민주적으로 작동시키는 원동력"이라고 믿었다.

14 공화국의 헌법질서는 지배피라미드의 유지에 투여되었던 수많은 잉여 인간을 모든 구성원의 삶을 고양하는 창조적인 일에 종사하도록 재배치한다.

15 애국심의 대상인 조국(patria)은 오직 자유로운 공화국뿐이다(Viroli, 2012: 47).

16 공화국의 헌법애국심(constitutional patriotism)은 공화국질서가 구성원의 마음에 형성한 정치적 우정, 연대의식, 소속감, 자유에 대한 사랑이다. 정의와 법의 지배 위에 세워진 공화국의 시민이 된다는 것은 공동체주의자가 말하는 종족 · 문화공동체의 부속품과 같은 존재가 아니라 시민적 · 정치적 권리를 누리는

의 국난에 스위스국민을 뭉치게 만든 힘은 민족이나 언어, 심지어 정치인이나 장군의 카리스마가 아니었다. 그 힘은 나라의 주인이 바로 나 자신임을 체득시켜준 공화국 헌정질서에 대한 애정, 곧 헌정애국심이었다.

3. 빈약한 민주정에서 숙론민주정으로

냉소주의자는 인간사회를 공화국질서로 조직하려는 생각을 통상의 인간 능력을 벗어난 세상을 만들려는 환상으로 여긴다. 이들은 인간을 폭력적이고 개인주의적이며 공동선을 위해 협력하기 어려운 본성을 가진 존재로 규정한다. 지난 5천 년 역사는 대부분 이들의 비관적 관점에 들어맞는 제국의 질서로 채워졌다.

그러나 고대 그리스와 로마, 중세 이후 북유럽 바이킹의 주민집회(Ting, Althing 등), 12세기 북이탈리아의 도시국가, 14세기 이후 스위스 알프스 산악의 소규모 자치공동체, 17세기 이후 뉴잉글랜드 타운에서 때로 인류의 진보를 선도하며 끈질긴 생명력으로 공화국질서의 명맥을 이어왔다(Dahl, 2009: 27-39).

한편 13세기 영국과 15세기 북유럽에서 중요 사회계급에서 선출된 대표자 회의가 소집되어 대의제 의회제도의 맹아가 움트기 시작했다. 이어 국민국가(nation states)의 등장과 함께 정치사상의 발달에 힘입어 18세기 말 미국 건국으로 대륙 규모의 대의제 민주정이 수립된 후 서유럽을 중심으로 서서히 퍼져나갔다. 남성 혹은 전체 성인에게 투표권을 부여한 대의제 민주국가가 1860년 37개국 중 1개국에서 1900년 43개국 중 6개로 늘었다가 2차대전이 끝난 후 신생국이 등장한 1950년 75개국 중 25개로, 그리고 1974년 포르투갈을 시작으로 소련의 붕괴 이후 동유럽 등의 민주화로 1990년 192개국 중 65개국으로 증가했다(Dahl, 2009: 24-25).

그러나 사무엘 헌팅턴이 말하는 "제3물결 민주화"에 대한 강한 반동으로 1990년대 중반 이후 전제화가 격렬하게 진행되었다. 그동안 전제화가 진행되어 2024년 현재 평균 세계인이 누리는 민주정 수준은 1985년 수준으로 퇴행했다(V-Dem Institute, 2025). 2024년 전제국가 대 민주국가가 91개국 대 88개국으로 엇비슷하지만, 인구수로는 큰 차이가 난다. 현재 세계인구의 72%인 58억 명이 전제국가에 살고 있다. V-Dem연구소는 우리나라가 2023년에 이어 2024년에도 전제화가 진행된 결과 자유민주정 국가에서

공동체의 주인이 되는 것을 뜻한다(Viroli, 2012: 137-139).

선거민주정 국가로 강등되었다고 발표했다.

아래 [그림 1-1]은 V-Dem연구소가 발표한 2024년 정체유형 분류를 필자의 제국-공화국질서 개념적 틀에 적용한 것이다. 여기에 V-Dem연구소가 배정한 자유민주정 국가를 SII 연구결과에 기초해 포용성이 매우 높은 국가(숙론민주정 국가)와 그 밖의 나라(자유민주정 국가)로 세분해 추가했다. 2019년부터 약 3년 동안 진행된 SII 연구에서 우리나라의 국가포용성지수는 OECD 35개국 중 32위로 빈약한 민주정 국가 중에서도 하위권에 속한 것으로 밝혀졌다.

[그림 1-1] 헌정질서의 유형과 숙론민주정

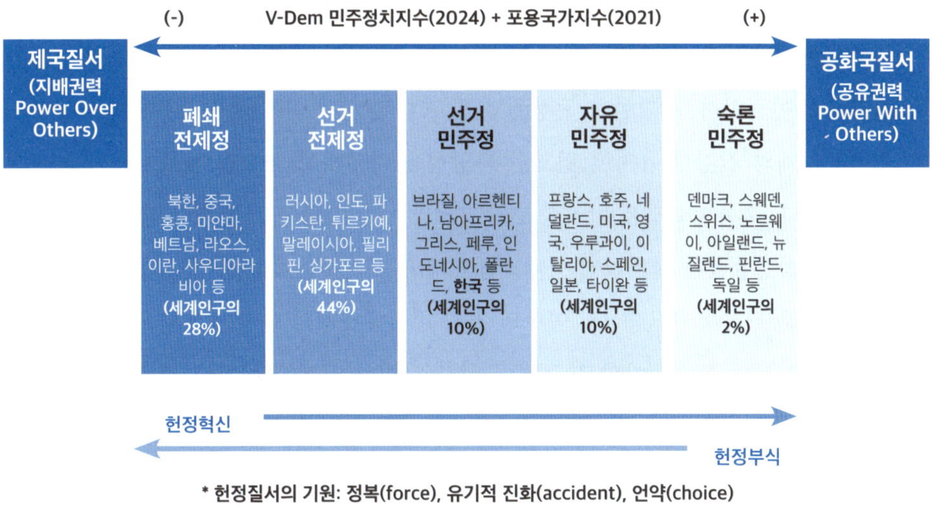

자료: 필자 작성.

우리나라가 복합위기를 극복하려면 선거민주정으로 추락한 빈약한 민주정을 공화국질서에 충실한 숙론민주정으로 바꿔야 한다. 이를 위해 먼저 정치를 직업정치인의 전유 공간으로 이해하는 막스 베버의 대의제 민주정 관점에서 벗어나야 한다. 베버는 공직 쟁탈을 위해 정당 간 치열한 경쟁을 벌이는 현실정치를 목격하고 민주정에서 대중의 역할은 엘리트를 선출하는 일에 한정된다고 생각했다.[17] 베버의 빈약한 민주정 관점은 자

17 베버는 정당 간의 모든 투쟁을 대의(大義)라는 본질적 목표를 위한 투쟁인 동시에 관직 수여권을 위한 투쟁으로 이해했다. 그는 바이마르 공화국 시절 저술한 『소명으로서의 정치』(1919)에서 "정당이 관직의 몫이 줄어드는 것을 본질적 목적을 실현하지 못하는 것보다 더 심각하게 여긴다."라고 썼다(Weber, 2012: 131).

신의 신념을 관철하고 그 결과에 책임지는 카리스마적 지도자에 대한 대중의 숭배로 이어진다(Weber, 2012: 49-81). 민주공화국에서 정치는 직업정치인의 공직쟁탈을 위한 전장(戰場)이 아니라 시민의 자유정신이 발현되고 직접 참여하여 체험하는 행위의 공간이어야 한다.

헌정혁신을 체념하는 사람들은 정치를 오직 중앙정치로 한정하고, 지방정치 또는 지방자치를 단지 중앙정치에 딸린 부수적 현상으로 간주한다. 그러나 모든 정치적 자유는 먼저 지방의 작은 자치공동체에서 체험되고 성장한다. 토크빌은 『미국의 민주주의』(1836)에서 "자유로운 국가의 강건함은 타운십에 있다. 타운제도와 자유의 관계는 초등학교와 지식의 관계와 같다. 타운제도는 자유를 인민의 손이 닿는 데로 가져와 인민에게 자유를 평화적 목적으로 활용하는 즐거움과 습관을 선사"한다고 강조했다.

빈약한 민주정은 다수 유권자의 지지를 받는 정당의 독점적 지위를 다수결의 당연한 결과로 받아들인다. 빈약한 민주정은 흔히 거대 양당의 진흙탕 권력투쟁에 몰두하느라 정치공동체의 건강성 유지에 필요한 다양성을 파괴하고 소수를 돌보기는커녕 무시하고 경멸한다. 숙론민주정은 빈약한 민주정치의 이런 질병을 극복하기 위해 먼저 정당득표율과 의석점유율을 일치시키는 비례대표제와 소수를 보호하는 연방제를 수용한다. 아렌드 레입하트(2008)는 경험적 연구의 결과 비례대표제와 연방제가 접목된 합의민주제(consensus democracy)야말로 균열이 심한 사회가 안정을 이루고 정책성과를 높이는 유일한 길이라고 역설했다.

Ⅲ. 빈약한 민주정의 질병

우리나라의 빈약한 민주정은 적어도 네 가지 병세, 즉 내부 분열, 우적(友敵) 가르기, 난제 방치, 정치토크의 타락을 드러내고 있다.

1. 내부 분열

내부 분열은 공동체를 위협하는 가장 무서운 적이다. 한국 축구팀의 2023 AFC 아시안컵 준결승 패배는 내부 분열의 위험성을 다시 일깨운다. 역대 최강의 선수단으로 구성된 축구 대표팀은 위협적 강팀으로 여겨지지 않던 요르단 팀에게 처참하게 패했다. 패배의 직접적 원인은 경기 전날 밤 벌어진 선수단의 불화로 판명되었다. 다음날 치러진 경기에서 한국은 참패했다. 유효슈팅을 한 번도 기록하지 못한 굴욕적 경기였다.

내분은 국가도 무너뜨린다. 일찍이 고대 그리스의 철학자 플라톤은 내분을 망국의 원인으로 지목했다. 그는 『국가(Politeia)』(BC circa 380) 제7권에서 "통치가 쟁취의 대상이 된 싸움은 동족 간 내란으로 비화해 당사자는 물론 다른 시민도 파멸"시킨다고 경고했다. 플라톤의 철인왕(philosopher-king) 제안은 바로 이런 통찰에서 비롯되었다(Platon, 2016: bk. 7).[18]

> "오늘날 많은 나라에서 통치가 굉장히 좋은 일이라도 되는 양 서로 암투하고 반목하는 자들에 의해 다스려지고 있소. 그러나 진실은 이렇소. 한 나라에서 장차 통치하게 될 사람들이 통치하기를 가장 덜 열망하는 나라가 가장 잘 그리고 반목 없이 다스려질 것이지만, 통치를 탐하는 자들이 지배하는 나라는 반대로 운영될 것이 분명하오."

요즘 우리나라는 플라톤이 우려한 그 망국적 갈등을 겪고 있다. 양대 정당은 집권을 위해 사생결단의 권력투쟁을 벌이고, 국민은 양 진영으로 갈라져 반목하고 있다. 그동안 국내외 조사자료는 한국사회의 내분이 얼마나 위험한 상태에 있는지 경종을 울려왔다. 2021년 전국경제인연합회의 조사결과에 의하면, 한국의 정치 · 경제 · 사회 분야의 평균 갈등지수는 조사대상 OECD 30개국 중에서 각각 3위를 기록했다. 같은 해 영국의 여론조사기관인 입소스(Ipsos)는 한국을 조사대상 28개 국가 중 갈등이 가장 심한 나라로 평가했다. 한국은 정당, 이념, 빈부, 성별, 학력, 나이, 종교의 7가지 항목에서 모두 1위를 기록했다. 특히 정치적 갈등은 심각했다. 2022년 미국의 퓨리서치센터는 한국을 조사대상 19개 국가 중 정당 지지자들 간 갈등이 가장 심한 나라로 지목했다. 특정 정당을 지지하는 한국인 10명 중 9명은 '강한' 갈등을 겪었다고 응답했다(Pew Research Center, 2023). 한국인의 절반(49%)은 근래 '매우 강한' 정치적 갈등을 경험했는데, 이

18 관직을 탐하지 않는 철학자나 그런 철학자의 삶을 살려고 힘쓰는 철인왕의 통치를 주장한 플라톤은 말년에 저술한 『법률』에서 이를 다소 수정한 국가론을 제시했다. 이후 플라톤의 국가론은 종종 독재자와 권위주의 지배자들에 의해 악용되었다. 그러나 통치권 쟁취의 망국적 위험성을 지적한 플라톤의 통찰은 정치가 사생결단의 공직 쟁탈전으로 타락한 현실을 개혁하려는 우리에게 귀중한 교훈을 시사한다.

는 19개국 평균(21%)의 2배를 넘는다. 우리는 사실상 정치적 내전 상태에서 살고 있다.

상황은 날로 더 나빠지고 있다. 여야 간 협상과 타협은 사라지고 적대와 저주가 난무하고 있다. 윤 전 대통령은 집권 후 야당 대표와 대화를 거부하며 시행령 정치와 거부권 남발로 정치를 마비시켰다. 편파적 수사와 기소, 극단적 뉴라이트 역사관에 근거한 정책 바꾸기, 비판적 언론에 대한 고소 · 고발 및 재정적 압박, 그리고 레거시 언론의 편향 보도는 일상이 되었다. 이에 여소야대의 국회는 국무위원과 검사에 대한 연이은 탄핵으로 맞대응했다. 야당 대표를 살해할 목적으로 의문의 정치테러가 발생했는가 하면, 한 젊은이가 여당 의원을 공격하는 폭력사건이 터졌다. 대통령 탄핵을 요구하는 시위가 이어지는 와중에 2024년 12월 3일 밤 대통령의 비상계엄 선포로 민주정치가 중단되는 위기에 빠졌다.

2. 우적 가르기

우적 가르기는 민주정치를 병들게 하는 바이러스다. 정치적 삶의 아곤(agon: 갈등)이 벌어지는 아고라에서 화합(homonoia) 없이 시민은 정치적 힘을 발휘할 수 없다(Woodruff, 2012: 147~186). 화합은 국가를 평화롭고 강건하게 만든다. 적과 동지로 갈라치기를 일삼는 정부는 다수 국민을 희생시키고 특정 집단의 사람들만 이롭게 한다. 그런 나라에는 필경 내전의 씨앗이 싹트고 뿌리내린다. 미국인은 1860년대 남북전쟁을 거쳐 비로소 이 교훈을 깨달았다. 기원전 403년 30인 참주의 군대를 물리친 아테네 시민군이 내전 승리를 기념하지 않기로 정했을 때 비로소 화합의 교훈이 시민의 마음속에 오롯이 새겨졌다. 아테네 시민은 노예가 되길 원했던 패자들과 함께 자유를 나누어 가졌다. 그들은 함께 춤을 추고 공부하며 전장에 나가 싸운 기억을 되새기며 아테네 영광의 신화를 공유했다. 이후 아테네에는 번영의 민주정치 시대가 열렸다.

윤석열 정부는 인수위 때부터 문재인 정부의 적폐 청산에 대한 강한 불만을 토로했다. 전직 대통령을 공산주의자로 낙인을 찍고 "좌파빨갱이" 색깔론으로 물의를 빚은 인사를 일부러 골라서 고위 공직에 임명했다. 2023년 윤 전 대통령은 자유총연맹 행사와 8.15 경축사에서 "우리 사회에 공산 전체주의를 맹종하며 조작선동으로 여론을 왜곡하고 사회를 교란하는 반국가세력이 인권 운동가와 진보주의 행동가로 위장하여 허위 선동과 야비하고 패륜적인 공작을 일삼고" 있다고 비난했다. 심지어 국무회의에서 국무위원에게 반국가세력을 척결하라고 촉구했다.

우적 가르기는 대북 · 외교정책으로 확대되었다. 윤석열 후보는 대선 토론 때부터 대북 선제공격을 거론해 물의를 일으켰다. 집권 후 발간된 국방백서는 북한을 다시 주적으로 명시했다. 이에 북한은 남한을 주적 '대한민국'으로 개칭하고 통일 부서의 폐지로 맞대응했다. 남북 간 대화의 채널이 전면 끊긴 상태에서 우발적 군사충돌을 막는 9.19 군사합의[19]까지 파기되었다. 2018년 남 · 북과 미 · 북의 대화 시동으로 중단된 한 · 미 연합 군사훈련은 2022년과 2023년 전보다 두 배 이상 확대되어 부활했다. 이에 대응해 북 · 중 · 러는 처음으로 합동군사훈련을 실시했다. 2023년 8월 한 · 미 · 일 정상이 서명한 캠프데이비드 협정은 어느 한 나라가 안보 위협에 처할 때 공동으로 대응을 협의하도록 규정했다. 이에 따라 중국-대만 간 무력분쟁이 발생하면 한국군이 동원될 수 있다. 또 한반도 분쟁에도 일본의 자위대가 개입할 수 있다. 한 · 미 · 일의 군사적 밀착과 중 · 러에 대한 적대적 행보는 북 · 중 · 러의 군사적 밀착을 유도했다. 2024년 1월 미국 미들베리 국제연구소 연구원들은 요즘 한반도 상황이 한국전쟁 이후 가장 위험하다고 경고했다.

카를 슈미트는 정치를 "적과 동지의 구별"로 규정했다. 그는 1934년 히틀러가 반(反)나치 세력을 숙청한 '장검의 밤' 친위쿠데타를 "가장 고결한 행정적 정의"를 실현한 쿠데타라고 찬양했다. 나치당에 입당한 후 우적 갈라치기로 절대권력을 장악하고 2차 대전을 도발한 히틀러를 위대한 "총통(Führer)"으로 추앙했다. 히틀러가 교본으로 삼은 『독재론』(1921)을 저술한 슈미트는 부르주아지를 적으로 삼은 볼셰비키 혁명을 "정치적인 것"의 모범으로 칭송했지만, 우적이 불분명한 바이마르 공화국의 자유민주정치를 경멸했다. 1970년대 유신헌법이 슈미트의 우적 가르기 이데올로기에 기초한 것은 우연이 아니다.

3. 난제 방치

난제의 방치는 국가 쇠망을 부른다. 정치적 양극화가 극심하고 국회와 정치인에 대한 국민의 불신이 심각하지만, 정치개혁과 헌정혁신은 수십 년째 말만 무성할 뿐 아무

19 2018년 체결된 9.19 군사합의는 남과 북이 지상과 해상, 공중을 비롯한 모든 공간에서 군사적 긴장과 충돌의 근원이 되는 상대방에 대한 일체의 적대행위를 전면 중단하기로 동의한 협약이다. 특히 이 군사합의에는 군사분계선 일대에서 상대방을 겨냥한 군사연습을 중지할 것과 비무장지대를 평화지대로 만들기 위한 군사적 대책을 강구할 것을 규정했다.

성과 없이 끝났다. 대다수 국민이 검찰개혁을 지지했지만, 오히려 검찰정권이 등장해 끝내 친위쿠데타를 위한 비상계엄을 선포했다. 전관예우와 '유전무죄 무전유죄'가 살아있고 사법의 농단이 발생했지만, 사법개혁은 마냥 미뤄지고 있다. 너나없이 야만적 경쟁교육을 비판하지만, 교육개혁은 겉돌고 있다. 머지않아 연금재정이 위기에 직면할 것을 뻔히 알면서도, 연금개혁은 정쟁의 대상이 되어 번번이 실패했다. 기후위기와 RE100을 거론하면서도, 정치권은 정권이 바뀔 때마다 정책 뒤집기를 일삼았다. 최근 의사증원을 포함한 공공의료 개혁을 강압적으로 추진하다가 오히려 국민의 생명을 위협하고 의사 인력의 수급을 뒤흔드는 의료대란을 불렀다.

세계 최고의 자살률과 OECD 회원국 평균의 3배에 달하는 노인 인구의 소득 빈곤율이 해마다 이어지고 있지만, 정치권은 속수무책으로 바라만 보고 있다. 미충원 지방대학이 급증하고 인구소멸에 직면한 시 · 군 · 구가 절반을 넘어섰지만, 국토의 불균형 문제를 진정성 있게 고민하는 정당은 찾아보기 어렵다. 2023년 0.72명에 이어 2024년 0.75명의 세계 최저출산율은 인구소멸로 인한 국가위기의 경고 사이렌을 울리고 있지만, 정치권은 당장 집권과 재선을 위한 권력투쟁에 몰두하느라 한가하게 20~30년 후의 국가위기에 신경 쓸 여력도 유인도 없다.

적대적 대의민주제의 단기주의와 기득권 저항에 대한 무감각과 무력증, 그리고 승자독식 양당제의 권력투쟁은 국가적 난제의 해결을 가로막는다. 첫째, 4~5년 선거주기가 조장하는 단기주의는 장기적 전망을 요구하는 난제를 외면하게 만든다. 대의민주제의 단기주의, 곧 "민주적 근시안(democratic myopia)"은 직접참정의 확대로 극복될 수 있다. 직접참정 확대는 일견 장기전망의 거버넌스를 해칠 것처럼 보인다. 그러나 경험적 연구는 이 직관과 정반대의 증거를 밝혀왔다(Smith, 2021: 83-114). 직접참정의 확대는 선출된 대표의 민주적 근시안을 극복하고 장기적 전망에서 국정 난제를 해결하도록 유도한다.

둘째, 엘리트 지배의 대의민주제에서 득표에 골몰하는 정권은 종종 변화를 거부하는 기득권 저항에 무감하거나 무릎을 꿇는다. 공론화되지 않은 여론도 특수이익집단의 막무가내 저항에 무력하기는 마찬가지다. 적대적 대의민주제에서 중대한 개혁이 마냥 미루어지고 헌정부식이 날로 심해지는 까닭이다. 직접참정 확충은 대의민주제의 엘리트 카르텔 문제를 푸는 가장 강력하고 근본적인 해법이다(안성호, 2018: 187-230).

셋째, 승자독식 양당제는 정책경쟁을 유도하기보다 상대 정당의 실정과 약점으로 득표하는 제로섬 경쟁을 부추긴다. 야당은 여당의 실정으로 득표하고, 여당은 야당을 악마화해 득표하는 경쟁 구도에서 협치를 기대할 수 없다. 승자독식 다수제의 비극은 불가피한 선택이 아니다. 소수를 배려하는 연방적 지방분권제와 비례대표제는 승자독식 양당제의 제로섬 경쟁을 포지티브섬 경쟁으로 유도할 수 있다.

4. 정치토크의 타락

적대정치는 정치토크(political talk)를 타락시킨다.[20] 민주정치의 힘은 말(logos)의 힘이다. 말이 타락하면, 민주정치도 타락한다. 정치인의 입에서 통합과 치유와 진실의 말이 아니라 분열과 저주와 거짓의 말이 거침없이 분출되는 정치는 타락한 정치다. 의회(parliament)는 본래 프랑스어 'parler(말하다)'에서 나온 제도지만, 말의 전당인 의회에서 토크가 없어진 지 오래다. 오늘날 의회는 의미 없는 상투어, 영혼 없는 허언, 일방적 주장, 과장된 말, 거짓말, 가슴에 비수를 꽂는 비난, 그리고 욕설이 난무하는 '말의 전쟁터'로 전락했다.

숙론을 잃어버린 정치토크는 대의적 과두정치에서 엘리트의 전유물이 되었고, 탐욕스럽고 타산적인 짐승의 상징교환 도구로 전락했다. 설상가상으로, 양대 진영으로 분열된 사회에서 시민의 정치토크는 '민주정치 과잉'으로 터부시되고 경솔한 사람의 예의 없는 행동으로 치부된다.

모임에서 정치 이야기를 삼가는 것이 교양인의 미덕이 되었다. 심지어 친구나 가족 사이에도 종종 정치 이야기를 꺼냈다가 서로 얼굴을 붉힌다. 허위조작정보와 음모론이 거론되면 친밀한 관계는 곧장 적대적 관계로 돌변한다. 간혹 운 좋게 같은 진영에 속한 사람들끼리 나누는 정치 이야기조차 기껏 잡담 수준의 인물평이나 불평 · 불만의 토로에 머문다.

건강한 정치토크가 사라지고 그 자리에 무관심과 냉소와 혐오, 그리고 컴퓨터 알고리즘에 조종당한 확증편향이 들어선 적대적 민주정치의 문 앞에는 전제정치의 망령이

20 아리스토텔레스는 '언어(lexis)'와 '행위(praxis)'를 인간의 '정치적 삶(bios politikos)'의 핵심 요소로 보았다. 한나 아렌트는 정치적 행위란 폭력이 아닌 "말의 실행"이며, "적절한 순간에 적절한 말을 발견하는 행위"라고 주장했다(HC 78). 인간은 말과 행위를 통해 타자에게 자기를 밝힘과 동시에 상호 이해로 나아간다. 이것이 정치 행위의 본질이다.

스멀거린다. 최근 퓨리서치센터의 조사결과는 전제화의 조짐을 확인했다. "강한 지도자의 통치"를 선호하는 국민이 2017년 23%에서 2023년 35%로 뛰어올랐다.

건강한 정치토크는 세 가지 특징을 지닌다(Barber, 1990: 174-178). 첫째, 정치토크에서 경청은 말하기 못잖게 중요하다. 빈약한 민주정치를 옹호하는 자유주의이론과 이익정치이론은 정치토크를 '사익을 주장하는 말하기'로 축소하는 경향이 있다. 그러나 숙론민주정치는 상호주의와 공감을 북돋우는 경청을 중시한다. 상대방의 막힌 귀에 목이 쉬도록 자신의 이익을 주장하는 것은 정치토크가 아니라 소음일 뿐이다. 침묵은 경청의 중요한 요소다. 정치토크의 건강성은 성찰과 공감을 불러일으키는 침묵의 분량으로 측정될 수 있다.

둘째, 정치토크는 인지적 측면과 함께 정서적 측면을 포괄한다. 인지적 존재로서의 인간은 전인적 인간의 일부분일 뿐이다. 인간은 인지적 존재인 동시에 정서적 존재다. 빈약한 민주정치에서 정치토크는 종종 순수이성의 논리로 진리를 주장하는 언쟁으로 번진다. 그러나 숙론민주정치에서 정치토크는 시민의 지혜를 모으는 통로이며, 감성과 개성을 나타내고 연대와 애국심을 고취하는 매개체다.

셋째, 건강한 정치토크는 행동이 따르지 않는 빈말이 아니라 "행동하는 토크(talk in action)"다. 빈약한 민주정치에서 정치인의 정치토크는 세계를 이해하고 설명하는 토크에 그치며 때로 현혹하는 말의 성찬에 머문다. 그러나 숙론민주정에서 시민의 건강한 정치토크는 참여를 통해 대안적 미래를 창출한다.

Ⅳ. 숙론민주정의 탁월한 성과와 기능

2019년부터 2021년까지 한국행정연구원은 민주정 혁신을 위한 기초연구로 서울대 사회발전연구소 및 OECD 거버넌스연구팀과 공동으로 국가포용성지수(SII)를 개발했다. 이 연구는 이 지수를 적용하여 OECD 36개 회원국의 국가포용성(정치적 포용성, 경제적 포용성, 사회적 포용성, 글로벌 포용성) 수준을 측정했다. 분석결과, SII의 하위 포용성 지수 간 상관관계가 매우 높으며, SII가 높을수록 국가혁신성도 높은 것으로 밝혀졌다.[21]

21 국가포용성지수와 주요 발전지표 간 관계에 관한 자세한 내용은 (한국행정정연구원 박준 등, 2021: 261-326)을 참고할 것.

필자는 OECD 회원국을 정치적 포용성지수의 수준이 높은 국가와 낮은 국가로 구분하고 전자를 '숙론민주정 국가'로, 후자를 '빈약한 민주정 국가'로 각각 명명했다. 숙론민주정 국가에는 노르웨이(1위), 스웨덴(2위), 핀란드(3위), 스위스(4위), 덴마크(5위), 네덜란드(6위), 독일(7위), 벨기에(8위), 룩셈부르크(9위), 아이슬란드(10위)가 포함되었다. 빈약한 민주정 국가에는 우리나라(32위)를 비롯해 미국(17위), 영국(21위), 프랑스(25위), 일본(30위), 헝가리(33위), 멕시코(34위), 튀르키예(35위) 등이 포함되었다. 우리나라보다 정치적 포용성 수준이 낮은 OECD 회원국은 선거전제정 국가로 분류되는 헝가리와 멕시코와 튀르키예뿐이었다.

정치적 포용성지수 순위를 1위부터 5위까지 차지한 숙론민주정은 스칸디나비아 국가와 스위스다. SII가 높을수록 국가혁신성도 높아지는 점을 감안할 때, 이른바 스칸디나비아 · 스위스 미러클은 숙론민주정의 뛰어난 정책성과로 해석된다. 참으로 스칸디나비아 · 스위스 미러클은 숙론민주정이 이룬 프랙토피아(practopia)다.

1. 숙론민주정의 탁월한 성과

스위스와 스칸디나비아는 거의 모든 정책영역에서 탁월한 성과를 거두었다. '스위스와 스칸디나비아 미러클'이 공연한 찬사가 아니다.

UN이 발표한 2024년 세계행복지수(WHI)는 1위부터 7위까지 네덜란드(5위)와 코스타리카(6위)를 제외하면 모두 스칸디나비아 국가가 차지했다. 핀란드, 덴마크, 아이슬란드, 스웨덴, 네덜란드, 코스타리카, 노르웨이 순이었다. 스위스는 13위를 기록했다. 한국은 58위였다.

국제투명성기구(TI)가 발표한 2024년 부패인식지수(CPI)는 덴마크 1위, 핀란드 2위, 노르웨이와 스위스 공동 5위, 노르웨이 7위, 스웨덴 8위, 아이슬란드 10위였다. 한국은 30위였다.

미국 사회진보협회(SPI)가 발표한 2024년 사회진보지수(SPI)[22]는 세계 1위에서 6위까지 모두 스칸디나비아 국가와 스위스가 차지했다. 노르웨이 1위, 덴마크 2위, 핀란드 3위, 스위스 4위, 아이슬란드 5위, 스웨덴 6위였다. 한국은 17위를 기록했다.

22 미국의 비영리단체인 사회진보협회(Social Progress Imperative: SPI)가 개발한 사회진보지수는 '기본 욕구, 웰빙 기반, 기회'의 세 차원에서 각 국가의 사회와 환경의 건강성을 측정한 지수다.

2024년 노인빈곤율은 스위스 7.6%, 노르웨이 10.0%, 덴마크 11.8%, 핀란드 12.1%, 스웨덴 15.8%를 기록했다. 한국의 노인빈곤율은 38.2%로 스위스의 5배, 스칸디나비아 국가의 2~4배에 달했다.

2019~2022년 스위스의 정부신뢰도는 84%로 단연 세계 1위를 기록했다. 스칸디나비아 국가의 평균 정부신뢰도는 68%로 핀란드 3위, 스웨덴 4위, 노르웨이 5위, 덴마크 6위를 차지했다. 한국의 정부신뢰도는 43%에 불과했다.

국제통화기금(IMF)이 발표한 2025년 스위스의 1인당 GDP는 111,716달러로 룩셈부르크에 이어 2위를 차지했다. 노르웨이는 90,230달러로 5위, 아이슬란드는 90,111달러로 6위, 덴마크는 71,967달러로 10위, 스웨덴은 59,508달러로 15위, 핀란드는 57,183달러로 18위를 기록했다. 한국은 37,675달러로 32위였다.

IMF가 발표한 2023년 GDP 대비 국가부채 비율은 덴마크 29.3%, 스웨덴 36.4%, 스위스 38.3%, 노르웨이 44.3%로 OECD 회원국 평균 85.2%의 절반 미만이었다. 한국은 51.5%였다.

2. 숙론민주정에 관한 경험적 연구

제2차 세계대전 이후 축적된 헌법질서에 관한 경험적 연구는 스위스와 스칸디나비아 사례가 다른 나라에서도 재현될 수 있음을 시사한다. 숙론민주정이 전제정이나 빈약한 민주정보다 높은 정책성과를 달성한다는 사실이 많은 경험적 연구를 통해 확증되었다.[23](Lijphart, 2008; Faguet & Pöschl, 2015; 안성호, 2018; Altman, 2019; Bernauer & Vatter, 2019; Matsusaka, 2020; Eichenberger & Stadelman, 2021; Nef, 2021 등). 첫째, 연구자들은 시민의 직접 참여가 공적 토론을 촉진함으로써 조세도의(租稅道義)와 정부신뢰 및 행복도를 높이고, 경제성장과 정치안정 및 산업평화를 유도하며, 낮은 세금으로 양질의 공공서비스를 제공하고, 극우 · 극좌 포퓰리즘과 중앙집권화를 차단하는 효과가 있음을 확인했다.

둘째, 그동안 방대한 분량의 경험적 연구는 지방분권이 민주주의와 접목될 때 민주

23 숙론민주정의 높은 정책성과(PP)는 기회(O)×동기(M)×역량(A)의 함수, 즉 'PP=f(O×M×A)'로 설명될 수 있다. 이 사회심리학적 정책성과모형에 따르면, 숙론민주정은 구성원에게 자유정신을 발휘할 기회를 주고, 혁신과 창의에 필요한 내재동기(intrinsic motivation)를 유발하며, 경험학습을 통한 구성원의 역량을 강화함으로써 정책성과를 높인다.

적 효율성이 향상되고, 정책혁신과 정책실험이 고무되며, 정부신뢰도와 정책만족도가 높아지고, 지역갈등이 완화되며, 국민통합이 촉진되는 것을 확인했다.

셋째, 비교정치학자들은 정당 간 및 중앙-지방 간 권력공유를 제도화하고 비례제와 연방제가 결합한 합의민주제가 승자독식의 다수결민주제보다 경제성장, 실업과 노사분규 및 재정적자 감소, 정치안정과 산업평화 촉진에 더 효과적임을 확증했다.

3. 숙론민주정의 영혼은 숙론

포용성이 높은 민주정의 특징은 숙론이다. 빈약한 민주정 국가군에서도 하위권을 맴도는 한국정치에서 숙론은 그림의 떡이다. 정치인은 사생결단의 정치 내전에 몰두하고, 국민은 분열되어 있다. 숙론이 없는 정치에는 직업정치인의 권력투쟁만 난무하고, 국민은 이들의 정치 활극을 구경하면서 냉소하고 혐오하며 분노한다.

숙론민주정 국가의 공직리더십

2015년 12월 19일 필자는 스위스 프라이부르크대 라이너 아이헨베르크 교수의 집에서 은퇴정치인 한스 스퇴글링 씨를 만났다. 스퇴글링 씨는 변호사로서 연방각료의 비서직을 시작으로 30여 년 동안 스위스의 선출직 지방공무원으로 봉직하다가 은퇴한 75세의 노인이었다. 필자는 그에게 인생 황금기를 지방정치인으로 살아온 삶에 대한 소회를 물었다. 그는 이렇게 대답했다.

"베른대학을 졸업한 후 서베를린 자유대학 법대를 나와 변호사가 되었어요. 곧바로 연방정부 외무장관의 비서로 일한 것이 공직생활의 시작이었습니다. 이후 30여 년 동안 장크트갈렌 캔톤의회의원과 집행부의 행정위원, 그리고 라페스빌-요나 코뮌시장을 역임했습니다. 직무수당을 받는 명예공직을 맡은 후 변호사 수입은 3분의 1가량 줄었습니다. 스위스에서 정치인으로 사는 것은 높은 보수나 권력을 누리는 것과는 관계가 없습니다. 그러나 지난 세월은 매우 보람 있는 삶이었습니다. 만일 내가 젊어져 직업을 다시 선택한 대도 다시 이 길을 걷지 않았을까 생각합니다. 스위스에서 대다수 정치인은 생업을 가지고 공직에 봉사하면서 약간의 수당을 받고 주말도 없이 바쁘게 지냅니다. 때로 민원 등으로 시달리지만 주민과 친밀히 지내면서 이들의 애로를 해결하고 지역사회를 보살핀 보람은 무엇과도 바꿀 수 없습니다. 지난 공직생활은 행복했습니다. 지금 변호사인 제 아들도 제가 걸었던 길을 걷고 있어요."

타게 에를란데르는 20세기 초반 유럽에서 가장 잦은 파업으로 피폐해진 스웨덴을 국민화합의 복지국가로 거듭나게 만든 총리다. 그는 23년(1946년~1969년) 동안 총리로 재임하면서 매주 목요일마다 기업과 노조의 대표를 만나 대화했다. 주요 현안이 있을 때마다 정당대표를 하가성(城)에 초청해 경청하고 국정을 논의했다. 이른바 '목요클럽'과 '하프순드회의(Harpsund conferences)'는 스웨덴을 모든 사람이 가족처럼 환영받는 '국민의 집(Folkhemmet)'으로 만든 대화정치의 틀이었다. 그는 퇴임 직전 해의 총선을 제외하면 단 한 번도 과반의석을 차지하지 못했지만 작은 보폭의 대화정치로 기적을 일구었다.

에를란데르는 1968년 득표율 50.2%로 사민당 역사상 최초로 국회 과반의석을 얻은 직후 주변의 만류에도 불구하고 총리직에서 물러났다. 2017년 에를란데르의 며느리는 KBS기자에게 "아버님은 총리 재임 중 공관을 마다하시고 임대주택에 사셨어요. 월세를 어머니가 내셨지요."라고 털어놓았다. 23년간 '국민의 집'을 짓기 위해 헌신한 에를란데르는 퇴임 후 살 자신 소유의 집이 없었다. 스웨덴 국민은 놀랐다. 그는 국민의 기부금으로 지어준 통나무집에서 여생을 보내다 84세에 타계했다.

에를란데르의 공직리더십은 전임 총리인 페르 알빈 한손의 모범을 따른 것이었다. 에를란데르의 '국민의 집' 비전은 초등학교 4학년을 마치고 상점 점원으로 시작해 총리에 오른 한손이 주창한 '국가는 국민이 행복을 누리는 집' 국정기조를 계승한 것이다. 에를란데르의 '목요클럽'과 '하가협상'도 노사협상의 교과서인 짤츠요바덴협약(Saltsjöbaden Agreement)을 성사시킨 한손의 대화정치를 제도화한 것이다. 에를란데르의 삶은 일과를 마치고 전차로 귀가하던 중 심장마비로 급서했을 때 개인소유의 집 한 채 없었던 한손의 청빈까지 닮았다. 에를란데르의 리더십 유산은 후임 총리들에게 이어졌다. 에를란데르의 보좌관 출신으로 42세에 총리에 오른 올로프 팔메는 에를란데르처럼 경호원 없이 부인과 함께 연극을 보고 귀가하던 중 괴한의 총격으로 서거하기 전까지 11년 동안 총리직을 수행하면서 대화정치의 전통을 이어가며 스웨덴 모델을 완성했다. 팔메의 후임으로 총리가 된 잉바르 칼손은 비서실장으로서 모셨던 에를란데르의 리더십을 '겸손' 한마디로 요약했다. 그는 1990년대의 경제위기를 기회로 바꾼 정치인생의 정점에서 에를란데르를 따라 7년 총리직을 자진해서 사임했다. 칼손은 "권력은 그 자체가 목적이 아니라 나라발전을 위한 개혁에 사용하기 위해 잠시 빌린 것임을 명심해야 한다."라고 말했다.

에를란데르의 감화력은 동심원을 그리는 물결처럼 다른 정당의 정치인에게도 퍼져나갔다. 사민당과 경쟁하는 국민당 소속의 한 국회의원은 "국민의 목소리를 경청하고 국민의 걱정을 찾아내 집중하시오."라는 에를란데르의 충고를 자신의 신조로 삼고 있음을 자랑했다.

모범적 숙론민주정 국가인 노르딕국가와 스위스 정치에는 숙론이 살아있다. 노르딕국가의 '사회적 대화' 전통은 정치적 화합과 안정, 산업평화와 경제적 번영의 토대다. 스웨덴 복지국가의 기틀을 마련한 사민당의 타게 에를란데르는 23년간 총리직을 수행하면서 전임 총리 페르 알빈 한손의 전통을 이어받아 대화정치를 확립했다. '만찬정치'와 '목요클럽' 및 '하프순드회의'는 스웨덴 대화정치의 상징이다.

스위스의 정치안정과 경제적 번영은 숙론민주정이 이룬 성과이다. 스위스의 연방제와 비례제 및 직접민주제가 조성하는 숙론은 스위스 정치문화의 유전인자로 아로새겨졌다. 특히 직접민주제의 영혼은 숙론이다. 직접민주제는 스위스의 정치문화에 숙론의 밈(meme)을 심어놓았다. 1848년 건국 후 약 70년 동안 계속된 승자독식 다수결정치는 캔톤에서 시행된 직접민주제를 1874년(선택적 국민투표)과 1891년(국민발안투표) 연방정부에 도입하기 시작하면서 권력공유 합의정치로 서서히 변화했다(Vatter, 2020: 970-989).

20여 세기 전 아테네 폴리스의 180년 동안의 번영도 "자유주의 이전의 원초적 민주정(basic democracy)"을 발명한 아테네인의 숙론정치 덕분이었다. 아테네 폴리스의 시민은 폭력이 아니라 설득에 기반을 둔 삶의 방식을 선택했다. 스탠포드대 조시아 오버(Ober, 2023: 332-351)는 기원전 481년 페르시아 대군의 침공에 직면하여 아테네 시민이 숙론을 통해 살라미스 해전을 결정한 "민주정의 지혜(democracy's wisdom)"를 승전의 비결로 평가했다. 아테네는 살라미스 해전에서 승리한 후 그리스 세계의 으뜸가는 국가로 번영했다(Ober, 2008).

V. '87년 헌정체제의 결함과 숙론민주정 헌정혁신

빈약한 민주정의 질병을 앓게 만든 '87년 헌정체제의 결함은 무엇인가? 그리고 이 빈약한 민주정을 자유와 번영의 숙론민주정으로 전환하기 위해서는 어떤 헌정혁신 노력이 필요한가?

1. '87년 헌정체제의 결함

현행 '87년 헌법체제는 대통령 직선제 부활의 역사적 공적에도 불구하고 승자독식 다수제와 과잉 중앙집권제 및 엘리트 지배 대의제를 특징으로 하는 빈약한 민주정이다. 첫째, '87년 헌정체제는 주권자 국민의 직접 참여를 지나치게 제한하는 엘리트 지배의 대의제에 집착하여 공직자의 입법해태와 엘리트 카르텔을 예방하고 교정할 유력한 수단을 갖고 있지 못하다. 국민은 다수 국민이 원하는 사안을 의제로 삼지 않거나 다수 국민의 의사에 반하는 결정을 내린 행정부와 국회를 통제하기 위해 차기 선거 때까지 4~5년을 기다려야 한다. 게다가 국민주권을 위협하는 검찰과 사법부의 정치적 중립 위반을 제어할 수단이 없는 상황에서 아스팔트 위에서 불평불만을 토로하고 분노를 표출할 수밖에 없다.

둘째, '87년 헌정체제는 집권화의 역주행을 막고 지방분권개혁과 지역균형발전을 촉진하는 데 한계가 있음을 여실히 드러냈다. 총 조세 중 지방세가 차지하는 비율은 1995년 21.6%에서 2023년 24.6%로 28년 동안 고작 3.0%p 늘었지만,[24] 243개 지방자

24 특히 2010년 지방소비세와 지방소득세를 신설했고, 2011년 지방세법 개정으로 지방세 세목을 16개에서 11개 줄였다.

치단체(광역지방자치단체 17개 + 기초지방자치단체 226개)의 평균 재정자립도는 1991년 66.4%에서 2023년 50.1%로 하락했다. 정부의 지방분권 · 균형발전정책이 무색하게 32년 동안 지방자치단체의 중앙정부 재정의존도는 개선되기는커녕 무려 16.3%p나 높아졌다. 특별지방행정기관은 2008년 4,549개에서 2020년 5,139개로 12년 사이에 무려 590개나 늘었다. 충청북도의 경우 국비 보조사업의 수효는 2010년 735개에서 2020년 1,155개로 증가했고, 국비에 따라 강요되는 도비 지출은 2010년 2,715억 원에서 2020년 5,164억 원으로 급증했다(이시종, 2021).

셋째, '87년 헌정체제는 지역갈등과 정당의 권력투쟁을 부추기고, 군소 정당의 의회 진입을 어렵게 하는 승자독식 다수제를 규정하고 있다. 다수제로 선출된 제왕적 대통령[25]과 소선거구 다수제에 미약한 연동형 비례대표제를 혼합한 선거제로 구성된 국회의 정당 의석수와 득표율 간 심한 괴리는 민의를 왜곡시키고 퇴영적 지역주의 정당정치를 조장했다. 그리고 승자독식 다수제는 정당 간 협상과 타협을 가로막고 거대 양당의 권력투쟁을 격화시켰다.

[그림 1-2] '87년 헌정질서의 빈약한 민주정

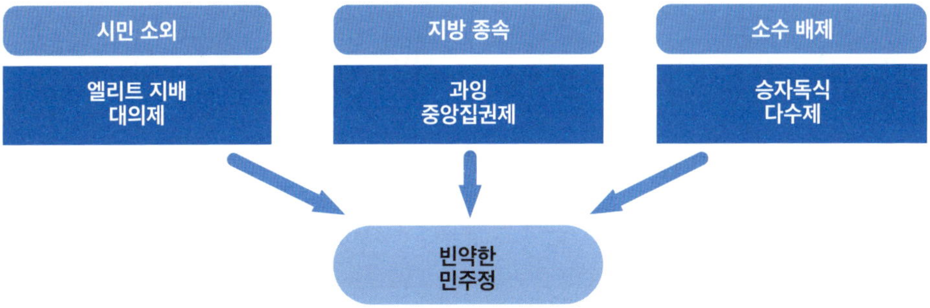

자료: 필자 작성.

2. 숙론민주정 헌정혁신의 방향

'87년 헌정체제의 결함을 극복하려면 무엇보다 빈약한 민주정에서 배제되거나 소외된 시민과 지방과 소수를 포용하여 엘리트-시민, 중앙-지방, 다수-소수가 권력을 공

25 제20대 대선(2022. 3. 9.)에서는 0.73% 득표율 격차로 당락이 결정되었다. 제19대 대선(2017. 5. 9.)에서는 41.1%를 득표한 문재인 후보가 24.0%를 득표한 홍준표 후보를 제치고 당선되었다. 그러나 제18대 대선(2012. 12. 19.)에서는 3.6%의 근소한 득표율 격차로 당락이 결정되었다.

유하는 숙론민주정 헌정질서를 구축해야 한다. 첫째, 숙론민주정 헌정혁신은 엘리트 지배의 대의제를 시민의 직접참여 기회를 확대해 엘리트와 시민이 권력을 공유하는 대의직접민주제(representative direct democracy)로 전환해야 한다. 문제는 시민의 직접참여를 확충하는 헌정혁신이 대의민주제를 위축시키고 혼란을 초래할 것으로 우려하는 사람들이 많다는 것이다. 그러나 이런 우려는 기우임이 밝혀졌다. 총 입법 중 약 1% 직접입법을 확충하는 직접참정 확충은 대의민주제를 대체하는 것이 아니라 오히려 대의민주제를 민의에 더 충실하게 만든다. 더욱이 직접참정 확충은 혼란이 아니라 안정을 가져오는 제도혁신이다. 19세기 후반 스위스에서도 직접민주제 확대 운동이 전개되자 극단주의자들이 발호해 국정 혼란이 야기될 것으로 걱정하는 사람들이 적지 않았다. 그러나 역사는 정반대의 방향으로 진행되었다. 고도의 정치안정과 산업평화가 찾아왔고, 시민의 의사에 더 충실한 대의민주주의가 구축되었다. 사실 세계에서 가장 개방적 직접민주제를 실행하는 스위스에서도 국민은 전체 입법 건수 중 1%만 입법한다. 하지만 놀랍게도 '1% 국민입법'은 건국 이후 70년 이상 승자독식 다수제의 빈약한 민주정을 세계 최고의 정부신뢰도를 자랑하는 숙론민주정으로 변화시켰다. 의회의 입법 독점이 사라지면서 정치계급의 엘리트 카르텔과 이전투구 권력투쟁은 자취를 감추었고, 주권자-시민의 뜻을 받드는 성숙한 대의민주제로 거듭났다. 이와 같은 스위스 직접민주제의 성공비결은 무엇보다 공적 숙론에 있다(안성호, 2018: 215-230). 숙론은 직접민주제의 영혼이다.

[그림 1-3] 숙론민주정 헌정혁신의 방향

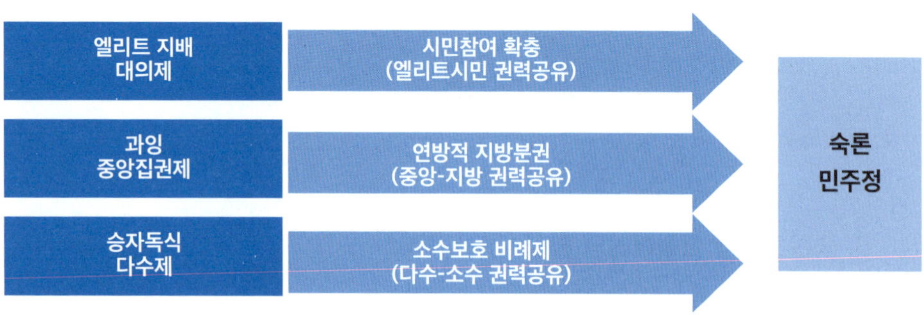

자료: 필자 작성.

둘째, 숙론민주정 헌법개혁은 중앙과 지방(광역-기초-풀뿌리공동체)의 주종관계를 협약에 의한 연방적 협력관계로 전환한다. 숙론민주정에서 중앙과 지방이 권력을 공유하는 연방적 협력관계는 보완성원칙(subsidiarity principle)에 기초한 정부간관계(IGR)를 지향한다. 국가공동체의 통합을 책임지는 중앙은 원칙적으로 명령과 강제가 아니라 설득과 지원을 통해 지방의 개성과 자율성을 존중하는 지도력을 발휘한다. 지방은 자율에 상응하는 책임을 기꺼이 감당한다. 그리고 전국의 지방공동체는 자유와 돌봄의 기초공화국으로서 조세자치권을 행사함으로써 "기업가정신의 클러스터(clusters of entrepreneurship)"로 활약할 수 있다(Nef, 2021: 77-86).

셋째, 숙론민주정 헌정혁신은 승자독식 다수제의 폐해를 극복하기 위해 다수와 소수가 권력을 공유하는 소수보호 비례제로 전환한다. 이를테면 "가장 큰 소수"의 지지를 얻은 대통령 후보에게 전권을 몰아주는 소선거구 다수제의 폐단(Lijphart, 1999: 220)을 완화하기 위해 결선투표제를 도입하여 협치의 가능성을 높일 수 있다. 더 적극적으로, 소수당이 득표율보다 훨씬 적은 의석을 배정받는 불이익을 방지하기 위해 정당의 득표율과 의석수를 비례시키는 비례대표제를 채택해 소수당을 보호하고 다양한 의사를 입법에 반영할 수 있다. 그리고 다수와 소수의 공존을 위한 연방주의적 해법을 모색할 수도 있다. 지역대표형 상원은 작은 지역정부의 대표성을 인구 비례를 능가해 우대하는 방식으로 국가입법에 참여하여 그동안 무시된 지역적 소수의 권익을 보호한다.

3. 숙론민주정 헌정혁신의 과제

빈약한 민주정을 숙론민주정으로 전환하는 헌정혁신의 과제는 다음과 같다. 첫째, 대의민주제를 보완 · 교정하는 시민참여를 확충해야 한다. 헌법 국민발안투표제를 도입하고, 다수 국민의 의사에 반하는 법률을 바로잡고 주요 국정과제를 국민의 숙론을 거쳐 확정하는 선택적 국민투표제가 필요하다. 지방검사장과 지방법원장의 직선제 도입과 기소배심제 · 배심재판제 등 사법의 민주화도 필요하다. 아울러 삶의 현장에서 일상적으로 숙론민주정을 체험하며 자유와 돌봄의 공적 행복을 누릴 수 있도록 풀뿌리자치를 비롯한 지방의 직접민주제 개편도 절실하다. 그리고 공직 후보 당원투표제의 법제화도 서둘러야 한다.

둘째, 과잉 중앙집권제를 중앙과 지방이 권력을 공유하는 선진국형 연방적 지방분권제로 전환해야 한다. 이를 위해 국가입법에 지방이 직접 참여할 수 있도록 지역대표형 상원을 설치할 필요가 있다. 보완성원칙에 따라 정부간관계(IGR)를 재구축하고, 법률을 국가법률과 자치법률로 구분해야 한다. 무엇보다도 지방정부의 과세권을 인정하는 세입의 지방분권화가 필요하다. 과세자치권 없는 지방정부는 진정한 의미에서 지방정부가 아니다. 아울러 헌법 제118조 제1항에서 지방자치단체에 오직 의회만 두도록 의무화한 것을 "지방자치단체에 지방의회 또는 주민총회 등 입법기관과 집행기관을" 두도록 바꾸고, 제2항에서 "지방자치단체의 조직과 운영에 관한 사항은 법률로" 정하도록 한 것을 "지방자치단체의 입법기관과 집행기관의 구성과 운영에 관한 사항은 지방자치단체의 법률로" 정하도록 개정해야 한다. 그리고 헌법 제59조 "조세의 종목과 세율은 법률로" 정하도록 제한한 조세법률주의 규정을 "조세의 종목과 세율은 법률 또는 자치법률"로 정하도록 개정할 필요가 있다.

숙론민주정 스위스의 삼권분립

	행정권	입법권	사법권
연방	**연방내각** 7명의 4년 임기 연방각료는 양원합동회의에서 선출. 7명의 각료는 대연정에 참여한 4개 정당에 2-2-2-1명씩 배정. 각 각료는 7개 부처 장관직 수행. 1년 임기의 대통령은 '동료 중 수석(primus inter pares)'으로서 각료가 윤번제로 봉직. 각료 평균 재임기간 12년.	**연방하원** 200명. 인구 비례로 의석을 배분하지만 각 캔톤에 최소 1개 의석 배정. 1개 의석을 배정받은 캔톤은 다수제로, 나머지 캔톤은 동트식 비례대표제로 선출. **연방상원** 46명. 20개 캔톤은 2명씩, 6개 반캔톤은 1명씩 배정된 의석을 캔톤법에 따라 흔히 다수제로 선출. [양원관계] 양원은 동등한 권한을 행사. 연방각료와 연방대법관 및 연방검사는 양원합동회의에서 선출.	**연방대법관** 6년 임기의 38명 대법관과 19명 보조대법관은 양원합동회의에서 선출. 정당 추천 인사를 법사위 심사 후 후보 제청. 재선 탈락은 사실상 탄핵. **연방검사** 6년 임기의 연방검찰총장과 2명의 연방검찰차장은 양원합동회의에서 선출.
캔톤	**캔톤행정부** 4~5년 임기의 5~7명 캔톤 각료는 주민이 직선. 티치노 캔톤 외 모든 캔톤은 다수제로 선출.	**캔톤의회** 단원제 의회. 캔톤의원은 주민이 보통 비례대표제로 선출.	**캔톤법관과 검사** 캔톤 법관은 캔톤행정부, 의회 또는 주민이 선출.
코뮌	**코뮌행정위원회** 대체로 4년 임기의 5~7명 코뮌행정위원은 다수제로 주민이 직선. 직무수당만 받는 시간제 코뮌행정위원은 무보수 명예직.	**코뮌총회 또는 의회** 약 2천여 개의 코뮌 중 대략 주민 2만 명 이하의 작은 코뮌(80%)은 흔히 연 2~5회 총회 개최. 큰 코뮌은 보통 비례대표제로 주민 직선의 의회를 구성.	**디스트릭트 법관과 검사** 디스트릭트 법관과 검사는 디스트릭트를 구성하는 몇 개 코뮌의 주민이 선출 또는 캔톤행정부가 임명.

출처: (Linder & Mueller, 2021: 20)의 [표 2-1]을 필자가 보완.

[표 1-1] 숙론민주정 헌정혁신의 과제

과제	내용
시민참여 확충 (엘리트-시민 권력공유)	• 헌법 국민발안제, 선택적 법률·국정과제 국민투표제 • 지검장·지방법원장 직선제, 기소배심제, 배심재판제 • 주민발안, 주민투표, 풀뿌리자치 혁신, 공직후보 당원투표
연방적 지방분권 (중앙-지방 권력공유)	• 지역대표상원(시도별 비례대표제) • 정부간관계(IGR) 보완성원칙 • 지역정부 입법권 강화(국가법률/자치법률 구분) • 재정연방주의와 조세자치권 강화, 지역정당 허용
소수보호 비례제 (다수-소수 권력공유)	• 4년 중임 결선투표(준)대통령제 < 내각제 < 준내각제 • 지역대표상원(시도별 비례대표제)+하원(소선거구 다수제) • 대법원장, 헌재소장, 검찰총장, 경찰청장 국회 2/3 선출/탄핵 • 대법관(100명), 헌법재판관, 대검차장, 고검장, 특별법원장, 국가기관장(50%) 국회선출(정당 비례)/탄핵, 감사원 국회 이관

자료: 필자 작성.

셋째, 승자독식 다수제를 소수보호 비례제로 바꾸는 헌정혁신이 필요하다. 이를 위해 먼저 제왕적 대통령제를 개혁해야 한다. 요즘 정치권은 여론조사 결과에서 다수 국민이 4년 중임 대통령제를 선호한다는 이유로 여기에 대통령의 권한을 국회에서 선출된 총리와 분점하는 준대통령제(이원정부제)와 결선투표제를 도입하는 방안을 거론하고 있다. 그러나 이런 방식의 권력구조 개편의 위험성과 다른 대안에 대한 검토와 공론화가 필요하다.[26] 대통령제 개혁과 함께 국회 개혁이 필요하다. 대권 쟁탈에 목숨을 건 내전 정치를 숙론 정치로 바꾸려면 국민이 가장 불신하는 국회를 국민입법으로 통제하는 길을 열면서 동시에 국정의 중심 권력기관으로 만들어야 한다. 이를 위해 먼저 시도별 비례대표제 선거로 구성되는 지역대표형 상원을 신설하여 양원제 국회로 전환해야 한다. 아울러 그동안 대통령이 사실상 독점적으로 인사권을 행사해온 대법원장, 헌법재판소장, 검찰총장, 경찰청장, 방송통신위원장을 국회 재적의원 3분의 2 이상의 찬성으로 선출하고 탄핵해야 한다. 대법관 수를 100명으로 늘려 헌법재판관, 대검차장, 고검장, 특별법원장, 주요 국가기관장 50% 이상의 공직 후보를 정당 의석에 비례해 추천을 받아 국회에서 선출하고 탄핵 또는 해임해야 한다. 그리고 감사원의 소속을 행정부에서 국회로 옮겨야 한다.

26 제왕적 대통령제 개혁방안은 이 책 제8장에서 다룬다.

Ⅵ. 숙론민주정 헌정혁신의 시도와 좌절

1997년 IMF 외환위기로 기업이 줄도산하고 외환 보유창고가 고갈되자, 정부는 국가 부도를 면키 위해 IMF에 긴급구조융자를 요청했다. 정부가 IMF 외환위기를 어떻게 극복할 것인지 고심하고 있을 때, 미래학자 앨빈 토플러는 2001년 6월 7일 청와대로 김대중 대통령을 예방하고 부탁받은 『대한민국을 위한 자문보고서』를 제출했다. 보고서의 요지는 놀랍게도 정부체제를 과감하게 분권화해야 한다는 것이었다.

> "각국 정부는 근대화에 적응해왔다. 표준화, 전문화, 동시화, 집중화, 그리고 무엇보다 중앙집권의 산업화 핵심원리가 정부에 적용되어 관료제를 낳았다. 이 시스템은 잘 알려진 결점에도 불구하고 한국의 경제개발 시대에 적절히 작동될 수 있었다. 하지만 산업화 시대에 대응해 고안된 정부체제는 지식기반 경제와 사회에서는 적절하게 기능할 수 없다. 정부체제의 근본적 변화가 필요하다."

제3물결 정치가 요구하는 새로운 문명의 창조를 위한 토플러의 핵심 처방은 분권적 헌정질서의 구축이었다. 토플러의 분권화 헌정혁신과제는 토플러 부부가 저술한 『신문명 창조: 제3물결 정치』(1994)에 구체적으로 제시되었다. 소수권력, 결정권 분산, 준직접민주제가 그것이다. 그러나 토플러의 분권화 권고는 IMF의 긴급구제 금융을 받아 경제위기를 탈출하고자 안간힘을 쓰던 김대중 정부의 큰 관심을 끌지 못했다. 이즈음 지방분권과 지역균형발전을 통해 지방의 소외와 배제의 문제를 해결하려는 시민운동가와 연구자가 모여 전국적 지역연합 시민단체인 지방분권국민운동을 결성했다.

이어 지방 포용의 시대정신을 반영한 3대 지방화 개혁과제, 즉 지방분권과 지역균형발전 및 신행정수도 건설을 약속한 노무현 정부가 집권했다. 노무현 정부는 이른바 지방화 3법을 제정하고 지방을 포용하는 정책을 추진했다. 노무현 정부의 지방 포용정책은 기득권 연합의 격렬한 저항으로 파행을 거듭했다. 그러나 제주특별자치도의 출범과 주민투표법 제정을 비롯한 지방분권, 중앙부처가 이전된 세종행정도시와 공공기관 지방 이전을 통한 혁신도시 건설 등의 성과가 있었다.

이어 이명박 정부와 박근혜 정부는 개발연대의 중앙집권적 발전국가 노선으로 복귀하여 지방 포용에 소극적으로 대응하거나 심지어 역행하는 집권화 정책을 추진했다. 마침내 2014년 304명의 생명을 앗아간 세월호참사가 발생했고, 2016년~2017년 엄동설한에 대통령의 국정농단을 규탄하는 연인원 1천 7백만 명의 촛불집회가 열렸다. 또다시 기존 발전국가 패러다임의 대전환을 촉구하는 경종이었다.

이어 '연방제에 버금가는 강력한 지방분권'을 공약한 문재인 정부가 들어섰다. 문재인 대통령은 2018년 3월 "대한민국은 지방분권국가를 지향한다."라고 천명하고, 법률에 대한 국민발의권과 국회의원에 대한 국민소환권 등을 규정한 헌법개정안을 발의했다. 하지만 이 헌법개정안은 국회에서 제1야당의 표결 불참으로 무산되었다.

2019년 12월 양당제의 폐해를 완화하고 소수정당을 포용하는 준연동형 비례대표제를 규정한 공직선거법 개정안이 제1야당의 극렬한 반대 속에 가까스로 가결되었다. 그러나 이 준연동형 비례대표제는 득표율과 의석수의 비례성을 제약할뿐더러 거대 양당이 편법으로 위성정당을 급조하여 오히려 역효과를 냈다. 2020년 6월 국회의원선거에서 소수정당의 입지는 의석의 불비례성 심화로 전보다 더 좁아졌다.

2020년 3월 시민단체 개헌연대의 주선으로 148명의 여 · 야 의원은 유신헌법 개정으로 폐지된 헌법개정 국민발안제를 부활시키는 원포인트 개헌안을 발의했다. 그러나 이 개헌안도 제1야당의 표결 불참으로 무산되었다.

2024년 22대 총선을 앞두고 다시 비례대표제 개혁 논의가 다시 시작되었다. 비례대표제 확대에 대한 거대 양당의 저항이 거센 가운데 용두사미의 미미한 변화가 있었다. 종전의 연동형 캡 30석과 병립형 비례대표 의석 17석이 삭제되고, 비례대표 의석 46석을 정당득표율 50%를 기준으로 계산하는 방식이 채택되었다. 22대 총선 결과, 민주당 171석과 국민의힘 108석에 조국혁신당 12석이 덧붙여진 강력한 양당제가 다시 만들어졌다. 이처럼 헌정질서의 변화를 위한 몇 차례 시도가 정치계급의 완강한 저항에 부딪혀 번번이 좌절되었다.

우리는 흔히 빈약한 민주정치에 그냥 머물러 있으면 적어도 현재의 상태가 그대로 유지될 것으로 생각한다. 그러나 이런 생각은 매우 위험하다. 현실 안주는 우리가 지금 누리는 자유와 민주정치를 우리가 의식하지 못하는 방식으로 서서히 또는 한순간에 무너뜨릴 수 있다. 21세기 민주정은 위기를 맞고 있다. 세계 곳곳에 독버섯처럼 권위주의 지배가 번지고 있다. 홍콩과 미얀마의 민주화 시민항쟁은 유혈 진압되었고, 아프간에서는 탈레반 폭정이 재개되었다. 한국의 민주정치도 안전하지 않다. 2016년-2017년 엄동설한에 광화문과 전국 곳곳에서 대통령의 탄핵을 요구하는 촛불시위가 7주간에 걸쳐 이어졌을 때, 기무사령관은 계엄령을 선포하고 무력진압하는 작전계획을 세웠다. 군사쿠데타의 그림자가 어른거렸다. 루소는 『사회계약론』(1762)에서 민주정치 수호를 위한 시민의 각성을 이렇게 촉구했다. "민주적 정체에서 힘과 기개로 무장하고 매일 노예의 평화보다 위험한 자유를 더 선호한다고 선언해야 한다." 『강한 민주정치』(1984)의 저자 바버는 우리에게 이렇게 경고한다. "우리는 자유롭게 태어날 수 있다. 그러나 오직 살아 있는 동안 자유를 지키려고 분투할 때만 자유롭게 죽을 수 있다."

Ⅶ. 헌정혁신의 좁은 문

21세기 우리가 경험하고 있는 민주정 위기는 국민이 민주정을 반대하거나 민주정의 과잉 때문이 아니라 선거 참여만 허용하는 빈약한 민주주의 때문에 발생했다. 민주주의 위기는 빈약한 민주정을 숙론민주정으로 바꿀 때 극복될 수 있다. 자유로 가는 길이 하나 있다. 그 길은 숙론민주정을 통해 나 있다. 그러나 숙론민주정 헌정혁신의 문은 좁고 그 길은 험난하다.[27] 좁은 문으로 들어가 숙론민주정 헌정질서를 이룬 나라는 매우 적다.

1. 제도부식

헌정질서는 특별한 관심과 노력을 기울이지 않으면 공화국질서에서 제국질서 쪽으로 기우는 집권화 성향을 띤다. 그 결과, 거의 모든 나라의 헌정질서는 과도하게 집권화되어 있다(Nef, 2021: 80). 루소는 『사회계약론』(2020 [1762])에서 "나이와 죽음이 결

27 2천 년 전 예수는 팔레스타인 민중을 착취하는 권세가들을 비판하며 평등과 사랑의 새 질서를 설파했다. "유대인도 없고 그리스인도 없다. 노예도 없고 자유인도 없다. 남자도 없고 여자도 없다. 너희는 모두 예수 그리스도 안에서 하나이기 때문이다"(「갈라디아서」 3 : 28). 이에 권세가들은 기존질서에 도전하는 예수를 혁명가로 간주하고 처단하기로 작정했다. 예수는 멸망에 이르는 차별과 두려움의 질서를 생명으로 인도하는 평등과 사랑의 질서로 바꿀 복음을 전하며 이렇게 말했다. "좁은 문으로 들어가라. 멸망으로 인도하는 문은 크고 그 길이 넓어 그리로 들어가는 자가 많으나, 생명으로 인도하는 문은 좁고 협착하여 찾는 이가 적음이니라"(「마태복음」 7 : 13-14).

국 신체를 파괴하는 것처럼, 정체가 탄생부터 끊임없이 자신을 파괴하는 불가항력의 내재적 결함"이 있음을 통찰했다. 루소는 "정체의 수명이 헌법의 강건함 여부"에 달려 있으므로, 정체의 수명을 늘리려면 "최선의 가능한 헌법"을 계속 재창조해나가야 한다고 역설했다. 루소를 탐독한 토크빌은 『미국의 민주정치 Ⅱ』(1840)에서 "다가올 민주사회에서 개인의 독립과 지방의 자유는 예술작품처럼 공을 들여야 얻을 수 있다. 그러나 그냥 두면 정부는 자연스럽게 집권화될 것"으로 예견했다. 토크빌의 예견은 집권화 압력에 상당한 저항력을 가질 것처럼 보이는 연방국가에도 적중했다(안성호, 2018: 200). 미국에서 총 정부지출 중 연방지출이 차지하는 비율은 1929년 약 30%에서 2019년 55%로 급증했다. 90년 동안 거의 두 배나 증가한 셈이다. 제왕적 대통령제에 대한 우려와 비판도 미국에서 시작되었다. 이런 집권화 제도쇠퇴 현상은 독일에서도 나타났다. 다행히 2006년 독일연방의회는 중앙집권화를 완화하는 기본법 개정을 단행했다. 그러나 스위스에서는 이런 심각한 집권화 제도쇠퇴가 발생하지 않았다. 연방정부 수준에서 직접민주제를 활발히 활용한 덕분이었다.

2. 집단지성과 장인정신

인간은 실수하기 쉽고 종종 오류를 범한다. 단 몇 차례 헌법개혁으로 완벽한 헌정질서를 세울 수 있다는 신화에서 벗어나야 한다. 미국의 연방헌법 채택 100주년이 되는 해 영국의 글래드스톤 수상이 "지금까지 인간 지성이 정치문제를 해결하기 위해 단번에 이룩한 가장 놀라운 걸작"으로 칭송한 미국 연방헌법은 오늘날 빈약한 민주정의 결함을 드러내고 있다. 이와 대조적으로 필요할 때마다 정체를 보완 · 수정하는 개헌안이 발의되고 국민투표로 확정해온 스위스는 숙론민주정을 구축하고 정치적 안정과 경제 · 사회적 번영을 누려왔다. 숙론민주정을 실현하는 헌정혁신은 구성원에게 경험학습을 통해 헌정질서를 수시로 점검하고 다듬는 집단지성과 장인정신(craftsmanship)을 요구한다. 실로 오늘날 스위스의 정체성을 규정하는 직접민주제는 거의 2세기 동안 스위스인의 집단지성과 장인정신이 이룩한 정치건축의 예술품이다. 프랑스대혁명의 여파로 코뮌과 캔톤에 널리 퍼진 직접민주제는 1848년 스위스연방의 출범과 함께 연방헌법 개정을 위한 의무적 국민투표제와 연방헌법의 전면개정 국민발안제로 모습을 드러냈다. 이후 1874년 연방의 법률과 명령에 대한 선택적 국민투표제가, 1891년 연방헌법의 부분

개정 국민발안제가, 1921년 국제조약에 대한 국민투표제가 도입되었다. 2차 대전 직후 1949년 긴급위헌법률에 대한 의무적 국민투표제와 1년 이상 효력이 계속되는 긴급법률에 대한 선택적 국민투표제가 도입되었다. 이어 1977년 집단안보 관련 국제기구 가입에 관한 의무적 국민투표제가, 1987년 국민이 발의한 원안(原案)과 정부가 발의한 대안(代案)에 '이중 찬성(double yes)'을 허용하는 국민투표제가, 그리고 2003년 국제조약에 대한 국민발안제와 국민투표제가 각각 도입되었다. 아울러 그동안 코뮌과 캔톤의 직접민주제 혁신도 계속되었다.

3. 악마는 디테일에 있다

헌정혁신은 법조문의 세부사항에 세심한 주의를 기울이지 않으면 실패한다. 거창한 개념과 미사여구로 가득 찬 법조문이 의미 있는 실천을 담보하지 않음은 물론이다. 예컨대 2004년 10년 넘게 도입논의가 계속되었던 주민투표법이 제정되었을 때, 사람들은 지방자치에 큰 긍정적 변화가 있을 것으로 기대했다. 그러나 기대는 빗나갔다. 주민투표제도에 과도한 기대를 걸었던 것인가? 주민투표법 개정안이 국회에서 통과되기 전 열린 공청회에서 필자는 법안의 심각한 문제점을 지적했다. 특히 인사 · 조직 · 재정과 같은 중대한 사항을 주민투표대상에서 제외한 것과 유권자 3분의 1 유효투표율제의 문제점을 지적했다. 이 규정이 그대로 법제화되는 경우 주민투표법 시행의 효과에 큰 지장이 있을 것으로 우려했다. 그동안 이런 우려는 현실이 되었다. 주민투표는 법이 제정된 후 20년이 넘었으나 고작 8차례 실시되었고, 기대한 효과는 거의 나타나지 않았다. 숙론민주정 헌법개혁의 실효성을 담보하기 위해서는 법률에 위임할 세부사항을 규율할 정체 설계의 원칙을 헌법에 명확히 규정할 필요가 있다.

4. 슈퍼투쟁

숙론민주정 헌정혁신은 권력의 이동을 수반한다. 따라서 헌법개혁은 기존 질서를 고수하려는 세력과 새로운 질서를 갈망하는 세력 간에 치열한 투쟁을 일으킨다. 토플러는 이것을 "슈퍼투쟁(super struggle)"이라고 불렀다. 헌정혁신은 빈약한 민주정에서 누려온 기득권 상실을 우려하는 집단의 격렬한 저항을 극복해야 한다. 거대한 기득권 연합

세력의 저항을 극복하기는 매우 어렵다. 숙론민주정 국가가 희귀한 까닭은 바로 이 때문이다. 그러나 숙론민주정이라는 공화국질서는 유토피아가 아니라 실현 가능한 프랙토피아(practopia)다. 스위스와 스칸디나비아 국가, 그리고 큰 나라로는 독일이 그 증거다. 2차대전 후 나치스 제국질서에서 오늘날 숙론민주정 공화국질서로 바뀐 독일 사례는 비록 그 시작이 연합국에 의해 강요된 선물이었지만 단기간에 전면적 정체전환이 가능함을 보여주었다.

5. 시민비르투와 헌정리더십

숙론민주정 헌정혁신의 본질은 그동안 소외되거나 배제된 시민과 지방과 소수가 각각 엘리트와 중앙과 다수와 권력을 공유하는 포용적 헌정질서를 만드는 것이다. 포용적 헌법질서는 거저 주어지지 않는다. 뒤돌아보면, 지금 우리가 누리는 빈약한 민주정도 깨어 있는 시민의 민주화 투쟁의 성취다. 1960년 4 · 19혁명, 1979년 부마항쟁, 1980년 5 · 18항쟁, 1987년 6 · 10항쟁과 이 기간에 민주열사의 목숨을 건 희생이 없었다면, 지금도 우리는 독재의 속박 속에서 숨죽이며 살고 있을 것이다.

과거 민주화 투쟁에서 민주열사가 치렀던 고문과 죽음을 되풀이하지 않고 '숙론민주정' 헌정혁신이 성공하려면 깨어 있는 시민의 비르투와 함께 자유와 번영의 헌정질서를 세우기 위해 자신의 기득권을 기꺼이 내려놓는 위대한 헌정리더십이 필요하다.

몽테스키외는 『로마인의 영광과 쇠락의 원인에 관한 고찰』(1734)에서 사회의 탄생기에 공화국 지도자가 세운 제도가 이후 지도자의 품격을 형성한다고 강조했다. 이어서 루소는 당시 제네바 공화국의 헌정혁신을 위해 집필한 『사회계약론』(1762)에서 공화국의 헌정질서를 세우는 지도자에게는 "인간 본성에 대한 이해와 인간 행복에 대한 깊은 관심, 그리고 백년대계의 장기적 관점을 갖춘 탁월한 지성이 필요"하다고 역설했다. 로버트 그린리프는 『서번트 리더십』(1977)에서 위계적 제국질서를 권력공유의 공화국질서로 전환하는 일을 섬기는 지도자의 중요한 임무로 규정했다. 조셉 나이는 『리더십 권력』(2010)에서 "제도를 설계하고 유지하는 능력을 선량한 지도자의 가장 중요한 기량"으로 꼽았다.

번영하는 나라의 민주정 수립에는 언제나 위대한 헌정리더십이 선행했다. 아테네 민주정치의 탄생에는 솔론, 클라이스테네스, 페리클레스 등의 걸출한 헌정리더십이 있었다. 혼합정체의 원조인 로마공화정은 세르비우스 툴리우스와 브루투스의 탁월한 헌정리더십에 의해 세워졌다. 대만이 1947년 헌법에 국민발안, 국민투표, 국민소환을 명시한 것은 우연이 아니었다. 이후 2003년 국민투표법과 국민소환법의 제정과 2016년 개정으로 직접민주제 선진국으로 부상한 배경에는 중화민국의 국부인 쑨원의 선견지명이 있었다. 1911년 신해혁명 당시 미국에 체류하면서 캘리포니아의 직접민주제 도입에 감명을 받은 쑨원은 죽기 1년 전인 1924년 "중국을 세계 최고의 선진국으로 만들기 위해 직접민주제를 도입할 것"을 당부했다.

특히 우루과이 사례는 지도자의 헌정리더십이 후손에게 얼마나 큰 축복이 될 수 있는지 보여준다. 오늘날 라틴아메리카에서 예외적으로 선진적 민주정치[28]를 시행하며 가장 높은 1인당 국민소득을 올리며, 가장 낮은 빈곤율과 불평등 수준을 자랑하는 우루과이를 만든 것은 1세기 전 스위스를 방문한 후 포용적 헌정질서를 우루과이에 도입한 호세 바트예 대통령이었다(Katz, 2021: 1-23). 동료대통령제(collegial presidency)는 오래전 폐기되었지만, 국민발안투표를 비롯한 세 가지 직접민주제는 오늘날에도 유지되고 있다. 지난 30년 동안 형법, 투표권, 사법권 독립, 국민연금 등에 대해 약 20건의 국민발안투표[29]를 실시하여 갈등을 해결하며 국민통합을 이루어왔다. 2023년 초 우루과이 정부가 브라질의 룰라 대통령 취임식에 현직 대통령과 함께 좌파와 우파 정당의 전직 대통령 각 1명씩으로 구성한 대표단을 파견했다. 스위스의 7인 동료대통령제(collegial presidency)가 연상되는 장면이었다.

28 2023년 V-Dem연구소의 자유민주정치지수(LDI)에서는 우루과이는 22위, 한국은 47위를 기록했다.

29 우루과이에서 국민투표결과가 유효하기 위해서는 국민발안의 경우 10%, 국민투표는 25%라는 비교적 높은 문턱을 요구해 국민의 직접민주제 활용을 방해한다. 직접민주제의 이런 한계에도 불구하고, 긍정적인 효과가 주목된다.

제2장
제3물결 전제화와 숙론민주정

♦

"거의 모든 역사에서 대다수 인류는 전제군주의 지배를 받았고 세금으로 착취당했다. 자비심을 가진 폭군의 사례를 찾기는 매우 어렵다. 이타적 전제군주 가설보다 정주형 도적 모델이 역사적 사실과 더 부합한다."

– 맨슈어 올슨

"한 사회의 성공은 먼저 사회구성원이 누리는 자유로 평가돼야 한다. (…) 빈곤은 기회의 박탈이다."

– 아마르티아 센

"민주화는 장기적으로 1인당 GDP를 약 20% 증가시킨다."

– 대런 애쓰모글루

Ⅰ. 민주공화정의 위기, 어떻게 극복할 것인가?

베를린 장벽이 무너진 1989년, 프란시스 후쿠야마는 "자유주의적 자본주의의 승리"를 선언했다. 사무엘 헌팅턴이 말한 "제3물결 민주화"가 무르익은 2000년, 민주국가는 전 세계 국가의 60%에 달했다.

그러나 2010년대 시작된 글로벌 민주정치 퇴행은 2016년 이후 더 격렬해졌다. 그동안 민주제도를 빙자해 민주정치를 파괴하는 "제3물결 전제화"가 진행되었다(Lührmann & Lindberg, 2019). 2024년 독재화가 진행된 나라는 2023년보다 3개국이 늘어 45개국이었다. 20여 년 만에 독재국가 수(91개국)가 민주국가 수(88개국)보다 더 많아졌고, 세계인구 중에서 독재국가에 거주하는 인구는 1978년 이래 최고치인 72%인 58억 명으로 늘었다. 2024년 평균 세계시민이 누린 민주정치는 1985년 수준으로 퇴행했다(V-Dem Institute, 2025).

2024년 전제화가 진행된 45개국 중에서 27개국은 애당초 민주국가였는데, 이 27개국 중 우리나라를 포함해 오직 5개국만 아직 민주국가로 남아 있다. 민주국가에서 독재국가로 전락한 탈락률이 무려 67%에 달한다. 가장 빈번하게 사용된 독재화 수단은 '언론 검열'이었고, '선거 비리'와 '시민사회 억압'이 그 뒤를 이었다. 2024년 '표현의 자유'가 제한된 나라가 44개국에 달해 2023년 35개국보다 9개국 더 늘었다. '깨끗한 선거'가 손상된 나라 25개국, '결사의 자유'가 축소된 나라 22개국, '법치 준수'가 훼손된 나라 18개국이었다.

미국은 이제 글로벌 민주정을 선도해온 모범적 민주정 국가가 아니다. 2024년 11월 미국 국민은 극우 시위대를 선동해 국회의사당에 난입해 120여 명의 사상자를 발생시켰고 수십 건의 형사고발을 당한 도널드 트럼프를 다시 대통령으로 뽑았다. 2024년 미국 성인 80%와 34개국 성인 62%는 미국이 모범적 민주국가가 아니라고 평가했다

(Pew Research Center, 2025).

우리나라의 민주정치에도 빨간 불이 켜졌다. V-Dem연구소는 2023년 한국을 전제화가 진행된 42개국 중 하나라고 발표했다. 한국의 자유민주정치지수(Liberal Democracy Index: LDI)는 2019년 세계 12위를 기록했지만 2023년 세계 47위로 추락했다. 2021년 윤석열 전 대통령 집권 후 한국의 LDI는 2년 만에 박 대통령 탄핵이 있었던 2016년 수준으로 떨어졌다. 한국은 2023년 전제화가 진행된 유일한 자유민주정 국가로서 당장 한 단계 낮은 수준인 선거민주정 국가로 분류될 수도 있다고 평가받았다. 이런 엄중한 경고에 아랑곳하지 않고 한국 민주정치는 곤두박질쳤다. 2024년 12월 3일 밤 윤석열 전 대통령은 난데없이 비상계엄을 선포했다. 2025년 3월 V-Dem연구소는 한국이 끝내 선거민주정 국가로 추락했다고 발표했다.

민주정치의 글로벌 퇴조 상황에서 스웨덴 한림원의 노벨위원회는 2024년 노벨경제학상 수상자로 MIT의 대런 애쓰모글루와 사이먼 존슨, 그리고 시카고대 제임스 로빈슨(이하 AJR로 약칭)을 선정했다. 노벨위원회는 국가 간 소득 격차를 줄이는 데 제도의 중요성을 입증한 공로를 시상 이유로 밝혔다. 민주정 퇴행의 시대 AJR의 노벨경제학상 수상은 각별한 의미를 지닌다.

이 장의 목적은 AJR의 연구성과와 뒤이은 국가포용성지수(SII) 연구결과에 기초해 숙론민주정을 제3물결 전제화에 대응할 대안 민주정으로 제안하는 것이다. 이를 위해 다음과 같은 연구과제를 다룬다. 첫째, 20세기 민주정을 개관한 후 제3물결 전제화 추세와 특징, 민주정에 대한 불만, 전제화의 유혹을 고찰한다. 둘째, 경제성장을 위한 전제정 대 민주정 논쟁과 AJR의 연구성과를 검토한다. 셋째, 민주정치의 품질과 SII 연구결과의 의미를 재점검한다. 넷째, 국가포용성과 숙론민주정의 관계를 논의한다. 마지막으로, 숙론민주정의 번영효과를 고찰한다.

Ⅱ. 20세기 민주정과 제3물결 전제화

지난 10여 년 동안 제3물결 전제화가 거세게 일면서 글로벌 민주정이 크게 잠식당하고 있다. 제3물결 전제화를 몰고 온 20세기 민주정치는 어떤 경로를 거쳐 전개되어왔는가? 간략히 개관해보자.

1. 20세기 민주국가의 수

1900년 세계 43개국 중 남성 또는 모든 성인에게 투표권이 주어진 민주국가 수는 단 6개에 불과했다(Dahl, 1999: 25). 민주국가의 수는 제1차 세계대전 종전 이듬해인 1920년 51개국 중 15개국에서 1930년 64개국 중 22개국으로 10년 동안 7개국 늘었다.

민주국가 수는 제2차 세계대전 종전 후인 1950년 75개국 중 25개국에서 1970년 119개국 중 40개국으로 20년 동안 15개국 늘었다. 이후 10년 동안 소강상태를 보여 1980년 121개국 중 37개국으로 3개국 줄었다가 베를린 장벽이 무너진 이듬해인 1990년 세계 192개국 중 65개로 대폭 증가했다.

아래 [그림 2-1]은 아나 류만 등(Lührmann *et al.*, 2018: 60-67)이 개발한 세계레짐(Regimes of the World: RoW) 척도로 측정한 1900년 이후 전 세계의 민주화 및 전제화 국가 수의 변화를 그린 것이다. 이 그림을 통해 우리는 1900년부터 2000년까지 1세기 동안 민주화가 진척되었는데, 특히 제1차 세계대전(1914~1918년)과 제2차 세계대전(1939~1945년) 및 베를린 장벽 붕괴(1989년) 이후 수년 동안 민주국가 수가 크게 늘었음을 알 수 있다.

[그림 2-1] 1900년 이후 민주화와 전제화 국가 수의 변동

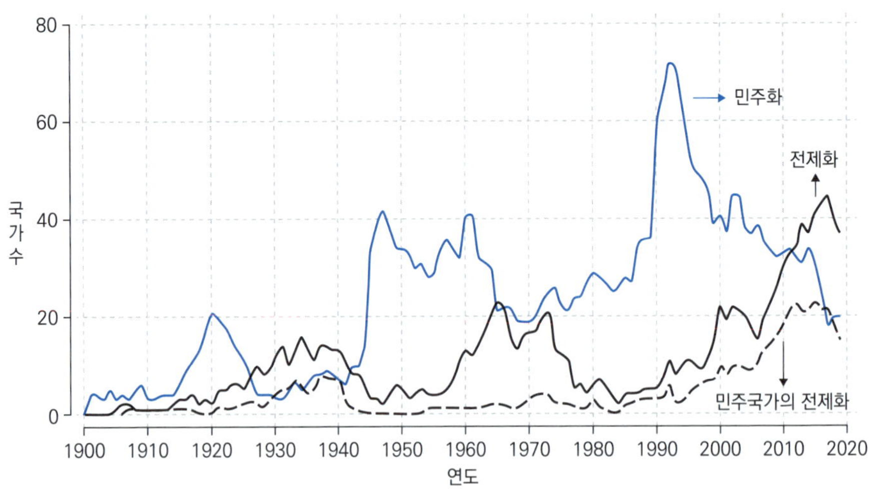

출처: (Vanessa *et al.*, 2021: 1,206).

사무엘 헌팅턴은 민주국가의 수 증가를 19세기 초 이후부터 1990년까지 3기로 구분했다. 1828년~1926년을 제1물결 민주화 시기로, 1943년~1962년을 제2물결 민주화 시기로, 그리고 1974년 포르투갈을 시작으로 1990년까지 유럽과 아시아 및 라틴아메리카의 30여 개 국가가 민주정치 체제로 이행한 기간을 "제3물결 민주화"시기로 나누었다(Huntington, 1991). 아울러 그는 민주화 물결이 일어난 후 반동의 전제화 물결이 이어졌음을 지적했다.

2. 제3물결 전제화의 추세

제3물결 민주화에 대한 반동으로 1990년대 중반부터 시작된 "제3물결 전제화"는 전제화 과정과 레짐 변혁의 방식에서 이전보다 훨씬 더 격렬하게 진행되었다. 1994년 이후부터 2019년까지 전 세계인구의 3분의 1은 전제화로 인한 시민적 자유와 정치적 권리의 심각한 퇴행을 겪었다(Maerz *et al.*, 2020: 909-927).

2023년 세계인구의 72%인 58억 명은 전제국가에 살고 있다(V-Dem Institute, 2025). 전제국가에 사는 세계인구는 10년 사이에 18억 명이나 증가했다. 2024년 세계인구의 28%인 22억 명은 폐쇄전제정에, 세계인구의 44%인 36억 명은 선거가 요식 절차로 치러지는 선거전제정에서 거주하고 있다. 특히 동유럽과 남아시아의 민주정치 퇴행이 두드러졌다.

2023년 42개국, 2024년 1년 사이에 3개국이 늘어난 45개국에서 전제화가 진행되었다. 2024년 전제화가 진행된 45개국 중 27개국은 전제화가 시작될 당시 민주국가였다. 2024년 이 중에서 9개국만 민주국가로 살아남았다.

V-Dem연구소는 전제화 유형을 민주정치 퇴행 일변도의 "독립(stand-alone) 전제화"와 민주화가 진행되다가 퇴행하는 "종형(bell-turns) 전제화"로 나눈다. 한국은 2023년 전제화가 진행된 42개 국가 중 하나로서 종형 전제화 국가로 분류되었다.

3. 제3물결 전제화의 양상

대통령 탄핵이 있었던 이듬해인 2019년 6월 필자는 한국행정연구원장으로 재직하던 중 북경의 중국공산당 중앙당교를 방문했다. 중앙당교의 부교장은 환영식에서 필자에게 "대통령마다 철창에 가두는 한국 정치가 제대로 된 것이냐?"며 따지듯 물었다. 격년제로 예방과 답방 형식으로 이루어진 외교적 성격의 환영식에서 당혹감을 느끼지 않을 수 없었다. 이어 모스크바에서 만난 푸틴 대통령의 측근 국가경제아카데미 원장도 같은 질문을 던졌다. 이들의 눈빛에는 자유민주정에 대한 강한 회의와 냉소가 역력했다. 한국에서 촛불시위에 이은 대통령 탄핵과 수감은 시진핑과 푸틴의 장기집권체제 구축에 몰두하던 중국과 러시아의 수뇌부에게 매우 민감한 사안이었다. 치열한 레짐 경쟁이 격화되고 있음을 직감했다.

근래 홍콩의 일국양제는 주민의 민주화 시위를 짓밟고 폐지되었으며, 벨라루스의 민주화 시위는 무력 진압되었다. 미얀마에서 군부 쿠데타에 저항하는 민주화 투쟁으로 수많은 인명이 살육되었지만, UN 안전보장이사회는 중국과 러시아의 반대로 침묵하다 사태 발생 40여 일 만에야 솜방망이 규탄성명서를 발표했다. 미얀마의 민주화 세력은 군부만이 아니라 도저히 이길 수 없는 중국공산당과 싸워야 했다. 시진핑은 장기집권의 명분의 하나로 대만의 침공을 불사할 기세다. 러시아의 우크라이나 침공 이유에 대한 다양한 해석이 있지만, 종신 집권을 노리는 푸틴에게 최대 위협은 NATO군이 아니라 긴 국경선을 접한 우크라이나의 민주화다(Person & McFaul, 2022: 18-27).

오늘날 독재자들은 국제네트워크를 형성하고 정보를 공유하며 서로 지원한다. 2024년 이란, 사우디아라비아, UAE, 이집트, 에티오피아가 새로 가입한 BRICS+는 중국과 러시아가 미국이 주도하는 G7에 대항해 결성한 대표적 전제화 국제네트워크다. 선거민주정 국가인 남아프리카와 브라질은 BRICS+의 회원국이지만 소수일뿐더러 저급한 민주정 국가다. 최근 중국과 인도의 국경분쟁과 러시아의 우크라이나 침공과 이후의 경제적 제재에도 불구하고 BRICS+는 건재하며 결집을 과시하고 있다. BRICS+는 세계 GDP의 37%를 점유하여 이미 G7의 30%를 크게 앞질렀다. 게다가 BRICS+는 러시아와 함께 3대 석유 수출국인 이란과 사우디아라비아 및 UAE를 거느리며 미국의 에너지 제재와 달러에 대한 영향력에 도전하고 있다. 전체주의 성향의 BRICS+의 세력확장은 글로벌 민주정치의 미래에 짙은 암운을 드리우고 있다.

오늘날 전제화 네트워크는 특정한 정치 이념을 추구하거나 정치적 유토피아 달성을 목표로 하지 않는다. 대신 독재자들은 서로 지원하며 권력을 확장하고 대중에게 공포를 조성하면서 자신들을 위기와 적국으로부터 국민과 국가를 구출하는 구세주로 믿도록 세뇌하고 있다(Real & Menjívar, 2024: 1562). 전제화를 위한 글로벌 네트워크는 미국의 극우 보수주의자, 이란의 신권주의자(theocrats), 중국의 공산주의자, 베네수엘라의 극좌파, 러시아 정부의 보수주의자 등을 망라한다. 전제화를 위한 글로벌 네트워크의 행위자들은 권력 장악과 유지에 필요한 기법과 정보를 공유하고, 필요한 경우 민주국가의 제재를 피하도록 부패한 자금과 비장의 서비스를 제공한다.

전제화 국제네트워크는 일종의 시장을 형성하고 상품과 소프트 론과 사적 은행계좌 및 밀수통로를 이용해 이른바 "글로벌 전제정 주식회사(Global Autocracy, Inc.)의 공작을 벌인다(Applebaum, 2024). 이를테면, 이란은 베네수엘라의 마두로 독재정권이 미국 등의 경제 제재를 견딜 수 있도록 기술과 정보 및 경제 지원을 아끼지 않았다. 러시아는 마두로 독재정권을 차관 제공과 투자로 지원했다. 튀르키예는 베네수엘라의 금에 투자해 경제적 어려움을 덜어주었다. 이런 방식으로 러시아와 중국은 벨라루스 독재정권이 민주국가의 경제 제재를 받았을 때도 막대한 자금 공급으로 독재정권을 아낌없이 도왔다.

전제화를 위한 글로벌 네트워크는 정치적 반대자를 탄압하는 보안서비스도 공유한다. 2017년과 2019년 사이에 중국의 사이버 당국과 러시아의 IT통신매체 연방감독처(Roskomnadzor)는 인터넷과 언론의 통제와 정치적 반대자의 탄압 등에 관해 정보를 교환한 사실이 밝혀졌다. 지난 20여 년 동안 푸틴 대통령은 벨라루스의 알렉산더 루카셴코 대통령과 함께 구소련의 공화국이었던 카자흐스탄, 키르키즈스탄, 아르메니아, 벨라루스 등으로 결성된 유라시아경제연합(Eurasian Economic Union)을 독재 기법을 전수하는 창구로 이용해왔다.

놀라운 사실은 최근 미국의 극우 보수주의자도 전제화를 위한 글로벌 공작에 가담하고 있다는 것이다. 트럼프 대통령은 독재적 기행으로 이미 제1기 재임 중에 전제화를 위한 글로벌 공작에 힘을 실어주었다. 2017년 버지니아 샬러츠빌의 백인우월주의 폭동을 두둔했고, 2021년 1월 6일 트럼프의 선거결과 불복 선동으로 극우 시위대는 국회의사당에 난입해 사망 5명(시위대 4명 + 경찰관 1명)과 120여 명의 부상자를 발생시켰다. 230년 미국 민주정치 역사에 씻을 수 없는 치명적 오점을 남긴 비극적 사건이 트럼프 대통령 제2기에도 이어질 것을 예측하는 관측자들이 많다.

2024년 2월 23일 공화당 지도부는 자칭 "세계에서 가장 멋진 독재자"인 엘살바도르 대통령 나집 부켈레를 공화당의 대통령 예비선거의 핵심 이벤트인 공화당정치행동회의(CPAC)의 연사로 초청했다. 이 회의에서 최근 재선에 성공한 부켈레는 기립박수를 받으며 입장해 자신의 갱단 소탕작전을 미국이 따라야 할 모범사례로 소개했다. 그는 임기 중 갱단 활동의 혐의자 7만5천 명을 체포해 가두는 과정에서 무고한 희생자를 양산했고 심각한 인권침해를 자행했다. 또 대법원 판사를 충성파로 교체해 자신의 재선을 막던 헌법규정을 바꿔버렸다. 이날 CPAC 참석자들은 자신의 전술을 활용해 트럼프가 재선되길 기원하는 독재자를 흥분의 도가니 속에서 열렬히 환호했다. 미국의 양당 중 하나가 민주정치로부터 등을 돌린, 상상할 수 없던 일이 버젓이 벌어진 것이다.

이번 대선 과정에서 트럼프는 자신이 당선되면 사법체계를 동원해 정치적 반대자를 조사하여 가두고, 주 방위군을 동원해 국내의 적을 소탕하겠다고 으름장을 놓았다. 트럼프가 선임한 대법관이 3분의 1인 미국 대법원은 '연방의회 난입'과 관련한 대선 결과에 불복한 혐의를 대통령 재임 중 수행한 공적 행위라는 이유로 트럼프의 면책을 판결했다. 헤리티지 재단이 주도하고 보수연합체의 34명이 작성한 922페이지에 달하는 『2025 프로젝트(Project 2025)』는 트럼프 대통령 제2기에 실행할 비민주적 조치에 관한 상세한 계획을 담고 있다.

제3물결 전제화는 몇 가지 특징이 있다(Real & Menjívar, 2024: 1565-1571). 먼저 제3물결 전제화는 민주정치의 허울로 위장한다. 제3물결의 독재정권은 민주적 허울을 쓰고 민주정치를 파괴하여 민주정치가 건재한다고 믿도록 기만한다. 이들이 사용하는 위장술에는 법령의 조작 · 변경, 혐오집단과 사회운동의 이용, 서구 자유민주정치와 문화의 악마화 등이 포함된다. 제3물결의 독재정권은 SNS와 AI 등을 이용해 허위 · 과장 정보를 생산하고 유포시키는 술책에도 능수능란하다. 이 과정에서 흔히 '적과 동지' 프레임으로 정치적 반대세력을 공공의 적으로 조작해 타도를 선동한다. 반면 독재자는 자신을 불만스러운 현실을 타개할 구원자로 우상화한다. 더욱이 제3물결 독재정권이 즐겨 사용하는 전제화 기법은 정치적 반대자를 각종 범죄혐의로 고소 · 고발하여 공신력에 흠집을 내고, 수사와 기소 및 재판으로 탈진시켜 그들의 일상적 삶을 파괴한다(Guriev & Treisman, 2022).

Ⅲ. 민주정치에 대한 불만과 전제화의 유혹

지난 10여 년 동안 제3물결 전제화가 쓰나미처럼 몰려온 까닭은 무엇보다 민주정치에 대한 강한 불만과 거센 전제화 유혹에 기인한다.

1. 민주정치에 대한 불만

민주정치 퇴행은 민주정치에 대한 불만과 함께한다. 아래 [그림 2-2]는 퓨리서치센터가 2017년부터 2024년까지 12개 선진 민주국가의 성인에게 자국의 민주정치에 대한 만족도와 불만족도를 물은 결과다. 민주정에 대한 불만족도는 대체로 만족도를 압도한다. 특히 최근 몇 년간 그 격차가 크게 벌어졌다. 민주정에 대한 불만족도는 2017년 49%에서 2019년 56%로 올랐다가 코로나 팬데믹 시기인 2021년 52%로 약간 하락했다. 그러나 민주정에 대한 불만족도는 다시 오르기 시작하여 2024년 64%에 달했다. 2024년 현재 민주정치에 불만족하는 국민이 만족하는 국민의 거의 2배에 달한다.

[그림 2-2] 12개 선진국 국민의 민주정치 불만족 추세(%)

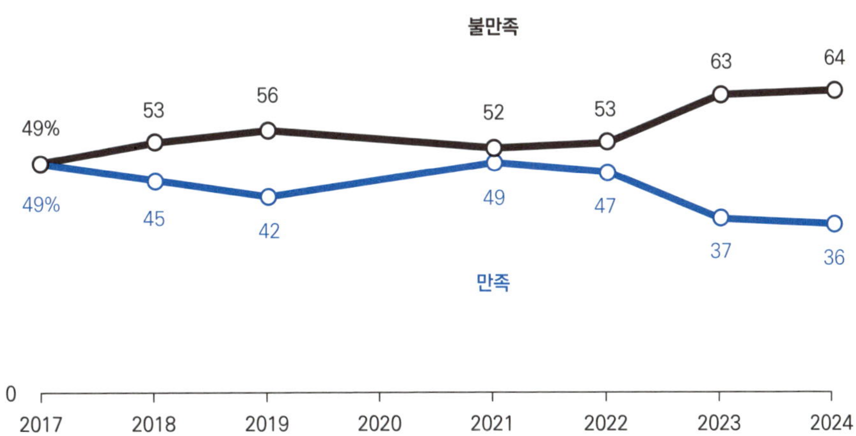

출처: (Pew Research Center, 2024).

아래 [그림 2-3]은 퓨리서치센터가 2024년 31개 민주국가의 성인을 대상으로 민주정치에 대한 불만족도와 만족도를 조사한 결과다. 31개국 평균 54%의 성인이 자국의 민주정치에 대해 불만족한다고 응답했다. 만족하는 국민은 이보다 9%p 적은 45%였다. 우리나라의 경우 무려 63%의 국민이 민주정치에 불만족한다고 응답했다. 만족하는 국민은 대략 그 절반인 36%에 불과했다.

[그림 2-3] 31개국 국민의 민주정치 불만족/만족 비교(2023년)

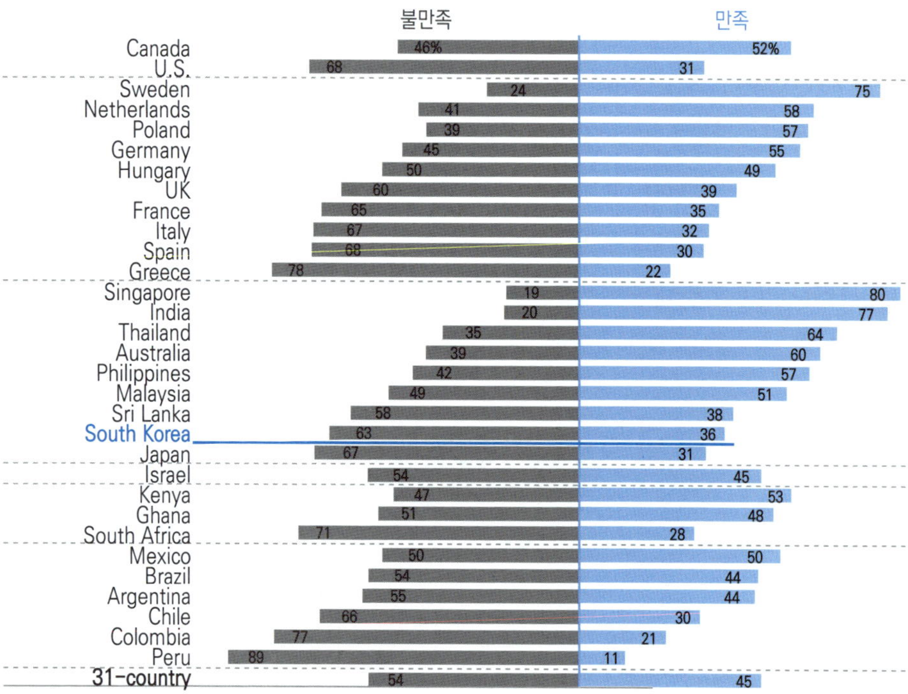

출처: (Pew Research Center, 2023).

2. 전제화의 유혹

민주주의에 대한 불만이 커지면서 전제화 선호도가 증가하고 있다. 일부 전문가는 노골적으로 권위주의적 문제해결을 주장한다. 이를테면, 기후위기 문제를 해결하기 위해서 자유를 다소간 제한해야 한다고 주장하는 과학자들이 있다(Ophuls, 1977: 224). 민주정치는 화급하고 단호한 조치가 요구되는 기후위기 문제를 해결하기에 너무 느리게 작동하며, 개인의 권리와 자유는 "집단적 이기심과 무책임"을 낳기 때문에 이익집단의 이기심과 무책임을 통제하고 민주적 근시안을 극복하려면 전문가가 이끄는 권위주의적 거버넌스가 필요하다고 주장한다.

가이아 가설(Gaia hypothesis)의 저자 제임스 러브록은 "최선의 민주정일지라도 전쟁 중에는 민주정치를 잠시 유보하지 않는가. 나는 기후위기를 전쟁만큼 심각한 사태라고 생각한다. 기후위기를 막기 위해 잠시 민주정치를 유보"해야 한다고 주장했다(Lovelock, 2010). 심지어 저명한 천문학자 마르틴 리즈는 "오직 계몽된 독재자만이 21세기를 안전하게 항해하도록 만드는 중대한 조치를 과감하게 추진할 수" 있다고 주장했다(Rees, 2014). 향후 인공지능(AI) 발달로 독재자와 기술관료에 의한 전체주의 통치의 유혹과 위험성이 더욱 증폭될 것으로 우려된다(Harari, 2024).

요즘 우리 주변에 전제정에 향수를 느끼는 사람들이 늘고 있다. 스탈린 지배의 소련, 히틀러 치하의 독일, 군부독재의 한국, 권위주의 정권의 대만, 등소평 이후 중국의 높은 경제성장률을 거론하며 전제정이 때로 인권을 침탈하고 인명을 살상할지라도 경제성장에 유리한 것은 사실이 아니냐고 반문한다. 근래 다시 목소리를 높이는 식민지 근대화론자는 바로 이런 부류의 사람들이다. 이들은 일제 식민지배가 괄목할 만큼 경제성장을 이루었고 한국 근대화의 기초를 놓은 공적을 인정해야 한다고 강변한다.

대런 애쓰모글루와 제임스 로빈슨은 1980년대에 이르기까지 경제학계가 전제정의 경제성장에 얼마나 현혹되었는지 그 실상을 다음과 같이 썼다(Acemoglu & Robinson, 2012: 192).

> "1977년까지도 영국의 경제학자가 쓴 교과서에는 소비에트식 경제가 성장 면에서 자본주의 경제보다 우월하다는 주장이 버젓이 실렸다. 완전고용과 가격안정이 가능할 뿐 아니라 이타적 동기를 지닌 사람들을 만들어내기 때문이라는 것이다. 가엾은 구닥다리 서방 자본주의는 기껏해야 정치적 자유를 준다는 면에서 나아 보였을 뿐이다. 더구나 경제학과에서 가장 널리 사용되는 노벨경제학상 수상자인 폴 사무엘슨이 쓴 교과서마저 소련이 경제적 우위를 점하는 시대가 올 것이라는 주장을 되풀이했다. 1961년 판에서 사무엘슨은 소련의 국민소득이 미국을 추월할 것이며, 그 시기는 1984년이 될 가능성이 있고, 1997년에는 거의

확실할 것으로 예측했다. 1980년 판에서도 그의 분석에는 거의 변화가 없었다. 두 시기만 2002년과 2012년으로 미루어졌을 뿐이다."

일찍이 『전체주의의 기원』(1948; 1951)을 저술한 한나 아렌트는 학계의 이런 분위기를 걱정하면서 전제정과 민주정의 갈등이 경제성장의 격차가 아니라 자유의 존재 여부에 있음을 『혁명론』(1963)에서 다음과 같이 강조했다(Arendt, 2006a: 2009-2011).

> "우리는 자유를 자유기업으로 이해한다는 말을 듣고도 이 해괴한 거짓을 없애기 위해 한 일이 거의 없다. (…) 경제성장은 언제라도 선보다 저주로 귀결될 수 있으며, 어떤 조건에서도 자유와 그 실존의 증거일 수 없다. (…) 경제성장을 가지고 전제정과 자유로운 공화국 중 어느 정부형태가 더 바람직한지를 결정할 수 없다. (…) 심각한 갈등은 두 경제체제의 불균형에서 발생하는 것이 아니라 자유와 전제정 사이의 갈등에서 발생한다. (…) 정치적 자유는 일반적으로 말해 '통치의 참여자가 되는' 권리를 의미한다. 그렇지 않으면, 그것은 아무것도 아니다."

우리는 이 인용문에서 아렌트가 전제정에 대한 민주정의 범주적 우월성이 경제성장이 아니라 자유에 있음을 분명히 지적하면서도 전제정의 경제성장을 뿌리치기 힘든 유혹으로 작용할 것을 우려한 고민을 엿볼 수 있다.

소련 전제정에 대한 선망은 1989년 베를린 장벽의 붕괴와 1991년 소련의 해체로 어느 정도 누그러졌지만, 전제정에 대한 유혹은 아직 완전히 사라지지 않았다. 전제화 유혹은 중국 전제정의 고속 경제성장과 G2 등장으로 강인한 생명력을 지니고 위력을 발휘하고 있다.

3. 전제정 vs. 민주정 논쟁

전제화 유혹은 뿌리 깊다. 일찍이 플라톤은 민주정을 폭정 다음으로 최악의 정체로 비난했다(Platon, 2016). 그는 무지한 시민이 "수호자에게 복종하는 것은 정의에 부합"하며, "정치는 수호자의 고유 영역"이라고 주장했다. 미국의 제헌의회 참여자들은 직접민주제를 "소란과 분쟁"을 일으키는 제도로 간주했다(Hamilton *et al.*, 2013). 나치즘을 피해 미국에 망명한 조셉 슘페터는 시민의 "저급한 자질과 능력은 선천적인 것"이며, "민주정이란 정치인의 지배"일 뿐이라고 주장했다(Schumpeter, 1977). 정치경제학자 앤서니 다운스(Downs, 1957)는 시민을 "합리적 무지(rational ignorance)" 상태에서 투표하는 존재로 진단했다. 요즘도 민주정치 옹호자로 자처하는 지성인 중에서 윈스턴 처칠을 거론하며 '민주정을 가장 덜 나쁜 정부형태'로 인정하는 사람들이 적지 않다. 처칠은 민주정을 "지금까지 시도된 다른 모든 정부형태를 제외하면 최악의 정부형태"이며, "민주정에 대한 최상의 반론은 평균 수준의 유권자와 5분 동안 대화를 나누는 것"이라고 말했다.

그러나 이와 정반대의 관점을 견지한 연구자도 적지 않다. 일찍이 인간을 "폴리스적 동물"로 정의한 아리스토텔레스는 과두정과 어우러진 민주정을 최상의 정체로 생각했다(Aristoteles, 2010). 자신의 저서 맨 앞장에 "제네바 시민"임을 자랑스럽게 밝혔던 장-자크 루소는 "시민을 창출하라. 그러면 그대가 얻고자 하는 것을 모두 얻을 것"이라고 역설했다. 프랑스의 대혁명기 국민의회 의원이었던 니콜라 드 콩도르세는 직접민주제 도입을 주창했다. 히틀러 전체주의를 체험한 한나 아렌트는 미국혁명이 절반의 성공에 그친 까닭이 뉴잉글랜드 타운미팅을 헌법에 제도화하지 않은 실책 때문이라고 지적했다. 최근 예일대의 엘렌 랜드모어는 시민의 민주적 이성을 활용한 "열린 민주정(open democracy)"을 미래의 대안 민주정으로 제안했다(Landmore, 2020).

Ⅳ. AJR의 정치경제론

제3물결 전제화가 쓰나미처럼 몰려오고 전제화의 유혹이 거세게 일고 있는 상황에서 스웨덴 한림원의 노벨위원회는 전제정과 민주정을 연구해온 AJR을 노벨상 수상자로 선정했다. AJR의 학문적 업적이 위기에 처한 글로벌 민주정의 회생에 필요한 이론과 실천에 이바지한 공로를 인정한 것이다.

1. "민주정이 성장의 원인이다" - AJR

필자는 AJR의 가장 큰 공로가 전제화에 대한 가장 위력적 유혹인 권위주의적 정체의 "착취적 성장(extractive growth)"의 성격과 한계를 밝힌 데 있다고 본다. 착취적 성장이란 착취적 정치제도에서 포용적 경제제도를 통해 이룩한 경제성장을 말한다(Acemoglu & Robinson, 2012: chap. 5).

AJR은 착취적 정치제도에서 이룬 경제성장은 장기간 계속될 수 없다고 강조한다. 지속적 경제성장에 필요한 혁신은 반드시 창조적 파괴를 수반하기 때문이다. 창조적 파괴는 새로운 질서를 초래한다. 따라서 기성 엘리트층은 기득권을 침해하는 창조적 파괴를 거부한다. 결국, 착취적 정치체제는 지속적 성장을 가로막는다. 더구나 착취적 정치제도는 권력을 탐내는 이들의 권력투쟁을 부추겨 심각한 정치적 불안을 일으킨다.

포용적 정치제도는 지속적 경제성장을 가능하게 만든다. 그러나 2000년대 초반까지 경제학계의 일반적 견해는 민주정치가 경제성장에 미치는 영향이 없거나 심지어 해롭다는 것이었다. 로버트 바로는 경제학 교과서에 더 많은 정치적 권리가 경제성장에 영향을 미치지 않으며, 민주정은 경제성장에 관건이 아니라고 썼다(Barro, 1997: 1-12). 관련 연구문헌을 두루 검토한 게링 등은 "지난 50년 동안 민주정이 경제성장에 미친 순효과는 없거나 부정적"이라고 단언했다(Gerring *et al.*, 2005).

2001년 AJR이 『미국경제학회지』(*The American Economic Review*)에 기고한 '비교발전의 식민지 기원: 경험적 연구'는 경제학계의 통념을 거부하는 도발적 도전장이었다. AJR은 이 연구에서 말라리아와 황열병 등으로 사망률이 높은 식민지에서 정착하기 어려웠던 유럽인이 세운 착취적 제도가 오늘날까지 이어져 이 지역 빈곤의 주요 원인으로 작용했음을 확증했다(Acemoglu, Johnson, & Robinson, 2001: 1369-1401). 유럽인이 식민지의 자원과 인력을 약탈해가던 착취적 제도가 독립 후에도 그대로 유지되어 재산권 침해와 법치 훼손이 잦은 콩고와 골드코스트 등은 빈곤을 면할 수 없었다. 반면 유럽인이 식민지에 정착해서 자치제도를 발전시킨 미국과 호주와 뉴질랜드 등은 재산권이 보장되고 투자가 장려되어 번영을 누리게 되었다. 요컨대, 이 논문의 요지는 제도가 국가의 빈곤과 번영의 주요 결정요인이며, 제도가 더 착취적일수록 더 빈곤해진다는 것이었다. 2024년 11월 2일 현재 이 논문의 인용 횟수는 무려 18,792회다. 이 논문의 막대한 영향력을 짐작할 수 있다.

2019년 애쓰모글루와 로빈슨 등이 발표한 '민주정이 성장의 원인이다'라는 논문은 당시 데이터와 방법론적으로 이 주제에 관해 수행된 가장 앞선 경험적 연구였다. 이 연구에서 애쓰모글루와 로빈슨 등은 1960년부터 2010년까지 데이터를 분석한 결과, "민주화 효과가 대략 20~30년 동안 1인당 GDP를 20%가량 상승시키는 것"을 확증했다(Acemoglu, 2019: 47-100).

라르스 펠케는 애쓰모글루와 로빈슨 등의 연구가설을 V-Dem연구소가 보유한 1789년부터 2019년까지 230년의 패널 데이터로 다시 분석하여 "민주정이 이 기간에 1인당 GDP를 평균 약 17% 상승"시켰음을 입증했다(Pelke, 2023: 361-383).

스웨덴 예테보리대의 칼 넛센은 1800년부터 2009년까지 데이터를 분석한 결과, "민주정과 전제정의 평균 경제성장률이 각각 2.6%와 1.5%"임을 확인했다(Knutsen, 2021: 1505-1524).

최근 뵈스 슐로써와 엠베르하트는 "전제정에서 민주정으로 체제전환이 이루어진 나라에서 연간 약 0.8%의 지속적 경제성장 효과가 있음"을 확인했다(Boese-Schlosser & Emberhardt, 2023).

요컨대, 지난 20여 년 동안 경험적 연구결과를 통해 전제정이 민주정보다 단기적으로 경제적 부침과 붕괴에 더 취약하고, 장기적으로 구성원의 창조적 역량계발을 가로막아 지속가능한 발전을 방해한다는 것이 누누이 증명되었다(Krznaric, 2020; Smith, 2021).

그동안 연구자들은 민주정이 전제정보다 경제성장의 촉진에 우월한 이유를 다양하게 설명해왔다. 더글러스 노스는 민주정의 법치를 통한 재산권 보호는 강압적 국가권력을 제어하여 경제성장을 촉진한다고 보았다(North, 1981). 맨서 올슨은 민주적 다수의 포괄적 이익(encompassing interests)이 과도한 조세부과와 재정지출의 방만한 증가를 막는다고 설명했다(Olson, 1993). 데이비드 레이크와 매튜 바움은 정치적 도전자에 대한 민주정의 낮은 진입장벽이 국가권력의 독점 폐해를 줄인다고 보았다(Lake & Baum, 2001). 나산 젠슨은 민주정의 거부권 행사자가 급격한 정책변동으로 인한 정책의 비일관성을 통제한다고 보았다(Jensen, 2003). 조엘 시몬스는 선행연구를 참고해 정당의 역할, 의미 있는 의회, 리더의 지지연합 규모, 정부관료제, 거래비용과 조정의 실패 등 정체 내부요인이 경제성장에 미치는 영향에 주목했다(Simmons, 2023).

전제정의 반인륜적 폭정을 논외로 하더라도, 전제정이 민주정보다 경제성장에 더 유리하다는 주장은 혹세무민의 거짓선동이다. 전제정은 때로 일정 기간 민주정을 능가하는 경제성장을 이룰지라도 단기적으로나 장기적으로 민주정보다 열등하다는 것이 누누이 밝혀졌다.

아래 [그림 2-4]는 애틀랜타위원회(Atlantic Council)의 자유&번영센터(Freedom & Prosperity Center)가 자유지수와 번영지수의 상관관계를 2023년도 164개국 데이터로 분석한 결과다. 두 지수 간 상관계수는 0.71로 대단히 높다. 일반적으로 자유 수준이 높은 나라일수록 더 번영하는 나라임이 명백하다.[30]

[그림 2-4] 자유지수와 번영지수의 높은 상관계수(2023년)

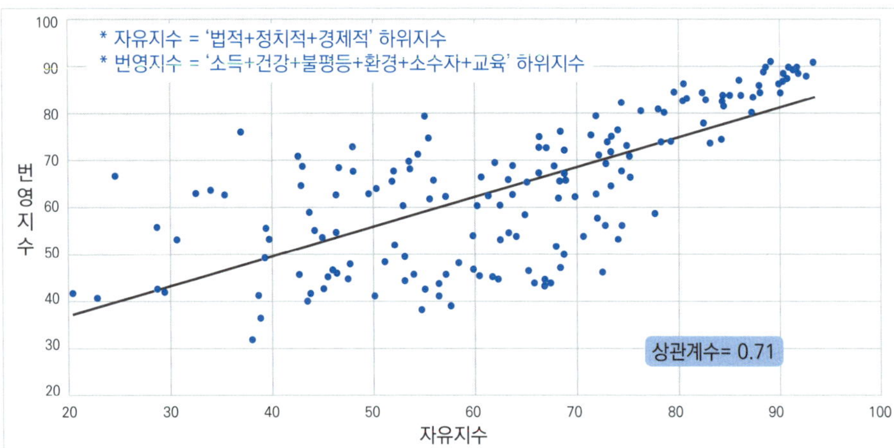

출처: (Atlantic Council, 2023).

2. 국가와 사회, 그리고 좁은 회랑

애쓰모글루와 로빈슨은 『국가는 왜 실패하는가』(2012)를 출간하면서 이 책이 지난 15년 동안 공동 연구한 결과이며, 가장 큰 빚을 진 분으로 비교경제발전에 대한 이해를 크게 높여준 사이먼 존슨을 꼽았다. AJR의 연구결과에 따르면, 국가권력이 행사되는 제도의 성격에 따라 빈곤과 번영이 결정된다. 국가권력이 착취적 제도로 행사될 때 빈곤이

30 자유지수(freedom index)는 법적 · 정치적 · 경제적 하위지수로 구성되고, 번영지수(prosperity index)는 소득 · 건강 · 불평등 · 환경 · 소수자 · 교육 하위지수로 구성된다. 두 지수의 측정방식과 분석결과에 대한 자세한 내용은 (Campomanes *et al.*, 2024)를 참고할 것.

초래되며, 포용적 제도로 행사될 때 번영을 누린다. 국가의 번영과 빈곤을 결정하는 제도는 경제제도와 정치제도로 구별되는데, 경제제도는 근원적으로 또 장기적으로 정치제도에 의해 만들어진다. 그러나 경제제도와 정치제도가 한동안 어긋날 수 있다. 이를테면, 1978년 이후 중국처럼 착취적 정치제도에서 포용적 경제제도를 도입하는 경우에 한동안 경제가 성장할 수 있다. 그러나 착취적 성장은 포용적 성장보다 열등하며 장기적으로 계속되기도 어렵다.

애쓰모글루와 로빈슨은 『좁은 회랑: 국가, 사회 그리고 자유의 운명』(2019)에서 국가번영의 원리를 좀 더 상세히 제시한다. 저자들은 국가번영의 열쇠는 자유의 좁은 회랑에 들어가는 것으로 보았다. 공동체의 질서를 유지할 만큼 강한 국가가 사회의 힘을 통해 견제되고 균형을 이룰 때 자유의 좁은 회랑에 들어가 번영을 누리게 된다는 것이다. 이들은 이런 국가를 "족쇄 채워진 리바이어던(shackled Leviathan)"이라 부른다.

1) 제도경제학

AJR은 제도의 중요성을 인지하고 천착한 경제학자다. 제도에 관심을 가진 경제학자는 많지만, 이들만큼 제도의 중요성을 절실하고 철저하게 천착한 경제학자는 드물다. 민주정치 위기와 제3물결 전제화의 시대에 제도의 중요성을 다시 일깨운 이들의 공로는 크다. 일부 논평자들은 이들이 지나치게 제도를 강조하느라 지리, 문화와 종교 및 가치, 무지, 리더십 등과 같이 다른 중요한 요인을 무시했다고 비판한다. 그러나 이런 비판은 온당치 않다. AJR은 "규범의 철창(cage of norms)"이 어떻게 출현하고 자유를 제약하는지 상세히 설명한다. AJR의 의도는 다른 요인을 무시하려는 것이 아니라 제도의 중요성을 특별히 강조하려는 것이다.

필자는 헌정혁신의 필요성을 강조할 때마다 제도보다 사람이 중요하며, 사람을 바꾸는 것이 급선무가 아니냐고 반문하는 사람들을 종종 만난다. 87년 이후 총선 때마다 거의 절반씩 국회의원을 물갈이했으나 빈약한 민주정치는 개혁되지 않았고, 오히려 헌정위기를 초래했다. 무엇보다 정치제도와 경제제도가 포용적으로 바뀌어 자유의 공간이 확대될 때 나라가 번영한다는 AJR의 입론에 깊이 공감한다.

2) 정치우위성

AJR은 근본적으로 또 장기적으로 정치가 경제를 결정한다는 정치우위성(primacy of politics)을 이해한 제도경제학자다. AJR의 정치우위성 관점은 매우 중요한 이론적 · 실천적 의미를 지닌다. 마르크스는 경제적인 힘, 곧 생산력과 생산관계가 빚어내는 경제발전과 그것이 초래한 계급갈등에 의해 역사가 진전된다고 주장했다. 마르크스는 경제가 풍요로워지면 정치는 필요하지 않게 되리라고 믿었다. 그러나 역사는 그의 역사적 유물론의 오류를 명백히 드러냈다. 정치는 때로 경제에 포획당할 수 있으나 완전히 압도되어 사라지지 않았다. 오히려 양차 세계대전 와중에 경제가 마비되고 사회가 혼란에 빠진 북유럽과 스위스, 독일 등에서 정치적 힘이 권력공유의 포용적 제도를 통해 근대화과정에서 무너진 사회통합을 일으켜 세워 경제적 번영을 이룩했다. 고품질의 민주정치는 강건한 경제를 일으킨다. 정치가 경제를 이긴다.

3) 포용제도와 권한강화

애쓰모글루와 로빈슨은 번영으로 가는 포용적 제도를 "자유의 좁은 회랑(narrow corridor of liberty)"으로 파악했다. 포용적 제도는 왜 자유의 '좁은 회랑'인가? 자유의 회랑이 좁은 까닭은 희귀하고 도달하기 어렵기 때문이다. 그리고 포용적 제도는 굳이 '자유'의 좁은 회랑인가? 인간은 자치할 능력을 지닌 존재일 뿐만 아니라 자치를 욕구하는 존재이기 때문이다(안성호, 2018: 67-70). 인간의 행동을 유인하여 잠재역량을 표출하는 자유의 좁은 회랑이 상정하는 인간모형은 '자치하는 인간'이다. 자치하는 인간은 조건부 협동인, 학습인 그리고 창작인의 역량을 발휘한다. 포용적 제도가 번영의 길인 까닭은 자치하는 인간이 오직 자유의 좁은 회랑에서 자신의 역량을 펼치며 타인과 함께 공동의 세계를 창조하는 능력을 최고 수준으로 발휘할 수 있기 때문이다. 그러므로 과거에 소외당하거나 배제된 집단의 권력을 강화하는 포용적 제도의 수립은 자유와 번영의 좁은 회랑으로 들어가는 혁신의 목표다(Acemoglu, 2012: 644-649).

4) 착취제도와 지대추구

AJR은 인류 역사의 대부분이 포용적 제도가 아니라 착취적 제도에 의해 지배되어 왔음을 강조한다. 자유의 좁은 회랑에 들어가기 위해서는 남다른 권력의지를 지닌 엘리트들이 원하는 착취제도와 지대추구를 간파해야 한다.[31] AJR은 지대(rents)를 정치적으로 강력한 엘리트들이 무력한 비엘리트들을 착취하는 수단으로 본다(Acemoglu & Robinson, 2019b). 엘리트는 자발적으로 흔쾌하게 포용적 제도를 창출하지 않는다. 엘리트는 사회의 집단적 행동의 압력에 의해서만 포용적 제도를 수용한다. 따라서 번영으로 가는 족쇄 채워진 리바이어던, 즉 자유의 좁은 회랑에 들어가기 위해서는 국가의 힘과 사회의 힘 사이에 힘든 균형을 이루어야 하며, 이를 위해 사회의 힘을 조직화하고 결집하는 데 힘써야 한다. 인류의 진보는 새로운 도전에 맞서면서 낡은 것이든 새로운 것이든 모든 지배에 대항하는 국가의 역량을 얼마나 확대하느냐에 달려 있지만, 사회가 그것을 요구하고 모두의 권리를 지키기 위해 결집하지 않으면 진보는 일어나지 않는다(Acemoglu & Robinson, 2019a: 795).

5) 역사의 중요성

AJR은 학술지에 실린 연구성과를 세상을 변화시키는 힘을 발휘하는 지식으로 만들기 위해 경험적 분석을 뒷받침하는 수천 년에 걸친 방대한 역사적 사례를 모아 설득력 있게 정리했다. 일부 논평자들은 이들이 다룬 역사적 사실의 엄밀성에 문제가 있으며 심지어 반대사례가 있다고 비판한다. 그러나 방대한 역사적 사례와 설득력 있는 논리로 경제사학의 새로운 경지를 개척한 이들의 공로는 작지 않다. 저자들은 나라마다 다른 제도의 차이를 이해하려면 역사연구가 필수적이라고 강조한다. 특히 기존의 정치·경제적 균형을 깨뜨리는 부와 권력을 둘러싼 "갈등이 초래한 차별적 제도표류(conflict differential institutional drift)"를 제도변화의 결정적 분기점으로 주목한다(Acemoglu & Robinson, 2012: 609-616; Acemoglu, 2015: 311). 제도변화는 차곡차곡 쌓인 축적의 결과가 아니라 기존의 제도와 결정적 분기점이 상호작용한 결과다. 이 결정적 분기점에서 행위주체(agency)가 만드는 작은 차이는 경로의존성과 역사적 우발성과 뒤섞이며 선순환 또는 악순환의 고리를 거쳐 증폭되면서 엄청난 격차를 만들어낸다.

---

31 남달리 강한 권력의지를 지닌 엘리트들은 위계적 착취제도를 원하지만, 비엘리트들(non-elites)은 수평적 포용제도, 즉 자유의 좁은 회랑을 확보하기 위해 부단히 분투해야 한다는 관점은 다양한 사회집단들이 구미에 맞는 방식으로 정치적 권력과 자원을 할당하는 다른 정치제도를 선호한다는 저자들의 견해(Acemoglu & Robinson, 2005)가 반영된 것으로 보인다.

6) 사회의 힘과 직접참정

AJR은 "자유가 쉽게 설계될 수 없는 혼란스러운 과정을 통해 나타난다. 자유는 공학적으로 만들어낼 수 없으며, 자유의 운명은 견제와 균형의 체제만으로 보장할 수 없다."라고 주장한다(Acemoglu & Robinson, 2019: 136-137). 저자의 본의는 헌정질서가 안정적으로 유지되려면 사회의 결집과 경계 및 적극적 개입이 필요하다는 점을 강조하는 것이다.

그러나 AJR의 이런 '자유' 개념은 역사와 헌법질서 형성에 미치는 행위주체의 영향을 저평가했다는 비판을 받을 수 있다. 필자는 헌법에 제대로 설계된 직접민주제를 규정하여 사회의 힘을 결집하고 행사하는 질서를 내장할 수 있다고 생각한다. 지대추구에 몰두하는 엘리트 카르텔을 견제하는 가장 직접적이고 강력한 헌정질서는 직접민주제다(안성호, 2018: 187-230). 이런 의미에서 직접참정의 헌정화는 시민의 자유를 확장하여 번영의 길에 들어서는 유력한 헌정혁신 수단이다. 인간은 참여를 통해 자신을 드러내고 싶어한다. 2023년 조사한 결과에 의하면, OECD국가 국민의 79%는 중대한 국정 이슈를 직접 결정하겠다고 응답했다. 특히 우리나라 국민 86%는 중대한 국사를 직접 결정하길 원한다고 응답했다. 더욱이 절대다수의 국민이 원하는 시민주도의 직접민주제는 강력한 포용적 정치제도로서 다른 포용적 헌정혁신을 촉진하는 지렛대로 활용될 수 있다(안성호, 2021: 44-47).

Ⅴ. 민주정치의 품질과 국가포용성지수 연구

AJR은 정치제도의 착취성과 포용성을 국가성쇠의 근본원인으로 이해했다. 국가의 빈곤은 착취적 정치제도를 기반으로 착취적 경제제도를 시행하기 때문이며, 반면 경제성장은 포용적 정치체제에 기인한다고 보았다. 나아가 정치 · 경제제도의 포용성을 국가의 힘과 사회의 힘이 레드퀸 균형(red queen equilibrium)을 이룬 "족쇄 찬 리바이어던" 상태로 설명했다.

AJR의 국가성쇠에 관한 정치경제론은 국가의 빈곤과 번영의 원인을 이해하고 설명하는 데 큰 도움을 준다. 그러나 정치제도를 주로 민주적 선거를 기준으로 '착취적 정치제도'와 '포용적 정치제도'로 양분하는 데 머물러 정치제도의 착취성과 포용성 수준이 빈곤과 번영에 미치는 영향을 적절히 설명하지 못했다.

필자는 AJR 연구의 이런 한계를 극복하기 위해 OECD 회원국을 대상으로 정치적 포용성 수준, 곧 민주정치의 품질이 정책성과에 미치는 영향을 정량적으로 측정할 필요가 있다고 판단했다.

1. 민주정치의 품질

제1차 세계대전이 끝나고 대공황과 히틀러 전체주의가 등장하기 직전 격랑의 시기에 존 듀이(Dewey, 1927: 327)는 "민주정의 질병을 고치는 약은 더 많은 민주정"이라고 역설했다. 『강한 민주정: 새 시대의 참여정치』(1984)에서 벤자민 바버(Barber, 2003: xix)는 민주정 재창조의 중요성을 다음과 같이 강조했다.

> "우리는 우리 시대의 온갖 위기에 직면해 너무 많은 민주정치가 아니라 너무 적은 민주정치 때문에 고통받고 있다. (…) 강한 민주정이 현대 민주정치가 택할 수 있는 유일하게 생존 가능한 정체다. 참여방식에 일대 혁신이 없으면, 자유민주정은 정치무대에서 쇠락의 운명을 면치 못할 것이다."

제3물결 전제화의 시대 민주정치의 위기를 극복하고 국가의 번영을 도모하기 위해 "더 많은 민주정"과 "강한 민주정"을 어떻게 실현할 수 있을까? AJR이 처방하는 포용적 정치제도(민주정)에 등급이 있는 것은 아닌가? 이런 의문은 결국 국가포용성지수 연구로 이어졌다.

2. 국가포용성지수 연구

2019년 한국행정연구원 박준 등(2021)은 서울대 사회발전연구소와 OECD 거버넌스연구팀과 공동으로 국가포용성지수(SII) 개발에 착수했다. 이 연구는 거의 3년 동안 진행되었다.

포용국가의 정체란 '모든 시민을 최대한 정치 · 경제 · 사회적 삶의 일원으로 포함하기 위해 노력하는 정치체제'다. 포용국가를 달성하는 방법은 포용을 가로막는 구조적이고 행태적 장애물을 제거하는 '장벽 제거하기(removing barriers)'와 포함된 집단과 배제된 집단을 연결하는 '다리 놓기(building bridges)'다.

SII는 정치, 경제, 사회, 글로벌의 4개 영역으로 구성된다고 판단했다. 시민의 자유 확장을 의미하는 정치적 포용성은 엘리트와 시민, 중앙과 지방, 다수와 소수의 권력공유를 비롯해 정치적 선호의 자유로운 형성과 투입, 그리고 실질적 참여로 측정되었다. 경제적 포용성은 인적자본 형성, 노동시장, 기업생태계에서 경제활동 참여기회로 측정되었다. 사회적 포용성은 거시적 포용, 제도적 비배제, 사회적 관계로, 그리고 글로벌 포용성은 국제적 정치 · 경제 · 사회 · 환경 · 협력 수준으로 측정되었다.

36개 OECD 회원국을 대상으로 66개 지표를 선정해 베이지안 확률통계모형인 문항반응이론(item response theory)을 활용해 4개 영역별 포용성지수와 종합 SII를 계산했다.

1) 한국의 정치포용성 32위

분석 결과를 살펴보면, 우리나라는 4개 영역별 포용성지수와 종합 SII에서 모두 최하위권(정치적 포용성 32위, 경제적 포용성 31위, 사회적 포용성 26위, 글로벌 포용성 36위, 종합 SII 31위)에 머물렀다.

아래 [그림 2-5]는 정치포용성 수준을 계산한 결과다. 정치포용성 수준이 가장 높은 국가군에는 노르웨이, 스웨덴, 핀란드, 스위스, 덴마크, 독일 순으로 포함되었다.

우리나라의 정치포용성 수준은 36개국 중 32위를 기록했다. 정치포용성이 우리나라보다 더 낮은 나라는 이스라엘, 헝가리, 멕시코, 터키뿐이었다. V-Dem연구소의 분석에 의하면, 이스라엘은 2019년 자유민주정지수(LDI)로 29위의 자유민주정 국가였지만 2023년 선거민주정 국가로 강등되었다. 멕시코와 폴란드는 결함이 많은 선거민주정 국가였으며, 헝가리와 튀르키예는 형식적 선거만 치를 뿐 전제국가인 선거전제정 국가였다. 이들 나라와 함께 최하위권 정치포용성 수준을 기록한 우리나라는 이 장의 서두에서 언급한 바대로 2024년 자유민주정 국가에서 선거민주정 국가로 전락했다. [그림 2-5]는 우리나라의 현 헌정체제가 포용성이 매우 낮은 빈약한 민주정을 면치 못하고 있음을 여실히 보여준다.

[그림 2-5] OECD 회원국의 정치포용성 순위(2000~2019년)

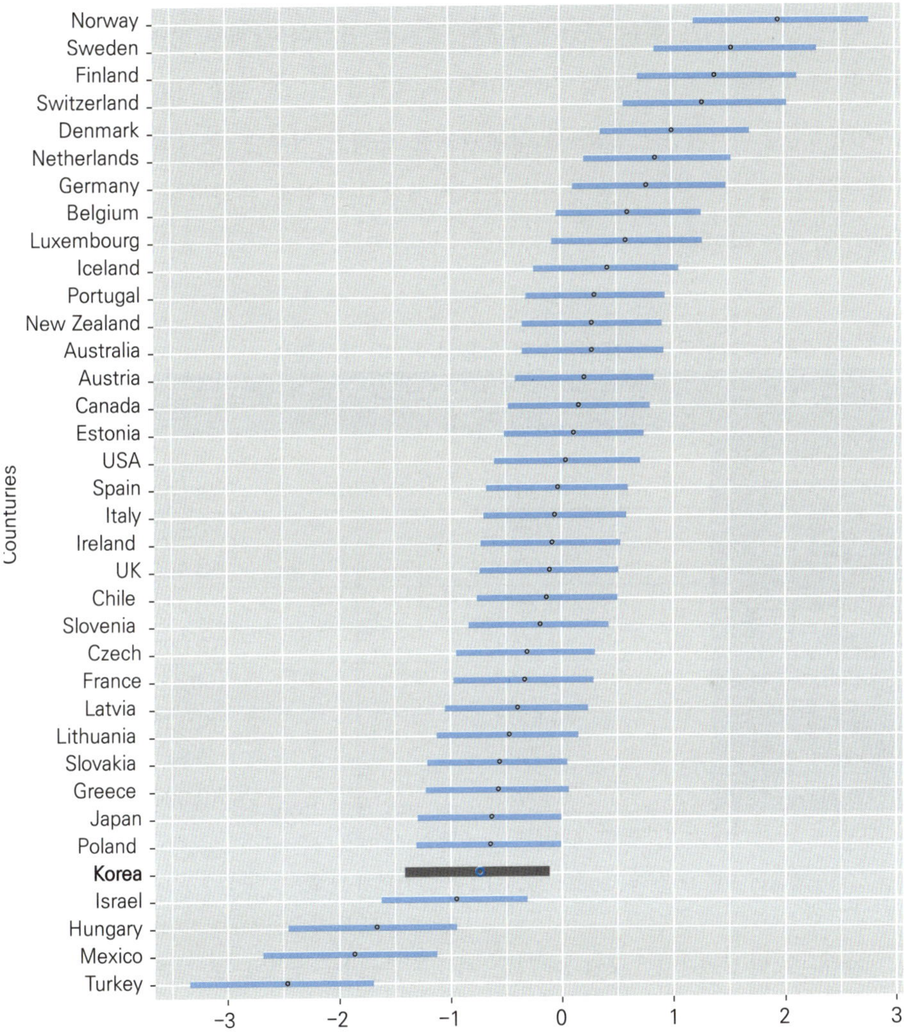

출처: (한국행정연구원 박 준 등, 2021: 242)에서 발췌.

정치포용성 수준이 낮은 나라는 대체로 네 영역의 포용성을 종합한 국가포용성 수준도 낮았다. 우리나라의 종합 국가포용성 수준은 역시 32위를 기록했다. 종합 국가포용성 수준이 우리나라보다 낮은 나라는 그리스, 헝가리, 멕시코, 터키 네 나라뿐이었다.

2) 포용성과 혁신성 간 높은 상관계수

OECD 회원국의 포용성과 혁신성 간 관계를 실증적으로 분석한 결과, 국가포용성지수가 높을수록 국가혁신지수가 높아지는 경향이 나타났다.

아래 [표 2-1]은 특히 포용성지수와 경제적 혁신의 관계를 밝히기 위해 포용성지수(네 영역의 포용성지수 및 종합 SII)와 지적재산권(GDP 대비 지적재산권 수익 및 연구인력 1인당 지적재산권 수익) 간 상관관계를 분석한 결과다. 분석결과, 글로벌 포용성지수를 제외한 모든 포용성지수가 지적재산권 수익과 유의미한 정(正)의 상관관계가 있음을 확인했다.

[표 2-1] OECD 회원국의 포용성지수와 혁신성지수의 상관계수

구분	지적재산권 수익/GDP (로그값)	연구인력 1인당 지적재산권 수익 (로그값)
정치적 포용성	0.57* (0.001)	0.54* (0.000)
경제적 포용성	0.59* (0.000)	0.58* (0.000)
사회적 포용성	0.76* (0.000)	0.70* (0.000)
글로벌 포용성	0.27 (0.521)	0.11 (0.125)
종합 국가포용성	0.70* (0.000)	0.65* (0.000)

* : 유의수준 1%에서 통계적으로 유의 (P value 〈 0.01).

출처: (한국행정연구원 박 준 등, 2021: 292)의 [표 7-7]에서 발췌.

아래 [그림 2-6]과 [그림 2-7]은 위 [표 2-1]을 산포도로 나타낸 것이다.

국가포용성지수가 매우 높은 스칸디나비아 국가와 스위스의 경제가 높은 혁신성을 보이는 까닭은 포용적 정치 · 경제제도가 정부의 제반 영역에서 경쟁을 촉진하여 정치인이 시민의 선호에 민감하게 반응하도록 유인하기 때문이다(Eichenberger & Stadelman, 2021: 54-69). 포용적 제도는 비포용적 제도가 소외시키거나 배제하는 시민 · 지방 · 소수에게 발언권 기회를 주고 때로 직접 결정할 수 있도록 허용함으로써 정부실패를 해결하고 유연한 대응적인 집단의사결정을 활성화한다. 포용성이 매우 높은 스칸디나비아 국가와 스위스가 혁신적 경제를 꾸리는 비결은 바로 이 때문이다.

[그림 2-6] 혁신성과지표와 국가포용성지수 산포도(지적재산권 수익/GDP 로그값)

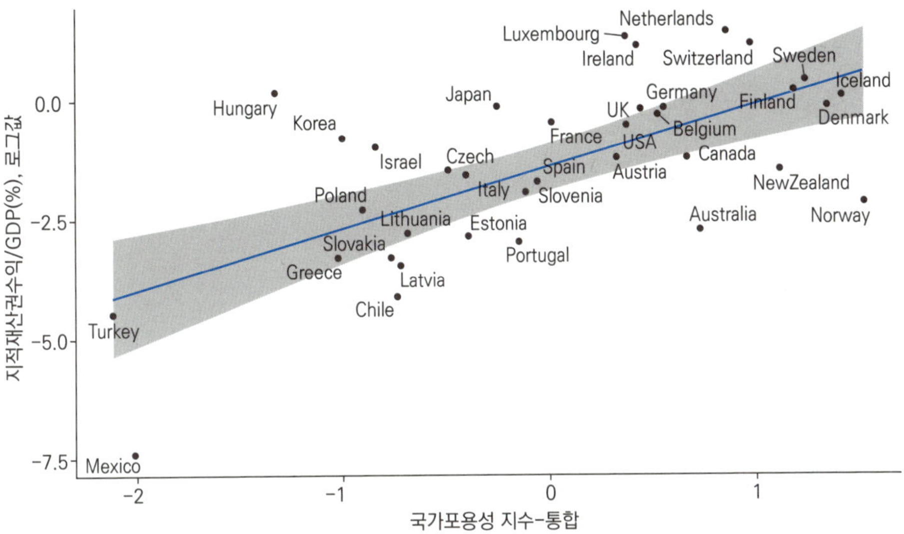

출처: (한국행정연구원 박 준 등, 2021: 293)의 [그림 7-12].

[그림 2-7] 혁신성과지표와 국가포용성지수 산포도(지적재산권 수익/연구인력 로그값)

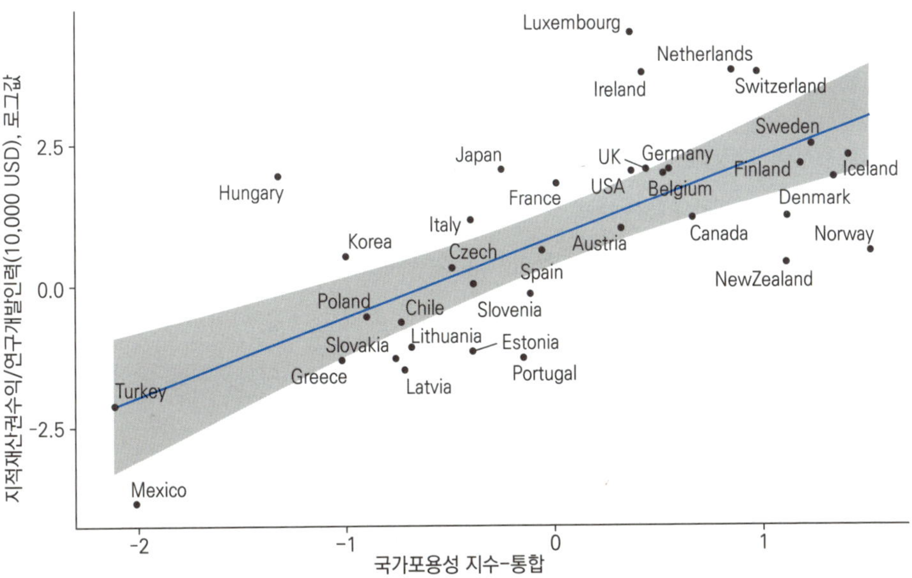

출처: (한국행정연구원 박 준 등, 2021: 293)의 [그림 7-14].

포용성이 높은 국가가 반드시 스위스처럼 작은 정부를 가져야 하는 것은 아니다.[32] 포용성이 높은 국가에서 비교적 높은 세율은 물론이고 높은 수준의 정부 개입도 가능하다. 스칸디나비아 국가는 높은 세율과 높은 정부지출을 감당하면서도 국가 간 경쟁과 함께 포용적 민주제도가 촉진하는 경쟁을 통해 혁신역량을 발휘한다(Christoffersen *et al.*, 2014).

Ⅵ. 포용국가의 숙론민주정

포용국가는 숙론민주정 국가다. 다시 말해 포용성이 매우 높은 국가는 숙론이 충실히 이루어지는 민주정 국가다.

반면 OECD 회원국 중에서 포용성이 가장 낮은 국가군에 속하는 우리나라에서 정치는 곧 권력투쟁이다. 정치인은 사생결단의 정치 내전에 몰두하며, 국민은 분열되어 있다. 숙론이 없는 정치에서 정치인의 권력투쟁만 난무하고, 국민은 이들의 정치 활극을 구경하며 냉소하고 혐오하며 분노한다. 가족과 친구 간에도 정치 이야기를 삼가는 것이 미덕이 되었다.

1. 국가포용성과 숙론민주정

포용성이 가장 높은 스칸디나비아와 스위스, 독일 등의 정치에는 숙론이 살아 있다. 스칸디나비아의 '사회적 대화' 전통은 정치적 화합과 안정, 산업평화와 경제적 번영의 토대다. 예컨대, 스웨덴 복지국가의 기틀을 마련한 사민당의 타게 에를란데르는 23년간 총리직을 수행하면서 전임 총리 페르 알빈 한손의 전통을 이어받아 대화정치를 확립했다. '만찬정치'와 '목요클럽' 및 '하프순드회의'는 스웨덴 대화정치를 상징한다. 노르웨이와 덴마크의 탁월한 정책성과도 대화정치의 결과다.

스위스의 정치안정과 산업평화 및 경제적 번영은 숙론정치의 결과이다. 스위스 숙론정치는 포용적 헌정질서에서 비롯된다. 스위스의 대연정을 포함한 합의민주제와 연

32 스위스는 대다수 유럽국가보다 상대적으로 적은 세금을 부과하지만, 과세대상이 매우 광범위하고, 지방정부가 부유세까지 부과한다.

방제 및 직접민주제가 조성하는 숙론은 스위스 정치문화의 유전인자가 되었다. 특히 스위스 직접민주제는 숙론을 정치문화에 깊숙이 각인시켰다. 1848년 건국 후 약 70년 동안 기승을 부리던 승자독식 다수결정치는 19세기 후반 먼저 캔톤에 도입된 직접민주제를 1874년(선택적 국민투표)과 1891년(국민발안투표) 연방정부에 시행하면서 권력공유 화합정치로 서서히 전환되었다(Vatter, 2020).

연합정부를 정치의 원칙이자 전통으로 삼는 독일에서 대화정치는 일상이다. 독일 정치인이 특별히 선해서 그런 것은 물론 아니다. 대화하지 않으면 정치할 수 없도록 만든 헌정제도 때문이다. 전후 80년이 지난 지금까지 독일은 9명의 총리와 스무 번의 총선을 겪었다. 그 가운데 특정 정당이 단독 과반 의석을 얻은 선거는 1957년의 3대 총선뿐이다. 당시 CDU는 과반을 훨씬 넘는 의석을 차지했으나 단독 내각을 수립하지 않았다. 단독 행정부를 구성할 수 있었지만 연정을 선택했다. 더욱이 독일에서는 좌파와 우파의 이념을 뛰어넘어 연합정부를 구성한 경우도 네 차례나 된다. 옛 사회주의자의 정당인 SPD와 친기업 정당인 자민당이 결합한 대연정은 독일 대화정치의 진면목을 보여준다. 독일은 연방뿐 아니라 주의회에서도 다양한 형태의 연정이 이루어진다. 독일 정치인은 언제 연정을 이룰지 알 수 없는 사이다. "자연히 정당과 정당 사이, 정치인과 정치인 사이에 서로 대화하며 존중하는 관계가 형성된다"(김종인, 2023: 제4장).

독일에서 대화정치는 정치인만의 일이 아니다. 독일에서 친구 모임이나 직장에서 정치 이야기를 나누는 모습은 흔히 접하는 일상이다. 점심시간은 자연스럽게 정치 현안에 관한 토론으로 이어지는 경우가 잦다. 독일 부모는 자녀에게도 "너는 어떻게 생각해?"라고 질문하며 자녀의 의견을 존중하는 태도를 보인다. 최근 독일에 사는 한 한인교포는 친구와 가족끼리도 충돌을 피하려고 정치 이야기를 극도로 삼가는 우리나라와 전혀 다른 독일의 분위기를 이렇게 소개했다(서정은, 2025).

> "독일에서는 전혀 다른 풍경이 펼쳐진다. 독일에서는 정치 이야기가 매우 일상적이다. 민감한 정치적 의견을 나누는 것이 독일에서는 일상에서도 전혀 금기시되지 않고 오히려 이를 권장하는 분위기다."

독일 아이들은 유치원에서도 민주정치 원칙을 배운다. 초등학교에서는 '정치와 나

(Politik und Ich)'라는 교육과정을 통해 민주정치를 학습하고, 학생자치회를 통해 민주정치를 몸소 체험한다. 독일의 이런 정치교육 친화적 분위기는 한때 우리나라에서 선거연령을 18세로 내리자는 주장을 학교를 정치화하는 위험한 견해라며 극렬히 반대하던 정치교육 혐오의 분위기와 너무나 다르다.

2. 숙론민주정의 번영효과

숙론민주정은 국가의 번영을 촉진하는 적어도 세 가지 기능을 수행한다. 숙론민주정은 국정 난제를 해결하고, 시민역량을 계발하며, 공적 행복을 창출한다.

1) 난제 해결

숙론적 포용민주정은 난제 해결을 촉진한다. 숙론정치가 정착된 노르딕국가는 정치 · 사회 엘리트들 간의 사회적 대화를 통해 난제를 해결한다. 직접민주제를 활용하는 스위스는 난제를 숙론을 거쳐 국민투표로 결정한다. 이를테면, 2016년 스위스 유권자는 세계 최초로 시민단체가 발의한 기본소득법안(매월 모든 성인 2,500프랑, 어린이와 청소년 500프랑 지급)에 대해 1년 이상 숙론을 거쳐 국민투표를 실시했다. 이 법안은 유권자 77%와 26개 캔톤의 반대로 부결되었지만, 투표자의 62%는 이 이슈에 대해 추가적 논의가 필요하다고 응답했다. 심지어, 장기간 논란을 빚은 스위스 원전정책은 약 30년 동안 네 차례(1990년, 2003년, 2016년, 2017년)의 긴 숙론과정을 거쳐 국민투표로 일단락되었다.

최근 한국은행 정종우 등(2024)은 극단적 경쟁교육을 해결하기 위해서 대입 지역별 비례선발제 확대를 제안했다. 김누리 교수(2024)는 '대학입학시험 폐지, 대학서열 폐지(국립대 네트워크화와 사립대 공영화), 대학등록금 폐지'를 제안했다. 그러나 이런 교육개혁안이 현행 빈약한 민주정의 정책과정을 통해서 실현될 것으로 기대할 수 없다. 교육문제보다 훨씬 더 단순하고 관련 이해집단이 훨씬 적은 의사증원 문제의 해결을 지난 정부는 의사들의 강한 저항에 부딪혀 포기했고, 윤석열 정부는 강압적으로 밀어붙이다 의료대란을 초래했다. 숙론민주정이 없는 상황에서 빚어진 뼈아픈 정책실패다. 숙론민주정 없이 난제를 민주적으로 해결할 다른 방도는 없다.

20여 세기 전 아테네 폴리스가 180년 동안 번영을 구가한 비결도 "자유주의 이전의 원초적 민주정(basic democracy)"을 발명한 아테네인의 숙론정치의 힘이었다. 아테네 폴리스의 시민은 폭력이 아닌 설득에 기반한 삶을 선택했다. 고대 그리스 민주정을 연구한 스탠포드대 조시아 오버는 기원전 481년 페르시아 대군의 침공에 직면해 아테네 시민이 숙론으로 살라미스 해전을 결정한 "민주정의 지혜(democracy's wisdom)"가 승전의 비결이었다고 분석했다(Ober, 2023: 332-351). 아테네는 살라미스 해전에서 승리한 후 그리스 세계에서 으뜸가는 국가로 번영했다(Ober, 2008).

2) 시민역량의 계발

숙론민주정은 시민역량을 계발한다. 숙론적 포용민주정은 노벨경제학상 수상자 아마르티아 센의 '자유로서의 발전(development as freedom)' 관점을 구현하기 적합한 정체다(Sen, 1999: 53).

> "발전의 목적과 수단은 자유의 관점을 무대의 중심에 올려놓을 것을 요청한다. 이런 관점에서 국민은 기회가 나면 자신의 운명을 개척하는 능동적 참여자로 인정되어야지, 교활한 발전프로그램의 수동적 수혜자로 취급되어선 안 된다. 국가와 사회는 인간역량을 강화하고 보장하는 큰 역할을 한다. 그 역할은 기성품을 배달하는 것이 아니라 지원하는 것이다."

빈곤을 역량 박탈, 곧 부자유(unfreedoms)로 이해한 센의 관점은 시민 창출을 헌정질서의 본령으로 생각한 장-자크 루소의 사상과 맥락을 같이한다. 국가의 번영은 시민역량에 달려 있으며, 시민역량은 헌법이 규정한 "좋은 정부"에 의해 만들어진다. 소통과정에서 발생하는 "약간의 소란은 영혼에 활력을 불어넣는다. 인간을 진정으로 번영하게 하는 힘은 고요함이 아니라 자유다"(Rousseau, 2010: 24, 44).

2022년 퓨리서치센터(Pew Research Center)는 조사대상 19개국 중 한국을 정당 지지자 간의 갈등이 가장 극심한 나라로 평가했다. 한국은 2023년 레가툼번영지수(Legatum Prosperity Index)를 구성하는 사회적 자본(개인 간 신뢰 + 공공기관에 대한 국민신뢰) 순위에서 조사대상 164개국 중 107위를 기록했다. 모든 면에서 지금 우리의 시민역량은 저질의 빈약한 민주정에 갇혀 심하게 일그러져 있다.

3) 공적 행복의 창출

숙론민주정은 시민에게 공적 행복을 안겨준다. 인간은 사적 행복만으로 충분히 행복할 수 없다. 『전체주의의 기원』(1948)을 저술한 한나 아렌트에 의하면, 17세기 청교도들은 공적 행복을 찾아 아메리카에 이주했다(Arendt, 1963/2006). 그들은 뉴잉글랜드에 정착하여 공적 자유의 공간인 타운미팅 민주정을 세우고 공적 행복을 누렸다. 그러나 18세기 말 미국 건국자들은 뉴잉글랜드의 타운미팅 민주정을 주정부와 연방정부의 헌법에 제도화하지 않은 실책을 범했다. 아렌트는 모든 주민이 타운의 통치업무에 참여자로서 누리는 공적 행복을 박탈한 미국혁명을 오직 절반의 성공을 거둔 혁명으로 평가했다. 아렌트는 이후 미국 민주정의 취약점이 근원적으로 뉴잉글랜드 타운미팅 민주정의 실종에 기인한다고 진단했다. 미국 헌법은 국민의 대표에게만 공적 영역을 허용하여 공적 문제에 대한 국민의 무기력과 무관심을 초래했다. "잃어버린 보물(lost treasure)"의 후유증은 심각했다. 아메리카의 혁명정신은 고사했고, 고위 공직은 정치인의 권력욕을 채우는 먹잇감이 되었다. 국민은 오직 선거일에만 권력을 행사할 뿐이고, 권력은 통치자의 소유물이 되었다. 아렌트는 이런 선거민주정이 국민의 공적 행복을 빼앗는 전제정과 크게 다르지 않다고 강조했다(Arendt, 2006: 121).

> "전제정은 비록 통치자가 법에 따라 통치하더라도 행위의 권리(the right of action)를 독점하고, 시민을 공적 영역에서 추방해 가정이라는 프라이버시의 영역에 머물러 사적인 일에만 몰두하도록 강요한다. 달리 말하면, 전제정은 사적 복지를 박탈하지 않을 수 있지만 언제나 공적 행복을 빼앗는다."

경험적 연구는 공적 자유의 공간이 확장될수록 시민의 행복도가 증진함을 밝혀왔다(Frey, 2010). 이를테면, 전제정보다 대의민주정이, 대의민주정보다 직접민주정이 행복도를 더 높인다. 2024년 한국은 세계행복지수 순위로 조사대상 143개국 중 52위를 차지했다. 헌법 제10조에 규정된 "행복을 추구할 권리"는 사적 행복과 함께 공적 행복을 추구할 권리를 포함한다. 공적 행복은 통치에 참여함으로써 누릴 수 있는 기본적 인권이다. "모든 권력은 국민으로부터 나온다"는 헌법 제1조에 따라 국민에게 통치에 참여할 기회를 확충할 때, 한국인의 행복도는 한층 높아질 것이다.

제3장
자유와 돌봄의 초등공화국

♦

"모든 시민을 그에게 가장 가깝고 그가 관심 있는 정부의 임시 구성원으로 참여하게 만들어라. 그러면 그는 나라의 독립과 공화적 헌법에 가장 강렬한 애정을 품게 될 것이다."

– 토머스 제퍼슨

"노소를 막론하고 고대 아테네의 보통 사람들이 삶의 짐을 감내할 수 있게 만든 것은 삶에 찬란함을 선사할 수 있었던, 사람들의 자유로운 행위와 살아 있는 말의 공간인 폴리스였다."

– 한나 아렌트

"스위스의 성공비결은 소극적으로 중앙집권주의에 대한 지속적 거부이며, 적극적으로 개인의 자유가 코뮌의 자유와 어우러진 상태로 경쟁력을 발휘한 코뮌의 건실한 활약에 있다."

– 로버트 네프

♦

Ⅰ. 잃어버린 보물, 초등공화국

스웨덴 예테보리대학 V-Dem연구소는 한국이 2023년에 이어 2024년에도 전제화가 진행되어 끝내 자유민주정 국가에서 탈락하여 선거민주정 국가로 전락했다고 발표했다. 한국의 '자유민주정치지수(liberal democracy index)'는 촛불집회 다음 해인 2019년 세계 12위까지 상승했으나 2024년 세계 42위로 추락했다.

2024년 세계 평균인이 누리는 민주정치 수준은 1985년 수준으로 후퇴했다. 현재 세계인구의 72%(약 58억 명)는 전제국가에 살고 있다. 요즘 극우 포퓰리즘의 득세와 함께 제3물결 전제화가 글로벌 민주정을 맹공격하고 있다.

2024년 미국 국민은 4년 전 재선에 실패하자 자신을 지지하던 극우 시위대를 선동해 2021년 1월 6일 국회의사당에 난입시켜 5명의 사망자와 120여 명의 부상자를 발생시켰던 트럼프를 선택했다. 트럼프는 수많은 범죄 혐의로 재판을 받으면서도 다시 대통령으로 선출되었다.

20세기 중반 전체주의의 부활을 경고한 한나 아렌트는 뉴잉글랜드의 타운미팅을 연방과 주의 헌법에 제도화하지 않은 것이야말로 미국 건국자들의 가장 큰 실책이라고 비판했다. 아렌트에게 자유정신의 요람인 뉴잉글랜드 타운미팅은 "잃어버린 보물"이었다. 미국의 건국자들은 국민에게 자유를 주었지만, 자유를 행사할 수 있는 공적 공간을 제공하지 않았다. 이후 대다수 미국 국민은 "표현하고 논의하며 결정하는 자유 행위를 발현할 공간"을 상실했다. 아렌트는 타운미팅이 정치적 인간의 활동적인 삶(vita activa)이 실현되는 원초적 자유공간, 즉 "초등공화국(elementary republic)"이 되어야 한다고 생각했다(Arendt, 2006: 271-272).

오늘날 민주정치를 직업정치인의 전유물로 간주하는 풍조가 만연하다. 국민은 엘리트 정치인의 권력투쟁을 활극을 보듯 팔짱 끼고 관람하며 품평하는 구경꾼이 되었다.

국민의 주권은 몇 년에 한 번 투표장에 나가 대표를 고르는 권한으로 축소되었다. 대의제 과두정치에 대한 구경꾼의 불만과 불신은 끝내 정치에 대한 냉소와 혐오를 키우고 권위주의와 독재를 부른다.

공적 자유는 오직 지방의 자유가 있는 곳에서만 만발한다. 손으로 만질 수 있는 현실로 존재하는 자유는 언제나 공간적으로 제한되어 있다(Arendt, 2006: 267). 인간적 규모의 풀뿌리민주정은 정치를 엘리트 정치에서 시민 정치로 바꾸는 숙론민주정의 출발점이다.

이 장의 목적은 민주공화국의 토대인 풀뿌리민주정의 원리를 규명하고 이에 근거해 자유와 돌봄의 초등공화국으로 가는 혁신방안을 제시하는 것이다. 이를 위해 다음과 같은 연구과제를 다룬다. 첫째, 구한말 한국을 방문한 영국의 지리학자 이사벨라 버드 비숍이 관찰한 한국인의 상반된 모습과 풀뿌리민주정의 의의를 고찰한다. 둘째, 풀뿌리민주정의 이론적 · 실천적 가치와 발전효과를 논의한다. 셋째, 풀뿌리민주정의 모범 사례인 스위스 코뮌자치의 특징과 정부형태를 검토한다. 넷째, 이를 참고해 하급행정기관으로 전락한 읍 · 면 · 동을 숙론민주정을 떠받치는 초등공화국으로 만드는 제도적 방안을 제시한다.

Ⅱ. 구한말 비숍이 관찰한 상반된 한국인 모습

구한말 시베리아 한인촌락의 자치가 놀라운 변화를 가져온다는 사실이 한 외국인 탐험가에 의해 확인되었다. 영국의 지리학자 이사벨라 비숍은 처음 한반도에 상륙하여 민중의 처참한 삶을 목격하고 "더럽고 게으르고 무능한" 한국인에게는 미래가 없다고 비관했다. 그러나 한반도 접경지역의 러시아 영토 내 시베리아 한인촌락을 방문한 후 이런 비관이 속단이었음을 깨달았다. 시베리아 한인의 활기차고 윤택한 삶은 이제까지 한반도 한인의 처참한 모습을 보아온 그녀에게는 믿기 어려운 장면이었다.

1. 구한말 민중의 비참한 삶과 착취적 관료제

비숍은 동학농민혁명과 청일전쟁이 발발한 1894년부터 대한제국이 선포된 1897

년 사이에 네 차례 조선을 답사해 민중의 처참한 삶을 목격했다. 일본의 나가사키 항을 출발해 부산에 도착한 그녀가 바라본 한국인의 삶은 참담했다.

> "한국인이 사는 부산 구시가지는 비참한 곳이었다. 하지만 그 후의 경험은 내게 이곳이 한국의 여느 소도시보다 더 비참한 것도 덜 비참한 것도 아님을 알려주었다.
> 부산 구시가지 좁은 거리는 초라한 오두막집들로 채워져 있었다. 오두막집들은 창문이 없는 진흙 벽과 짚을 얹힌 지붕의 깊숙한 처마를 가지고 있었다. 모든 벽에는 지상에서 60cm 높이에 굴뚝 역할을 하는 검은 연기구멍이 나 있었다. 오두막집 밖에는 고체와 액체 쓰레기가 널브러진 불규칙한 도랑이 있었다. 도랑 옆에는 옴이 오르고 털이 빠진 개들과 눈이 짓무르고 때가 비늘처럼 벗겨지는 아이들이 있었다. 아이들은 전라(全裸)나 반쯤 발가벗은 채로 지독한 악취와 먼지와 진흙 속에 뒹굴거나 햇빛 속에서 헐떡거리며 눈을 껌벅거렸다. 남루한 흰 무명옷을 걸친 남자들과 늙은 여자들은 먼지투성이의 구불구불한 좁은 거리를 따라 땅바닥에 쌓인 상품 더미 옆에 서서 서로를 경계했다. 물건을 흥정하는 소리가 시끄럽고, 물건값을 깎느라 긴 시간이 소모되는데, 팔릴 때는 원래 부른 값의 십 분의 일도 안 되기 일쑤였다."

비숍은 구한말 한국인의 이런 비참한 삶이 착취적 관료제 때문이라고 진단했다.

> "관아에는 한국의 생명력을 빨아먹는 기생충들이 우글거렸다. 거기에는 티롤 모자를 쓰고 주로 푸른색의 조잡한 면직 제복을 입은 군인과 포졸, 문필가와 부정한 관리, 늘 일이 손에 달린 척 가장하는 전령이 있었다. 여러 작은 방에는 더 많은 이들이 서예 도구가 놓인 마루에 모여앉아 한가롭게 기다란 장죽 담배를 물고 있었다. (…) 모든 관리는 한결같이 눈을 아래로 내리깔고 있었다. 부임한 지방관은 마치 하인에게 지시하듯 '낮춤말'로 명령을 내렸다. 지방관은 주로 서울에 살면서 가끔 폐허와 같은 자신의 근무지 관아에 내려와 약탈품을 챙겼다."

"서울에 만연된 부패상은 지방에서도 작은 규모로 똑같이 반복되었다. (…) 일본이 개혁작업을 수행하고 있을 때 한국에는 단지 두 계급, 즉 수탈자들과 수탈당하는 사람들이 있었다. 수탈자들의 대다수는 관리들이었다. 관리들의 수탈과 횡령은 지위 고하를 막론하고 관습처럼 자행되었다. 모든 관직은 매매되었다."

2. 시베리아 한인촌의 활기찬 삶과 촌락자치

비숍은 러시아 정부 치하의 시베리아 한인촌을 방문하고 놀랐다. 시베리아에 거주하는 약 2만 명의 한인 거주자의 활기찬 생활은 이제까지 한반도 한인의 절망적 모습에 익숙하던 그녀에게 믿기 어려운 장면이었다. 두만강 넘어 러시아 영토 내에 형성된 시베리아 한인촌락[33]의 방문은 비숍의 한국인에 대한 부정적 인식을 바꿔놓았다. 비숍은 『한국과 그 이웃 나라들』(1897)에서 한인촌락 중 하나인 연추(延秋) 마을을 이렇게 묘사했다.

"최상류층 가족이 거주하는 조선식 가옥이 마을 전체에 흩어져 있었다. 가장 큰 마을 중 하나는 140가구가 750에이커의 땅을 소유하고 있었다."

"한인촌락의 마을농장은 깨끗하고 잘 정리되어 있다. 가축들은 깨끗한 오두막에서 산다. 한국식 건축양식으로 지어진 저택들은 대여섯 개 방을 가진 커다란 집으로 고급 가구들을 갖추고 있다. 그 안은 무척 깨끗하다. 청나라 고위관료의 집에서나 경험할 수 있는 편안함을 느낄 수 있다."

"이 멋진 지역은 한인에 의해 개척된 것이다. 한인은 농장의 경영자나 소유자로서 자신의 토지를 옥토로 만들었다. 저택은 아주 멋졌고, 한인은 물질적 풍요를 누렸다."

"이곳의 한국 남자에게는 조선 남자 특유의 풀죽은 모습을 찾아볼 수 없었다.

33 비숍이 방문한 29개 한인촌락 중 연추 마을이 포함되었다. 당시 가장 많은 한인이 거주한 연추의 촌장은 주민이 뽑은 최재형이었다. 최재형은 9살 때 노비인 부모를 따라 두만강을 넘어가 온갖 고난을 겪으며 성공한 사업가였다. 연추 마을은 연해주 의병의 본부가 있었던 곳으로서 안중근 의사는 이곳에서 1908년 최재형 등 한인 지도자들과 동의회(同議會)를 조직한 후 국내로 진격해 일본군과 전투를 벌였고, 1909년 10월 26일 이토 히로부미를 처단했다. 최재형은 한인 마을마다 무려 32개의 학교를 세웠다. 1919년 최재형은 상해 대한민국 임시정부의 재무총장을 맡았다가 1920년 연해주로 돌아와 일제에 체포되어 순국했다. 1962년 최재형 애국지사에게 건국훈장 독립장이 추서되었다(박환, 2012).

토착 한국인의 고질적 의심과 나태한 자부심, 그리고 자기보다 나은 사람에 대한 노예근성은 이제 이곳에서 아시아인보다 더 영국인을 닮아 강인한 주체성과 독립심으로 바뀌었다. 우쭐대는 양반의 거만함과 농부의 풀죽은 빈둥거림은 활달한 거동으로 바뀌었다."

비숍은 1860년대 이후 가난과 기근을 피해 시베리아에 이주한 한인이 이처럼 안정되고 활기찬 생활을 누리게 된 비결이 촌락자치에 있다고 판단했다.

"시베리아 정착 한인은 사실상 자치를 시행했다. 촌장은 마을의 크기에 따라 한 명에서 세 명까지 관리를 두고 마을을 관장했다. 경찰도 한인이었다. 법관은 서기를 두고 경범죄를 심리했다. 치안과 세금징수를 책임지는 촌장은 급료나 다양한 수당을 받았다. 모든 관리는 한인에 의해 뽑힌 한인이었다. 정부의 세금은 해마다 각 농장에 10루블씩 부과되었다. 마을주민은 도로, 수리(水利), 다리, 학교 등을 운영하기 위해 연 3루블 이내의 지방세를 정했다. 땅을 소유하지 못한 사람에게는 해마다 1~2루블의 지방세가 부과되었다."

"러시아 정부는 강력한 통치력을 행사했으나 그 절대적 허용범위를 넘지 않았고 소소한 금지와 규정으로 외국인을 번거롭게 간섭하지 않았다. 또 다른 민족의 자질과 습관에 알맞은 외국인 자치정부를 지원했다."

"이곳에서 한인은 번창하는 부농이 되었고 근면하고 훌륭한 행실을 하고 우수한 성품을 지닌 사람들로 변해갔다. 이들도 한국에 있었으면 똑같이 부지런하지 않고 절약하지 않을 게 분명했다. 대부분 가난과 기근에서 탈출한 굶주린 난민이었다. 이들의 번영과 활기찬 행동은 한국 민중이 정직한 정부 밑에서 생계를 보호받을 수만 있다면 조만간 진정한 의미의 '시민'으로 성장할 것이라는 믿음을 갖게 했다."

3. 시베리아 한인 촌락자치의 교훈

1890년대 중반 비숍이 목격한 한인 촌락자치는 17~18세기 대영제국의 식민지인 아메리카 뉴잉글랜드에서 시행된 타운자치와 달랐다. 뉴잉글랜드 타운자치는 입헌군주제에서 대의민주정으로 이행하던 영국에서 종교적 자유를 찾아 아메리카로 이주한 청교도의 자치에서 시작되었지만, 시베리아 한인의 촌락자치는 조선왕조의 관료착취와 기아를 피해 시베리아로 이주한 한인의 자치였다. 뉴잉글랜드 타운자치는 모국인 영국의 식민지에서 거의 4세기 동안 시행되었지만, 시베리아 한인 촌락자치는 제정(帝政) 러시아의 영토 안에서 러시아 정부의 이민정책과 소수민족정책이 용인한 짧은 기간 동안 시행되었다.

그러나 이처럼 열악한 조건에서 시행된 시베리아 한인 촌락자치는 한국인에 대한 비숍의 부정적 관념을 일거에 바꿀 만큼 놀라운 성과를 거두었다. 시베리아 한인 촌락자치가 우리에게 주는 몇 가지 소중한 교훈은 다음과 같다. 첫째, 제정 러시아 정부는 한동안 동토의 땅 시베리아 개발을 위해 약 2만 명의 한인 이주민에게 자치를 허용했다. 비숍은 시베리아 한인촌락이 "극한의 재량(extreme latitude)"을 가지고 자치했다고 적었다. 이 표현은 한인촌락이 러시아 정부에 내는 세금을 제외하고는 간섭을 거의 받지 않고 자율적으로 마을을 이끌어간 것을 짐작하게 한다. 뉴잉글랜드 타운자치가 식민지 본국의 "유익한 무관심(salutary neglect)" 속에서 이루어진 것을 연상시킨다. 건강한 자치의 전제조건은 역시 지배나 간섭이 아니라 '자유'다.

둘째, 시베리아 한인 촌락자치는 불안한 이민자들이 생존의 곤경에 처해서도 공적 자유공간이 허용되자 자치를 욕구하고 자치능력을 발휘하는 존재임을 보여주었다.[34] 자율성과 자기결정의 욕구는 인류학적 뿌리가 있다(Nef, 2021: 82). 시베리아 한인 촌락자치가 보여준 인간의 자치욕구와 자치능력은 오늘날 사회심리학에서 내재적 동기연구와 자기결정성이론(SDT) 등을 통해서 인간본성의 중요한 부분임이 확증되었다. '자치하는 인간'은 세 가지 특성을 가진 존재, 즉 조건부 협동인, 학습인, 창작인이다.[35]

셋째, 시베리아 한인 촌락자치는 인종론과 문화결정론의 오류를 명백히 드러냈다. 일제는 "조선인은 둘만 모이면 싸우고 셋이 모이면 망한다."고 주장하며 식민지배를 정

34 권희영(1993 : 181-182)은 '뒤바보'라는 필명의 계봉우가 연해주 일대 한인의 이주역사와 생활을 기록한 상해판 『독립신문』의 '아령실기(俄領實記)'를 인용해 그 구한말 시베리아 한인 마을의 자치를 언급했다. 그는 시베리아 한인 마을이 "러시아 관헌의 통제 아래 보부상의 예규를 본따 계(契) 형식의 색중청(色中廳)이란 자치기구"를 설치하고, "해마다 반수, 접장, 공원, 집사 등 임원을 선출해 마을 사무를 처리"하도록 했다는 계봉우의 '아령실기' 기록을 소개했다. 시베리아 한인 촌락자치에 대한 계봉우의 소개와 비숍의 관찰은 다르다. 이에 관한 후속연구가 필요하다.

35 '자치하는 인간'에 대한 자세한 논의는 (안성호, 2018 : 67-72)를 참고할 것.

당화했다. 일제는 1919년 발표한 『조선지방제도 개정에 관한 의견서』에서 "조선인 중 자치를 동경하는 자란 거의 찾아볼 수 없을 뿐만 아니라 그 문명의 정도와 경제력도 이를 시행함에 적절치 못하다"라고 주장했다. 그러나 구한말 시베리아 촌락의 한인은 매우 열악한 조건과 협소한 자유공간에서도 "좋은 자치"를 시행하며 혹한의 시베리아에서 번영을 일구어냈다.

넷째, 시베리아 한인 촌락자치는 과세자치권의 중요성을 일깨운다. 당시 시베리아 한인은 "도로, 수리, 다리, 학교 등을 운영하기 위해 연 3루블 이내의 지방세를" 스스로 결정해 부과했다. 주민의 과세자치권 행사는 자율과 책임이 맞물린 자치가 시행되었음을 뜻한다. 지방자치의 힘은 지방세에 대한 주민의 과세자치권 행사로부터 시작된다.

다섯째, 풀뿌리자치의 생명력은 상위정부의 포용성에 달려 있다. 제정 러시아 정부는 시베리아 개발의 필요성 때문에 한때 시베리아 한인 촌락자치를 지원하거나 묵인했다(권희영, 1993: 157-191). 그러나 한인사회의 성장을 안보위협으로 인식하기 시작하면서 시베리아 한인 촌락자치는 쇠퇴했다. 러시아혁명 전부터 독립운동의 거점이었던 시베리아 한인촌락은 1930년대 스탈린의 전체주의 폭정에 의한 중앙아시아 강제이주로 철저히 파괴되었다.

여섯째, 시베리아 한인 촌락자치는 자치가 구성원의 덕성을 함양하고 경제적 번영을 가져오는 효과가 있음을 증명했다. 비숍은 "한국에 있을 때 한국인이 세계에서 제일 열등한 민족이 아닌가 의심했고 그들에게는 미래가 없다고 생각했다." 그러나 비숍은 시베리아 프리모르스크에서 이 생각을 바꿀 이유를 발견했다. 그녀는 시베리아 한인의 촌락자치에서 "좋은 자치"가 한반도에서 착취당하는 "민중의 풀죽은 모습, 게으름, 낭비벽, 의심, 낙담을" 건강한 품성으로 변화시키고, 굶주린 빈농을 번창하는 부농으로 전환하는 힘이 있음을 확인했다.

구한말 이미 시베리아 한인 촌락자치는 노벨경제학상 수상자 아마르티아 센의 "자유로서의 발전(development as freedom)" 입론을 증명했다. 센은 발전을 "경제적 부가 아니라 자유로 평가"해야 하며, "자유의 확장이 발전의 일차적 목적인 동시에 발전의 핵심 수단"이라고 강조했다(Sen, 1999). 그는 사람의 역량증대가 곧 자유의 확장이고 경제발전의 요체이며, 품격 있는 삶을 살기 위해 발전에 대한 관점을 '경제적 부의 증대'에서 '자유의 확장'으로 바꿔야 한다고 역설했다.

Ⅲ. 풀뿌리자치 초등공화국

공화국 사랑을 고취하는 최선의 방안은 국민이 선거일뿐 아니라 매일 가장 가까운 정부의 일에 주권자로서 참여하도록 만드는 것이다. 인간적 규모의 풀뿌리자치를 초등공화국으로 만드는 것은 민주공화국을 수호하고 자유와 번영의 숙론민주정으로 가는 첫걸음이자 지름길이다.

1. 전체주의 폭정을 막는 백신

소련의 반체제작가로서 노벨문학상을 수상한 알렉산드르 솔제니친은 스탈린 폭정에 저항하다 강제노동수용소에서 감금되었다 풀려나 미국으로 망명한 후 18년 동안 뉴잉글랜드 버몬트 주 카벤디쉬 타운에서 살았다. 솔제니친은 소련이 무너지자 귀향을 결심했다. 그는 고국으로 떠나기 직전 개최된 1994년 12월 카벤디쉬 타운미팅에서 다음과 같은 내용을 담은 송별사를 남겼다.

> "지금 러시아가 겪고 있는 이 곤경은 체제의 유지를 위해 6천만 명의 인명을 앗아간 70년 공산주의 지배에서 벗어나기 위해 치러야 하는 고통스러운 대가입니다.
>
> 저는 그동안 이곳과 주변 타운에서 주민이 지역사회의 중요한 문제를 상위정부의 결정을 기다리지 않고 스스로 결정하는 분별 있고 안전한 풀뿌리민주정치 과정을 생생히 지켜봤습니다. 슬프게도 러시아에는 아직 이런 풀뿌리민주정치가 없습니다. 이것이 우리의 가장 큰 약점입니다."

1917년 볼셰비키 혁명을 통해 국가원수가 되기 전 블라디미르 레닌은 네 차례에 걸쳐 6년 반 동안 망명객으로 스위스에 체류했다. 그는 가정마다 총기를 소지한 스위스를 공산주의 혁명의 최적지라고 생각했다. 그는 취리히 사민당에 가입한 후 비밀리에 7명의 스위스 노동자를 포섭했다. 그러나 결국 스위스에서 공산주의 혁명의 꿈을 접고 1917년 러시아로 떠나면서 동지로 여겼던 베른의 사민당 대표 로버트 그림을 "뻔뻔한 악당"이라고 맹비난하며 "스위스는 혁명하기에 너무 부르주아적"이라고 불만을 터뜨렸다. 레닌이 보기에 너무 부르주아적이었던 스위스는 이미 뉴잉글랜드 타운미팅보다 더 강력한 풀뿌리민주정의 반석 위에 세워져 있었다. "아래에서 위로 세워진, 나라의 무게중심이 아래 있는" 스위스의 코뮌자치는 전체주의 폭정을 예방한 백신이었다.

20세기의 대표적 정치철학자 한나 아렌트 역시 풀뿌리민주정을 전체주의 폭정에 맞서는 자유정신의 보루라고 생각했다. 바이마르 공화국 몰락 후 나치 정권을 피해 18년간 무국적자로 살았던 아렌트는 극좌 스탈린과 극우 히틀러 전체주의에 대항할 힘이 미국 뉴잉글랜드 타운미팅에 있다고 확신했다. 그녀는 "정치의 존재이유는 자유"라고 생각했다. 아렌트에게 자유란 비지배와 불간섭을 넘어 스스로 정치적 공간을 형성하고, 그 공간에서 행위자인 자신을 밖으로 드러내고 이웃과 상의하고 결정하는 적극적 자유다. 정치적 자유공간에서 보장되는 인간 평등은 모두가 평등하게 태어났기 때문에 이루어져야 하는 평등이 아니라 오히려 자연적으로 불평등하게 태어났기 때문에 인위적으로 만든 공동체에서 법률로 보장한 평등이다.

2. 자유정신과 헌정애국심의 요람

1831년 미국을 방문해 뉴잉글랜드의 타운미팅을 관찰하고 깊은 인상을 받은 알렉시스 드 토크빌은 『미국의 민주주의』(1835)에서 자유로운 나라의 강건함은 타운십에 있다며 다음과 같이 역설했다(Tocqueville, 2003: 73).

> "타운제도와 자유의 관계는 초등학교와 지식의 관계와 같다. 즉 타운제도는 자유를 인민의 손이 닿는 곳으로 가져와 인민에게 자유를 평화적 목적으로 활용하는 즐거움과 습관을 선사한다. 타운제도 없이 자유로운 정부를 세울 수 있지만 자유정신을 가질 수는 없다."

뉴잉글랜드의 타운에서 가령 학교를 세우는 문제가 있다면, 행정위원들은 지정된 날 지정된 장소에서 유권자총회를 소집해 학교의 필요성과 설립방법, 소요비용, 적절한 입지를 설명하고, 유권자총회는 이 모든 문제를 상의한 후 원칙을 정하고 입지와 세금을 의결한 후 그 집행을 행정위원들에게 맡겼다.

17세기 아메리카의 영국계 식민지는 식민 본국인 영국정부의 "유익한 무관심" 속에서 광범위한 정치적 자유를 누렸다. 특히 뉴잉글랜드의 타운주민은 식민 본국의 법률에 배치되지 않는 한 독립된 공화국의 시민으로서 자치권을 행사했다. 1650년 이미 확립된 타운제도에서 뉴잉글랜드 타운은 자신의 행정관들을 선출하고, 공적인 일을 스스로 심의 · 결정하며, 세금도 스스로 정했다. 19세기 초에도 뉴잉글랜드의 모습은 크게 다르지 않았다. 1831년 방문한 뉴잉글랜드 타운들은 토크빌의 눈에 "타운 하나하나가 독립국가"처럼 보였다. 타운들은 자신에 관련된 모든 일에 있어서 자주적이었다.

당시 뉴잉글랜드 타운십은 인간 심장의 야심적 열정을 부추기지 않으면서 가장 따뜻한 향토애를 불러일으키도록 제도화되어 있었다. 뉴잉글랜드 주민이 타운십에 헌신하는 것은 그곳에서 태어났기 때문이 아니라 타운십을 자신이 구성원으로서 운영에 헌신할 만큼 가치 있는 강하고 자유로운 공동체로 간주하기 때문이었다. 토크빌은 뉴잉글랜드 타운미팅이 대다수 미국인의 드높은 헌정애국심의 원천임을 발견했다. 그는 뉴잉글랜드 주민과 달리 타운미팅 전통이 없는 유럽국가에서 사람들이 마을의 일에 도무지 관심이 없고 "자신과 처자에게 위험이 닥쳐도 스스로 막으려고 노력하지 않고 정부가 도와주기를 마냥 팔짱을 끼고 기다리고" 있음을 개탄했다. 그는 이런 유럽국가의 국민이 굴종과 방종을 오락가락하다가 결국 외침의 희생물이 되고 말 것이라고 경고했다.

버몬트주에 살면서 뉴잉글랜드 타운미팅을 반세기 동안 연구한 프랑크 브라이언은 점차 활력을 잃고 쇠퇴해가는 대의민주정을 살리는 길은 타운미팅을 되살리는 것이라고 역설했다(Bryan, 2004: 296-297).

> "내가 거의 반세기 동안 타운미팅의 밝은 면과 어두운 면을 두루 관찰하고서 분명히 깨달은 교훈은 인간은 기회가 생기면 자치할 수 있는 존재라는 것이다.
> 더욱이 나는 인간이 다시 지체하지 않고 자치를 실천해야 한다고 믿는다. 서로 견제하도록 만든 매디슨의 자유주의적 치유를 넘어 이기심의 격정을 통제할 필요가 있기 때문이다. 타운미팅을 통해 이기심의 격정이 통제되지 않으면, 중앙은 계속 부패할 것이고, 우리의 소중한 유산인 국가적 대의민주정은 점점 더 위축되고 쇠퇴할 것이다."

그러나 뉴잉글랜드 타운미팅 참석률은 높아야 유권자 대비 20%에 불과하고, 타운

인구가 많을수록 참석률은 더 낮아져 5% 이하로 떨어지기도 한다(Bryan, 2004: 107-136). 일부 연구자들은 낮은 참여율에 실망하여 타운미팅이 비현실적 민주정의 대안이며, 타운미팅의 가치가 과장되고 있다고 비판한다.[36] 그러나 낮은 참석률은 타운미팅의 존재이유와 효과를 부정할 만큼 치명적 결함이 아니다. 타운미팅에서 다루는 이슈의 중요도가 올라가면 참석률도 높아진다. 게다가 참석률이 지나치게 낮아 숙론이 어렵고 결정의 정당성이 떨어진다고 판단되면, 화상회의나 스위스 코뮌처럼 비대면 주민투표(투표함투표, 우편투표, 전자투표)를 활용할 수 있다. 타운미팅의 본질적 가치는 주민에게 언제라도 정부에게 질문하고 이의를 제기할 수 있는 자유의 공간이 열려 있다는 것이다. 무엇보다 타운미팅은 주민이 스스로 다스리는 공적 자유공간이다. 타운미팅은 기초자치정부로서 루소가 『사회계약론』(1762)에서 지적한 대로 "모든 지배자가 가장 무서워하는 시민집회다"(Rousseau, 2020: bk. 3).

Ⅳ. 초등공화국의 공개된 비밀

1. 시민을 창출하는 뉴잉글랜드 타운미팅

길게 보면 국민은 정부가 만드는 대로 만들어지는 존재다. 루소는 『정치경제론』(1758)에서 시민을 창출하는 자유공간으로서 민회에 주목하면서 이런 의미심장한 글귀를 남겼다(Rousseau, 2022: 244-253).

> "길게 보면 인민은 정부가 만드는 대로 만들어지는 존재임이 분명하다. 정부가 원한다면 전사나 시민 또는 평범한 인간 가운데 어느 것으로도 가능하며, 평민과 불량배를 원한다면 그렇게 만들 수도 있다. (…)
> 자유 없는 애국심, 비르투 없는 자유, 시민 없는 비르투는 없다. 시민을 창출하라. 그러면 그대가 얻고자 하는 모든 것을 얻을 수 있을 것이다. 시민이 없으면, 국가지배자들 밑에 온통 노예들만 득실거릴 것이다."

36 브라이언(2004: 46-47)은 1940년대 이후 타운미팅을 다룬 문헌을 검토한 후 처음에 타운미팅을 비판하고 그 유용성을 의문시한 사람들이 대부분 후에 타운미팅의 가치를 인정하는 쪽으로 관점을 바꾼 사실을 확인했다.

토크빌은 인구 2천~3천 명의 뉴잉글랜드 타운의 주민집회에서 실천되는 주권재민의 원리가 미국의 독립과 민주주의의 토대임을 목격했다(Tocqueville, 2003: vol. 1 part 1). 미국인들은 뉴잉글랜드 타운의 주민집회에서 공화적 자유를 체험하고 애향심과 애국심을 길렀다. 그는 "뉴잉글랜드 주민의 뜨거운 애향심과 높은 공공정신이 타운공동체의 막강한 자치권을 행사하는 과정에서 함양된 것"임을 발견했다. 반면 뉴잉글랜드 타운미팅과 같은 풀뿌리민주정을 허용하지 않은 유럽의 중앙집권체제는 국민의 공중도덕을 타락시키고 향토애와 애국심을 고갈시켰다. 토크빌은 풀뿌리자치를 진작시키는 "지방의 자유가 필요 없다고 여기는 나라는 그런 자유를 누려보지 못한 나라"라고 썼다.

1907년부터 1913년까지 5년 동안 미국의 대사직을 역임한 브라이스는 자신의 마지막 저서인 『현대 민주정』(1921)에서 미국 뉴잉글랜드 타운미팅은 스위스 코뮌자치와 함께 '최선의 민주정치 학교이며, 민주정치 성공의 최선의 보증은 지방자치의 실천'이라는 격언을 입증하는 대표적인 사례로 소개했다(Bryce, 1921: part 1 chap. 12). 그가 관찰한 뉴잉글랜드의 타운미팅은 완벽한 자치학교로서 시민에게 "가장 저렴하고 효율적이며 교육적인 최선의 정부제도"였다.

21세기 AI 시대에도 타운미팅의 가치는 감소하지 않았다. 오히려 허위정보와 음모론이 범람하고 온라인 가상공간이 인간성과 민주정치를 공격하는 AI 시대에 대면공동체의 풀뿌리민주정은 더 소중하고 절실해졌다. 브라이언은 뉴잉글랜드 타운미팅보다 "겸손, 그 당연한 귀결로서 절제의 시민비르투"를 더 잘 가르칠 수 있는 곳은 없다고 역설했다. 그는 20세기 최대의 재앙을 몰고온 아돌프 히틀러의 등장은 겸손의 미덕을 가르치는 타운미팅이 독일에 없었기 때문이라고 지적했다(Bryan, 2004: 289).

> "우리는 인간정신에서 편협성(intolerance)을 제거할 수 없지만, 편협성을 절제하게 만드는 제도를 만들 수는 있다. 그 제도는 바로 타운미팅이다. 만일 히틀러가 뉴잉글랜드 타운미팅이 있는 곳에서 살았다면, 그는 그곳에서 필경 성질이 불같은 얼간이로 취급되어 하찮은 존재로 외면당했을 것이다. 바로 이것이 타운미팅의 세련되고 '더 부드러운 훈육(gentler tutelage)' 효과다."

뉴잉글랜드의 여러 사회 · 경제적 지표는 타운미팅 민주주의의 발전효과를 보여준다. 지난 수 세기 동안 도시화가 진행되어 뉴잉글랜드 타운의 규모가 커지고, 타운의 자치권이 줄었지만, 지금도 약 1천1백 개의 타운미팅이 운영되고 있다. 뉴잉글랜드는 독립전쟁의 진원지였고 건국을 주도했으며 노예해방을 선도했다. 근래에는 인권과 반핵, 반전, 환경운동에 앞장섰다. 오늘날 뉴잉글랜드 6개 주 중 5개 주는 시민사회지수 10대 주에 속한다. 뉴잉글랜드의 주는 관용지수와 사회자본지수에서도 선두 자리를 지키고 있다. 2020년 뉴잉글랜드 주민 1천5백만 명 중 87%가 사는 4개 주(매사추세츠, 코네티컷, 뉴햄프셔, 로드아일랜드)의 평균 가계소득은 50개 주 중 각각 4위, 5위, 6위, 15위를 기록했다. 다만 최북단의 험준한 산악주인 버몬트와 메인은 각각 27위와 31위로 중위권을 차지했다.

2. 스위스 번영을 이끈 코뮌자치

코뮌은 스위스연방의 기본 세포다. 코뮌주민의 결사체는 연방헌법에 의해 보호된다. 코뮌은 자신의 고유사무에 대해 주권적 권한을 행사한다. 코뮌은 '정치의 나라'[37]인 스위스에서 정치참여의 출발점이다.

스위스 2,172개 코뮌의 평균인구는 약 4천1백 명으로 OECD 국가 기초정부의 평균인구 9천7백 명의 절반도 안 된다. 중위 코뮌의 인구는 이보다 훨씬 작아 고작 1천4백 명이다. 83%의 코뮌이 우리나라 면 단위의 평균인구보다 적은 5천 명 미만의 주민을 갖는다. 인구 2만 명 이상의 코뮌은 단지 5%에 불과하다. 다만 스위스 총인구 896만 명의 약 절반은 5만 명 이상의 10개 중소 코뮌에 산다. 최대 도시 취리히의 인구는 41만 명이고, 두 번째 도시 제네바의 인구는 20만 명이다. 10만~20만 명 규모의 코뮌은 바젤, 로잔, 베른, 빈터투어 4개뿐이다.

평균인구 약 4천1백 명에 불과한 스위스 코뮌이 수행하는 사무가 보잘것없다고 생각하기 쉽다. 그러나 스위스 연방헌법 제50조에 의해 보장되는 코뮌의 자치권은 구체적으로 각 캔톤의 헌법과 법률로 정해지지만 여느 선진국의 기초정부보다 광범하고 강력

37 스위스인의 정치 사랑은 직접민주제 활용빈도를 통해 확인할 수 있다. 스위스에서 중대한 문제(총 입법건수의 1%)는 직접민주제로 해결한다. 불평등 문제도 직접민주제로 다루는 스위스의 빈곤율은 여느 선진국의 절반 미만이다. 스위스의 대다수 정치인은 직업정치인이 아니라 시민정치인이다. 외국인 거주자를 포함해 인구 896만 명의 스위스에는 약 15만 명의 선출직 비상근 시민-정치인이 있다. 대다수 스위스인은 국회의원도 다른 생업을 가지고 비상근으로 근무하길 원한다. 심지어 상당수 스위스 국회의원은 사실상 직업정치인이지만 여느 선진국 국회의원보다 적은 보수를 받는다(안성호, 2018: 190).

하다. 일반적으로 코뮌은 유아교육, 초중등교육, 사회서비스, 상하수도, 전력, 교통, 지방도로, 토지이용계획, 자연자원관리, 여가, 문화, 경찰(소방 · 교통 · 거래 · 상업), 민방위 등에 관한 사무를 맡는다. 코뮌의 세출은 교육(28%), 사회적 보호(19%), 일반공공서비스(15%), 경제 · 교통(13%), 여가 · 문화 · 종교(7%), 안전 · 공공질서(6%), 환경보호(6%), 보건(4%), 주택 · 생활편의시설(2%) 등으로 구성된다. 원칙적으로 코뮌의 권능은 온전하고 배타적이지만, 소방과 의료보건 및 학교 등의 일부 공공서비스는 코뮌 간 협력을 통해 제공된다.

[표 3-1] 읍 · 면 · 동보다 작은 스위스 코뮌(2023년)

		평균인구 (명)
스위스 코뮌		4,125
한국	읍 · 면 · 동	14,801
	시 · 군 · 구	229,292

출처: 필자 작성.

스위스 번영의 원동력은 코뮌의 다양성과 역동성을 품은 코뮌자치에 있다. 스위스의 정치는 코뮌자치에서 시작된다. 스위스 코뮌의 정책실험과 학습은 스위스 번영의 기름진 토양이다. 취리히 자유연구소의 로버트 네프 박사는 스위스 번영의 비밀이 "과세권을 갖는 경쟁력 있는 코뮌의 활약"에 있다고 역설한다. 스위스 전체 세출의 22.8%를 사용하는 코뮌정부는 상위정부가 남겨준 보충적 권한과 공적 자금을 집행하는 하급행정기관이 아니라 스위스를 떠받치는 원초적 자치정부다. 코뮌정부는 지방(캔톤 · 코뮌) 자본투자의 약 45%를 직접 투자한다. 코뮌정부가 투자하는 주요 영역은 교육(30%), 경제 · 교통(29%), 일반공공서비스(11%), 환경(10%) 등이다.

과세권은 코뮌자치권의 백미다. 코뮌은 공공서비스 제공에 필요한 재원을 조달하기 위해 캔톤법이 정한 범위 내에서 주민의사에 따라 정해진 세율로 소득세를 비롯해 부유세, 인두세(또는 가구세), 순이윤 · 자본세, 상속 · 증여세 등을 자유롭게 부과한다. 그 결과 코뮌의 조세수입은 거의 모두 소득세와 부유세이고, 이 중 70% 이상은 개인소득세이고, 약 10%는 기업이윤세이다. 2020년 스위스의 세금수입은 연방 · 캔톤 · 코뮌 간 대략 44:33:23으로 배분된다. 이런 지방세 수입구조는 평균인구 약 4천1백 명에 불

과한 코뮌정부의 평균 재정자립도를 80% 후반대로 유지한다.[38]

코뮌의 과세권과 재정주민투표는 코뮌 간 세금경쟁을 유도해 코뮌주민의 세금부담을 낮춘다. 이를테면 이웃 코뮌 주민의 세금부담이 낮을수록, 경쟁하는 코뮌 주민의 세금부담도 낮아진다. 그러나 이른바 세금 낮추기 경쟁으로 인한 '바닥을 향한 질주'나 낮은 세금부담으로 인한 공공서비스의 감소는 관찰되지 않는다(Blankart, 2011: 77; 안성호, 2018: 117-119).

코뮌의 과세권과 재정주민투표가 코뮌의 부채를 증가시킬 것이라는 우려는 공연한 걱정이다. 스위스에는 방만한 지방재정 운영을 막는 제도와 관행이 확립되어 있다. 이를테면 코뮌이 부채를 갚을 수 없는 상태에 빠지더라도 캔톤정부나 연방정부가 긴급구제를 해주지 않는다. '긴급구제 불가원칙'을 고수하는 스위스에서 재정주민투표는 코뮌의 채무부담을 제어하는 효과적인 부채제동 기제로 작용한다.

스위스인의 4분의 3이 사는 인구 2만 명 미만의 코뮌은 하찮은 소도시나 마을이 아니다. 1~2만 명 규모의 스위스 코뮌을 방문한 여행객은 누구나 종종 농촌의 쾌적함과 도시의 편리함을 두루 갖춘 작은 도읍에서 여생을 보내고 싶은 마음이 든다.

작은 코뮌이 이런 매력을 갖추게 된 것은 무엇보다 건실한 기업 덕분이다. 이를테면 레만호수 동편에 자리 잡은 인구 1만6천 명의 뷔베 코뮌에는 197개국에 447개 사업장을 가진 제약식품업계의 초국적기업 네슬레 본사가 있다. 인구 1만7천 명의 졸로투룬 코뮌에는 세계 도처에 11,430명의 직원을 둔 세계 1위 임플란트 생산업체인 신테스의 유럽본부가 있다. 인구 3만 명의 추크 코뮌에는 세계 1위 건축자재 회사인 라파즈홀심의 본사가 있다. 이처럼 중소도시에 세계 굴지의 글로벌기업의 본사가 있는 스위스는 기업밀도 세계 1위의 기업강국이다.

전국이 비교적 고르게 발전한 기업강국 스위스의 비결은 무엇보다 캔톤과 코뮌의 막강한 과세권에 있다. 캔톤과 코뮌은 주민투표로 과세권이라는 강력한 지렛대를 활용해 국내외 유수 기업을 유치하고 창업을 촉진한다. 기업의 유치와 창업은 지방재정을 튼튼하게 만들고 일자리를 창출하여 실업률을 세계에서 가장 낮은 수준으로 떨어뜨린다.

38 각 캔톤은 코뮌 간 재정력 격차를 줄이기 위한 교부금 및 재정균형화제도를 갖추고 있다. 단 이전지출이 캔톤세입의 20%를 넘지 않도록 제한한다. 2008년 캔톤재정제도의 개혁으로 용도를 정하지 않은 포괄적 이전지출의 몫을 종래 24%에서 40%로 올렸다. 그 결과, 스위스의 지역 간 재정력 격차는 OECD 국가 중 가장 작다. 2015년 비교적 재정 형편이 좋지 않은 스위스 동부지역의 1인당 GDP는 가장 부유한 취리히 지역의 72%에 달했다.

더욱이 주민과 기업 사이에 돈독한 친화적 관계가 형성된다. 스위스가 파업으로 인한 근무일 결손이 세계에서 가장 낮은 산업평화의 나라이고, 글로벌기업이 지역사회에 뿌리내린 향토기업인 것은 우연이 아니다. 과세권을 지닌 주민과 밀착된 글로벌 향토기업이 융성한 스위스에는 오늘날 한국이 직면한 '지방소멸'이란 단어가 없다.

V. 스위스 코뮌의 정부형태

스위스를 이해하려면 스위스 정체성의 뿌리인 코뮌을 알아야 한다. 캔톤과 연방이 생기기 전부터 존재한 코뮌[39]은 스위스의 독특한 산물로서 적절한 번역어를 찾기 어렵다.

1. 코뮌의 자유, 돌봄, 우정정치

2015년 12월 16일 필자는 스위스 취리히 캔톤에 소속된 레겐스베르크 코뮌의 주민총회를 참관했다(안성호, 2018: 357-359). 레겐스베르크 코뮌의 인구는 외국인 88명을 포함해 487명이었다. 15세 이상 64세 이하 경제활동인구의 실업률은 0%였다. 코뮌정부의 집행부 행정위원회는 주민총회에서 선출된 5명의 직선 행정위원(이들 중 한 명이 코뮌수장)으로 구성되었다. 행정위원회 산하에 직원 3명(전일제 2명과 시간제 1명)이 있었다.

저녁 식사 후 초등학교 강당에서 열린 주민총회에는 유권자 296명 중 63명이 참석했다(참석률 21.4%). 유권자 누구나 참석하여 의견을 피력할 수 있고 다른 주민의 의견도 들을 수 있는 열린 공적 자유공간이었다. 주민총회에서 코뮌정부와 초등학교의 지난해 결산과 내년 예산의 승인, 징수세율의 결정, 주민질의와 답변이 이어진 후 캔톤에서 배정받은 난민 2명이 거주할 주택과 일자리 문제를 상의했다. 난민의 수용에 따른 예산문제를 다루다 종결짓지 못하고 추후 다시 논의하기로 했다.

스위스 코뮌에서 실직자가 생기면, 이웃 주민이 일자리를 알선해주곤 한다. 스위스

39 오늘날 스위스 코뮌과 가장 유사한 사례로는 타운미팅 민주정(town meeting democracy)을 운영하는 미국 뉴잉글랜드 타운을 들 수 있다. 지난 3세기 동안 진화해온 뉴잉글랜드 타운미팅 민주정은 오늘날에도 풀뿌리 수준의 숙론적 자치공간으로서 내년에 낼 세금과 육아 · 초등교육, 노인복지, 도로관리 등을 상의해 결정하고, 지역사회의 목소리를 상위정부에 통합시키는 역할을 성공적으로 수행하고 있다(Bryan, 2004; Bryan *et al.*, 2019: 1-15; Townsend & Reiss, 2022: 1-10).

코뮌의 이런 상부상조 문화를 각자도생의 '자유주의적 자유(liberal liberty)'와 구별해 '코뮌의 자유(communal liberty)'라고 한다(Elazar, 1993: 3-18).

스위스에서 시민권 부여는 중앙정부의 법무부 관료가 사무적으로 결정하지 않고, 코뮌의 주민투표로 결정한다.[40] 코뮌의 시민권을 부여받은 후보주민은 행정절차를 거쳐 캔톤과 연방의 시민권을 자동적으로 얻는다.

스위스인은 코뮌에 대해 남다른 뿌리의식을 갖고 있다. 자신이 거주하는 거주코뮌(Einwohnergemeinde)은 물론, 가문이 유래한 출신코뮌(Bürgergemeinde)에 대한 애착은 거의 동물적 귀소본능에 가깝다. 지금도 스위스인의 여권에는 '출생지' 난이 없는 대신 출신코뮌을 적는다. 연방의회가 연방각료를 선출할 때도 지역적 안배를 위해 출신코뮌을 중요하게 고려한다. 오늘날 정치적 단위로서 거주코뮌에 사는 주민의 3분의 1만 출신코뮌의 자격이 주어지기 때문에 출신코뮌이 과거보다 덜 중요해진 것은 사실이다. 그러나 주민은 곤경에 처했을 때 최후 수단으로 자신의 출신코뮌에 도움을 요청할 수 있다.

스위스인은 코뮌에 대해 정서적으로 강하게 결속되어 있다. 스위스인에게 고향코뮌을 떠나 다른 지역에 가서 사는 것은 가족적 분위기와 정신적 고향의 상실을 의미한다. 따라서 설혹 다른 지역에 더 나은 일자리가 있어도 그보다 못한 고향 직장에서 일하길 마다하지 않는다. 공직 때문에 부득이 베른 등 외지에 살다가도 임기가 끝나면 반드시 고향코뮌으로 되돌아오는 것이 스위스인의 불문율이다.

스위스 코뮌의 삶은 각자도생의 자유주의적 자유에 익숙한 우리에게 동화 같은 이야기처럼 들린다. 오늘날 우리는 돌봄이란 가정의 책임이지 정치영역에서 다룰 공적 문제가 아니라는 인식에 길들여져 있다. 이런 통념에 정면으로 도전하여 돌봄책임의 배분을 민주정치의 본질이라고 주장한 학자는 조안 트론토다(Tronto, 2014). 돌봄을 "세상을 유지하고 지속하며 복원하는 것"이라고 정의하는[41] 트론토는 "민주정에서 시민이 되는 것은 시민을 돌보고 민주주의 자체를 돌보는 것"이라고 역설한다. 그녀는 돌봄에 대한 지식의 생산과 의사결정에서 문화적 · 구조적 편견이 없는 동등한 참여를 강조한다.

40 극히 일부 코뮌에서는 이민자의 국적 취득을 의회가 결정한다.

41 트론토의 '돌봄' 정의에 의하면, '치안'은 근본적으로 경제생활을 포함하는 돌봄노동의 한 종류이며, '군복무' 역시 국토를 보호하는 돌봄노동의 한 형태다. 이런 관점에서 볼 때, 여성은 돌봄을 잘하며 남성은 그렇지 않다는 통념은 남성의 돌봄 무임승차를 정당화하는 헤게모니적 남성성(hegemonic masculinity) 이데올로기의 반영이다(Tronto, 2014: chap. 3).

트론토의 관점은 사적 영역과 공적 영역을 엄격히 구분하고 경제를 포함한 “사회적인 것(the social)”에 의한 정치의 오염을 전체주의로 빠져드는 함정으로 인식한 아렌트의 정치이론과 일견 상치되는 것처럼 보인다(Tronto, 1982: 192-183). 정치의 존재이유를 공적 영역의 통치과정에 참여하는 시민의 자유를 보장하는 것으로 이해한 아렌트는 정치가 경제에 압도당하는 현상을 공적 자유의 공간을 허무는 근원적 위협으로 이해했다. 프랑스혁명과 그 전통을 따랐던 러시아혁명과 중국혁명의 실패는 경제에 압도당한 정치의 실패였다.

그러나 아렌트를 다시 곰곰이 읽어보면, 그녀의 세계사랑(amor mundi)은 트론토의 정치적 돌봄을 아우르는 세계사랑임을 알 수 있다(Cloutier, 2023: 30-33). 트론토의 정치적 돌봄은 “가정의 어두침침한 내부에서 공적 영역의 빛으로 나오는” 아렌트의 돌봄과 다르지 않다. 아렌트의 세계사랑은 모든 배제를 풍요로운 세계의 상실로 간주하며, 공동의 세계를 보호하기 위한 정치적 해결을 촉구한다.

전체주의에 대항하는 코뮌 자유의 힘을 간파한 아렌트는 말년의 칸트철학 강의에서 자기 돌봄에 대한 집착을 넘어선 세계 돌봄을 강조했다. 아렌트는 “정치에서 세계에 대한 돌봄은 자신의 몸이나 영혼에 대한 돌봄을 우선”해야 한다고 생각했다. “세계와 그 미래를 나의 삶이나 자신보다 더 사랑”하는 능동적 시민의 돌봄 세상은 아렌트의 염원이었다. 그녀의 이런 염원은 말년 『혁명론』(1963)에서 지리적으로 가까운 이웃이 공동의 이슈를 놓고 함께 사유하고 자신을 표현하며 새로운 시작을 결정하고 실행하는 풀뿌리 자유공간인 평의회(councils)를 강조한 이유다. 아렌트에게 풀뿌리자치는 세계사랑의 출발점이며 “우정정치(politics of friendship)”가 움트는 묘판이다.

복합위기의 21세기 세계사랑과 우정정치를 체험할 정치적 공간이 필요하다. 그 정치적 자유공간은 인간적 규모의 초등공화국에서 시작될 수 있다(Arendt, 2006: 207-273). 자유와 돌봄의 읍 · 면 · 동 초등공화국 세우기는 우리 시대의 근원적이고 절실한 헌정혁신의 과제다.

2. 스위스 코뮌의 정부형태

스위스 코뮌은 캔톤법의 범위 내에서 제각기 다양한 정부형태를 선택한다. 주민총회 중심의 직접민주주의 전통은 독일어권과 레토로만어권 코뮌에서 강하다. 반면 프랑스어권과 이탈리아어권 코뮌은 의회를 갖는 대의민주주의를 선호한다.

그러나 코뮌정부의 형태를 결정하는 가장 중요한 변수는 인구의 규모다. 일반적으로 인구 2만 명 미만의 작은 코뮌은 주민총회와 소수의 선출된 시간제 공무원으로 구성되며, 인구 2만 명 이상의 큰 코뮌은 별도의 의회와 행정사무를 처리하는 전업직원으로 구성된 집행부를 갖고 있다.

[표 3-2] 작은 코뮌과 큰 코뮌의 정부형태

<table>
<tr><th></th><th>작은 코뮌(인구 2만 명 이하)</th><th>큰 코뮌(인구 2만 명 이상)</th></tr>
<tr><td rowspan="2">입법기관</td><td>코뮌총회: 18세 이상의 주민이 참여하는 최고 입법기관으로서 매년 2~5회 개최</td><td>코뮌의회: 주민직선 의회와 주민투표 · 주민발안 등 직접민주제가 결합된 준직접민주의 실행</td></tr>
<tr><td>코민총회는 행정위원회와 주민이 제출한 의안을 결정하고 모든 주요 현안을 논의</td><td>코뮌의회의 주요 사안은 반드시 주민투표에 회부되며, 그 밖의 사안도 주민 청구로 주민투표에 회부 가능</td></tr>
<tr><td>감사위원회</td><td colspan="2">감사위원회: 감사위원회는 코뮌을 하나의 선거구로 삼아 주민이 직접 선출한 비정당 소속 전문가 5~7명으로 구성, 집행부로부터 독립성을 유지하며 사후감사와 함께 정책형성과 예산편성 과정에서 정책제안과 조언 및 사업의 타당성 검토 등 사전감사권도 행사, 의회가 설치된 경우 의회와 경쟁하면서 의회의 당파적 정당정치의 폐단을 견제</td></tr>
<tr><td rowspan="2">행정위원회</td><td colspan="2">행정위원회: 행정을 총괄적으로 감독 · 관장하는 동료제 집행기관으로서 주민이 직선한 5~7명의 행정위원으로 구성, 다만 네샤텔 캔톤의 코뮌에서는 예외적으로 코뮌의회가 행정위원을 선출</td></tr>
<tr><td>행정위원은 보통 명예공직자로서 시간제로 근무하며, 정당 소속이 중시되지 않음</td><td>행정위원은 소액의 보수를 받고 전일제로 근무하며, 정당 소속이 다소 중시됨</td></tr>
<tr><td>행정</td><td>민관 공동생산의 일상화: 전부 또는 일부 행정서비스 자원봉사로 제공</td><td>직업공무원에 의한 전문행정이 이루어짐</td></tr>
</table>

출처: (Linder & Mueller, 2021: 77)의 〈박스 3.4〉를 수정 · 보완.

1) 코뮌총회

2,172개 코뮌 중 약 5분의 4는 코뮌의 최고 입법기관으로 주민총회를 운영한다. 18세 이상(일부 캔톤에서는 16세 이상)의 주민은 매년 2~5회 열리는 코뮌총회에 참여할 권리를 갖는다. 일부 캔톤에서는 코뮌총회에 참여하는 것을 주민의 의무로 간주하여 불참하는 주민에게 소액의 벌금을 물리기도 한다. 일정 수의 유권자가 의제를 선정해 주민총

회 개최를 요구할 수 있다.

주민은 코뮌총회에 참석해 행정위원을 비롯한 주요 공직자를 선출하고, 행정위원회와 주민이 제출한 의안과 주요 법안 및 청원을 결정한다. 주민은 코뮌총회에서 의안을 발의할 수 있다. 그라우뷘덴 캔톤과 발레 캔톤에서는 코뮌총회가 열리는 현장에서 한 명의 유권자가 발안권을 행사할 수 있다. 취리히 캔톤과 니드발덴 캔톤 등에서는 한 명의 유권자가 코뮌총회가 열리기 전에 코뮌행정위원회에 의안을 발의할 수 있다.

인구 2만 명 이상의 코뮌에서는 종종 입법권이 부분적으로 주민에 의해 선출된 코뮌의회의원에게 위임된다. 그러나 코뮌의회의 주요 결정은 반드시 주민투표에 부쳐진다. 이 밖에도 코뮌의회의 크고 작은 모든 결정은 주민의 요구가 있는 경우 주민투표에 부쳐진다.

2) 코뮌의회

2,172개 코뮌 중 약 5분의 1인 큰 코뮌은 코뮌총회와 함께 또는 코뮌총회를 대신해 의회를 둔다. 코뮌이 합병 등으로 규모가 커지면서 코뮌총회를 대신해 의회를 설치하는 코뮌이 늘었다. 그러나 의회를 폐지하고 코뮌총회를 부활시킨 사례도 있다. 코뮌의회의원은 캔톤이나 코뮌이 정한 선거방법에 따라 다수제나 비례대표제로 선출된다. 일반적으로 캔톤법은 코뮌주민이 코뮌의회의원의 선거방법을 자율적으로 선택하도록 규정한다.

코뮌의회의 의원정수는 대체로 코뮌인구에 비례해 많아지는데, 서부의 프랑스어권 코뮌이 동부의 독일어권 코뮌보다 많은 편이다. 다만 1만 명 이상 코뮌에서는 독일어권 코뮌의 의원정수가 많다. 독일어권의 베른, 바젤, 취리히 코뮌의 의원정수는 각각 80, 130명, 125명인 데 비해, 서부 프랑스어권 제네바와 로잔 코뮌의 의원정수는 각각 80명과 100명이다.

코뮌의회의원은 비상근 명예직이다. 코뮌의회의원의 약 절반은 정당과 관련을 맺지 않은 무소속이다. 전체 코뮌의 대략 절반인 1천 명 미만의 작은 코뮌의 의회의원은 대부분 비정당원이다.

코뮌의회의 권한은 코뮌에 따라 다양하다. 코뮌의회의 조례에는 일반적으로 경찰조례와 코뮌세금조례가 포함된다. 코뮌총회가 열리고 주민투표가 일상화된 스위스에서 코뮌의회의 입법활동은 활발하지 않다.

코뮌의회는 코뮌행정을 감시 · 감독하는 광범위한 권한을 행사한다. 예산을 채택하고 결산을 승인하며 일정 금액 이상의 지출에 대한 재정권을 행사한다. 토지이용계획, 도로, 광장, 공공건축물 등 사회기반시설의 설치에 관한 권한도 행사한다. 코뮌 소유 부동산의 건설 · 해체 · 취득 · 양도를 결정한다. 코뮌의회는 종종 일부 공무원과 목사의 임명권을 행사한다. 예컨대, 네사텔 캔톤의 코뮌의회는 여느 코뮌에서 행정위원을 직선하는 것과 달리 행정위원을 선임한다.

3) 감사위원회

주민총회를 채택하는 대다수 코뮌은 주민이 직선한 위원으로 구성되는 감사위원회를 둔다. 감사위원회는 코뮌을 하나의 선거구로 삼아 주민이 직접 선출한 비정당 소속 전문가 5~7명으로 구성된다. 일반적으로 감사위원회는 집행기관을 감시하고 주민권익을 보호한다. 감사위원회는 독립적 지위에서 행정위원회 활동을 평가하고, 정책대안을 제시하며, 그 결과를 코뮌총회에 보고한다.

감사위원회는 의회와 경쟁하면서 의회를 견제한다. 정당원이 아닌 주민으로 구성되는 감사위원회는 의회에서 각 정당이 자당의 이익을 도모하기 위해 다른 정당의 실패를 의도적으로 조장하는 정당 간 정글정치를 완화하는 효과가 있는 것으로 밝혀졌다.

4) 코뮌행정위원회

코뮌의 행정위원회는 주민이 직접 선출한 5~7명의 행정위원으로 구성된 동료제 집행기관(collegiate executive)이다. 행정위원은 대체로 코뮌총회에서 선출된다. 코뮌총회가 없는 코뮌에서는 주민투표로 선출된다. 행정위원은 대다수 캔톤에서 다수대표제로, 주크 캔톤과 티치노 캔톤에서는 비례대표제로 선출된다. 임기는 통상 2년 또는 4년이다.

코뮌의 수장은 '동료 중의 수석'(a primus inter pares)으로서 행정위원회 회의를 주재하고 코뮌정부를 대외적으로 대표하며 작은 코뮌의 경우에 주민총회의 의장 역할을 맡기도 하지만 이 밖에는 다른 행정위원과 동등한 지위에서 권한을 행사한다. 코뮌의 수장은 흔히 가장 많이 득표한 행정위원이 맡는다.

코뮌행정위원회는 다양한 정치집단을 참여시키고 위원의 전문지식을 얻기 위해

산하에 집행기능을 담당하는 재정위원회나 사회부조위원회 등을 둘 수 있다. 일반적으로 코뮌행정위원회 산하의 각종 위원회 위원장은 행정위원이 맡고, 위원은 행정위원회에서 선출된다.

Ⅵ. 자유와 돌봄의 읍 · 면 · 동 초등공화국 설계안

스위스 코뮌정부와 미국 뉴잉글랜드 타운정부를 참고해 필자가 구상한 강원도 읍 · 면 · 동 초등공화국의 거버넌스체제 설계안은 다음과 같다.

1) 읍 · 면 · 동의 정부형태

인구 1만2천 명 미만의 작은 읍 · 면 · 동에 '주민총회+직선 행정위원(3~5명)+사무총장+직선 재정감사위원회(7인)'를 설치한다. 읍 · 면 · 동 사무를 총괄 관리하는 사무총장은 행정위원회가 추천한 인물을 주민총회의 인준을 받아 행정위원회가 임명한다. 읍 · 면 · 동의 모든 선출직 공직자의 임기는 4년이다.

인구 1만2천 명 이상의 큰 읍 · 면 · 동에서는 주민투표를 통해 '대표주민총회(100명~200명) + 직선 행정위원(3~5명) + 사무총장 + 직선 재정감사위원회(7인)'를 설치한다. 대표주민총회는 읍 · 면 · 동 자치구역 내의 동네(마을, 아파트주민자치회 등)별로 추첨 또는 선출된 대표주민들로 구성된다. 세금 등 중대 사안과 대표주민총회에서 의결된 사항 중 50인 이상의 유권자가 주민투표를 요구하는 경우 주민투표에 부쳐 결정한다.

2) 읍 · 면 · 동의 동료집행부

읍 · 면 · 동 행정은 3~5명의 행정위원으로 구성된 동료집행부가 맡는다. 3~5명의 행정위원은 유권자가 한 선거구에서 행정위원 수만큼 투표권을 행사해 다수의 득표자를 선출하는 중선거구 다수제로 뽑는다.[42] 읍 · 면 · 동장은 1~2위 득표한 행정위원이 2년씩

42 중선거구 다수제는 정당과 후보를 이념 스펙트럼의 중도적 관점으로 이동시키고 읍 · 면 · 동 전 지역의 배분적 효율성을 높이는 정책에 집중하도록 만든다. 중선거구 다수제로 선출된 대표는, 선거구의 지대추구와 재분배에 몰두하게 만드는 1인 소선거구 다수제로 뽑힌 대표와 달리, 읍 · 면 · 동 전 구역 내 모든

맡거나 최다 득표한 행정위원이 맡는다. 읍 · 면 · 동장은 대내외적으로 읍 · 면 · 동을 대표하고 회의를 주재하는 등 일부 업무를 제외하고 다른 행정위원과 동등한 권한을 갖는 '동료 중 수석'의 역할을 맡는다. 행정위원회의 운영은 합의를 원칙으로 한다.

3) 읍 · 면 · 동 대의직접민주제

대의민주제의 결점을 교정하고 대의민주제를 주민의 의사를 한층 더 충실히 반영하도록 주민총회, 주민조례발안, 주민투표 등의 직접민주적 개방성을 확대한다. '가장 중요한 사안은 주민이 직접 결정하고, 중요한 사안은 주민을 대신해 의회가 결정하며, 일상적 사안은 선출된 집행부가 결정하는 원칙'을 준수한다. 이를 위해 기존 주민투표제의 유효투표율을 폐지하고, 주민조례발안과 주민투표의 대상을 대폭 확대한다. 주민조례발안과 주민투표의 청구요건을 낮추고, 주민투표에 부쳐진 사안에 대해 3개월 이상 숙론을 보장한다. 재정주민투표제도를 도입하여 읍 · 면 · 동 수준부터 활용한다.

4) 비정당 재정감사위원회

읍 · 면 · 동 재정감사위원회 위원(7인)은 당적을 갖지 않는 주민으로 선출한다. 재정감사위원회는 "지방자치단체에 의회를 둔다"는 헌법 제118조 제1항을 개정하기 전까지 지방의회의 역할을 대리한다.

5) 읍 · 면 · 동 사무

보완성원칙에 따라 읍 · 면 · 동 자치권을 단계적으로 강화한다. 중장기적으로 읍 · 면 · 동을 생활자치의 거점으로 육성하기 위해 육아교육, 초등교육, 보건, 사회복지, 주택, 경제, 교통, 자치경찰, 소방, 민방위, 문화, 여가, 환경, 상하수도, 토지이용계획 등을 읍 · 면 · 동 고유사무로 이양한다.

6) 읍 · 면 · 동의 과세권

읍 · 면 · 동 주민은 특별자치시 · 도부터 특별자치법이 정한 범위 안에서 주민세, 재산세, 소득세 등 일부 조세에 일정 세율을 부과하는 방식 등으로 과세권을 행사한다. 주민은 읍 · 면 · 동세에 관한 과세권을 주민총회 또는 주민투표로 행사한다. 중장기적

주민의 선호에 부응하는 정책을 추진하는 경향이 있다.

으로 읍 · 면 · 동이 지방정부로서 읍 · 면 · 동세의 종류와 세율을 결정할 수 있도록 관련 법률과 헌법 조항의 개정을 추진한다.

7) 읍 · 면 · 동의 재정균형화

읍 · 면 · 동 간 재정력 격차를 줄이기 위해 읍 · 면 · 동의 재정책임을 이완시키지 않는 범위 안에서 중앙정부와 시 · 도의 읍 · 면 · 동 교부금제도와 함께 읍 · 면 · 동 간에 수평적 재정균형화를 도모한다. 읍 · 면 · 동의 재정자율권을 최대한 보장하되, 방만한 재정운영으로 부채를 상환할 능력이 없는 읍 · 면 · 동에 대한 긴급구조 불가원칙을 준수한다.

8) 준(準)주민의 자격

읍 · 면 · 동 자치구역 내에서 주민이 아니면서 6개월 이상 사업장 등에서 일하는 직원과 외국인 등에게 준주민의 자격을 준다.

9) 주민투표를 통한 한국인 국적 수여

외국인 거주자가 일정 기간 거주한 후 귀화하여 한국인 국적을 얻고자 하는 경우 읍 · 면 · 동 주민투표로 주민후보를 선출하고, 귀화신청서와 주민투표 결과를 시 · 도의회와 법무부에 제출한다. 해당 시 · 도의회와 법무부는 특별한 하자가 발견되지 않으면 주민투표 결과에 따라 외국인 거주자에게 도민과 국민의 자격을 준다.[43] 주민투표를 통해 이민자에게 국적을 수여하는 스위스 방식은 향후 인구정책의 주요 수단으로서 참고할 가치가 크다.

10) 읍 · 면 · 동 선출직 공무원의 보수

읍 · 면 · 동의 선출직 공무원은 시간제 또는 전일제 명예공직자로서 업무량에 따

43 노벨경제학상 수상자인 엘리너 오스트롬(Ostrom, 2010: 173-176)은 자치제도의 첫 번째 원리로서 "잘 정의된 경계"를 지적했다. 오스트롬에 의하면, 자치제도를 형성하는 첫 단계는 합의된 규칙에 따르기로 동의한 사람과 그렇지 않은 사람을 구분하기 위해 구성원 자격을 정의하는 것이다. 자치제도에 포함될 구성원의 자격이 명확히 정의될 때, 구성원은 서로에게 더 큰 신뢰와 호혜성을 발휘한다(안성호, 2018: 70-71). 구성원의 자격이 자치제도에 참여한 기존 구성원의 총의(總意)로 결정되는 경우, 구성원의 협력과 결속은 더 강화되고, 따라서 자치제도는 더 견고해질 것이다.

라 소정의 수당을 받는다.

11) 읍 · 면 · 동 간 협력

읍 · 면 · 동 자치구역을 넘어서는 광역적 사무를 수행하기 위해 읍 · 면 · 동 간 협력을 도모하고, 중대한 사안은 둘 이상의 읍 · 면 · 동 주민이 참여하는 합동주민총회나 합동대표주민총회에서 또는 합동주민투표로 결정한다.

12) 마을회의, 아파트자치회 등과 유기적 결합

기존 마을회와 아파트자치회 등의 자치적 요소를 존중하여 유기적 결합을 도모한다. 아울러, 기존의 통 · 리장제도를 발전적으로 재편한다.

13) 주민의 자치조직권

시민이 전문가의 도움을 받아 읍 · 면 · 동 주민자치제도를 설계하고 주민투표로 확정한다.

Ⅶ. 새로운 시작을 위하여

인간은 이야기로 실존하는 존재다. 이야기 능력의 상실은 곧 주체성의 상실을 뜻한다. 진정한 정치 이야기는 엘리트 정치인의 무용담이 아니라 공동체를 만들어가는 시민의 결사 체험담이다. 우리는 자유롭기 위해서 스스로 다스려야 한다. 권리를 누리기 위해서 시민이 되어야 한다. 우리는 풀뿌리 자치공간에서 자유와 공동체를 구체적으로 체험함으로써 구경꾼-주민에서 주권자-시민으로 거듭날 수 있다.

도산 선생의 나라 사랑은 초등공화국 실천에서 시작되었다. 조국에 더 크게 봉사하기 위해 미국 유학길에 오른 도산은 이민 동포의 무너진 삶을 목격하고 학업까지 미루면서 '파차파 공화국'을 세웠다(신용하, 2021: 55-63). 파차파 공화국은 자치규약에 따라 선출된 자치위원 3인과 자치경찰 2인이 이끈 마을공동체였다. 마을공회당 전면에 태극기와 성조기가 펄럭이는 파차파 공화국에는 모든 주민이 참여하는 야학이 개설되었다. 한국 교민사회의 놀라운 변화에 감동한 한 미국인 실업가는 파차파 공화국의 사무실을 무상으로 제공했다. 캘리포니아 주정부는 일부 영사업무를 파차파 공화국에 위임했다. 이 파차파 공화국은 훗날 상해 임시정부의 재정을 감당하는 등 해외 독립운동의 모태가 되었다.

이어 멕시코 교민사회에도 도산의 헌신으로 마을공화국이 세워졌다. 후에 도산이 귀국하여 독립운동의 근거지로 만주에 세우려고 계획했던 '한인 모범촌'도 주민이 스스로 자치규약을 정하고 주민이 선출한 리더가 이끄는 마을공화국이었다.

1919년 3 · 1 독립운동 직후인 4월 11일 도산이 동지들과 함께 수립한 상해임시정부가 선언한 『대한민국 임시헌장』 제1조는 대한민국을 "민주공화제"로 선언했다. 이로써 5천 년 군주정을 끝내고 민주공화정의 시대가 열렸다. 민주공화정은 도산이 목숨을 걸고 필생의 과업으로 추진했던, 꿈에도 그리던 독립된 조국의 정치체제였다.

민주공화국의 역동적 에너지는 풀뿌리자치 초등공화국에서 나온다. 국민의 부패와 타락을 막는 근원적 치유책은 시민의 역량을 키우고 발휘할 초등공화국의 공론장을 전국 방방곡곡에 세우는 것이다. 빈약한 민주정의 위기는 대의기관의 부패와 타락 못잖게 각자도생을 위해 사적 이익에 집착하는 국민을 만드는 과두적 대의민주제에 길든 구경꾼-국민의 부패와 타락에서 기인한다.

선진국 문턱에서 민주공화정 붕괴의 위기를 맞아 추락하는 나라를 구출하려면 국민을 구경꾼으로 만드는 엘리트 정치인의 정치를 시민의 정치로 바꾸는 정치혁명이 필요하다. 이 구국의 정치혁명은 인간적 규모의 풀뿌리 민주정치의 실천에서 시작되어야 한다. 민주공화정 건국의 아버지 도산 선생의 레스 푸블리카 대공정신과 나라 사랑을 계승하여 '자유와 돌봄의 읍 · 면 · 동 기초공화국 세우기' 정치혁명을 이루자.

제4장
민주공화정과 1% 직접참정의 비밀

♦

"특수의지를 일반의지와 일치시키는 유일한 방법은 자유로운 시민투표에 부치는 것이다."

– 장-자크 루소

"공화국은 모든 시민에게 통치에 참여할 권리, 즉 행위로 자신을 드러내는 권리를 인정하지만, 전제국가는 반드시 사적 복지를 빼앗지는 않을지라도 공적 행복을 박탈한다."

– 한나 아렌트

"자유로 통하는 하나의 길이 있다. 그 길은 민주정치를 통해 나 있다."

– 벤자민 바버

♦

Ⅰ. 풍전등화의 민주공화정

2024년 12월 3일 밤 윤석열 전 대통령은 비상계엄령을 선포했다. 군 헬리콥터와 장갑차를 동원하고 4천7백 명의 무장한 군병력과 경찰을 국회와 중앙선거관리위원회에 투입하여 국회의원을 체포해 가두고 선거 서버의 탈취를 시도하였다. 대통령은 현장에 출동한 사령관들에게 "총을 쏴서라도", "문짝을 부수고" 들어가 의원들을 끌어내라고 명령했다. 이런 위중한 상황에서 국회로 달려간 시민은 장갑차와 무장병력을 막아섰고, 군대와 경찰은 상부의 명령에 소극적으로 대응했다. 그사이에 국회 담을 뛰어넘어 국회 본회의장에 집결한 국회의원 190명(야당 172명, 국민의힘 18명)은 비상계엄 해제 요구안을 가결했다.

나흘 후 2024년 12월 7일 국회의 대통령 탄핵소추안이 발의되었으나 의결정족수 미달(재적의원 300명 중 재석 195명)로 무산되었다. 일주일 후 2차 표결에서 야당 의원 192명은 당론을 거슬러 표결에 참여한 국민의힘 의원 12명과 함께 대통령 탄핵소추안을 의결했다. 이어진 헌법재판소의 길고 긴 탄핵심판은 대통령 탄핵에 대한 찬반시위가 벌어지는 가운데 탄핵소추안이 발의된 지 111일 만인 2025년 4월 4일 윤 전 대통령을 탄핵했다. 이후 내란 중요 임무 종사자들이 수감된 상태로 수사와 재판을 받고 있으나, 은 구속에서 풀려난 상태로 재판을 받고 있다.

놀랍게도 비상계엄령 선포 직전 10% 초반에 불과하던 대통령 지지율은 비상계엄 선포 후 내란혐의 수사와 재판이 진행되는 상황에서 30~40%대로 상승했다. 더욱이 대다수 여당 국회의원은 민주공화국[44] 헌정질서 파괴를 기도한 대통령의 탄핵을 반대하며

44 필자는 헌법 제1조의 용례에 따라 '민주공화국'이라는 용어를 사용한다. 로버트 달(Dahl, 1999: 33-34)에 의하면, 민중이 통치하는 정부(popular government)를 그리스인은 민주정(democracy)으로, 로마인은 자신의 언어인 라틴어에 근거하여 공화정(republic)이라 불렀다. 후에 이탈리아인도 일부 도시국가의 민중정부를 '공화정'이라 호칭했다. 민주정과 공화정은 단지 헬라어와 라틴어의 민중정부에 대한 호칭의

무죄를 주장했다.

제3물결 전제화 과정에서 잠재적 독재자가 즐겨 사용해온 전제화 수법(Real & Menjívar, 2024: 1565-1571)은 남의 나라 일 같지 않아 섬뜩한 두려움을 자아낸다. 제3물결 독재자는 전제화를 민주정치의 허울로 위장한다. 이들의 위장술에는 합법적 거부권 행사, 시행령의 조작 · 변경, 성소수자(LGBT) 문화의 악마화 등이 포함된다. 제3물결 독재자는 SNS와 AI 등을 이용해 허위정보를 양산하고 유포시키는 데 능숙하다. 이 과정에서 흔히 '적과 동지' 프레임으로 정치적 반대세력을 공공의 적으로 조작한다. 반면 독재자 자신은 불만스러운 현실을 타개할 구원자로 우상화한다. 더욱이 제3물결 독재자는 유력한 정적을 각종 범죄혐의로 고소하고 고발하여 공신력에 흠집을 내고, 수사와 기소 및 재판으로 탈진시켜 일상의 삶을 파괴한다(Guriev & Treisman, 2022).

인간 사회가 종종 최악의 인물에게 권력을 맡기는 이유는 정보 네트워크의 문제 때문이다(Harari, 2024: 10-28). 정보 네트워크는 허구와 환상을 통해 사회구성원을 묶고 질서를 유지한다. 20세기의 나치와 스탈린 전체주의는 잔혹한 환상과 뻔한 거짓말로 엮어진 대규모 정보 네트워크에 의해 만들어진 것이다. 21세기 소셜 미디어 알고리즘의 정보 네트워크는 인간갈등을 증폭시키고 국민을 적과 동지로 분열시키며 세계 곳곳에 독재자를 출현시키고 있다. 지금 우리는 디지털 기술이 조성한 네트워크의 함정에 빠져 친위쿠데타 내란을 촉발하고 민주공화국을 위협하는 정치 내전에 직면하고 있다. 위험에 처한 민주공화국을 걱정하는 국민은 정치 내전이 무력 내전으로 비화하지 않을지 노심초사하고 있다.

그러나 헌정 위기에서도 희망의 불꽃은 꺼지지 않았다. 한밤중 비상계엄 선포로 군과 경찰이 국회에 진입하는 장면을 보고 곧장 국회로 달려가 장갑차와 무장병력을 막아선 시민은 우리의 희망이다. 국회의원의 국회의사당 진입을 막고 시민의 저항을 제압하며 무력을 행사해 국회의원을 의사당에서 끌어내라는 군 수뇌부의 명령에 소극적으로 응하여 인명 살상을 삼갔던 군인도 우리의 희망이다.

엄동설한에 시위장에 나와 친위쿠데타 내란을 규탄한 시민, 특히 여성 20~30대 MZ세대가 주도한 응원봉 시위축제는 위기에 처한 대한민국 민주공화정의 생명력을 보

차이일 뿐이다. 그러나 미국 연방헌법의 기초자인 제임스 매디슨은 대의제 정부를 고대 아테네의 순수 민주정과 구분하여 '공화정'이라 불렀다. 매디슨의 이런 구분은 역사적 사실에 근거한 것이 아니다. 로마에서나 베네치아에서 대의제는 존재하지 않았다.

여주었다. 외신은 시위장 주변 식당과 카페에 수십만 원에서 수백만 원을 선결제하여 시위대의 허기와 추위를 달래고, 아스팔트의 냉기를 차단하는 깔개와 언 손을 녹이는 핫팩을 나눠준 시위문화를 희망의 증거라고 보도했다. 종교적 감동을 자아내는 장면도 눈에 선하다. 한남동 대통령 관저 앞에서 한겨울 밤의 추위와 눈보라를 견디며 민주공화정 수호를 기원하는 시민-수도자의 결연한 모습에 가슴 뭉클한 우애(fraternité)를 느낀다.

겸손한 자세로 함께 노력한다면, 이 정치 내란이 대전환의 기회가 될 수 있다. 역사의 진로는 확정되어 있지 않으며, 공동체의 미래는 우리의 선택에 달려 있다. 디지털 시대 우리의 선택은 미래 대한민국의 생존과 번영을 결정할 것이다. 지금 우리는 정보 네트워크의 오용으로 혼란의 늪에 빠졌지만, 계속 성찰하고 대화함으로써 편협한 이기심과 야수적 권력욕을 절제함으로써 이 위기를 극복할 수 있다. 보수와 진보가 모두 급진적 혁명의 유혹을 거부할 때, 민주공화정은 매우 뛰어난 적응력을 발휘한다. 앞으로 수십 년 동안 1930년대 초 대공황을 능가하는 격변에 직면할 가능성이 크다. 이 격변을 극복하기 위해서는 "민주정치의 유연성과 오래된 신화에 의문을 제기하려는 의지"와 함께 "강력한 오류교정장치"가 필요하다(Harari, 2024: 459-460). 필자는 정보 네트워크의 오용으로 인한 오류의 교정장치로서 직접참정제 도입을 제안한다.

이 장의 목적은 친위쿠데타 내란이 초래한 민주공화국 헌정위기 극복을 위한 1% 직접참정의 논거와 실천방안을 논의하는 것이다. 이를 위해 다음과 같은 연구과제를 다룬다. 첫째, 요즘 우리나라가 직면한 헌정위기와 관련해 도산의 대공(大公) 사상과 한국 민주공화제의 기원을 살펴본다. 둘째, 로마공화정의 창건자 브루투스의 헌정리더십이 시민비르투의 형성에 끼친 영향을 검토한다. 셋째, 로마공화정의 번영과 민회의 관계를 점검한다. 넷째, 직접참정의 확충을 가로막는 오해와 편견을 분석한다. 다섯째, 숙론민주정 실현을 위한 1% 직접참정의 비밀을 고찰한다. 마지막으로, 직접참정제 도입을 위한 '기득권 내려놓기' 헌정리더십과 시민비르투를 강조한다.

Ⅱ. 도산의 대공사상과 삶, 그리고 민주공화정

5천 년 군주제를 끝내고 국민이 주인인 민주공화제를 세운 대한민국 역사는 도산을 언급하지 않고 제대로 논할 수 없다(신용하, 2021). 도산의 항일투쟁 목적은 독립만이 아니었다. 도산이 18세에 독립협회에 가입한 후 목숨 걸고 추구한 필생의 비전은 민주공화국의 실현이었다. 도산은 공적 삶의 표준을 민주공화국에서 찾았다. 민중에 대한 한없는 사랑과 깊은 신뢰는 도산의 공적 활동의 근간이었다. 도산의 나라 사랑은 곧 민주공화국 사랑이었다.

1898년 한 여름날 광무황제 생일에 평양 대동강 변에서 만민공동회가 열렸다. 수많은 군중 앞에서 스무 살의 도산은 관료부패를 통렬히 성토하며 백성이 나라의 주인임을 설파했다. 청년 도산은 국권이 기운 구한말 독립협회가 마련한 공적 자유공간에서 민주공화국 비전을 선포하고 리더십 항해를 시작했다.

1919년 3 · 1혁명은 민중 한 사람 한 사람을 나라의 주인으로 일깨워 나라를 되찾고 바로 세우려고 헌신했던 도산의 강연을 듣고 새 사람으로 거듭난 남강 이승훈 등의 독립교육운동이 맺은 열매였다. 도산이 없는 3 · 1혁명과 상해 대한민국 임시정부는 상상할 수 없다. 그가 없었다면, 대한민국의 역사와 헌법은 다르게 쓰였을 것이다.

독립협회를 세우고 『독립신문』을 창간한 서재필[45]은 1938년 자신보다 14살이나 어린 도산의 별세 소식을 듣고 이런 추모사를 남겼다. "안창호는 빈곤한 시골 가정에서 태어나 정식교육을 받지 못했지만 높은 이상을 품고 스스로 공부하여 방대한 지식과 높은 상식을 갖춘 고결한 성품의 지도자가 되었다. 만일 안창호가 링컨처럼 기회를 얻었다면 더 위대한 일을 성취했을 것"이라며 슬퍼했다.

도산이 가는 곳에는 어디나 민주공화국이 탄생했다. 조국에 더 크게 봉사하기 위해 미국 유학길에 오른 도산은 이민 동포의 비루한 삶을 목격하고 학업을 미루고 '파차파 공화국'을 세웠다. 1905년에는 독립운동단체 공립협회 창립과 함께 『공립신보』가 창간되었다. 미국 교민사회에 이어 멕시코 교민사회에도 도산에 의해 자치와 협동의 공화국이 세워졌다. 1907년 도산이 귀국해 만든 신민회는 한국사 최초로 민주공화정을 표방한 비밀결사체였다.

미국 샌프란시스코에서 1919년 3 · 1운동의 소식을 들은 도산은 대한인국민회 중앙총회를 소집하고 대한독립을 위해 "재주와 힘을 다하고 생명까지 바칠" 각오를 다짐하며 동지들의 부름에 응해 중국 상하이로 출발했다. 중국 상하이에 모인 독립운동가들

45 독립운동가 서재필 박사는 미국 콜럼비아 의과대학을 졸업하고 세계적 의학학술지에 여러 편의 논문을 발표한 의사였다.

은 임시의정원을 열고 1919년 4월 11일 '대한민국 임시헌장'을 제정 · 반포했다. 이 헌장 제1조 "대한민국은 민주공화제로 함"은 해방 후 제헌헌법 제1조에 그대로 옮겨져 오늘 우리 헌정질서의 초석이 되었다.[46]

대한민국의 정체(政體)를 탄생시킨 3 · 1운동은 비폭력 독립운동이었지만 엄청난 희생이 따른 3 · 1혁명이었다. 7,509명이 죽었고, 15,961명이 다쳤으며, 45,958명이 감옥에 갇혔다(한인섭, 2019: 32). 실로 오늘 우리가 누리는 민주공화국은 순국선열과 애국지사와 민주열사와 민주시민의 피와 땀과 눈물로 이룩한 대한국민의 가장 소중한 자산이며 정체성이다.

도산은 상해 대한민국 임시정부를 창건했지만 3개 분파로 나뉘어 주도권 다툼을 벌이던 독립세력의 통합을 위해 주변의 만류를 뿌리치고 '노동국 총판'이라는 미관말직을 맡았다. 민주공화국 공복의 미덕을 솔선수범한 도산의 결단이었다. 도산은 임시정부 밖 독립운동 세력의 온갖 비방과 음해, 분란과 불화 속에서도 섬김의 자세로 임시정부를 이끌었다. 이승만과 이동휘 등 독립운동가들이 자리를 놓고 다퉜지만, 도산은 어버이의 심정으로 임시정부를 세워 지켜냈다.

상해 임시정부의 경무국장에 임명된 김구는 도산을 깊이 존경하여 크고 작은 모든 일을 의논하고 그의 지도에 따랐다. 임시정부에서 도산과 함께 생각하고 행동했던 2년의 기간이 없었다면, 백범 김구 선생이 과연 임시정부를 끝까지 지켜냈으리라고 장담하기 어렵다.

1932년 도산은 윤봉길 의사의 상해 홍구공원 폭파사건 직후 일제 경찰에 체포되었다. 도산은 "앞으로도 독립운동을 하겠느냐?"고 심문하는 검사에게 이렇게 대답했다. "나는 지금까지 밥을 먹어도 잠을 자도 민족을 위해 먹고 잤으니 앞으로도 민족을 위해 일하고자 함에 조금도 변함이 없다."

1935년 2년 반의 옥고를 치르고 나와 동포를 만난 자리에서 도산은 "우리 민족이 이렇게 불쌍한 지경에 처했는데, 지도자라는 이들이 서로 당파싸움만 하고 있으니…"라며 말을 맺지 못하고 울었다. 수양동우회 회원인 백영엽 목사가 마련한 환영회에서 도산은 무릎을 꿇고 흐느끼며 이렇게 기도했다. "저는 이 민족의 죄인입니다. 이 민족이 저를

46 '민주공화제'는 우리나라 헌법이 채택한 민주제와 공화제의 결합개념이다. 조소앙에 따르면, 민주공화제는 국민의 이익을 기초로 하여 정치적 권리를 민주적으로 균등화하고 국민을 균등하게 정치에 참여시키는 제도다(신용하, 2001: 26).

이렇게 위로해 주는데, 저는 민족을 위해 아무것도 한 일이 없습니다. 저는 죄인입니다."

1937년 일제는 또다시 도산을 투옥하고 포섭하려 시도했으나 실패하자 잔악하게 고문했다. 마침내 돌이킬 수 없는 중병에 든 도산은 일제검사의 회유를 "조선의 독립은 반드시 실현될 것"이라며 거부했다. 그해 12월 병보석으로 풀려난 도산은 80여 일 동안 병원 침대에서 사투를 벌이다 "낙심 마시오"라는 한마디 유언을 남기고 숨을 거두었다. 도산의 나이 예순이었다. 도산의 레스 푸블리카(res publica) 대공정신은 대한민주공화국의 초석이며 희망의 근거다.

Ⅲ. 브루투스의 헌정리더십과 로마인의 비르투

BC 509년 로마인은 왕정 시대의 마지막 왕인 타르퀴니우스를 쫓아내고 공화정을 세웠다. 로마인은 "정치체제를 바꾸든가, 아니면 그저 작고 가난한 왕국으로 남든가" 하는 국가흥망의 갈림길에서 왕정을 버리고 공화정을 선택했다. 『로마인의 영광과 쇠락의 원인에 관한 고찰』(1734)을 저술한 몽테스키외의 진단이었다(Montesquieu, 2013: 27). 당시 로마인은 폭정을 일삼는 종신제 왕 대신 민회에서 1년 임기의 집정관 2명을 선출했다. 이때 집정관으로 선출된 두 사람은 '오만한 왕'이라는 별명을 가진 타르퀴니우스[47]를 몰아낸 루키우스 유니우스 브루투스와 그의 친구였다.

브루투스는 왕정복고 세력에 가담한 자신의 두 아들을 다른 내란범과 함께 처형했고, 왕권 재탈환을 위해 에트루리아 군대를 이끌고 침공한 타르퀴니우스의 장남을 죽이고 자신도 상대의 칼에 죽었다. 공공선을 실현하기 위해 헌신한 브루투스의 레스 푸블리카 헌정리더십은 로마시민의 정신에 스며들어 로마공화국 번영의 정신적 토대가 되었다.

로마공화정 시대의 '왼손잡이 무키우스'의 일화는 브루투스의 헌정리더십이 로마인의 헌정애국심(constitutional patriotism) 형성에 얼마나 강력한 영향을 끼쳤는지 생생히 보여준다. 청년 무키우스는 왕정복고를 노려 다시 침공한 적군의 포위망을 뚫고 혼자 적진에 숨어들었다가 생포되었다. 왕 앞에 끌려간 무키우스는 이렇게 외쳤다(시오노 나나미, 2005: 78-79).

47 타르퀴니우스의 아들은 브루투스와 그의 친구가 전장에 나가 싸우는 사이에 친구의 아내를 겁탈했다. 친구의 아내는 전장에서 돌아온 남편과 브루투스에게 이 사실을 알리고 자결했다.

> "나는 로마시민이다. 이름은 가이우스 무키우스라고 한다. 적의 왕을 죽이려다 뜻을 이루지 못했다. 나는 죽을 각오가 되어 있다. 운명을 감수하는 것은 로마인의 특성이다. 로마 젊은이는 끝까지 싸운다. 전쟁의 결과는 정해지지 않았다. 내가 죽으면, 내 뒤를 이어 다른 젊은이가 나설 것이다. 그 젊은이도 실패하면, 또 다른 젊은이가 나설 것이다."

무키우스는 이렇게 외치며 타오르는 횃불을 왼손으로 움켜쥐고 오른손에 댔다. 살 타는 냄새가 진동했다. 무키우스의 애국심에 감복한 적군의 왕은 이렇게 말했다.

> "이제 됐다. 너는 내게 준 것보다 더 큰 고통을 너 자신에게 주었다. 너의 용맹을 칭송하지 않을 수 없다. 내 백성 중에 너 같은 젊은이가 있다면 얼마나 좋으련만? 너를 조건 없이 풀어 주겠으니, 어서 가거라."

마키아벨리는 로마공화국 번영의 원동력을 시민비르투에서 발견했다(Machiavelli, 2007: chap. 1). 그는 시민비르투를 분발시키는 정치지도자의 솔선수범을 강조하며 로마공화정의 창건자 브루투스의 노블레스 오블리주를 칭송했다. "공화국에서 배은망덕이라는 악덕을 제거하려면, 정치지도자는 모름지기 용맹한 장군으로서 최전선에 나가 싸워야 한다"고 강조했다.

브루투스는 경험이나 실적이 별로 없는 젊은이라도 왕의 눈에만 들면 벼락출세할 수 있었던 왕정을 그리워하여 왕정복고 모의에 가담한 자신의 두 아들에게 해외추방형을 내리라는 주변의 유혹을 물리치고 즉결처형했다. 공화국을 수호하기 위해 자신의 목숨보다 더 귀한 두 아들을 내란죄로 처단했다. 브루투스는 피고석의 두 아들에게 세 차례 죄의 유무를 물었다. 두 아들은 아무 말도 하지 않았다. 브루투스는 사형 집행을 선고했다. 두 아들은 손이 묶인 채 채찍질을 당한 후 도끼로 참수되었다.

이후 로마는 기원전 27년까지 약 5백 년 동안 공화정을 유지하며 보잘것없던 도시국가에서 지중해 연안의 유럽 · 아프리카 · 아시아 지역을 평정하고 강대국으로 성장했다. 로마공화정의 유산은 또 다른 5백 년 동안 로마제국의 문명을 꽃피운 토양이었다.

로마사 연구자들은 공화정을 세우고 지켜낸 브루투스 집정관을 사실상 로마의 창건자로 판단한다.

Ⅳ. 로마공화정의 민회와 번영

기원전 167년 마케도니아 왕국을 멸망시킨 로마공화국은 고대 그리스의 아카이아인 1천 명을 인질로 끌고 갔다(정기문, 2010: 제6장). 여기에 폴리비오스도 이 인질에 포함되었다. 파울루스 장군은 폴리비우스의 재능을 알아보고 아들 스키피오의 교사로 삼았다. 폴리비오스는 스키피오를 통해 로마의 정치인 및 지식인과 교류했고, 스키피오의 대외 원정에도 동행해 카르타고의 멸망을 직접 목격하였다. 그는 17년 동안 로마역사 자료를 수집하고 로마가 지배한 지역을 답사한 경험을 토대로 마흔 권에 달하는 『역사』를 집필했다. 폴리비오스는 이 책에서 "로마인은 많은 고난과 투쟁을 통해서, 또 언제나 재난 극복을 통해 터득한 경험의 빛에 비추어 최선을 선택함으로써 당대 최고의 헌법에 도달"했다고 평가했다. 그는 로마가 세계 최강국이 된 비결이 당시 가장 뛰어난 정치체제를 가진 데 있었다고 판단했다. 왕정, 귀족정, 민주정을 적절히 결합한 집정관 · 원로원 · 민회의 혼합정체는 정체 순환의 악순환에서 벗어나 로마를 번영하게 만든 제도적 토대였다(Polibios, The Histories 6.18; 안성호, 2013: 50-54).

> "서로 견제하거나 협력하는 권력을 지닌 세 부분의 결합은 긴급사태에 대처하기에 적합하다. (…) 왜냐하면 한 부분이 다른 부분에 비해 우세해져 너무 두드러질 경우 세 부분 중 어느 부분도 절대적이지 않을 뿐 아니라 한 부분의 목표가 다른 부분에 의해 견제되고 방해를 받아 어느 부분도 다른 부분보다 과대 성장하거나 다른 부분을 무시하지 않기 때문이다."

로마공화정은 시대를 뛰어넘어 18세기 말 북아메리카 대륙에 신생국의 헌정질서를 세우기 위해 필라델피아에 모인 13개 주 대표들에게 영감을 주었다. 폴리비오스의 혼합정체론을 알고 있었던 이들은 그의 정체론을 참고해 대륙 규모의 대의민주제를 창안해냈다.

그러나 폴리비오스의 혼합정체론은 플라톤 이후 이어진 고전적 정치사상의 계보에 따라 민회를 폭민(mobs)의 집회로 보는 반(反)민주적 편견이 포함되었다(안성호, 2013: 52). 전통적 문헌은 민회가 "허용된 범위를 벗어나 큰 힘을 행사하려 할 때" 선동가들에 의해 내부 분쟁과 혼란에 휩싸여 쇠망의 길로 갈 수밖에 없다는 논지를 고수했다. 고전에 밝았던 미국의 제헌의회 대표들은 민회에 대한 이런 전통적 두려움을 연방헌법에 반영했다. 더구나 이들은 1780년대 독립전쟁 직후 셰이반란(Shay's Rebellion)의 혼란상을 겪으며 로마공화정의 민회를 연방헌법에 규정하기를 극도로 꺼렸다(Matzusaka, 2020: 101-102). 이들은 이런 우려 때문에 아메리카에 이주한 선조들이 발전시킨 뉴잉글랜드 타운미팅의 전통을 철저히 무시했다. 한나 아렌트(Arendt, 2006: chap. 6)는 뉴잉글랜드 타운미팅을 "잃어버린 보물(lost treasure)"로 평가하면서 연방과 주의 헌법에 제도화하지 않은 것이야말로 제헌의회 대표들이 저지른 가장 큰 실책이라고 비판했다.

오늘날에도 민회 공포증은 끈질기게 이어지고 있다. 이성적 판단보다 감정에 휩쓸리기 쉬운 민회는 선동가에 의해 타락하기 마련이어서 자유를 위협하고 정치 불안을 일으키는 위험한 제도라고 생각하는 사람들이 많다. 이런 반민주적 편견이 우리나라 헌법을 지배하고 있다. 대한민국 헌법은 제1조 2항에 국민주권을 선언하면서도 국민의 직접참정을 사실상 금기시하는 대의민주제를 민주공화정의 본령처럼 믿고 있다.

그러나 지난 200년 동안의 직접민주제 경험과 연구성과는 로마의 민회가 공화정 쇠망의 원인이 아니라 오히려 번영의 원인이었음을 밝혀왔다. 로마공화국의 불문헌법은 민회의 권한이 점차 강화되는 방향으로 개정되었고, 이에 따라 로마는 강성해졌다. 비록 로마공화정 말기에 민회의 위상과 역할이 다소 위축되었지만 유명무실한 고무도장으로 전락한 적은 없다. 줄리어스 시저와 아우구스투스가 독재 권력을 장악하는 과정에서도 민중의 승인을 받으려고 그토록 애쓴 것은 그 뚜렷한 증거다(Mouritsen, 2017: chap. 1). 민회는 집정관을 비롯한 법무관 · 조영관 · 재무관 등의 정무관(magistratus)과 호민관(tribunus)을 선출하기 위해 매년 한 번씩 열렸다. 호민관은 법률을 제안하고 거부하는 권한을 수행했고, 정무관은 선출된 종신제 원로원의 견제를 받으며 군정권과 행정권을 행사했다. 비록 정무관이 원로원과 함께 군대 지휘와 세금 징수 등의 중요한 정부기능을 주도했지만, 민회는 중대한 공적 사안을 결정하는 최종 주권을 행사했다. 특히 전쟁과 평화조약의 선언은 반드시 민회의 승인을 받아야 했다. 이를테면 민회는 오늘날의 '의무적 국민투표' 기능을 수행했다.

로마공화정 시대 세 종류의 민회가 있었다.[48] 로마군단의 편성에 기초한 켄투리아 민회(comitia centuriata), 각 부족을 기반으로 소집된 트리부스 민회(comitia tribusta), 그리고 평민이 자발적으로 모인 플레브스 민회(consilium plebis)가 있었다. 원래 세 종류의 민회는 각기 다른 권한을 행사했지만, 기원전 287년 플레비스 민회는 호르텐시우스 법(Lex Hortensia)를 제정한 이후 적어도 이론적으로 평민이 귀족과 동등한 권한을 행사하기 시작하면서 모든 국가정책의 최고 결정기관으로 승격되었다. 플레비스 민회에서 결정된 법률을 '플레비시타(plebiscita)'라고 불렀는데, 이것이 오늘날 플레비시트(plebiscite)의 기원이다.

전통적 역사학자들은 로마공화정의 쇠퇴가 기원전 133년 호민관 티베리우스 그라쿠스 형제가 공유지를 병사들에게 분배하고 엘리트의 소유를 제한하는 법률을 만들었을 때부터 시작되었다고 판단했다. 이들의 견해에 따르면, 이 법률에 분노한 원로원은 사람들을 동원해 그와 추종자 3백 명을 타살했다. 이어 혼란, 내란, 독재, 숙청이 1세기 동안 이어진 후 기원전 27년 공화정은 황제가 다스리는 제정(帝政)으로 바뀌었다. 전통적 역사학자들은 그 탓을 민회에 돌렸다. 데마고그의 선동에 동원된 폭민의 부화뇌동과 원로원의 권위 붕괴를 로마공화정 몰락의 원인으로 보았다.

그러나 현대 역사학계는 이런 엘리트주의적 해석을 거부한다. 로마공화정의 붕괴 원인을 강력한 민회의 난동이 아니라 기능장애에 빠진 과두정치와 엘리트들 간 파괴적 권력투쟁, 상비군의 과대성장에서 찾는다. 오히려 현대 역사학계는 민회의 쇠퇴가 로마공화정의 몰락을 촉진했다고 해석한다. 영토 확장이 로마로부터 수천 마일 떨어진 곳에 사는 시민의 민회 참석을 어렵게 만들었고, 소수의 시민만 참석한 민회의 정당성은 하락했다. 결국 로마공화정 말기 국가권력의 중심축이 민회에서 원로원과 집정관, 장군 등의 엘리트 쪽으로 기울면서 시민비르투가 쇠락하고 엘리트의 권력투쟁이 격화되었다

48 왕정 시대 10개 씨족으로 구성된 각 쿠리아의 대표 모임인 쿠리아 민회(Comitia Curiata)가 있었다. 쿠리아 민회는 형식적으로 정무관에게 명령권을 부여하고 입양과 제사장의 취임을 결정했다. 쿠리아 민회는 공화정 시대에 30개 쿠리아를 대표한 30명의 릭토르(lictor) 모임으로 축소되어 시민집회 성격을 대부분 상실했다.

(Matsusaka, 2020: 103).

5백 년 로마공화국 역사에서 민회의 역할을 과소평가해선 안 된다. 민회는 안정된 정부와 활기찬 사회를 만들었고, 당시 다른 나라에 없었던 수준의 자유로운 시민 활동을 보장했다. 그리고 민회는 지중해 연안의 수많은 민족을 단일의 로마시민으로 통합시키는 국가 정체성의 핵심 연결고리였다. 로마의 황제들은 이 헌정질서를 다소간 변화시킨 상태로 또 다른 5백 년을 다스리며 로마문명을 일구었다.

Ⅴ. 직접참정에 대한 오해와 편견

고대 로마의 특이성과 번영이 근원적으로 로마공화정의 민회에서 비롯되었다는 신제도주의적 역사해석은 오늘날 큰 공감을 얻고 있다. 민회의 현대적 헌정제도인 직접민주제의 장점은 경험적 연구를 통해 누누이 입증되었다(안성호, 2018: 제7장; Altman, 2019; Matsusuka, 2020: chap. 13; Vatter, 2020: 970-989).

직접참정의 구체적 장점을 논의하기 전에 직접참정의 확충을 가로막는 가장 큰 장애물인 직접참정에 대한 오해와 편견을 검토할 필요가 있다. 직접참정에 대한 오해와 편견에서 벗어날 때 헌정위기를 초래한 빈약한 민주정에서 벗어나 자유와 번영의 숙론민주정으로 나아갈 수 있다.

1. 대다수 국민은 직접참정을 열망한다

흔히 대다수 국민은 정치에 무관심하고 더욱이 직접 참여를 원치 않는다고 말한다. 좋은 정치란 정부가 국민을 평안하게 등따습고 배부르게 살게 해주는 것이라고 생각한다.

그러나 이런 통념은 인간의 본성을 오해하고 대다수 국민의 열망을 무시한 것이다. 아래 [그림 4-1]에서 보는 바와 같이, 2023년 OECD 회원국 국민의 약 79%는 중대한 국정 이슈를 직접 결정하겠다고 응답했다. 우리나라 국민의 직접참정에 대한 애착은 이보다 훨씬 강렬하다. 우리나라 국민의 무려 86%는 국가적 중대사를 직접 결정하길 원한다.

민주국가의 대다수 국민은 대의민주제를 지지하면서도 중대한 사안을 직접 결정하길 원한다. 2023년 퓨리서치센터의 조사에 의하면, 조사대상 24개국 국민의 77%는 대의민주제를, 70%는 직접민주제를 지지했다. 문제는 현행 빈약한 민주정이 국민의 기대에 부응하지 못하는 것이다. 퓨리서치센터의 조사는 24개국 국민의 74%가 "선출된 대표가 나와 같은 국민의 의견에 관심을 기울이는가?"라는 질문에 "그렇지 않다"고 응답했다. 우리나라 국민의 73%도 선출된 대표가 국민 의사를 충실히 대변하고 있지 못하다고 응답했다.

[그림 4-1] 86% 국민이 원하는 직접참정("직접참정을 원하는가?")(2023년)

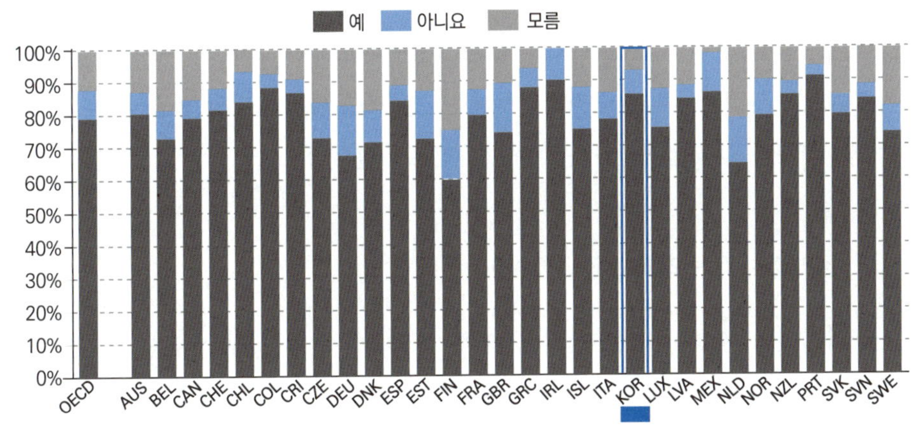

출처: (OECD, 2023).

2021년 퓨리서치센터의 조사에 의하면, 우리나라 국민의 98%는 헌정혁신(85%는 중대한 개혁, 12%는 소폭의 개혁)을 원한다. 그러나 향후 헌정혁신이 이루어질 것으로 기대하는 국민은 27%에 불과하다. 헌정혁신 지체는 정부에 대한 불신의 중요한 원인이다.

2. 직접참정은 대의민주제를 대체하지 않는다

직접참정 확충은 대의민주제의 대체를 겨냥하지 않는다. 직접참정은 의회를 대체하거나 허약하게 만들지 않는다. 직접참정은 오히려 의회를 강하게 만들고 정치인과 정부에 대한 국민신뢰도를 높인다. 전제국가와 빈약한 민주정은 직접참정을 금기시한다. 직접참정은 오직 민권이 살아 있는 민주공화정에서만 활성화된다.

오늘날 직접참정은 대의민주제의 오류와 한계를 수정 · 보완하는 것을 목표로 한다. 따라서 준직접민주제(semi-direct democracy)의 나라인 스위스에서도 시민은 전체 입법 건수의 약 1%만 직접 입법한다. 하지만 이 1% 직접참정은 스위스의 1당 지배적

대의민주정을 국민의 요구에 민감하게 반응하는 숙론민주정으로 변화시켰다. 의회의 입법 독점은 사라졌고, 정치계급의 엘리트 카르텔과 이전투구 권력투쟁도 자취를 감췄다. 제대로 설계된 직접참정은 대의제 민주정부를 국민의사에 더 충실하게 반응하고 국민에게 철저히 책임지도록 만든다(Gross, 2021: 7-10).

선출된 대표는 언제라도 자신이 내린 결정을 번복할 수 있고 자신이 회피하는 의제를 언제라도 국민투표에 부칠 수 있는 직접참정의 문이 활짝 열려 있을 때 유권자의 의견을 더 충실히 경청하고 이견조정과 설득에 더 힘쓰기 마련이다. 스위스 미러클이 개방적 직접민주제와 긴밀히 연결된 것은 당연한 일이다(Linder, 2020: 92-127). 대의민주제와 직접민주제가 어우러진 준직접민주제는 스위스를 세계 최고의 정부신뢰도를 자랑하며 정치안정과 경제적 번영을 구가하는 나라로 만들었다.

3. 플레비시트는 레퍼렌덤이 아니다

국가기관이 투표 실시를 임의로 정해 집권자의 신임 여부를 묻는 플레비시트(plebiscite)는 시민이 직접 개헌안을 발의하고 그 채택 여부를 결정하고 의회가 의결한 법률의 폐지 여부를 결정하는 레퍼렌덤(referendum)과 다르다. 국민 주도 레퍼렌덤은 민주정치를 심화시키지만, 종종 조작되거나 위조된 플레비시트는 민주정치를 왜곡시키고 파괴한다.

나폴레옹은 플레비시트로 황제정을 열었고, 히틀러는 전체주의로 가는 길목에서 플레비시트를 이용했다. 차우세스쿠와 피노체트, 과거 우리나라의 독재자도 플레비시트를 이용해 정권의 탈취와 장기집권을 정당화했다. 최근에도 베네수엘라와 헝가리, 터키 등에서 전제적 정권을 유지하기 위해 의회를 무력화하는 플레비시트를 악용한 사례가 이어졌다. 독재정권이 이용하는 플레비시트의 목적은 시민을 정치적 결정에 참여시키는 것이 아니라 오히려 정치적 논의를 중단시키고 통치자의 결정에 일체 의문을 제기하지 못하게 만드는 것이다(Benedikter, 2021: 30). 플레비시트는 우리가 논의하는 직접참정의 범위에 포함되지 않는다.

4. 레퍼렌덤은 여론조사와 다르다

레퍼렌덤은 숙론을 거치지 않은 여론조사와 다르다. 레퍼렌덤 정치에는 시민이 참여할 자유공간과 함께 충분한 숙론의 절차와 시간이 필요하다. 국가 수준에서 레퍼렌덤 절차는 대체로 1~3년에 걸쳐 길게 진행된다. 시민은 레퍼렌덤 정치에서 수동적으로 정책을 수용하거나 불만을 터뜨리는 구경꾼의 역할에 머물지 않는다. 시민은 레퍼렌덤 정치에서 정책에 대해 의견을 피력하고 영향력을 행사하며 집단적으로 결정을 내린다.

숙론이 결여된 여론조사 결과는 진정한 민의가 아니다. 진정한 민의는 공론장에서 충분한 숙론을 거친 후 레퍼렌덤을 통해 형성된다. 이런 의미에서 숙론은 레퍼렌덤 정치의 영혼이다. 레퍼렌덤은 중대한 사안에 대해 크고 작은 정치토크를 진작하고 사회적 학습을 촉진한다.

레퍼렌덤의 다수결이 소수를 억압한다는 '다수 전제' 주장은 일반적으로 사실이 아니다. 제대로 설계된 레퍼렌덤은 오히려 소수의 권익을 보호한다. 레퍼렌덤을 통해 발언권을 얻은 소수는 자신의 의견을 공론장에 내놓고 숙론을 통해 다수와 정당성 경쟁을 벌일 수 있다. 이런 의미에서 잘 설계된 레퍼렌덤은 소수와 다수의 공존과 화합을 도모하고 불평등을 완화하고 권력공유를 촉진하는 헌정제도다. 불평등 문제를 직접민주제로 다루어온 스위스의 빈곤율은 우리나라와 미국, 영국, 독일, 일본 등 여느 선진국의 절반 수준에 불과하다.

5. 시민은 무지하지 않다

오늘날 민주주의자를 자처하는 지식인 중에 시민의 무지를 주장하며 민주정치의 성숙을 가로막는 이들이 적지 않다. 시민의 능력에 대한 불신은 뿌리 깊다. 일찍이 플라톤은 "무지한 시민이 수호자에게 복종하는 것은 정의에 부합"하며, "정치는 수호자의 고유 영역"이라고 주장했다. 미국의 제헌의회 참여자들은 직접민주제를 "소란과 분쟁"을 일으키는 제도로 간주했다. 나치즘을 피해 미국에 망명한 조셉 슘페터는 시민의 "저급한 자질과 능력은 선천적인 것"이며, "민주정이란 정치인의 지배"일 뿐이라고 주장했다. 정치경제학자 앤서니 다운스(Downs, 1957)는 시민을 "합리적 무지(rational ignorance)" 상태에서 투표하는 존재로 이해했다.

그러나 이와 정반대의 관점을 견지한 지성인도 적지 않다. 일찍이 인간을 "폴리스적 동물"로 정의한 아리스토텔레스는 과두정과 어우러진 민주정을 최상의 정체로 생각했다. 프랑스 대혁명기 국민의회 의원이었던 니콜라 드 콩도르세는 직접민주제 도입을 주창했다. 히틀러 전체주의를 체험한 한나 아렌트는 미국혁명이 절반의 성공에 그친 까닭이 뉴잉글랜드 타운미팅을 헌법에 제도화하지 않은 실책 때문이라고 지적했다. 최근 예일대의 엘렌 랑드모아(Landmore, 2020)는 시민의 민주적 이성을 활용한 "열린 민주정(open democracy)"을 대안 민주정으로 제안했다.

과연 '시민무지' 가설과 '시민지혜' 가설 중 어느 쪽이 옳은가? 우리의 운명이 걸린 판단의 근거는 가설이 아니라 경험적 증거여야 한다. 19세기 후반 연방 수준에 도입한 후 줄곧 직접참정제를 운용해온 스위스의 경험은 시민지혜 가설의 타당성을 입증했다(Vatter, 2020: 970-989; Linder, 2020: 92-127). 19세기 말과 20세기 초 스위스를 벤치마킹해 주와 지방 수준에 직접민주제를 도입해 운용해온 미국의 경험 역시 시민지혜 가설을 입증했다(Gardels, 2020: 79-116; Matsusaka, 2020: 169-186).

6. 직접참정은 진보와 보수를 차별하지 않는다

직접참정제는 종종 변화를 추구하는 진보진영 주도로 도입되었다. 그러나 직접참정제 도입의 과실(果實)은 진보에게 일방적으로 유리하지 않았다. 오히려 스위스 직접참정은 농촌지역의 구교소수인 보수진영에게 도시지역의 신교다수인 진보진영에 대항할 수 있는 강력한 정치적 무기가 되었다. 그 결과, 오늘날 스위스는 소수와 다수가 권력을 공유하는 합의민주정치의 모범국가로 발전했다. 직접참정 확충의 궁극적 승자는 진보나 보수가 아니라 국민이다.

"법률과 제도는 인간정신의 진보와 함께 가야 한다." 이 말은 프랑스 파리에서 대혁명 현장을 두 눈으로 관찰한 토머스 제퍼슨이 한 말이다. 그는 "자유라는 나무는 때로 애국자와 폭군의 피로 생기를 되찾아야 한다. 그것은 자유라는 나무의 천연 거름"이라고 역설했다. 그러나 변화는 진보주의자의 전매특허가 아니다. 변화는 보수주의자의 생존을 위해서도 필요하다. 바다 건너 영국에서 프랑스 대혁명을 전해 들은 에드먼드 버크는 "변화를 위한 수단을 갖지 않은 국가는 보존의 수단도 없는 법"이라고 썼다.

7. 포퓰리스트 도전을 직접참정으로 대응한다

극우와 극좌 포퓰리스트[49]의 극단적 노선은 비판받아 마땅하지만 한 가지 유념해야 할 공통된 주장이 있다. 그것은 "엘리트에 의해 포획 · 전복된 정부를 되찾아 오자!"는 슬로건이다. 우리는 정부와 국회가 국민의 통제 밖에서 이기적 엘리트들에 의해 장악되어 있다는 포퓰리스트의 주장을 건성으로 들어선 안 된다. 그동안 정부와 국회는 국민의 목소리에 반쯤 귀를 닫고 국민의 비판에 대해 변명하기 일쑤였다. 그로 인해 정부와 정치인에 대한 불만은 누적되고 신뢰는 무너졌다. 그 결과, 오늘날 극우 파시스트가 선진국의 민주정치까지 위협하고 있다.

민주정치의 위기를 행정국가를 벗어나려는 노력만으로 극복할 수 없다. 민주정치 위기는 민주정치 과잉이 아니라 민주정치 결핍의 결과다. 전문성을 고도화하면서 정부와 국회신뢰를 쌓는 근본적 해법은 행정과 정치과정에서 시민의 통제력을 강화하는 직접참정 기회를 획기적으로 확충하는 것이다(Matsusaka, 2020: 1-57).

8. 직접참정은 정치안정과 경제번영을 촉진한다

국민의 직접참정 기회를 확대하면 혼란과 무질서가 난무할 것을 걱정하는 사람들도 있다. 19세기 후반 스위스에서도 연방 수준에 직접참정제를 확대할 때 적잖은 사람들이 혼란과 무질서를 우려했다.

그러나 그 결과는 정반대로 나타났다. 정치안정과 산업평화가 찾아왔고, 경제번영이 뒤따랐다. 스위스를 벤치마킹해 직접민주제를 도입한 미국의 주정부와 지방정부에서도 직접참정의 장점이 확인되었다. 오늘날 우루과이가 라틴아메리카에서 이례적으로 안정적인 정치와 우량한 경제를 꾸리는 비결이 1세기 전에 도입된 직접민주제에 기인한다는 분석이 유력하다(Katz, 2021: 1-23). 오늘날 우루과이 국민은 호세 바트예 오르도네즈 대통령이 스위스를 방문해 벤치마킹한 직접참정제를 1918년 도입한 헌정제도의

49 '독일을 위한 대안(Alternative für Deutschland)' 정당과 같은 극우 정당이 직접민주제 도입을 표방한다는 이유로 직접민주제를 매도해서는 안 된다. 극우 포퓰리스트 정당의 다른 정책노선과 직접민주제는 구별하여 평가해야 한다. 2015년 영국의 수상인 데이빗 카메론이 브렉시트 레퍼렌덤(Brexit referendum)을 선포했을 때 포퓰리스트라는 거센 비판을 받았는데, 이 비판은 정당하다고 볼 수 없다. 물론 브렉시트 레퍼렌덤의 운영에 흠결이 있었지만, 중대한 국정 이슈를 국민투표를 통해 해결하겠다는 민주적 정치인을 무턱대고 포퓰리스트라고 비난하는 것은 엘리트 과두제 지배를 신성시하는 오류를 범하는 것이다.

혜택을 보고 있다.

잘 설계된 직접참정은 갈등과 정쟁을 잠재우고 정치안정과 경제번영을 촉진한다. 직접참정은 소수에게 공론장에서 발언할 권리를 줌으로써 극단적 저항이나 폭력에 호소할 위험을 감소시킨다. 아울러 직접참정은 엘리트 카르텔과 중앙집권화를 차단한다. 그리고 직접참정은 무엇보다 헌정부식을 예방하고 지속적인 시민주도 헌정혁신을 고무한다.

Ⅵ. 1% 직접참정의 위력

전체 입법의 1%를 국민이 직접 결정하도록 만드는 직접참정 헌정혁신은 민주공화국의 위기를 초래한 빈약한 헌정질서를 자유와 번영의 숙론민주정 헌정질서로 바꾸는 출발점이 될 것이다. 그 이유는 1% 직접참정이 제대로 설계되어 운용되는 경우 과두적 대의민주제를 국민에게 더 충실히 복무하고 책임지는 숙론민주정으로 가는 비밀의 문을 열기 때문이다.

1. 정치개혁과 헌정혁신의 지렛대

직접참정은 정치개혁과 헌정혁신을 추진하는 지렛대 역할을 한다. 지난 십수 년 동안 역대 국회가 위원회를 설치하고 정치개혁과 헌정혁신을 논의했지만 아무런 성과도 거두지 못했다. 그 근본 원인은 정치개혁과 헌정혁신이 양대 정당과 소속 정치인에게 기득권 내려놓기를 요구하기 때문이다. 방치된 헌정질서는 부식되기 마련이다. 헌정부식(constitutional decay)을 막으려면 지속적 헌정혁신이 필요한데, 지속적 헌정혁신을 제도화하는 최선의 방안은 잘 설계된 직접참정제를 헌법에 규정하는 것이다.

1848년 스위스의 건국 이후 70년 동안 이어진 급진민주당의 1당 지배를 끝낸 것은 1881년 도입된 헌법개정 국민발안제 덕분이었다. 승자독식의 소선거구 다수제의 덕분으로 손쉽게 제1당 자리를 지켜온 급진민주당은 의회의 진입장벽을 낮추는 비례대표제의 도입에 줄곧 반대했다. 그러다 1917년 러시아혁명에 이어 1918년 스위스에서 사회당 주도의 과격한 총파업이 발생했다. 혁명의 분위기를 직감한 스위스 국민은 승자독식의 소선거구 다수제로는 국민통합이 어렵다는 것을 깨달았다. 이런 상황에서 비례대표제 도입을 요구하는 두 번째 국민발안이 투표에 부쳐졌다. 국민발안은 다수 국민과 다수 캔톤의 찬성으로 통과되었다. 비례대표제 도입 후 실시된 1919년 하원의원선거에서 급진민주당은 일거에 종전 의석의 40% 이상을 상실했다. 이후 스위스는 1당 지배의 적대적 정치에서 몇 개의 정당이 권력을 분점하는 합의정치(consensus politics)로 전환되었다. 스위스의 합의정치는 문화가 아니라 제도(특히 헌법개정 국민발안제와 비례대표제)의 산물이다.

2. 국민이 원하는 정책의 선택

직접참정은 국민이 원하는 정책을 선택하는 충직한 정부를 만든다. 선출된 대표는 종종 시민이 원한다고 오해하거나 이익집단의 압력을 받아 다수 국민이 원치 않는 정책을 선택한다. 선출된 공직자의 이해관계 때문에 공익에서 벗어난 정책이 선택되는 경우도 종종 있다. 승자독식의 소선거구 다수제로 기득권을 누리는 양대 정당이 비례대표제 확대와 지역정당 허용으로 정당 간 정책경쟁을 촉진하는 정치개혁에 반대하는 까닭은 바로 이 때문이다. 불편한 진실이다.

직접참정은 정당들이 양극화되어 정치 내전을 벌이는 우리나라에서 특별히 중요하다. 중도적 정당과 의원이 사라진 상황에서 정책은 양극단으로 치닫기 마련이다. 정권교체로 인한 정책 뒤집기의 폐단도 매우 심각하다. 1% 직접참정 헌정혁신으로 이런 병폐를 획기적으로 완화할 수 있다. 일반적으로 국민은 정당보다 더 온건하고 중도적인 투표성향을 보인다(Matsusaka, 2020: 157-158). 직접참정은 투표자의 정치토크를 활성화하고 충분한 정보를 갖는 유권자의 선호가 반영된 정책선택을 유도한다.

3. 특정 이슈에 대한 국민 선호의 표명

직접참정은 특정 이슈에 대한 국민의 선호를 알리는 가장 강력하고 효과적인 수단이다. 국민은 여러 이슈에 대해 다양한 선호를 가진다. 대표의 선출만으로 개별 이슈에 대한 국민의 선호를 정확하게 알릴 수 없다. 2016년 영국 국민은 브렉시트(Brexit) 국민투표 직전 총선에서 EU 탈퇴를 원치 않는 기존 양대 정당을 선택했다. 만일 투표자들이

EU 탈퇴를 고려해 정당을 선택했다면, 영국독립당(UKIP)이 집권당이 되어야 했다. 대표선출을 통해서는 특정 이슈에 대한 국민의 선호를 정책에 정확히 반영할 수 없다.

여론조사를 통한 국민 선호의 확인도 문제가 있다. 여론조사의 표본추출 오류뿐만이 아니다. 의견조사 결과는 숙론을 거친 국민투표 결과와 다르다. 여론조사의 가장 심각한 문제는 응답자가 이슈에 대해 충분한 정보를 알지 못할 뿐만 아니라 시간을 들여 자신의 견해를 정리할 유인도 없다는 점이다. 일반적으로 이미 익숙한 이슈에 대해서는 숙론 후에도 의견변화가 크지 않지만, 국민투표 전에 생소하던 이슈에 대한 투표자의 의견변화는 상당히 크다. 예컨대, 브렉시트 국민투표 직전의 여론조사 결과는 EU 잔류와 탈퇴 의견이 접전을 벌인 가운데 대체로 잔류 쪽이 우세했다. 통계분석에 의하면, 국민투표 직전 탈퇴가 선택될 승산은 불과 20%에 불과했다(Duncan, 2016). 그러나 국민투표는 다수 국민의 의사와 달리 탈퇴로 종결되었다.

숙론을 통한 국민투표 결과는 법률의 승인이나 거부에 그치지 않고 정치인과 이익집단의 행동에도 오랫동안 영향을 미친다. 국민투표로 분명히 밝혀진 국민 의사는 선출된 대표를 국민 뜻에 좀 더 정확히 부응하게 만들고, 이익집단의 '떼법' 요구와 막무가내 행동을 자제시킨다.

4. 대표 교체 없는 정책변화

대의민주제에서 국민이 원치 않는 정책을 추진한 선출된 대표는 선거를 통해 경질될 수 있다. 그러나 직접민주제 활용으로 굳이 대표를 바꾸지 않고도 정책을 바꿀 수 있다. 마음에 들지 않는 몇 가지 이슈 때문에 4~5년 기다려 선거 때 현직자를 경질하는 환류 메커니즘은 너무 더디고 투박하다. 그러다 순수 대의민주제는 종종 심각한 헌정 위기를 겪는다.

내각제는 종종 이 문제를 해결하기 위해 의회를 해산하고 국민의 신임을 묻는 스냅선거(snap election)를 치른다. 그러나 내각제의 스냅선거는 한두 사안의 정책변화를 위해 다른 면에서는 꽤 괜찮은 정부를 정치안정을 해치고 막대한 비용을 들여 갈아야 치우는 심각한 결점이 있다. 1% 직접참정은 중대한 사안을 국민이 직접 결정할 기회를 제공하여 내각제의 이런 결점을 비교적 손쉽게 극복할 수 있다.

5. 뒷거래와 부패 감소

직접참정은 대의민주제에서 종종 발생하는 뒷거래와 부패를 감소시킨다. 2008년에서 2010년 사이의 미국 캘리포니아의 증세 사례는 직접참정의 이런 장점을 증명했다(Matsusaka, 2020: 159-161). 캘리포니아 주지사는 금융위기 상황에서 재정 안정을 위해 증세안을 국회에 발의했다. 주지사는 민주당이 다수당인 상원에서 증세를 포함한 예산안을 통과시키기 위해 증세에 반대한 공화당 의원들을 회유하기 위해 일부 의원들에게 지역구 개발사업 특혜, 주택 매입과 관련한 세액공제, 요직임명 약속 등 갖가지 뒷거래와 부패를 자행했다.

그러나 2010년 주민발안 제30호(Proposition 30)로 발의된 증세 법안은 주민투표를 통해 이런 뒷거래와 부패 없이 통과되었다. 직접민주제도 대의민주제처럼 조직력과 자금력이 있는 특수이익집단에 의해 휘둘릴 가능성이 전혀 없는 것은 아니다. 하지만 경험적 연구에 의하면, 직접민주제가 대의민주제보다 뒷거래와 부패로 왜곡될 가능성은 훨씬 낮다. 무엇보다, 특수이익집단이 압력과 금전으로 영향을 줄 국민의 수가 정치인의 수보다 압도적으로 많기 때문이다. 국민투표에 참여하는 유권자의 표심을 바꿀 정도의 영향력과 자금력을 갖는 특수이익집단은 흔치 않다(Matsusaka, 2020: 187-202). 게다가 직접민주제에서 특수이익집단의 부당한 영향력과 돈의 위력을 규제하는 국민투표법을 만들어 활용할 수도 있다.

6. 정책갈등 해결과 정치안정

직접참정은 정책갈등을 해결하고 정치안정을 도모하는 장점도 있다. 이 장점은 정당성 개념과 밀접히 관련되어 있다. 직접참정은 정책의 정당성을 높인다. 예컨대, 2016년 브렉시트 국민투표 당시 투표자들은 EU 잔류와 탈퇴를 거의 같은 비율(45%씩)로 선택했다. 그러나 국민투표가 박빙의 차이로 EU 탈퇴로 종결된 지 1년 후 잔류를 선택한 투표자의 절반 이상(23%)이 생각을 바꿔 탈퇴를 지지했다. 결국, 투표자의 3분의 2 이상(68%)이 탈퇴 지지자가 되었다. 대다수 투표자는 투표결과의 번복을 비민주적이라고 생각했다. 일반적으로 국민투표 결과는 선출된 대표의 결정보다 더 큰 정당성을 인정받는다(Johnson *et al.*, 2019: 1-5).

캘리포니아의 증세 사례 역시 직접참정의 정당성 제고 능력을 입증했다. 2008년 주의회의 증세 결정 이후 약 1년 동안 납세자의 조세저항이 거셌다. 그러나 주민발의 증세안은 주민투표로 확정된 후에 불평불만 없이 수용되었다(Matsusaka, 2020: 162-163).

스위스가 고도의 정치안정과 유럽국가 중 파업으로 인한 근무일 결손이 가장 적은 산업평화를 구가해온 비결은 무엇보다 개방적인 직접참정제 활용에 있다. 19세기 후반 스위스연방 수준에 직접참정을 확대할 때 혼란과 무질서를 걱정하는 사람들이 많았다. 그러나 스위스 직접참정의 역사는 이런 걱정과 정반대로 세계 최고의 산업평화와 정치안정을 토대로 경제적 번영을 촉진한 헌정질서임을 증명했다(안성호, 2018: 제7장과 제8장).

7. 정부신뢰와 행복도의 제고

직접참정은 시민의 정부신뢰 수준을 높인다. 정부신뢰도는 직접참정과 밀접한 관계가 있는 것으로 밝혀졌다(Dyke, 2009: 539-568; Jones, 2014). 세계에서 가장 개방적인 직접참정제를 가장 빈번하게 활용해온 스위스 국민의 정부신뢰 수준은 OECD 평균보다 월등히 높다. 2024년 OECD가 발표한 30개국의 평균 정부신뢰도는 39.3%였으나, 스위스의 정부신뢰도는 61.94%에 달했다. 한국의 정부신뢰도는 37.15%로 OECD 평균보다 낮았다.

인간은 직접참정을 통해 공적 행복을 누린다. 자유는 행복의 본질이다. "자유는 시민이 공적 행복에 접근하는 권리로서 통치 업무의 직접 참여자가 되는 것"이다. "전제정은 시민을 공적 영역에서 추방해 사적인 일에만 몰두하도록 만드는 반면, 공화정은 모든 시민에게 국정운영의 참여자가 될 권리를 보장한다"(Arendt, 2006: chap. 3). 미국의 「독립선언서」를 기초한 토머스 제퍼슨은 영국의 청교도들이 공적 행복을 찾아 아메리카에 이주했다고 보았다. 인간은 사적 행복만으로 충분히 행복하지 않다. 더구나 공적 행복은 사적 행복을 증진하는 힘이 있다(Frey, 2010). 경험적 연구는 일체의 참여를 허용하지 않는 비민주제에서 대의민주제로, 그리고 대의민주제에서 직접민주제로 이동할수록 행복 수준이 높아지는 경향이 있음을 확인했다.

투표자는 결과만 생각하고 투표하지 않는다. 투표자는 시민투표에 참여하면서 공적 행복을 경험한다. 시민투표는 시민의 소외감과 무관심을 줄이고 시민 상호 간의 공동이해와 합의에 기초한 사회계약을 강화한다. 직접참정은 패자도 결과에 기꺼이 승복하게 만든다. 스위스에서는 이런 패자를 "행복한 패자(happy losers)"라고 부른다.

8. 민주정치의 지혜 활용

직접참정의 핵심 수단인 시민투표는 오직 투표행위만을 의미하지 않는다. 시민투표의 진정한 가치는 투표 전 숙론에 있다. 시민투표는 투표 전 참여자들이 규칙에 따라 서로 논점을 교환하도록 만드는 민주적 소통과정이다. 제대로 설계되어 운용되는 시민투표는 위르겐 하버마스가 제시한 "이상적 담화상황(ideal speech process)"의 다양한 조건을 상당히 충족시킨다. 숙론의 적실성과 수준은 정책 이슈의 중요성에 따라 결정된다.

직접참정은 정보의 집합과 지식의 조직화를 통해 정책의 품질을 높인다. 정보 집합의 강점은 콩도르세 배심정리(Condorcet jury theorem)[50]로 설명할 수 있다. 콩도르세 배심정리란 '두 대안 중 하나를 고르는 문제에서 각 개인이 오른 대안을 고를 확률이 동전 던지기 확률(50%)보다 크면, 집단의 규모가 커질수록 다중의 선택이 옳을 확률이 100%에 근접한다'는 원리를 말한다. 지식의 조직화란 기술전문가의 집단사고병(groupthink diseases)을 예방하고 유용한 정보를 찾아 결합해 활용하는 능력을 뜻한다.

스탠포드대 조시아 오버는 BC 508년 평민의 반란으로 확립된 고대 그리스 아테네의 민주정이 "민주적 이성(democratic reason)"을 활용해 약 2세기 동안 그리스 세계에서 가장 강성한 도시국가로 성장할 수 있었다고 해석했다(Ober, 2008). 오버의 분석에 의하면, 아테네의 민회는 널리 분포한 정보를 공적 결정으로 전환하는 매우 효과적인 제도였다. 1년 임기의 공직 윤번제와 추첨제 덕분으로, 수많은 시민이 공직 경험을 쌓을 수 있었고, 동료 시민과 광범위한 네트워크를 형성하여 다양한 분야에서 익힌 전문지식을 활용할 수 있었다. 직접참정의 확대와 심화를 통한 민주정치의 지혜 활용은 고대 그리스 아테네 도시국가 경쟁력의 원천이었다.

9. 정책혁신

국민발안은 정책혁신을 촉진한다. 15년째 글로벌혁신지수 세계 1위를 기록한 스위스는 과학기술의 혁신 못잖게 국민발안을 통해 제도와 정책의 혁신을 끊임없이 추진한

50 콩도르세 배심정리는 '대수의 법칙(law of large numbers)' 또는 '다중의 지혜(wisdom of the crowd)'라고도 불린다.

다. 2013년 3월 스위스는 세계 최초로 '기업임원 연봉규제' 국민발안투표를 시행했다. 시민단체가 상장기업 임원의 기본급과 보너스를 매년 주주총회에서 결정하도록 규제한 개헌안은 투표자의 67.7% 찬성과 26개 모든 캔톤의 찬성으로 채택되었다. 그리고 같은 해 11월 스위스는 사민당이 CEO의 임금이 해당 회사 최저 임금의 12배를 넘지 못하도록 규제하는 국민발안투표를 시행했다. 이 국민발안은 투표자의 65.3% 반대와 26개 캔톤의 반대로 부결되었다.

2016년 스위스는 세계 최초로 시민단체가 유권자 10만 명의 서명을 받아 제기한 '기본소득' 국민발안에 대한 국민투표를 시행했다. 기본소득제의 골자는 매월 18세 이상 성인에게 2,500프랑을, 어린이와 청소년에게 500프랑을 조건 없이 지급하는 것이었다. 약 2년여 동안 숙론을 거쳐 실시된 투표결과는 투표자 76.9%의 반대와 26개 모든 캔톤의 반대로 부결되었다. 투표 직후 실시된 의견조사에서 투표자의 62%는 '기본소득' 이슈에 대한 추가적 논의를 기대한다고 응답했다. 스위스의 국민발안투표는 핀란드의 기본소득 실험 등 세계적 논의를 촉발했다.

2024년 3월과 9월 스위스는 두 차례에 걸쳐 세 건의 연금과 관련된 국민발안투표를 시행했다. 세 건 중 1건은 채택되었고, 두 건은 부결되었다. 부결률이 높다는 이유로 국민발안투표의 가치를 낮게 평가해서는 안 된다. 부결된 국민발안투표가 연방입법에 미치는 영향은 매우 크다. 부결된 국민발안은 연방입법에 간접적으로 중대한 영향을 미치는 경우가 많다(안성호, 2018: 241-242). 국민발안이 연방에 미치는 간접적 효과는 세 단계를 거쳐 나타난다. 첫 단계는 국민발안위원회가 18개월 동안 10만 명의 서명을 받으면서 제도정치권에서 공식적 정책의제로 다루어지지 않은 주요 이슈를 국민에게 알리고 설득하는 과정이다.

둘째 단계는 국민발안의 요건이 충족되었다는 연방사무처의 승인을 받은 후 시작된다. 이 단계에서 연방내각이나 연방의회(하원과 상원)는 국민발안의 일부 내용을 포함한 대안을 작성하여 제시할 수 있다. 국민발안위원회는 이 대안을 검토한 후 자신들의 요구가 만족할 만큼 수용되었다고 판단한 경우 발의된 국민발안을 철회할 수 있다.

셋째 단계는 연방내각과 연방의회가 상세한 보고서를 작성해 유권자에게 국민발안에 대한 찬반을 권고하는 단계다. 이때 국민발안이 "형식과 주제의 통일성과 국제법의 강행규정"(연방헌법 제139조)을 준수했는지 평가한다. 만일 국민 발의안이 이 요건을 충족하지 못한 경우, 연방의회는 이 발의안의 전체 또는 부분을 무효로 선언한다.

조용하지만 단호한 정책혁신

스위스에서는 이해관계가 첨예하게 대립하는 중대한 개혁도 조용하고 차분하게 추진된다. 그 비결은 직접참정 정치토크에 있다. 스위스에서는 중대한 사안이 생기면 18세(일부 캔톤은 16세) 이상의 유권자가 직접참정 정치토크에 모두 참여한다. 보통 2~3년 동안 이어지는 정치토크를 통해 숙론이 이루어진 후 국민투표에 부쳐진다.

2014년 5월 스위스연방 수준에서 스위스노동조합총연맹(SGB)이 유권자 10만 명 이상의 서명을 받아 세계 최고 수준인 시간당 22프랑의 최저임금안을 발의했다. 이 국민발안은 숙론을 거친 후 국민투표에 부쳐졌으나 76%의 압도적 다수의 반대로 부결되었다. 그러나 이 국민발안투표의 가치를 과소평가해서는 안 된다. 최저임금 인상 국민발안투표과정에서 기업은 최저임금 인상의 필요성에 공감해 자발적으로 임금 인상을 결정했다. 이어 캔톤 수준에서 최저임금 주민발안이 제기되어 채택되기 시작했다.

스위스 국민은 투표결과가 자신의 의사와 다르더라도 투표결과에 승복한다. 특히 시민발안을 제기한 사람들은 부결된 경우에도 대체로 투표결과에 만족한다. 스위스에서는 이런 사람들을 "행복한 패자(happy losers)"라고 부른다. 이들은 흔히 중대한 이슈를 국민과 정부에 알리고 국민의 관점과 정책의 변화를 유도하기 위해 시민발안을 활용한다.

스위스에서는 경제적 불평등 문제가 직접민주제로 다루어진다. 최저임금 인상을 위한 국민발안투표 외에도 경제적 양극화 문제를 해결하기 위한 다양한 경제적 불평등 의제가 발의되어 국민투표에 부쳐졌다. 예컨대, 2013년 3월 상장기업 임원의 연봉을 주주총회에서 결정하도록 규제하는 국민발안이 국민투표에 부쳐져 가결되었다. 그해 11월에는 CEO의 임금이 직원 최저임금의 12배를 넘지 못하도록 규제하는 국민발안이 국민투표로 부결되었다. 2016년에는 세계 최초로 기본소득제 도입을 위한 국민발안이 제기되어 국민투표에 부쳐졌다. 매월 18세 이상의 모든 성인에게 2,500프랑을, 어린이와 청소년에게 500프랑을 지급하는 기본소득제 도입을 위한 국민발안은 국민투표에서 부결되었다. 그러나 투표자의 62%는 추후 다시 이 의제를 논의할 필요가 있다고 응답했다. 스위스 국민은 모든 국민이 거의 3년 동안 기본소득제 도입에 관해 정치토크를 벌이고 숙론한 후 일단 도입을 미루기로 결정을 내린 것이다. 스위스의 국민투표 이후 기본소득제는 범세계적 의제로 부상했다.

스위스에서 공적 논쟁은 치열하지만, 모든 국민이 투표결과에 승복한다. 국민의 명령인 투표결과에 이의를 제기하고 개혁에 저항하는 것은 자신이 스위스 국민임을 부정하는 것이다. 스위스에서는 어떤 강력한 이권단체도 다수 국민의 의사에 거슬려 생떼를 쓰거나 지대추구 행동을 자행할 수 없다.

Ⅶ. '기득권 내려놓기' 헌정리더십과 시민비르투

2025년 민주공화국 위기에 직면한 한국은 '직접참정' 헌법개정이 시급하다. 1848년 스위스는 연방헌법을 의무적 국민투표로 채택한 후 1874년 선택적 국민투표제를, 1891년 헌법 국민발안제를 각각 도입했다. 영국보다 큰 GDP 규모에 인구 4천만 명의 미국 캘리포니아주는 1911년 국민발안제를 도입했다. 21세기 세계 최고의 공교육수준을 자랑하는 대한민국이 국민의 능력을 불신해 직접참정제 도입을 주저하는 것은 반지성적이다. 2016~2017년 엄동설한의 촛불집회에는 연인원 1천7백만 명이 운집해 세계인을 놀라게 했다. 또다시 2024~2025년 삭풍이 휘몰아치는 한겨울에 대통령 탄핵 찬성과 반대를 외치는 군중 시위대가 모였다 헤어지기를 반복하고 있다. 8년 만에 다시 들이닥친 대통령 탄핵사태는 기존 헌정질서에 대한 국민의 분노와 좌절이 임계점에 이르렀음을 경고하는 증거다. 10%대로 추락한 대통령 지지율, 국가기관 중 국민으로부터 가장 불신받는 국회, OECD 회원국의 최하위권에 머문 검찰과 법원의 신뢰도, 정당 지지자들 간 갈등 세계 1위, 정치 내전 상태에서 산적한 국정 난제의 방치가 계속되고 있다. 이런 헌정 위기 상황에서도 정치권은 기득권에 매달려 직접참정 헌정혁신을 외면해왔다.

선진국 문턱에서 직면한 민주공화국의 위기를 돌파하는 데 절실한 직접참정 헌정 혁신이 왜 이루어지지 않는가? 그 원인은 명백하다. 헌정혁신의 권한을 사실상 독점하는 정치인들이 기득권 내려놓기를 거부하기 때문이다. 나라의 추락을 멈춰 세우고 다시 비상하기 위해서 브루투스와 도산의 '기득권 내려놓기' 헌정리더십과 시민비르투를 다시 기려야 하는 이유다.

로마는 하루아침에 이루어지지 않았다. 왕정에서 공화정으로 바꾼 후에도 갈등과 시련은 그치지 않았다. 그러나 로마인은 "적에게서 자신의 것보다 더 나은 제도를 발견하면 주저하지 않고 채택했다"(Montesquieu, 2013: 23). 로마 번영의 첫 번째 원인이 혼합정체에 있다고 평가한 폴리비오스는 '대로마'를 이루게 된 원점이 괴멸 직전까지 내몰렸던 켈트족의 습격 이후 단행한 헌정혁신에 있다고 지적했다. 기원전 376년의 리키니우스 · 섹티우스법 제정으로 종래 귀족의 아성이던 원로원을 평민에게 전면 개방함으로써 1세기 동안 계속된 귀족과 평민 간 분란이 잦아들었다. 이 법률의 발의자는 평민 출신인 리키니우스였고, 법안에 찬성표를 던진 이들은 원로원의 귀족이었다. 원로원의 이 용단은 당대 다른 나라 엘리트에게서 찾아볼 수 없던 로마인 특유의 시민비르투였다. 이 애국적 헌정혁신을 기념해 세워진 신전 콩코르디아(Concordia)는 영어 'concordance'의 어원으로서 오늘날까지 국민통합의 본보기로 칭송되고 있다(안성호, 2013: 19).

우리에게 민주공화국 유산을 남겨준 도산의 대공 비전과 희생 위에서 대한민국은 선진국 문턱에 올라섰다. 그러나 요즘 대한민국은 헌정 위기에 봉착했다. 복합위기의 시대 여전히 나라가 두 동강이 난 채 북한에서는 핵무기를 앞세운 세습 독재가 계속되고 있고, 남한의 민주공화국에서는 진영 간 정치 내전이 벌어지는 가운데 친위쿠데타 내란이 터졌다. 분연히 일어나 도산 선생의 레스 푸블리카 대공정신(大公精神)을 이어받아 이 위기를 극복하고 제7공화국 헌정질서를 바로 세우자. 이것이 도산의 희생과 헌신에 조금이라도 보은하는 길이다.

제5장
AI 시대 직접참정 헌정혁신

♦

"나는 국민 자신 이외에 사회 내에서 궁극적 권력의 안전한 저장고를 알지 못한다. 만일 우리가 그들이 온전한 재량권을 가지고 자치할 만큼 충분히 개명되지 못했다고 생각한다면, 그 치유책은 그들에게서 재량권을 빼앗는 것이 아니라 그들에게 그 재량권을 알려주는 것이다."

– 토머스 제퍼슨

"AI는 도구가 아니라 행위자다. (…) 모든 정보가 여과 없이 흐르도록 내버려두면, 진실이 패배하는 경향이 있다. 저울을 진실 쪽으로 기울이려면, 정보 네트워크가 진실을 말하는 사람에게 보상을 제공하는 강력한 자정장치를 개발하고 유지해야 한다."

– 유발 하라리

"공적 토론은 직접민주제의 영혼이다."

– 안드레아스 그로스

Ⅰ. 가짜뉴스와 음모론, 그리고 디지털 독재

최근 필자는 두 지인으로부터 카톡을 통해 SNS 메시지와 유튜브 동영상을 받았다. 같은 대학에 봉직하다 은퇴한 80대 초반의 은퇴 교수가 보낸 SNS 메시지의 요지는 부정선거와 종북 반국가세력으로부터 나라를 구하려면 비상계엄을 선포한 윤 전 대통령의 탄핵과 내란 수사를 목숨을 바쳐 막자는 호소문이었다. 이 메시지를 주변 사람 5명 이상에게 전달하여 공산화 혁명세력으로부터 나라를 구하자는 당부로 끝맺었다.

또 한 명의 지인은 공공기관의 정책실장을 지내다 은퇴한 독실한 기독교인이었다. 그가 보낸 동영상은 2개였는데, 하나는 어느 교회 목사가 탄핵정국으로 인한 나라의 혼란을 걱정하며 공산혁명과 동성애 합법화를 추구하는 종북좌파세력을 타파하려고 비상계엄을 선포한 윤 전 대통령의 탄핵 심판과 내란 수사를 반대하는 설교였다. 두 번째 동영상은 중앙선거관리위원회 선거연수원에서 교육을 받던 중국인 간첩 99명을 체포해 오키나와 주일미군기지로 압송했다는 유튜브 음모론이었다. 유튜버는 확신에 찬 어조로 윤 전 대통령의 부정선거 의혹이 사실로 드러났다고 주장했다. 이 음모론은 주한 미대사관의 발표로 거짓으로 드러났으나 유튜브를 통해 계속 퍼져나갔다.

요즘 SNS 스크립터와 유튜버가 양산한 이런 자극적 가짜뉴스와 음모론은 민주공화국의 근간을 뒤흔들고 있다. 하루에 몇 시간씩 컴퓨터 알고리즘이 안내하는 이런 악성 허위정보에 오염된 사람들은 올바른 판단을 하기 어렵다. 비상계엄 선포 이전 11%에 불과하던 대통령의 지지율이 곧바로 30%~40%로 뛰어오른 이유를 알 것 같다.[51] 이 혼돈은 거짓말이 난무하는 디지털 세계의 폐쇄된 골방에 갇힌 우리의 슬픈 자화상이다. 여당 국회의원이 정치폭력단을 상징하는 '백골단'을 국회에 출연시켜 기자회견을 연 며칠 후

51 2025년 6.3 대선에서 친위쿠데타를 일으킨 윤 전 대통령의 무죄를 주장한 국민의힘 후보(김문수)는 무려 41.15%를 득표했다.

2025년 1월 19일 새벽 극우 시위대는 서부지법에 난입해 기물을 부수고 경찰과 취재진을 상해하고 영장을 발부한 판사에게 테러를 자행했다.

우리는 가짜뉴스와 음모론이 유령처럼 떠돌며 독재화를 부추기는 민주정치 위기의 시대에 살고 있다(Snyder, 2019). 우리가 컴퓨터 네트워크를 과신하고 현명하게 관리하지 못할 때, 공포의 디지털 독재가 우리를 지배할 것이다. 비상한 대책을 세우지 않으면 AI 시대 모든 권력을 알고리즘이 거머쥔 전체주의체제가 도래할 수도 있다(Harari, 2024: chap. 10). 전체주의는 집권당이나 최고지도자가 언제나 옳다고 세뇌한다. 이 무오류 신화에 심취한 추종자들은 "오류 없는" 인공지능의 지시에 따라 행동할 준비가 되어 있다.

오늘날 지구적 차원에서 민주정이 쇠퇴하는 현상은 인터넷의 등장과 스마트폰의 도입, 광범위한 소셜 미디어의 사용과 밀접한 관련이 있다. 특히 개방된 소셜 미디어 플랫폼은 결국 내전을 부추기는 완벽한 촉매였음이 드러났다(Walter, 2025: 142-143).

초고속 인터넷 보급률 세계 1위인 한국의 정치는 허위정보에 그만큼 취약할 수밖에 없다. 디지털 기술의 거짓말 양산과 확산에 노출된 우리나라의 빈약한 민주정은 이미 세계 최악의 국민분열 양상을 드러냈다. 2022년 퓨리서치센터의 조사에 의하면, 한국의 정당 지지자들 간 갈등 수준은 조사대상 19개국 중 가장 높았다(Pew Research Center, 2023). 한국의 진영 간 갈등은 2021년 1월 극우 시위대가 연방의회 의사당에 난입해 120여 명의 사상자(5명 사망, 120여 명 부상)를 낸 미국보다 더 심각한 것으로 조사되었다.

민주정치의 본질은 대화이며, 대화는 언어에 의존한다. 컴퓨터 알고리즘이 실어나르는 SNS 허위정보와 음모론은 정치토크와 대화를 파괴하고 마침내 민주정치를 망가뜨린다. 내전 전문가인 바버라 월터에 의하면, 결함이 있는 민주정은 온전한 민주정보다 내전이 벌어질 가능성이 세 배나 높다. 특히 퇴행하는 민주정에서 내전이 벌어질 위험성이 고조되는 시기는 아노크라시 구간에 진입한 직후다(Walter, 2025: 178). 최근 헌정위기에 직면한 우리나라는 그 문턱에 서 있다. 21세기 디지털 기술 발달에 어설프게 적응하다 위기에 직면한 대의민주제를 어떻게 구출할 수 있을까?

이 장은 AI 시대 헌정위기에 처한 빈약한 민주정을 구출하기 위해 직접참정제 확충과 혁신방안을 모색한다. 이를 위해 다음과 같은 연구과제를 다룬다. 첫째, AI 시대 위기에 처한 민주정 오류 교정장치로서 직접참정제의 역할과 숙론 향상을 위한 혁신사례를 살펴본다. 둘째, 직접참정제 확충을 위해 필요한 국민신뢰와 개방적 직접참정제의 관계를 검토한다. 셋째, 투표자의 "합리적 무지(rational ignorance)" 문제를 극복하는 놀라운 방안과 국민 직접입법의 경험적 연구결과를 점검한다. 넷째, 직접참정의 함정으로 지적되어온 '갈등 심화와 다수 전제' 가설을 경험적 연구결과를 통해 점검한다. 다섯째, 숙론의 직접참정제 설계시안을 제시한다. 마지막으로, 최근 진행된 대만의 직접참정 헌정혁신 사례를 통해 교훈을 얻는다.

Ⅱ. AI 시대 오류 교정장치로서 직접참정제

1. 직접참정제의 오류 교정능력

새로운 컴퓨터 네트워크가 어떻게 발전할지 예측할 수 없는 상황에서 재앙을 피하는 최선책은 실수를 찾아내 고치는 민주적 교정장치를 마련하는 것이다(Harari, 2024: 347). 헌법은 오류를 범할 수 있는 인간이 만든 법적 사회계약이다. 헌법의 오류를 고칠 가장 강력하고 효과적인 교정장치는 직접참정제다. 지난 수십 년 동안 국회의 정치개혁 특위를 운영하고 개헌특위를 가동해 헌법개정을 논의했으나 아무런 성과가 없었다. 정치개혁과 헌법개정을 정치인들의 손에 맡겨서는 지금 우리가 겪고 있는 정치 내전과 헌정 위기를 극복할 수 없다. 정치 내전을 일으키는 헌법적 오류를 교정할 헌법개정 국민발안제와 법령·국정과제 국민투표제가 필요하다.

대의민주제에서 발생한 오류를 교정하기 위해 설계된 직접참정제는 숙론이 이루어지는 공론장을 보장해야 한다. 직접입법의 진정한 가치는 의사결정의 결과보다 그 결과에 이르는 과정에서 이루어지는 숙론이다. 숙론은 직접참정제의 영혼이다. 거짓말은 숙론을 가장 두려워한다.

대통령이 온 국민이 지켜보는 헌법재판소 탄핵심판 심리에 나와 거짓말을 태연하게 늘어놓고, 민주정을 허무는 위선자인 줄 뻔히 알면서도 민주정치의 수호자로 믿는 "이중사고(doublethink)"가 횡행하고 있다(Ostrom, 1997: 66-68). 우리가 거짓말에 현혹되고 기억을 지우는 이중사고에 길들면, 거짓말은 진실이 되고 역사가 된다. 광신적 선동과 돈벌이로 유명세를 올리는 유튜버와 SNS 스크립터의 자극적 가짜뉴스 양산과 유포가 기승을 부리고, 조회 횟수로 돈벌이하는 컴퓨터 알고리즘의 편향된 정보 공급이 일상이 된 시대에 우리는 살고 있다. 이런 암울한 디지털 환경에서 과연 숙론 직접참정은 오류 교정장치로서 작동할 수 있는가? AI 시대에 대화할 수 있는가?

인공지능은 강력한 자정 장치가 없을 때 세계관을 왜곡시키고 권력의 남용을 조장하며 마녀사냥을 선동할 수 있다. 그러나 인공지능을 지나치게 냉소적으로 평가하는 시각도 경계해야 한다(Harari, 2024: 556-557). 인공지능의 발달이 가져올 긍정적 효과를 외면할 수 없다. 문제는 우리가 인공지능에 어떻게 대응할 것이냐에 달려 있다. 좋은 소식은 대다수 인간이 권력에만 집착하는 일차원적 인간이 아니라는 것이다. 인간은 진실에 관심이 있는 만큼 갈등을 대화로 풀 수 있다. 실수를 인정하고 새로운 아이디어를 수용하며 편견과 고정관념을 수정하여 갈등을 평화롭게 해결하고 "공적 시각(public seeing)"으로 세상을 보고 공동세계를 만드는 공동행위를 할 수 있다(Barber, 2003: 209-212).

최근 경험적 연구는 디지털 정보 네트워크 상황에서도 숙론 민주정치가 작동할 수 있음을 확인했다. 게베르와 뮬러(Gerber & Mueller, 2018)는 스위스 글라루스 캔톤의 주민총회(Landesgemeinde) 사례를 분석하여 1만 명이 운집한 주민집회에서도 숙론의 의사결정이 이루어질 수 있음을 발견했다. 숙론과정에서 캔톤 정부가 제안한 안건 2건 중 1건꼴로 주민의 도전을 받았다. 또 안건에 대해 유력한 논증이 이루어지는 경우 캔톤 정부의 안건이 수정 또는 부결될 개연성이 높아졌다. 대규모 시민집회에서도 숙론이 가능하다는 말이다.

베커 등(Becker *et al.*, 2019)은 직접참정이 정치적 양극화를 완화하는 능력이 있음을 확인했다. 통념과 달리 정당 간 정보의 교환은 정치적 양극화 상황에서도 정당의 편견을 극단화시키지 않고 오히려 정보의 정확성을 높이고 양극화를 완화하는 효과가 있음이 밝혀졌다. 이 연구결과는 숙론 직접참정이 적대적 양당제의 정치적 양극화를 완화하고 망국적 정치 내란을 치유하는 유력한 방안일 수 있음을 시사한다.

독일의 투표자 18,079명을 대상으로 분석한 가트너 등(Gartner *et al.*, 2021)은 일상의 정치토크가 평등한 참여와 반대의견의 포용, 타인의견에 대한 배려를 촉진하는 효과가 있음을 확인했다. 민주적 숙론의 잠재력은 정당 애착이나 정치적 이념에 의해 무력화되지 않았고, 가장 양극화된 투표자조차 정치토론에서 반대 측의 목소리에 귀를 닫으려는 태도를 삼가는 경향을 보였다. 이 연구는 정치 환멸과 정당 양극화 상황에서도 정치 토크를 활성화하는 숙론 직접참정의 잠재력을 보여주었다.

브린(Breen, 2018)은 네팔처럼 분열된 사회에서도 숙론을 통한 국민주도의 헌법 제정이 가능함을 확인했다. 무려 10년 동안 내란과 군주제에 대한 민중봉기를 겪은 네팔은 7년의 숙론과정을 거쳐 민주적 헌법을 제정했다. 헌법제정안에 대한 숙론을 위해 주기적 제헌회의(선출된 위원 601명) 개최를 비롯해 14개 주제별 위원회(각 43명, 전원 제헌위원) 100회, 초당적 간부회의(평균 30-40명) 20회, 연방제대화워크숍(지방정당원, NGO, 공무원, 시민사회대표) 20회, 민주대화워크숍(최대 100명 대다수 소수자) 880회, 주민회의(최대 250명) 2,000회를 개최했다.

주로 정당 간부로 구성된 제헌회의는 정당 대결과 정치적 홍정이 지배했다. 그러나 위원회와 초당적 간부회의에서는 어느 정도 숙론이 이루어졌다. 놀라운 사실은 전국 방방곡곡에서 열린 대화워크숍과 주민모임의 숙론은 대단히 성공적이었다. 풀뿌리 수준의 숙론은 결국 정당과 엘리트의 갈등을 완화하고 대다수 국민이 원하는 연방제 채택을 유도하는 지렛대 역할을 했다. 네팔의 헌법제정사례는 장기간 전국적으로 시행된 풀뿌리 수준 숙론과 대화의 중요성을 일깨워준다.

2. 숙론 향상을 위한 직접참정제 혁신

정보 네트워크가 강해질수록 네트워크의 자정 장치도 강력하고 정교해져야 한다. AI 시대 오류 교정장치로서 직접참정의 성패는 숙론 능력의 향상에 달려 있다고 해도 과언이 아니다. 근래 미국 캘리포니아주와 오리건주는 숙론 향상을 위한 주민발안제 혁신을 추진했다.

1) 캘리포니아주의 주민발안투명성법

2010년 캘리포니아주는 재정 비상사태에 직면했다. 주정부의 재정형편을 고려하지 않고 무분별하게 부동산 재산세율을 낮춘 1978년 주민발안 13(Proposition 13) 때문이라는 비판이 제기되었다. 주민발안 13은 부동산 재산세율을 전체 보유부동산 현가의 1%로 묶고, 연간 재산세 인상률을 2% 이내로 제한하며, 재산세 인상을 위해서는 주 상원의원과 하원의원 각각 3분의 2 이상 찬성을 요구했다. 연구자들은 주민발안 13이 야기한 재정 비상사태의 재발을 예방하기 위해서 스위스가 발전시켜온 '대의기관과 주민의 상호작용제도', 주민발안에 대한 대의기관의 찬반 권고와 대안제시 제도를 도입할 필요가 있다고 권고했다.

2014년 주의회는 이 권고를 받아들여 이른바 '주민발안투명성법'을 제정했다. 이 법률의 요지는 다음과 같다. 첫째, 주민발안 청구서명자의 25%를 받은 시점에 공청회를 개최하여 주민발안을 수정할 기회를 가진다. 둘째, 주민발안을 제기한 측은 주의회 또는 주지사가 제시한 대안을 놓고 협상한 후 주민발안을 철회할 수 있다. 셋째, 주민발안의 찬성 측과 반대 측은 투표운동을 위해 재정을 지원한 조직과 개인의 명단을 주정부 국무장관의 홈페이지에 공개한다.

2016년 주민발안투명성법의 적용으로 '최저임금제' 주민발안을 제기한 노동조합은 주의회와 주지사가 제시한 대안, 즉 '2020년까지 시급 15달러로 단계적으로 인상하는 안'을 받아들이는 대신 자신들의 주민발안을 철회했다. 이어 주의회는 약속대로 대안을 의결했다. 2018년에는 '소비자 개인정보 통제권'이라는 주민발안을 제기한 측이 법정 서명자 수의 25%를 넘어 열린 공청회에서 주의회와 타협안을 도출했다. 노동조합은 타협안을 받아들이고 주민발안을 철회했다. 이어 주의회는 미국 최초로 '디지털 개인정보 보호법안'을 의결했다.

2) 오리건주의 시민발안심의회

2010년 오리건 주의회는 주민발안투표의 숙론을 돕기 위해 이른바 시민발안심의(Citizens' Initiative Review: CIV) 패널을 법제화했다. 본래 시민발안심의 패널은 한 시민단체가 주민발안의 숙론 능력을 향상시키기 위해 민간 기부금으로 운영하던 일종의 시민의회(citizens' assembly)였다.

주의회가 제정한 시민발안심의제의 요지는 다음과 같다. 첫째, 시민발안을 검토할 20-24명의 미니공중(mini-public)을 무작위로 추출하여 패널을 구성한다. 둘째, 소정의 수당을 받는 패널은 4~5일 동안 24~30시간 발안자와 반대자의 의견을 듣고, 전문가의 평가와 증언 및 질의와 응답을 마친 후 소집단회의와 전체회의에서 상의한다. 셋째, 패널은 시민발안심의 결과를 각 문장을 압도적 다수결로 승인한 결과를 1페이지로 요약한 시민진술서를 작성한다. 이 시민진술서에는 패널 활동의 주요 발견과 투표안건에 대한 찬반 논거를 요약해 기록한다. 넷째, 주정부 국방장관은 시민진술서를 포함한 투표안내 책자를 각 가정에 배포한다.

시민발안심의회의 활동과 시민진술서는 유권자의 사려 깊은 판단, 공익의 공감적 분별, 견고한 정보에 근거한 투표를 유도하는 효과가 있는 것으로 밝혀졌다. 이에 따라 2019년 핀란드는 '지방자치단체 합병' 주민투표를 실시하기 전에 오리건주의 CIV를 벤치마킹해 활용했다. 같은 해 스위스 제네바 캔톤의 시온 코뮌 등도 이 제도를 도입했다.

Ⅲ. 투표자의 무지에 대한 신화

앞에서 AI 시대 허위정보와 음모론의 공격을 막아내는 오류 교정장치로서 직접참정제의 혁신을 강조했다. 그러나 아직도 '무능한 평균 시민'에 대한 뿌리 깊은 편견이 남아 있다. 오히려 AI 시대 허위정보와 음모론이 횡행하고 정치적 양극화가 극성을 부릴수록 지혜롭고 유능한 엘리트 정치인과 중립적이고 합리적인 기술관료의 지배를 확대해야 한다는 주장도 있다. 제2장에서 살펴본 바와 같이 최근 민주정치에 대한 불만족이 크게 늘고 권위주의 리더에 대한 선호가 급상승하면서 이런 주장에 동조하는 사람들이 늘고 있다(Matsusaka, 2020: 10-11).

평균 시민의 무능에 대한 편견은 플라톤의 사상까지 거슬러 올라갈 수 있지만, 근대 이후에도 민주정 발달을 가로막아온 가장 큰 걸림돌이었다. 미국과 남아공의 흑인 투표권을 비롯해 보통선거권과 여성참정권의 확대가 그처럼 오랜 세월이 흘러서야 치열한 투표권 쟁취투쟁의 결과로 획득된 사실은 이 편견이 얼마나 뿌리 깊고 끈질긴지 증언한다. 지금도 직접참정을 확충하자는 주장을 '포퓰리즘'이나 '좌파 인민주의'라는 이름표를 달아 무책임하고 위험한 사상으로 치부하는 엘리트들이 있다.

그러나 투표행위에 관한 경험적 연구는 투표자가 기대보다 훨씬 더 합리적으로 투표하며, 투표가 개인판단보다 집계(aggregation)를 통해서 더 일관성 있고 현명한 결과에 이른다는 사실이 밝혀졌다. 1세기 이상 시민주도의 직접참정제를 빈번하게 활용해온 스위스와 캘리포니아 등 민주적 자치정부의 경험은 투표자의 능력이 향상될 수 있고, 투표자가 선출된 대표들 못잖은, 때로 더 나은 선택을 한다는 사실도 증명했다. 투표자의 능력 향상을 위한 노력을 게을리해서는 안 되지만, 민주정치 회의론자의 우려처럼 투표자의 무능이 자명하거나 심각하지 않다는 것도 사실이다.

투표자는 흔히 정치적 사안에 대해 충분한 정보를 얻으려고 애쓰지 않는다. 투표자의 이런 행동은 비용과 편익의 관점에서 "합리적(rational)"이다(Downs, 1957). 투표자가 정보를 얻는 이익, 즉 획득한 정보가 좋은 투표결과에 미치는 영향은 투표자의 한 표가 투표결과에 미치는 영향이 미미한 만큼 보잘것없다. 반면 정보를 얻기 위해 투여하는 비용은 막대하다. 따라서 투표자는 통상 "합리적 무지" 상태에서 투표한다고 가정된다.

합리적 무지는 투표자만의 문제가 아니며 치명적 결함도 아니다. 다행스럽게도 투표자의 무지를 극복하기 위해 막대한 비용을 들이지 않고도 유용한 정보에 근거해 투표할 수 있도록 만드는 놀라운 방법이 있다.

1. 정보단축

투표자는 대체로 관련 전문가나 신뢰하는 기관의 조언 또는 후보의 정당 소속과 같은 신호에 근거해 투표한다. 투표자는 이런 정보를 흔히 언론, 이익집단, 시민단체, 블로거, 정치인, 동료, 친구, 가족 등을 통해 얻는다. 이런 정보를 정보단축(information shortcuts)이라고 한다. 정보단축은 특정 정책의 세부사항에 관한 실체적 정보가 아니라 "투표결과를 미리 보여주는 정보의 작은 조각들이다"(Lupia & McCubbins, 1998).

예를 들어 '숲을 보존하자'는 국민발안에 대해서 환경주의 투표자가 어떻게 결정하는지 살펴보자. 환경보호 구호는 매력적이지만, 이 국민발안이 실제로 무엇을 하려는 것인지 알 수 없다. 진지한 투표자는 법에 포함된 수많은 난해한 법률용어를 읽고 해석하려고 노력할 수 있다. 그러나 이런 노력은 전문가가 아닌 투표자가 시도하기 어렵다. 그 대신에 투표자는 환경단체의 조언과 같은 정보단축을 찾기 마련이다. 그는 마음에 드는 환경단체의 조언에 따라 자신의 가치관을 투표로 표명할 수 있다. 우리는 그를 무능한 투표자라고 비난할 수 없다. 그는 비록 환경 전문가가 아니면서도 충분히 의미 있는 투표를 한다. 캘리포니아대 존 마츠사카 교수는 경험적 연구를 통해 충분한 정보를 보유한 투표자의 결정과 충분한 정보를 갖지 않고서 정보단축을 활용한 투표자의 결정이 매우 유사함을 확인했다(Matzusaka, 2020: 177-179).

투표에 부쳐진 사안에 대해 전문성이 없더라도 믿을만한 전문가나 단체의 조언에 따라 투표하는 것은 불가피하며 심지어 바람직하다. 만일 우리가 선택할 때마다 해당 분야의 전문성을 가져야 한다면 단 하루도 정상적 삶을 살기 어렵다. 우리는 필요한 제품을 구매할 때 친구와 가족의 조언을 받아 결정한다. 아플 때 어떤 약이 효험이 있는지 알기 위해 의학 문헌을 섭렵하지 않고 의사의 조언에 따른다. 우리는 타인의 조언이라는 정보단축 없이 사회생활을 영위할 수 없다. 의사결정에 도움이 되는 적절한 정보단축을 찾는 능력은 건강하고 행복한 삶을 영위하는 데 필수적이다.

그러나 투표자의 정보단축 활용을 못마땅하게 생각하는 사람들도 있다. 이들은 중대한 정책 사안의 결정을 전문가에게 맡겨야지 국민의 판단에 맡겨서는 위험하다고 생각한다. 이 생각은 선출된 대표가 모든 사안에 대해 전문적 식견을 가지고 있다는 가정에 기초한다. 그런데 이 가정은 사실과 전혀 다르다. 선출된 대표도 의안을 심의 · 결정할 때 정보단축을 활용한다. 이를테면, 국회의원은 상임위원회에서 법안을 심의할 때 전문가의 조언이나 당론이라는 정보단축에 따라 판단한다. 하루에 수십 건씩 의안을 검토하고 논의하는 국회의원이 정보단축을 활용하는 것은 불가피하며 필요하다. 국회의원은 모든 의안에 대해 수십 또는 수백 페이지에 달하는 법안 검토자료를 꼼꼼히 읽고 심층적 배경 지식과 정보를 탐구하지 않는다. 국회의원은 거의 모든 법안을 정당 지도부, 핵심 지지자, 이익집단, 해당 분야의 전문가, 법률 자문자의 의견을 참고해 투표한다.

우리는 정책결정을 선출된 대표에게 일임하는 것만으로 정보단축을 제거할 수 없다. 국민입법과 의원입법의 차이는 정보단축 대 실체적 정보의 차이가 아니라 어떤 정보단축이 누구에 의해 활용되느냐의 차이이다. 투표자는 정치나 정책에 대해 상세한 실체적 지식과 정보 없이도 정보단축을 활용해 자신의 선호를 투표로 표명할 수 있다.

2. 다중의 지혜

투표자의 선호가 제한된 정보에 근거할지라도, 투표행위가 투표자의 선호를 정확하게 드러나게 만드는 또 하나의 메커니즘은 다중의 지혜(wisdom of crowds)다. 전체 정보의 일부만 아는 각 투표자는 오류를 범할 수 있지만, 투표 집계는 개별 투표의 오류를 교정하는 경향이 있으며, 따라서 최종 투표결과는 숨겨진 정보를 정확하게 드러낸다.

그동안 투표의 집계(aggregation)가 정보 오류 극복에 도움이 되지 않는 경우를 밝히려는 연구가 축적되었다. 연구를 통해 밝혀진 집계의 한계는 정책의 차이가 정보보다

가치의 차이에서 비롯될 때 발생한다는 것이다. 만일 불일치가 가치의 차이에 기인하는 경우에는 정보 오류를 제거하기 어렵다. 이를테면, 무인 자동차를 허용할 것인지를 결정하는 투표는 안전에 대한 다른 정보 때문에 의견의 불일치가 발생하지만, 낙태와 교수형에 대한 의견 불일치는 정보의 차이보다 가치관의 차이에서 비롯될 수 있다. 물론 의견 불일치가 정보의 차이에서 기인하지 않는 경우일지라도, 집계는 숨겨진 다양한 의견의 분포를 드러내는 데 유용하다. 그러나 가치의 근원적 차이를 판단하는 데는 도움이 안 된다(권찬호, 2022: 제11장).

다중의 지혜는 투표자의 제한된 정보의 한계를 극복하는 만능의 처방책은 아니지만, 정보 오류의 문제를 해결하는 또 하나의 유용한 수단인 것은 분명하다. 투표의 집계는 정보단축과 함께 충분한 정보에 근거한 합리적 집단의사결정에 이르는 유력한 방안이다.

3. 투표자의 지혜롭고 신중한 결정

의원입법은 숙론의 관점에서 국민입법보다 우월하다는 주장이 있다. 그러나 이 주장은 경험적으로 증명되지 않았다. 우리는 오랜 경험을 통해 숙론하는 국회가 아니라 싸우는 국회를 보아왔다. 게다가, 대다수 입법은 은밀한 곳에서 정당 지도부와 로비스트에 의해 이루어진다. 의원은 텅 빈 의사당의 카메라 앞에서 동료의원이 아니라 유권자를 대상으로 선거 유세와 같은 연설을 한다. 위원회는 정당의 수뇌부가 미리 정한 노선을 일반적으로 강변하는 정쟁의 장이 되기 일쑤다. 의회의 입법이 감정에 치우치지 않는다고 장담할 수도 없다. 의회에서 철저한 진실탐구가 이루어진다는 주장도 믿을 수 없다.

투표자의 숙론 능력은 절대적 평가가 아니라 선출된 대표의 숙론 능력과 비교한 상대적 평가로 판단해야 한다. 벤자민 페이지와 로버트 샤피로는 기존의 경험적 연구를 두루 검토한 후 공적 집단숙의가 일반적으로 안정적이고 일관성이 있으며, 내적 일치성을 유지하고, 가용 정보에 민감하게 반응하며, 분별력 있는 결정에 이르는 경향이 있다고 결론지었다(Page & Shapiro, 1992; Page, 2002: 82-86).

존 마추사카(Matsusaka, 1995; 2004)는 국민이 과세와 세출의 결정권을 행사할 경우 선출된 대표와 비슷하거나 더 신중하게 선택하는 경향이 있음을 확인했다. 60여 년 동안 주민발안을 허용한 주들과 그렇지 않은 주들의 세출 규모를 비교한 결과, 1950년대와 1960년대 주민발안 주는 비주민발안 주보다 더 많은 재정지출을 했다. 그러나 이런 추세는 1970년대와 1980년대 조세저항 운동이 일면서 역전되었다. 세출 규모는 1980년대 중반 잠시 다시 증가했으나 1988년 이후 약 30년 동안 크게 줄었다. 전반적으로 반세기 동안 주민발안 주가 비주민발안 주보다 더 적은 세출 규모를 유지했다. 국민의 신중한 재정결정 패턴은 조세정책에서도 확인되었다. 총 조세수입 규모는 주민발안 주가 비주민발안 주보다 더 작았다. 이런 현상은 스위스에서도 밝혀졌다(Funk & Gathmann, 2011; Matsusaka, 2018). 국민이 무분별한 재정 결정을 한다는 주장은 허위임이 밝혀진 것이다. 오히려 국민은 선출된 대표보다 더 보수적으로 재정 결정을 하는 경향이 있다. 이런 경향은 이념이 아니라 주민발안의 효과라는 사실도 확인되었다.

주민발안처럼 의무적 재정주민투표도 비슷한 효과를 내는 것으로 밝혀졌다. 스위스에서 의무적 재정주민투표 캔톤들은 그렇지 않은 캔톤들보다 평균 19% 낮은 세출 규모를 유지하는 것으로 밝혀졌다(Feld & Matsusaka, 2003). 미국의 학교구, 스위스의 도시, 미국의 주 등을 대상으로 분석한 결과도 같은 결론에 이르렀다. 의무적 재정주민투표는 세출을 2~19% 감소시키며, 채무부담을 10~25% 줄이는 것으로 확인되었다(Matsusaka, 2018).

직접참정은 세입 · 세출의 재정 규모를 줄이지만 재정운영을 어렵게 할 정도로 축소하지는 않는다. 그동안 경험적 연구는 직접참정이 재정 규모를 무책임하게 축소할지 모른다고 두려워할 이유가 없음을 밝혀왔다. 직접참정제는 대의민주제보다 정부재정을 다소 더 보수적으로, 즉 알뜰하게 운영하도록 만드는 경향이 있다. 우리가 근시안적 재정 결정을 걱정한다면, 국민보다 선출된 대표를 더 걱정해야 한다. 선출된 대표가 선거주기에 따라 근시안적으로 재정을 결정한다면, 국민은 선출된 대표보다 좀 더 긴 시야로 미래 세대를 고려한 재정 결정을 내리는 경향이 있다. 프랑스의 기후위기 대응을 위한 시민의회 사례는 대의민주적 근시안을 극복하는 직접참정의 효과를 확인시켜주었다(Landmore, 2023).

Ⅳ. 국민 신뢰와 직접참정 이슈의 개방성

‘무능한 평균 시민’ 편견은 직접참정제 도입을 허용할지라도 제한적 활용을 강요해 왔다. 재정, 조직 개편 등과 같이 중대한 사안을 국민투표 대상에서 제외한 주민투표법은 그 대표적 증거다. 국민투표법의 내용을 검토해보면, 이 법이 국민투표를 활성화하기는커녕 국민투표를 억제하는 법률임을 한눈에 알 수 있다.

“대한민국은 민주공화국이다. 대한민국의 주권은 국민에게 있고, 모든 권력은 국민으로부터 나온다.”는 헌법 제1조 제2항은 민주공화국의 성격을 정의한다.[52] 한마디로, 대한민국의 주인은 대통령이나 국회의원이 아니라 국민이며, 국민이 “모든 권력”의 원천이라는 엄중한 선언이다. 직접참정 이슈의 개방성은 헌법의 명령이다.

1. 국민 불신과 폐쇄적 직접참정 이슈

그러나 헌법의 다른 조항과 정치 현실은 헌법 제1조의 명령으로부터 크게 벗어나 있다. 국민을 불신하는 엘리트주의 과두정이 대한민국 헌정질서의 현실이다. 국민은 몇 년에 한 번씩 치르는 선거를 제외하고는 의미 있는 직접참정 기회를 박탈당하고 있다.

현행 국민투표법은 국민투표를 촉진하기는커녕 오히려 가로막는 규제법이다. 지방의 직접참정제 역시 주민에 대한 강한 불신에 기초해 설계되었다(안성호, 2018: 211-229). 주민투표와 주민발안 대상의 지나친 제한은 그 대표적 증거다. 2022년 4월 주민투표법 개정 때에도 이 제한은 풀리지 않았다.

주민투표법 제7조는 ‘예산편성과 의결 및 집행, 지방세 · 사용료 · 수수료 · 분담금 등 각종 공과금의 부과 또는 감면에 관한 사항, 행정기구의 설치와 변경에 관한 사항, 공무원의 인사와 정원 등 신분과 보수에 관한 사항’을 주민투표 대상에서 배제한다. 지방세를 비롯한 재정과 조직 및 인사 관련 사항을 주민투표 대상에서 제외한 논거는 믿을 수 없는 주민에게 중대한 결정을 맡길 수 없다는 것이다.

52 대한민국 헌법 제1조 제2항은 미국 「버지니아 권리장전(Virginia Bill of Rights)」에서 유래했다(한인섭, 2019: 196-199). 「버지니아 권리장전」 제2조는 “모든 권력은 인민에게 귀속되어 있으며, 따라서 인민에게서 나온다. 공직자는 인민의 수탁자이고 공복으로서 언제나 인민의 뜻에 따라야 한다.”(“All power is vested in, and consequently derived from, the people; magistrates are their trustees and servants, and at all times amenable to them.”)고 규정했다. 1776년 6월 12일 버지니아 제헌의회에서 발표된 『버지니아 권리장전』은 아메리카 식민지의 주장을 헌법으로 보장한 최초 선언이다.

2006년부터 시행된 제주특별자치도특별법 제28조는 주민투표법 제7조에도 불구하고 "도조례로 정하는 예산 이상이 필요한 대규모 투자사업"을 주민투표에 부칠 수 있도록 특례를 인정하였다. 그러나 이 조항에 근거한 재정주민투표는 그동안 단 한 차례도 시행되지 않았다. 이 특례조항이 유명무실해진 가장 중요한 이유는 제주도의회가 대규모 투자사업의 연간 지방비 부담액을 터무니없이 높게 설정했기 때문이다. 제주특별자치도의 출범 직후 대규모 사업의 연간 지방비 부담액을 3천억 원으로 규정했다가 전문가의 비판에 직면해 근래 1천억 원으로 대폭 낮추었으나 여전히 비현실적으로 높게 설정되어 있다.[53]

주민조례발안법도 주민 불신에 근거해 제정되었다. 주민조례발안법 제4조는 '지방세 · 사용료 · 수수료 · 부담금을 부과하거나 징수 또는 감면하는 사항, 행정기구를 설치하거나 변경하는 사항, 공공시설의 설치를 반대하는 사항'을 주민조례청구 대상에서 제외한다. 이 조항 역시 속기 쉽고 감정에 휘둘리는 무능한 주민의 문제를 선출된 대표나 엘리트 관료가 대신 찾아 결정해야 한다는 논리에 기초한다.

2. 국민 신뢰와 개방적 직접참정 이슈

스위스와 미국 캘리포니아주에서는 정반대의 관점에서 가장 중요한 사항을 국민투표에 부쳐 국민이 직접 결정하고, 다소 덜 중요한 사항을 의회가 의결한다. "국민발안이 형식의 통일성이나 내용의 통일성이 없거나 국제법상 강행규정을 위반"하지 않는 한 국민발안의 대상에 아무런 제한을 두지 않는다.[54]

'군대 폐지' 국민발안투표 사례는 스위스 연방정부의 국민 신뢰가 얼마나 확고한지 보여준다. 1980년대 후반 스위스 사회주의청년단은 주변에 우방만 존재하는 평화의 시대에 막대한 군대를 유지할 필요가 없다고 판단하고 10만여 명의 서명을 받아 국민발안

53 제주특별자치도의 재정주민투표제를 활성화하기 위해서는 재정주민투표로 총사업비 5백억 원 이상의 투자사업에 대한 중앙정부의 투자심사절차를 대신할 수 있도록 하고, 세출과 함께 지방세의 세율조정과 감면 등을 주민투표로 결정하도록 허용하며, 주민투표의 청구요건을 완화하는 등 재정주민투표의 개방성을 대폭 확대할 필요가 있다. 주민에게 직접참정의 효능감을 체험할 수 있도록 재정주민투표의 시범적 실시도 바람직하다.

54 스위스 연방의회는 "국민발안이 형식의 통일성이나 내용의 통일성이 없거나 국제법상 강행규정을 위반하는 경우" 국민발안의 전부 또는 일부를 무효로 선언할 수 있다(스위스연방헌법 제139조 제2항). 여기서 국민발안의 내용상 통일성이 없다는 것은 채택될 승산이 높은 이슈에 인기 없는 이슈를 끼워넣기식으로 뭉뚱그린 국민발안을 금지한다는 의미다.

을 제기했다. 이 국민발안이 국가의 존립을 위태롭게 한다는 의견이 있었지만, 연방정부는 이 국민발안을 인정해 숙론을 거쳐 국민투표에 부쳤다. 1989년 실시된 국민투표에서 '군대 폐지' 국민발안은 투표자의 64.4% 반대와 24개 캔톤의 반대로 부결되었다. 이어 2001년 또다시 '군대 폐지' 국민발안이 제기되어 국민투표에 부쳐졌다. 이번에는 전보다 훨씬 더 높은 78.1% 국민의 반대와 20개 캔톤의 반대로 부결되었다.

'군대 폐지' 국민발안은 비록 부결되었지만, 다른 국민발안이 종종 그렇듯이, 이후의 국방정책에 중대한 영향을 미쳤다. 연방정부는 1995년 군대개혁에 이어 추가적 군대개혁에 착수했다. 2000년 발표된 「21세기 군개혁」은 상비군을 크게 늘이고, 기존의 병역제도에 300일 동안 연속해서 병역을 필하는 방안을 추가하며, 시민병을 줄이는 대신 예비군을 늘이는 개편을 포함했다(안성호, 2005: 425-427). 스위스에서는 이처럼 국민투표에서 통과될 가능성이 없지만, 이런 부수적 개혁 효과를 얻기 위해 국민발안을 추진하는 사례가 종종 있다.

일부 중대한 이슈는 수십 년 동안 여러 차례 국민발안투표 또는 선택적 국민투표에 부쳐지기도 한다. 스위스 원전정책은 그 대표적 사례다. 1968년부터 1984년까지 스위스에 5개 원전이 건설되었다. 원전이 전력수요의 약 38%를 분담하던 1984년 처음으로 발의된 '추가적 원전 없는 미래' 국민발안은 55.0% 투표자의 반대와 20개 캔톤의 반대로 부결되었다. 1990년 제기된 '원전의 단계적 폐지' 국민발안 역시 52.9% 투표자의 반대와 14개 캔톤과 4개 반(半)캔톤의 반대로 부결되었다. 2003년에 또다시 발의된 '2014년 원전 폐지' 국민발안 역시 66.3% 투표자의 반대와 20개 캔톤과 5개 반캔톤의 반대로 부결되었다.

그러나 2011년 일본의 후쿠시마 원전 사고 후 원전의 위험성에 대한 경각심이 높아진 상황에서 연방정부는 '원전의 단계적 폐지'를 선언했다. 2014년 이 선언에 따라 원전의 점진적 폐지와 수력 및 재생에너지 활용을 촉진하는 연방정부의 '에너지전략 2050' 법안이 연방의회에서 의결되었다. 이에 만족하지 못한 시민단체는 '원전의 단계적 폐지' 국민발안을 제기했다. 2016년 이 국민발안은 국민투표에 부쳐져 54.2% 투표자의 반대와 16개 캔톤과 4개 반캔톤의 반대로 부결되었다. 이어 극우적 성격의 스위스국민당은 연방의회가 통과시킨 '에너지전략 2050' 연방법 폐지를 묻는 국민투표를 5만 명의 서명을 받아 청구했다. 국민투표 결과, 투표자의 58.2%는 가구당 연 41달러의 전력

요금 추가 부담을 감수하며 연방법 폐지에 반대했다. 이로써 수십 년 동안 이어진 원전 정책의 직접참정 숙론이 일단락되었다. 향후 원전의 추가적 건설과 투자는 금지되었고, 기존 원전의 가동시한은 전문가위원회의 판단에 맡겨졌다. 2019년 12월 베른시 인근 뮐레부르크 원전(전력 생산량의 5% 감당)은 47년 만에 가동을 중단했다.

Ⅴ. 갈등 심화와 다수 전제, 우려와 진실

직접참정에 대한 반론은 '무능한 평균 시민' 편견에 그치지 않는다. 직접참정 확대에 반대하거나 회의적인 사람들은 흔히 직접민주제가 갈등을 부추기고 다수의 전제(tyranny of the majority)를 초래할 것으로 우려했다. 진영 간 갈등이 심한 우리나라에서 직접민주제 확충으로 갈등이 관리하기 어려운 수준으로 격화될 것을 걱정하고, 다수가 다수결로 소수의 권리를 마구 침해할 것을 걱정하는 사람들이 적지 않다. '갈등 심화와 다수 전제'는 직접민주제의 치명적 약점인가?

1. 갈등의 심화

19세기 말 스위스에서도 캔톤 수준에서 활용되던 주민발안제를 연방 수준에 도입하려고 시도할 때 반대하는 사람들이 적지 않았다. 이들은 언어와 민족이 달라 큰 불편을 무릅쓰면서도 3개의 국어와 4개 공용어를 사용[55]하던 다문화사회에 개헌 국민발안제를 도입하면 큰 혼란이 일어날 것을 우려했다. 그러나 역사는 이런 우려가 기우였음을 입증했다. 오히려 스위스는 국민발안제가 도입된 후 드높은 국민화합과 고도의 정치안정을 누리는 나라로 거듭났다.

스위스 민주정치가 인류에게 선사한 가장 소중한 교훈은 종교와 언어와 민족이 다를지라도 "서로 존중하고 각자의 다양성을 존중하며 함께 살기로 작정하고"(스위스연방헌법전문) 권력분점의 숙론민주정 헌정질서를 세워 지킴으로써 번영할 수 있음을 보여준 것이다. 그 숙론민주정 헌정질서의 중심에 연방제 · 비례제와 함께 직접민주제가 있다. 오늘날 스위스인이 자신의 정체성으로 인식하는 직접민주제는 강력한 갈등 진정효

55 현재 스위스는 4개 국어와 4개 공용어를 사용하는 다언어국가다.

과를 발휘한다(안성호, 2001: 193-194; Linder & Mueller, 2021). 직접민주제가 도입된 후 스위스는 승자독식의 다수제 헌정질서에서 서서히 권력공유의 합의제 헌정질서로 변화했다. 스위스가 단일적이고 동질적인 사회였기 때문에 직접민주제를 도입해 성공한 것이 아니다. 하나의 나라로 뭉치기에는 너무나 다양하고 이질적인 다문화사회인 스위스는 국민통합과 애국심의 원천을 국민의 직접참정에서 발견하고 헌정실험에 도전해 성공했다. 스위스의 경험은 직접민주제가 장-자크 루소와 위르겐 하버마스가 주목한 헌정애국심을 발현시킨 핵심 제도임을 증명했다.

스위스와 벨기에의 국민통합의 차이는 직접민주제 유무의 차이다. 두 개의 언어 공동체로 나뉜 벨기에는 항상 국가 분열의 위험에 노출되어 있다. 벨기에는 연방제만으로는 고도의 국민통합을 이루는 데 한계가 있음을 보여준다. 벨기에는 유럽에서 직접민주제를 활용하지 않는 몇 나라 중 하나다. 벨기에는 국민의 목소리를 직접 듣고 표결권을 행사하는 직접참정제를 갖고 있지 않아 다원성과 이질성을 다루는 데 많은 어려움을 겪어왔다(Moeckli, 2018: 338-339; Landmore, 2020: 203). 스위스와 같이 연방제 · 비례제와 직접민주제가 적절히 어우러질 때 다원성과 이질성은 단점이 아니라 오히려 장점으로 작용할 수 있다.

2. 다수의 전제

직접민주제에 대한 가장 중요한 반대 중 하나는 직접민주제가 다수전제의 함정에 빠질 수 있다는 것이다. 이런 공포는 이미 미국의 헌법 제정자들의 마음을 사로잡았다. 제임스 매디슨은 직접민주제가 정부 정책을 "정의의 규칙과 소수당의 권리가 아니라 이권을 가진 오만한 다수의 횡포로 인해 빈번히 짓밟힐 것"을 걱정했다(Hamilton *et al.*, 2013: 61). 매디슨은 "공화국에서 지배자의 억압으로부터 사회를 보호하는 것과 함께 일부 사회의 부정의로부터 다른 부분을 보호하는 것도 매우 중요"하다고 강조했다(Hamilton *et al.*, 2013: 318). 직접민주제에 대한 매디슨의 이런 두려움은 오늘날에도 이어지고 있다. 직접민주제는 "다수가 소수의 권익을 침해할 위험성을 내포한 제도"(Bellamy, 2018: 313)이며, "대중영합적 다수결주의는 국민투표 민주정치의 불가피한 결합"(Chambers, 2018: 305)이라는 시각이 만만치 않다.

그러나 직접민주제를 실제 활용한 국가의 경험은 이처럼 비관적이지 않다. 직접민주제를 150년 이상 빈번히 활용해온 스위스의 경험은 다수와 소수의 타협이 가능하며, 적어도 공인된 소수에게 도전할 기회를 제공하여 오히려 소수의 권익 보호와 신장에 도움을 줄 수 있음을 입증했다. 직접민주제의 이런 소수보호 역할이야말로 스위스를 국민화합의 모범국가로 만든 비결이다(Moeckli, 2018: 338).

1세기 전 스위스에서 직접민주제를 도입해 주정부와 지방정부 수준에서 활용해온 미국의 경험도 다수전제의 위험성이 과장된 가설임을 보여주었다. 캘리포니아 대학의 존 마추사카(Matsusaka, 2020: 207-211) 교수는 1904년부터 2018년까지 미국의 주에서 실시된 2,609건의 주민발안을 분석하여 반(反)소수 주민발안이 42건으로 친(親)소수 주민발안 18건보다 많았으나, 반소수 주민발안이 전체 주민발안에서 차지한 비율은 1.8%에 불과했음을 확인했다. 그리고 소수 관련 주민발안이 주민투표에 부쳐져 통과되더라도 60% 정도만 소수에게 불이익을 준 것으로 밝혀졌다. 더욱이 총 60건의 소수 관련 주민발안 중에서 주민투표를 통해 승인된 반소수 주민발안과 친소수 주민발안은 각각 31건과 5건이었다. 그런데 반소수 주민발안 중에서 20건은 법원에 의해 무효로 판결되었다. 집행된 11건의 반소수 주민발안 중 6건은 '영어를 주의 공식언어로 선언'한 1건, '공립학교 수업의 영어 사용 의무화'한 2건, '성적 지향성에 따른 차별을 일방적으로 금지하는 주지사 권한을 폐지'한 1건, '불법이민자에게 공공서비스의 제공을 거부'한 1건, 그리고 '아시아계 비시민에 의한 토지소유를 제한하는 기존 법률조항의 연장'을 결정한 1건 등과 같이 대체로 상징적인 조치였다. 이것이 114년 동안 시행된 반소수 주민발안의 전체 목록이다. 마추사카는 이 기간에 대의민주제가 흑인의 투표권 박탈과 짐크로법(Jim Crow Laws)에 의한 인권침해 등으로 직접민주제보다 더 악랄하고 심각한 해악을 초래했다고 분석했다.

우리는 국민발안제가 스위스에서 이슬람 사원의 첨탑 건립 금지와 같은 공인되지 않은 소수의 권익을 보호하기 위해 사법심사제도를 활용하거나 인권침해의 가능성이 있는 사안을 국민발안 대상에서 제외하는 등의 방식으로 직접민주제의 다수전제의 위험을 제거할 수 있다. 그러나 다수전제의 위험성을 완전히 배제할 수 없다는 억지 주장을 펴며 직접민주제의 도입을 거부하는 것은 온당치 않다. 이런 논리로 직접민주제를 반대한다면, 직접민주제보다 더 위험한 대의민주제부터 먼저 반대해야 할 것이다.

Ⅵ. 숙론의 직접참정제 설계

우리나라에서 국민의 헌법개정 발의권은 1954년 제2차 개헌헌법을 통해 처음으로 인정되었다. 민의원의원선거권자 50만 명 이상은 대통령과 민의원 또는 참의원의 재적의원 3분의 1 이상과 함께 개헌안 발의권을 행사할 수 있었다.[56] 그러나 이 국민의 개헌안 발의권은 1972년 제7차 개헌헌법(유신헌법)에서 삭제되었다. 다만, 대통령이 발의한 개헌안에 대한 국민 의결권이 도입되었다. 이후 제8차 개헌헌법에서 개헌안의 국민 의결권은 대통령과 국회 재정의원 과반수가 발의한 개헌안에 대해 국회 재적의원 3분의 2 이상의 찬성을 얻은 경우에만 행사할 수 있도록 제한하였다. 현행 '87년 헌법의 개헌안 발의권과 의결권은 제8차 개헌헌법과 동일하다.

[표 5-1] 개헌안 발의권과 의결권 약사

발의권	의결권
제헌헌법 (1948년)	
대통령 또는 국회 재적의원 3분의 1 이상 찬성	국회 재적의원 3분의 2 이상 찬성
제2차 개헌헌법 (1954년)	
대통령, 민의원 또는 참의원의 재적의원 3분의 1 이상 또는 민의원의원선거권자 50만 명 이상의 찬성	양원에서 각각 재적의원 3분의 2 이상 찬성
제7차 개헌헌법 (유신헌법, 1972년)	
대통령 또는 국회 재적의원의 과반수 (국민발의권 삭제)	대통령이 발의한 개헌안은 국민투표로, 국회의원이 발의한 개헌안은 국회의 의결을 거쳐 통일주체국민회의 의결로 확정
제8차 개헌헌법 (1980년) → 제9차 개헌헌법 (현행 헌법, 1987년)	
대통령 또는 국회 재적의원 과반수	국회 재적의원 3분의 2 이상 찬성을 얻은 후 국민투표에 부쳐 국회의원선거권자 과반수 투표와 과반수 찬성
국회의원 148명이 발의한 '개헌국민발의권' 개헌안 (투표 불성립, 2020년)	
국회의원선거권자 100만 명 이상, 국회 재적의원 과반수 또는 대통령	현행 헌법과 동일

출처: 역대 대한민국헌법 등.

2018년 문재인 대통령이 발의한 헌법개정안에는 국민투표로 임기가 끝나지 않은

56 그러나 이 헌법 규정에 따른 국민의 개헌안 발의는 없었다.

국회의원을 파면할 수 있는 국회의원 국민소환제와 국민이 직접 법률안을 발의할 수 있는 법률안 국민발의제가 포함되었으나 야당의 표결 불참으로 국회 재적의원 3분의 2 이상의 찬성을 얻지 못해 무산되었다. 이어 2020년 국회의원 148명이 발의한 '헌법개정국민발의' 개헌안 역시 야당의 표결 불참으로 투표 불성립되었다.

설상가상으로, 현행 헌법(제130조 제2항)은 국회의원선거권자 과반수가 투표에 참여한 경우에만 국민투표의 효력을 인정한다. 국민투표의 50% 유효투표율을 설정한 것이다. 유효투표율은 직접참정을 가로막는 또 하나의 장애물이다. 직접참정을 못마땅하게 여기는 사람들은 종종 투표 불참을 유도하여 국민투표를 무산시키기 때문이다. 유효투표율 50%는 직접참정 반대자들이 국민투표를 무력화시키는 방안으로 즐겨 설정하는 허들이다.

세계에서 직접민주제를 가장 오랫동안 광범위하게 운용해온 스위스와 미국(주정부와 지방정부)의 경험을 참고해 직접참정제의 설계준칙과 설계시안을 제시하면 다음과 같다.

1. 직접참정제의 설계지침[57]

직접참정의 목적은 대의민주제의 실패를 예방, 교정, 보완하여 더 충실한 민주정을 꾸준히 재창조하는 것이다. 이를 위해 대의민주제와 적절히 조화를 이루는 직접참정제를 설계해야 한다.

대의민주제와 직접참정제를 동떨어진 제도로 설계해선 안 된다. 미국 캘리포니아주의 제13호 주민발안 사례는 주정부(의회)의 개입 없이 부동산 개발업자 주도로 졸속 처리되어 재정위기를 초래한 대표적인 실패사례였다. 이런 실패를 예방하려면 정부(의회)와 시민이 서로 정보를 공유하고 의견을 교환하도록 설계되어야 한다. 이를테면, 정부(의회)가 시민발안에 대해 의견을 제시하거나 대안을 제시할 수 있어야 하고, 시민발안과 함께 정부(의회)의 대안을 시민투표에 부쳐야 한다.[58]

57 직접참정제의 설계준칙에 관한 자세한 내용은 (안성호, 2018: 215-218)을 참고할 것.

58 2003년과 2009년 개정된 스위스연방 헌법 제139b조는 국민발안과 대안에 관한 절차를 다음과 같이 규정한다. 국민은 발안과 대안에 동시에 투표한다. 국민은 발안과 대안에 찬성 투표할 수 있다. 두 안을 채택하는 경우 둘 중 어느 쪽을 더 선호하는지 밝힐 수 있다. 그 결과, 한 개의 안은 국민 과반수 찬성을 얻고, 다른 안은 캔톤 과반수 찬성을 확보한 경우 국민 찬성률과 캔톤 찬성률의 합계 찬성률을 더 높게 얻은 안이 확정된다.

가장 중요한 사안은 시민투표로, 중요한 사안은 의회가, 이보다 덜 중요한 사안은 행정부가 결정하는 원칙을 준수해야 한다. 시민이 직접 결정해야 할 중대한 사안은 의무적 시민투표제로 지정해야 한다. 특히 세금을 비롯한 중대한 재정적 사안은 반드시 의무적 또는 선택적 재정주민투표를 통해 결정해야 한다. 시민에게 자유로운 의제설정 기회를 부여하는 개방적 시민발안제도를 설계해야 한다.

의무적 또는 선택적 시민투표와 시민발안투표의 의결권은 의회를 거치지 않고 시민이 직접 행사해야 한다. 직접참정의 진정한 가치는 선출된 대표의 부작위 또는 오류를 교정하는 것이기 때문이다. 따라서 국회 재적의원 3분의 2 이상 찬성을 얻은 개헌안을 국민투표에 부치도록 규정한 헌법 제130조 제1항은 문제가 있다.

헌법의 안정성과 신중한 헌법개정을 담보하는 개헌안 의결방안으로 유효찬성률, 특별다수결, 중복다수결 또는 이중다수결이 고려될 수 있다. 유효찬성률은 대만의 개헌 국민발안투표와 같이 유권자의 과반수 찬성을 요구하는 경우 국민의 직접참정권을 지나치게 제약한다. 특별다수결은 투표자 과반수보다 높은 특별다수 찬성을 요구하고, 중복다수결은 첫 투표에서 박빙 과반수 찬성을 얻은 사안을 일정 기간이 지난 후 다시 투표하여 과반수 찬성을 얻을 때 가결로 확정한다. 그리고 이중다수결은 스위스처럼 투표자의 과반수 찬성과 캔톤의 과반수 찬성을 동시에 얻을 때 가결로 확정하는 것이다. 이중다수결은 과잉 중앙집권과 지역불균형 문제의 해결이 시급한 우리나라에서 활용할 가치가 크다고 본다.

숙론은 직접참정의 영혼이다. 숙론은 무엇보다 충분한 시간을 요구한다. 국민발안과 국민투표의 서명 기간과 투표운동 기간을 9개월 이상 보장할 필요가 있다.

2. 직접참정제의 설계시안

헌법 국민발안제, 법률 및 국정난제 국민투표제, 그리고 지방 직접참정제의 설계시안을 예시하면 다음과 같다.

1) 개헌국민발안제

국회의원선거권자 80만 명(유권자의 약 1.8%)[59]은 개헌안을 발의할 수 있다.

59 2025년 6월 대통령선거 때 우리나라의 총 유권자는 4,439만 명이었다.

개헌안 발의단체는 구체적 개헌 문안을 작성하여 개헌안을 발의할 수 있다.

개헌안에 대한 국민투표를 청구하는 서명을 수집하는 기간은 12개월 이상으로 하고, 인터넷 서명을 허용한다.

개헌안에 대한 찬성 또는 반대 국민투표운동 기간은 12개월 이상으로 한다.

국회는 개헌안 발의단체가 제시한 개헌안에 대해 찬성 또는 반대의 의견을 표명하거나 대안을 제시할 수 있다.

개헌안 발의단체는 국회의 대안을 수용할 경우 자신의 발의안을 철회할 수 있다.

추첨으로 구성된 시민의회는 9개월 동안 개헌안에 대해 학습하고 숙론한 결과를 의결하고 경과보고서와 요약본을 발표한다.

국민투표의 50% 유효투표율을 폐지한다.

개헌안은 국회의 의결 없이 이중 다수, 즉 투표자 과반수와 9개 시 · 도의 찬성으로 확정된다.

직접참정제의 정착을 지원하기 위해 대만과 이탈리아 사례를 참고하여 장관급 부처 또는 대통령위원회를 설치한다.

국민투표법을 국민투표 친화적 법률로 전면 개정한다. 무엇보다 오직 정당원만 투표운동을 할 수 있도록 허용한 것은 주권자 국민의 말문을 막는 사악한 규정이다. 국민투표의 영혼인 숙론을 활성화하기 위해서는 국민의 말문을 터 정치토크를 민주화해야 한다. 정치토크의 민주화는 직접참정의 본령이다(Barber, 2003: chap. 8).

2) 법령 및 국정과제 국민투표제

국회의원선거권자 40만 명(유권자의 약 0.9%)은 법령의 폐지 여부를 묻는 국민투표 또는 중요한 국정과제에 관한 국민투표를 요구할 수 있다.

법령에 관한 국민투표를 청구하는 서명을 수집하는 기간을 3개월 이상으로 하고, 인터넷 서명을 허용한다.

6개 시 · 도는 공동으로 법령 및 중대한 국정과제에 대한 국민투표를 청구할 수 있다.

법령 및 국정과제에 대한 국민투표 운동기간은 6개월 이상으로 한다.

국민투표에 부쳐진 법령 및 중대한 국정과제는 투표자의 과반수 찬성으로 확정된다.

3. '직접참정' 원포인트 개헌안

필자가 구상한 헌법개정 국민발안제와 법령 및 국정과제 국민투표제의 개헌시안은 다음과 같다.

1) '헌법개정 국민발안제' 개헌시안

국회의원선거권자 80만 명의 국민은 국민발안이 공고된 날로부터 18개월 이내에 초안형식으로 헌법개정안을 발의할 수 있다.

국회는 국민발안에 대한 승인 또는 거부를 권고한다. 국회는 거부를 권고한 경우 대안을 제시할 수 있다.

국민은 국민발안 및 국회의 대안을 동시에 투표할 수 있다.

국민투표는 투표자 과반수의 찬성과 시 · 도의 과반수 찬성으로 결정된다.

이 밖에 개헌국민발안에 관한 상세한 규정은 법률로 정한다.

2) '법령 및 국정과제 국민투표' 개헌시안

국회의원선거권자 40만 명의 국민 또는 6개의 시 · 도는 법령이 공고된 날로부터 100일 이내에 법령의 폐지 여부를 묻거나 중대한 국정과제의 결정을 위한 국민투표를 요구할 수 있다.

법령 및 국정과제국민투표는 투표자의 과반수 찬성으로 결정된다.

이 밖에 법령 및 국정과제국민투표에 관한 상세한 규정은 법률로 정한다.

Ⅶ. 대만 직접참정 헌정혁신의 교훈

우리나라보다 늦게 민주화의 길에 들어선 대만은 최근 직접참정 헌정혁신으로 민주정치의 도약을 이루었다. 이코노미스트 인텔리전스 유닛(EIU)이 발표한 2024년 대만의 민주정치지수는 세계 8위였다. 대만은 언론자유지수와 부패인식지수에서도 세계 최상위권에 속했다. 대만은 중국의 위협 속에서 지난 30여 년 동안 군사독재에서 모범적 민주정치로 대전환하는 데 성공했다. 중국은 서구적 가치와 민주정치가 중국문화와 양립할 수 없다고 주장하지만, 대만은 직접민주제 헌정혁신으로 새로운 민주정치의 길을 개척하고 있다.

대만의 직접참정은 국부인 쑨원[60]의 선견지명에서 비롯되었다. 1911년 미국의 지지를 얻기 위해 캘리포니아를 방문한 쑨원은 스위스를 벤치마킹해 도입한 미국 주정부와 지방정부의 직접참정제를 본 소감을 "정치를 공명하게 하고 인민을 안락하게 하며, 국가의 기초를 영원히 강고하게" 할 제도로 평가했다. 1924년 간암 말기로 죽음이 임박한 쑨원은 유언처럼 "직접참정제가 중국을 세계 최고 선진국으로 만들 제도"라고 강조했다. 1947년 대만 제헌헌법 제17조는 쑨원의 유지에 따라 "인민은 선거, 파면, 발의 및 국민투표의 권리를 갖는다"고 규정했다. 그러나 국공 내전에서 패배한 후 대만을 지배한 장제스 국민당은 직접참정제 시행을 위한 법률 제정에 관심이 없었다.

대만의 직접민주제 시행의 원동력은 권위주의 통치에 저항하고 민주화를 열망한 시민의 비르투였다. 1987년 계엄령이 해제되면서 민주화의 첫걸음을 내딛은 대만은 2003년 최초로 야당인 민진당의 대통령이 출현했다. 아직 다수당이 국민당인 여소야대의 입법원에서 폐쇄적인 국민투표법과 국민소환법이 제정되었다. 약 1백만 명의 서명을 받아 국민발안을 발의할 수 있었지만, 민감한 주권문제에 대한 국민투표가 금지되었고, 50% 이상의 투표율을 개표의 조건으로 설정했다. 극도로 폐쇄적인 직접참정제는 유명무실했다. 2003~2004년 2건, 2008년 4건의 국민투표가 있었으나 유효투표율 미달로 무산되었다.

2014년 학생과 시민단체 주도로 입법원을 24일 동안 점거하는 '해바라기 학생운동'이 일어났다. 정부가 양안 문제를 입법원의 심의도 거치지 않고 중국과 '양안서비스무역협정'을 맺은 데 대한 항거였다. 농성 학생과 시민은 대만의 미래가 걸린 양안 문제를 국민의 동의를 받지 않고 정치 엘리트들이 결정한 것을 결코 용인할 수 없다고 주장했다.

2016년 선거에서 민진당이 대통령과 입법원의 다수당으로 집권했다. 2017년 대만의 운명을 국민이 결정하겠다는 해바라기 학생운동의 의지는 국민투표법과 국민소환법 개정을 초래했다. 종래 유권자 5%의 서명 요건을 1.5%로 완화했고, 종래 유효투표율 50%를 25%로 인하하는 국민친화적 직접참정제가 마련되었다. 대만의 직접민주제 혁

60 1968년 쑨원은 대한민국 임시정부를 승인한 인연으로 대한민국장을 받았다.

신은 대만 독립에 대한 국민결정권의 천명인 동시에 환경문제와 같이 국론 분열적 난제를 평화적으로 해결하겠다는 시민 의지의 표현이었다.

2017년 국민투표법 개정으로 개헌국민투표가 의무화되었다. 2018년 지방선거와 함께 동성혼과 탈원전정책을 비롯해 10건의 국민발안 국민투표가 시행되어 7건이 가결되었다. 특히 '2025년까지 원전 완전 퇴출' 국민투표는 부결, '석탄 화력발전소 건설 중단'과 '매년 1% 생산량 감축' 국민투표는 가결되었다. 2021년 선거일과 국민투표일의 일치, 국민투표에 부친 이슈의 분리가 이루어진 가운데 4건 국민투표가 시행되었다. 이때 국민당이 발의한 '룽먼원전건설 재개'는 부결되었다. 2022년 개헌안이 처음으로 입법원을 거치지 않고 국민투표에 부쳐졌다.[61]

디지털 장관을 두고 초중등 학교의 시민 및 정치교육 프로그램을 확충하고, 디지털 기술을 활용한 21세기 민주정치의 새로운 길을 모색하는 대만 사례는 '숙론 직접참정' 헌정혁신을 모색하는 우리에게 타산지석의 교훈을 시사한다. 대만 사례는 직접참정제가 제대로 작동하기 위해서는 지속적 헌정혁신이 필요함을 보여주었다. 2018년의 국민발안투표는 10건의 이슈를 한꺼번에 투표하는 것이 무리임이 확인되었다. 한 번 국민투표에 1~3건의 이슈를 다루는 것이 바람직하다. 충분한 숙론을 위해 투표운동 기간을 대폭 늘려야 한다. 소셜 미디어의 허위정보 위험성과 알고리즘에 의한 투표자의 확증편향도 극복해야 할 과제로 드러났다. 이를 위해 미국 오리건의 시민발안심의(CIV) 제도의 도입이 고려될 수 있다. 그리고 투표 참여를 방해하는 현행 25% 유효투표율 제도를 폐지해야 할 것이다.

61 2022년 11월 대만은 선거연령을 20세에서 18세로, 피선거권 나이를 23세에서 18세로 내리는 개헌 국민투표를 시행했다. 투표결과, 59.0%의 투표율에 찬성 53.0%, 반대 47.0%였지만 부결 처리되었다. 개헌안 가결 문턱을 투표자가 아닌 "유권자 과반수 찬성"으로 설정한 개헌조항 때문이었다.

제6장
재정연방주의와 조세자치

♦

"연방주의 원리는 포기할 수 없는 인류의 길이다. 고전적 언약이나 동맹의 세 가지 속성, 즉 평화(pax)와 우정(amicitia)과 결사(societas)는 천국에 오르는 사다리다."

\- 프리츠 에른스트

"과세권 없는 지방정부는 진정한 지방정부가 아니다. (…) 스위스 정치체제의 성공은 직접민주제와 비중앙집권적 의사결정, 그리고 과세 단위 간 경쟁이 어우러진 결과다."

\- 로버트 네프

"자유에는 책임이 따른다."

\- 스위스 연방대법원

Ⅰ. 지방분권 · 균형발전정책, 왜 실패했나?

수도권 과밀대책은 1970년대부터, 중앙권한의 지방이양은 1990년대부터 본격적으로 시작되었다. 1999년 이후 역대 정부는 대통령위원회를 설치하고 지방분권 및 지역균형발전정책을 추진해왔다. 그러나 실패했다.

수도권과 비수도권의 격차는 점점 더 커져 이제 지방소멸 위기를 우려하고 있다. 전체 인구에서 수도권 인구가 차지하는 비율은 1990년 42.8%에서 2024년 4월 50.8%로 늘어났다. 2023년 정부는 226개 시 · 군 · 구 중 122개를 인구소멸 위험지역으로 공시했다.

수도권 초집중은 출산율 급락의 주범으로 밝혀졌다(한국은행 황인도 등, 2024). 2023년 우리나라 출산율 0.72명은 OECD 평균 출산율 1.58명의 절반도 안 되는데, 그 근본 원인이 비수도권 청년의 수도권 유출임이 확인되었다. 2009년부터 2022년 사이에 시 · 도의 인구밀도가 높을수록 합계출산율이 크게 떨어졌다. 시 · 도의 인구밀도와 합계출산율 간 상관계수는 −0.898로 매우 높았다.

수도권과 비수도권 GRDP(지역내총생산) 격차는 점차 확대되었다. 우리나라 전체 GRDP 중 수도권의 GRDP는 2005년 49.1%에서 2021년 52.8%로 3.7%p 늘어난 반면, 비수도권의 GRDP는 2005년 50.9%에서 2021년 47.2%로 3.7%p 감소했다. 2005년에서 2021년 사이에 수도권 GRDP가 비수도권 GRDP를 넘어서더니 마침내 5.6%p의 격차로 따돌렸다. 이후에도 이런 추세는 계속 이어지고 있다.

지방재정의 중앙재정 의존도 역시 더 심각해졌다. 총 조세 중 지방세가 차지하는 비율은 1995년 21.6%에서 2023년 24.6%로 28년 동안 고작 3.0%p 늘었지만,[62] 243개

62 특히 2010년 지방소비세와 지방소득세를 신설했고, 2011년 지방세법 개정으로 지방세 세목을 16개에서 11개 줄였다.

지방자치단체(광역지방자치단체 17개 + 기초지방자치단체 226개)의 평균 재정자립도는 1991년 66.4%에서 2023년 50.1%로 하락했다. 정부의 지방분권 · 균형발전정책이 무색하게 32년 동안 지방자치단체의 중앙정부 재정의존도는 개선되기는커녕 무려 16.3%p나 높아졌다.

대통령 직속으로 전문위원회까지 두고 역점을 두어 추진해온 지방분권 · 균형발전정책이 왜 실패했는가? 필자는 정책실패의 주요 원인으로 제도실패에 주목한다. 정책은 제도의 맥락에서 만들어진다. "제도는 행동 변화를 유도해 정책결정을 변화시키는 핵심 요인이다"(North, 2005). 지방분권 · 균형발전정책의 기저에는 관련 법제의 실패가 도사리고 있다. 무엇보다, 현행 법제는 주민과 지방자치단체의 자유를 속박한다. 주민과 지방자치단체의 자유 속박은 주민과 지방자치단체의 자치역량 발휘를 통한 지역의 혁신과 균형발전 가능성을 차단한다.

헌법 제37조 제2항은 국민의 모든 자유와 권리는 "법률로써 제한"한다고 규정한다. 이 규정에 따라 지방자치법 제28조는 주민의 권리 제한 또는 의무 부과에 관한 사항이나 벌칙을 정할 때 반드시 "법률의 위임"을 받아야 한다. 주민 또는 지방의회는 법률의 위임 없이는 주민의 권리 제한 또는 의무 부과를 자율적으로 조례로 정할 수 없다.

헌법 제117조 제1항은 지방자치단체는 "법령의 범위 안에서 자치에 관한 규정을 제정할 수 있다." 이 규정에 따라 지방자치단체의 입법권은 국회가 정한 법률과 대통령령, 총리령, 부령(部令)에 의해 제한된다. 다시 말해 지방자치단체의 입법권이 국회의 입법절차뿐 아니라 대통령의 행정명령과 심지어 총리와 장관의 판단에 예속된다.

헌법 제59조는 조세의 종목과 세율을 오직 법률로 정하도록 규제한다. 이 '조세법률주의' 조항에 따라 지방세의 종목과 세율은 국회에 의해 결정된다. 주민투표법 제7조는 "지방세, 사용료, 수수료, 분담금 등 각종 공과금의 부과 또는 감면에 관한 사항"을 비롯한 일체의 재정 사항을 주민투표대상에서 제외한다. 그리고 지방세특례제한법은 지방세 감면 및 특례에 관한 사항과 이의 제한에 관한 사항을 세밀히 규정한다.

이런 법제를 그대로 두고 지방의 자치역량을 길러 지방의 시대를 열겠다는 생각은 공허하다. 이런 숨 막히는 중앙집권적 법제에 숨통을 뚫겠다는 의도에서 나온 아이디어가 바로 특별자치제였다. 특별자치는 전국의 중앙집권적 법제를 일거에 바꾸는 어려움을 줄이기 위해 특정 지역을 제도실험의 플랫폼으로 지정하여 혁신을 선도하게 만들려는 지방분권화 방안이었다. 2006년 제주특별자치도가 출범했고, 2012년 세종특별자치시가 출범했다. 2023년과 2024년 강원도와 전라북도가 각각 특별자치도로 지정되었다.

이 논문의 목적은 지방분권 · 균형발전정책의 실패 원인으로서 지방자치단체의 조세자치권 부재를 지적하고 특별자치제도를 활용한 조세자치 혁신방안을 모색하는 것이다. 이를 위해 먼저 특별자치에 대한 오해와 부실한 운영을 살펴본 다음, 조세자치와 지역균형발전의 관계를 기존 연구에 근거해 논의한다. 이어 우리나라의 저급한 조세자치권 현실을 국제비교를 통해 확인한 후 스위스 재정연방주의(fiscal federalism) 성공비결과 과세자치권 운용사례를 점검한다. 마지막으로, 특별자치시 · 도의 조세자치 혁신방안을 제안한다.

Ⅱ. 특별자치에 대한 오해와 부실 운용

정부는 1991년 제주도개발법과 2001년 국제자유도시특별법을 제정해 중앙정부 주도로 제주도 발전을 시도했다. 그러나 성공적이지 못했다. 2003년 노무현 정부는 종래의 중앙정부 의존적 제주발전전략을 제주도 정부와 주민이 주도하는 내생적 발전전략으로 전환하는 특별자치정책을 채택했다. 2년여 동안의 준비작업을 거쳐 2006년 7월 1일 제주특별자치도가 출범했다. 제주특별자치도의 기본구상은 "연방국가의 주에 상응하는 자치권을 누리는 제주도"를 만들겠다는 노무현 대통령의 대선공약에 기초했다.

1. 마데이라의 특별자치

2005년 필자는 제주특별자치도 출범을 준비한 특별위원회의 위원장으로서 포르투갈의 마데이라를 방문했다. 1976년 마데이라는 특별자치지역으로 인정받은 후 포르투갈에서 가장 빈곤한 외딴 섬에서 30년 만에 수도권인 리스본 지역 다음으로 부유한 지역으로 도약했다. 필자는 7선의 자르딘 주지사에게 마데이라 발전의 비결을 물었다. 그는 "특별자치 없는 오늘의 마데이라를 생각할 수 없다"고 응답했다. 거의 5세기 동안 본토의 식민지처럼 대우받던 마데이라 주민은 1974년 포르투갈의 독재 종식과 함께 자치권 운동을 전개했다. 그 성과로 1976년 개헌으로 특별자치를 인정받았다. 이후 몇 차례 추가적 개헌으로 특별자치권을 확보한 것이 마데이라 발전을 견인했다고 자르딘 주지사는 설명했다.

수도 리스본에서 만난 주 빌림 교수는 특별자치를 "암실에 낸 큰 창문"에 빗대어 마데이라의 발전 비결을 이렇게 설명했다(안성호, 2018: 164).

> "마데이라에 특별자치권을 부여한 것은 마치 암실에 큰 창문을 낸 것과 같습니다. 견실한 씨앗도 암실에서는 싹을 틔울 수 없지요. 마찬가지로 상당한 자치권을 갖지 못한 지방은 발전 잠재력을 펼칠 수 없습니다. 암실 속 씨앗이 생명력을 발현하려면 충분한 햇볕과 바람이 통하는 창문이 필요하듯이, 마데이라의 발전 잠재력이 발현되는 데는 특별자치가 필요했습니다."

2. 특별자치의 오해와 부실 운용

2006년 7월 1일 제주특별자치도는 1,340건에 이르는 특별자치권을 가지고 출범했다. 이후 2023년 7월까지 7차례 제도개선을 통해 제주도에 이양된 중앙행정권과 특례는 총 4,741건에 달했다.

필자는 제주특별자치 20년의 성과를 절반의 성공(절반의 실패)으로 평가한다. 그동안 인구와 GRDP, 지방세 징수액의 증가율이 전국 평균을 상회했고, 지방재정자립도도 상승했다. 그러나 삶의 질은 전반적으로 떨어졌다. 부동산 가격의 폭등, 난개발, 자연녹지 훼손, 해수 오염, 생활폐기물 배출, 범죄 발생률, 교통사고 증가율 등이 전국 평균을 상회했다.

제주특별자치가 절반의 성공에 그친 근본 원인은 제도의 결함 및 부실 활용과 함께 제주도 공직자와 주민의 특별자치에 대한 이해 부족에 있다고 진단한다. 먼저, 제주특별자치도는 다른 지방자치단체와 마찬가지로 지방세를 비롯한 세입에 대한 자치권이 거의 없다. 따라서 특별자치도로 출범한 이후에도 여전히 중앙 의존적 재정 관행에서 벗어나지 못하고 있다. 자치입법권도 극히 제한적이다. 게다가, 추가적 자치권 확보를 위해서는 일일이 중앙정부에 신청해 허락을 받은 후 국회에서 특별법 개정절차를 밟아야 한다.

제주도는 이미 주어진 특별자치권마저 제대로 활용하지 않았다. 예컨대, 제주에 허용된 재정주민투표는 유명무실한 제도로 전락했다. 제주특별자치도특별법 제28조는 주민투표법 제7조에도 불구하고 "도조례로 정하는 예산 이상이 필요한 대규모 투자사업"을 주민투표에 부칠 수 있도록 특례를 인정했다. 그러나 지금까지 재정주민투표는 단 한 차례도 시행되지 않았다. 제주도의회가 대규모 투자사업의 연간 지방비 부담액을 터무니없이 높게 설정했기 때문이다. 제주도의회는 처음에 대규모 사업의 연간 지방비 부담액을 3천억 원으로 지나치게 높게 규정했다가 근래 1천억 원으로 대폭 낮추었으나 여전히 비현실적으로 높게 설정되어 재정주민투표의 활용을 가로막고 있다.

설상가상으로 특별자치를 중앙정부의 특혜를 받는 제도로 오해하는 분들이 많다. 이런 오해를 제주도의 공직자와 주민의 저급한 자치의식 탓으로만 돌리기 어렵다. 특별자치의 시행에도 불구하고 중앙 의존적 제주 거버넌스의 틀은 바뀌지 않았기 때문이다. 중앙 의존적 타성을 극복하려면 특별법 개정을 넘어 헌정혁신이 필요하다.

제주도에 뒤따라 특별자치시 · 도가 된 세종시와 강원도 및 전라북도의 특별자치권은 극히 미미하다. 이들 지역에서도 특별자치시 · 도 지정을 중앙정부의 행 · 재정적 특혜의 통로로 인식하는 중앙 의존적 통념이 지배하고 있다.

Ⅲ. 조세자치의 축복

공공재정학자 리차드 무스그레이브는 중앙정부는 경제의 안정화와 분배 기능을, 지방정부는 공공서비스 제공(allocation) 기능을 분담하는 방식으로 세원을 배정해야 한다고 주장했다(Musgrave, 1983: 2-19). 이에 따라 그동안 경제성장 및 안정화 기능을 수행하는 세금과 배분적 목적의 누진세를 중앙정부에, 그리고 부동산세 중심의 세금을 지방정부에 배정하는 것을 교과서적 지침처럼 받아들였다.

그러나 이런 전통적 관점과 조세 현실은 크게 바뀌었다(Bahl, 2011: 328-359). 지방정부 간 경쟁의 중요성, 비거주자의 공공서비스 혜택의 과세 문제, 지방분권적 세원 배정의 정치경제 효과 등과 관련한 조세 현실의 변화는 지방정부의 '이동성 세원(mobile tax bases)'에 대한 관할권 주장에 힘을 실어 주었다. 실무적으로도 지방정부는 재분배 기능을 수행하고 지역경제를 활성화하기 위해 조세정책을 적극적으로 활용하기 시작했다.

게다가 지방정부의 조세자치가 정책성과에 중대한 영향을 미친다는 사실이 밝혀졌다. 조세자치 반대론자들은 지방정부의 조세자치권 확대가 지역 간 경제력 격차와 중앙정부의 재배분 기능의 약화로 인한 지역 간 불균형 심화를 우려했다. 그러나 그동안 경험적 연구는 지방정부의 조세자치권 확대가 오히려 지역균형발전을 촉진한다는 사실을 밝혀왔다. 지방정부의 조세자치권 확대는 지역균형발전의 촉진 외에도 경제적 효율성 제고, 재정수지의 개선, 연성 예산제약 문제의 완화 등에도 긍정적 효과가 있음이 확인되었다.

1. 지역균형발전의 촉진

1998년 노벨경제학상을 수상한 경제철학자 아마티아 센은 발전을 '자유의 확장'으로 정의했다. 그의 '자유로서의 발전(development as freedom)' 명제는 근래 지역균형발전 영역에서 경험적으로 입증되었다. 지방의 조세자치권을 강화하면 지역 격차가 더 심해진다는 통념을 뒤엎는 연구결과가 발표되었다.

슈토스베르크와 블뢰크리거(Stossberg & Blöcheliger, 2017)는 1996년부터 2011년까지 20개 OECD 회원국의 데이터를 분석한 결과, 조세자치권 확대 등의 재정분권이 지니계수로 측정된 소득 불평등을 감소시키는 경향이 있음을 발견했다. 특히 재정분권은 상위 소득계층과 중위 소득계층 간 소득 격차를 줄이는 경향이 있음을 확인했다. 그리고 정부 수준 간 수직적 이전지출은 하위 소득계층과 중위 소득계층 간 소득격차를 증가시켰다.

롬푸이(Rompuy, 2021: 234-244)는 1995년부터 2011년까지 30개 OECD 회원국의 데이터를 분석한 결과, 지방정부의 조세자치권이 지역균형발전을 견인할 수 있음을 발견했다. 더 큰 과세권을 갖는 지역들이 1인당 GDP 격차의 감소를 경험했다. 이는 조세자치권이 특정 지역경제의 조건에 부응한 재정정책을 펴도록 만든 결과로 해석된다. 이 연구결과에 의하면, 후진 지역이 세입기반을 확대하고 선진 지역을 따라잡을 수 있도록 충분히 광범위한 조세자치권을 행사하도록 여건을 조성할 필요가 있다.

2. 경제적 효율성의 제고

"상당한 공간적 외부효과나 규모경제가 없는 한, 공공재는 가장 낮은 수준의 정부에서 제공되는 것이 더 효율적이다"(Oates, 1972). 무엇보다 낮은 수준의 정부일수록 정부의 책임성과 투명성 및 반응성이 증가하기 때문이다.

홀우드와 맥도날드(Hallwood & MacDonald, 2008)는 재정분권, 특히 조세의 지방이양이 경제적 효율성에 미치는 영향에 관한 경험적 증거를 두루 검토한 결과, 조세분권이 경제적 효율성과 경제성장을 촉진한다는 경험적 연구가 크게 늘고 있음을 확인했다. 이들은 재정분권을 조세분권과 세출분권으로 구분해 분석할 필요가 있으며, 조세분권이 세출분권의 부정적인 경제적 영향을 교정하는 잠재력이 있다고 지적했다.

블뢰크리거와 아크군(Blöcheliger & Akgun, 2018)은 1995년부터 2014년까지 OECD 데이터를 분석한 결과, 재정분권이 경제성장을 촉진하는 경향이 있음을 확인했다. 특히 조세수입의 분권이 세출분권보다 경제성장에 더 강력한 영향을 미치며, 이런 현상은 정부규모가 작을 때 두드러졌다. 반면에 정부 간 이전지출은 경제성장을 낮추는 경향이 있었다.

3. 재정수지의 개선과 연성 예산제약의 완화

지방정부의 조세자치권 강화는 지방정부가 재정을 건전하고 책임 있게 운용하도록 만드는 강력한 유인책이다.

롬푸이(Rompuy, 2016: 1248-1259)가 27개 OECD 회원국의 지방정부와 지방정부의 세입믹스(revenue mix)가 예산성과에 미치는 영향을 분석한 결과에 의하면, 조세자치권을 많이 행사하는 지역은 조세 공유제도에 의존하는 지역보다 더 균형적 재정수지 상태를 유지했다. 이는 조세자치권 확대가 재정책임과 예산성과를 높이는 효과가 있음을 뜻한다. 지방이 자율적으로 부과한 세금은 중앙정부로부터 지원받은 의존재원보다 직선 공직자를 유권자에게 더 큰 책임감을 느끼고 더 신중하고 알뜰하게 재정을 운영하도록 만든다(Bahl, 2011: 332).

아레스파와 곤잘레스-알레그레(Arespa & González-Alegre, 2023: 1-32)는 1984년부터 2019년까지 스페인의 데이터를 분석한 결과, 2002년 지역정부의 조세자치권을 확대하고 정부 수준 간 수직적 이전지출을 줄인 재정개혁이 지역정부의 재정적자를 줄이는 효과가 있음을 확인했다. 아울러 이 연구는 조세수입에 대한 지역정부의 통제권 확대가 중앙정부의 예산지원을 기대하고 방만하게 운영하는 연성 예산제약(soft budget constraint) 문제를 완화하고 더 신중한 재정관리를 유인하는 효과도 확인했다.

4. 조세자치권 강화에 따른 보완대책

조세자치는 잘 설계되고 집행되는 경우 위에서 지적한 긍정적 효과를 얻을 수 있다. 그러나 조세자치권 확대가 잘못 설계되고 관리 역량이 부족한 경우 부작용을 초래할 수 있다. 이를테면, 조세자치권이 지역균형발전을 촉진하는 경향이 있지만, 그 효과성은 중앙정부의 수직적 이전재원(교부금과 보조금 등)에 더 많이 의존할수록 떨어진다(Rompuy, 2021: 234-244). 이 경우에 특히 자체재원을 창출할 만큼 충분한 재정적 역량을 갖지 못한 지역에서 재정격차가 줄어들지 않거나 심지어 확대될 수 있다. 그리고 지역정부의 과세권이 하위 소득계층과 중위 소득계층 간의 격차를 벌려놓을 수 있다(Stossberg & Blöcheliger, 2017).

그러므로 조세자치와 정책성과에 관한 경험적 연구가 시사하는 가장 중요한 교훈은 지방정부의 조세자치권의 범위를 충분히 확대하여 의존재원을 줄여야 한다는 것이다. 지방교부세와 국고보조금과 같은 의존재원은 조세자치권의 대체수단이 아니다. 국세의 지방세 이양은 국세의 지방세 전환과 다르다. 국세의 지방세 이양은 국세의 지방세 전환과 함께 지방세율과 감세 결정권을 포함한 과세권 이양이 포함되어야 한다(Bahl, 2011: 329).

그동안 우리나라에서 국세에서 전환된 지방세에 대한 과세권은 대부분 여전히 중앙정부가 보유했다. 지방자치단체가 과세권 이양 없이 징세권만 갖는 지방세는 온전한 지방세가 아니다. 재정분권의 관건은 과세권 이양이다. 과세권 이양에 따라 기존 지방재정조정제도의 전면적 개편이 이루어져야 한다. 아울러 새롭게 요구되는 지방자치단체와 주민의 재정관리 역량을 지원하는 교육 · 훈련 프로그램과 투자도 필요하다. 지방자치단체의 부실한 조세 행정은 과세권 이양을 반대하는 사람들의 단골 핑곗거리다(Bahl, 2011: 336-337).

Ⅳ. 과세권 없는 기형적 지방세

2023년 현재 총 조세수입의 4분의 1가량(24.6%)이 지방세로 징수되고 있지만, 지방자치단체는 지방세에 대한 과세권을 거의 행사할 수 없다. 중앙정부가 지방세의 세목과 세율 및 감면에 관한 실질적 권한을 보유하기 때문이다. 지방자치단체는 11개 지방세 중 오직 지방소비세, 레저세, 면허분 등록면허세 외 세목에 대해 표준세율을 30~50% 범위 안에서 조례로 가감할 수 있을 뿐이다.

[그림 6-1] 국세와 지방세의 종류

출처: 국세청 자료.

2011년과 2012년 중앙정부는 부동산 경기를 활성화한다는 명분으로 핵심적 시 · 도세인 취득세를 시 · 도와 일언반구 상의 없이 일방적으로 감면했다. 이로 인해 연간 2조5천억 원의 지방세수 감소가 발생했다. 이 사태는 시 · 도의 반발을 무마하는 땜질 식 비상조치로 위기를 모면했지만, 과세권 없는 지방세로 지방재정을 꾸리는 중앙 의존적 지방자치의 실상을 여실히 보여주었다.

중앙정부의 일방적 취득세 감면 사태 이후 세입재정의 분권화가 있었다. 그러나 여전히 국세의 지방세 전환이 중앙정부의 일방적 조치로 이루어졌다. 중앙정부는 2010년 부가세 형태의 지방소득세와 지방소비세를 신설했고, 2014년 지방소득세의 종전 이양 비율 5%를 11%로 인상하면서 지방소득세를 독립세로 전환했다. 그리고 2021년~2023년 지방소득세율 11%를 25%로 인상했다.

[표 6-1] 2000년도 이후 국세의 지방세 이양

<table>
<tr><th>구분</th><th colspan="3">실적 및 내용</th></tr>
<tr><td>2010년</td><td>지방소비세 도입</td><td colspan="2">부가가치세액의 5%로 세율을 설정한 지방소비세를 도입해 부가가치세의 일부를 지방세로 이양</td></tr>
<tr><td>2014년</td><td>지방소비세 추가 이양</td><td colspan="2">취득세 감소분의 보전을 위해 지방소비세율을 부가가치세액의 5%에서 11%로 6%p 인상</td></tr>
<tr><td>2019년</td><td rowspan="2">1단계 재정분권</td><td rowspan="4">지방세 확충 및 기능 이양</td><td>지방소비세율을 부가가치세액의 11%에서 15%로 4%p 인상</td></tr>
<tr><td>2020년</td><td>지방소비세율을 부가가치세액의 15%에서 21%로 6%p 인상</td></tr>
<tr><td>2022년</td><td rowspan="2">2단계 재정분권</td><td>지방소비세율을 부가가치세액의 21%에서 23.7%로 2.7%p 인상</td></tr>
<tr><td>2023년</td><td>지방소비세율을 부가가치세액의 23.7%에서 25.3%로 1.6%p 인상</td></tr>
</table>

출처: 기획재정부.

일부 국세의 지방세 전환을 반대하는 게 아니다. 문제는 과세권 이양 없는 국세의 지방세 이전만으로는 지방자치단체의 중앙 의존적 타성을 극복할 수 없다는 것이다. 총조세수입의 71%를 사용하는 지방자치단체의 혁신역량을 키워 수도권 초집중과 지방소멸의 위기를 극복하려면 국세의 지방세 전환과 함께 지방세에 대한 과세권을 주민과 지방자치단체에 이양하는 과세권의 분권화가 필요하다. 아울러 방만한 재정운영과 보조금쟁탈정치(pork barrel politics)를 조장하는 지방재정조정제도와 지방교부세제도의 개편도 필요하다.

OECD는 비중앙정부의 과세권의 수준을 아래 [표 6-2]와 같이 분류한다. 우리나라 지방자치단체의 과세권 수준은 법률상 다수의 지방세에서 탄력세율이 허용된다는 점에서 [표 6-2]의 '범주 b2'에 속한다. 그러나 헌법 제59조에 따라 지방세법을 비롯한 지방세 관련 법률은 모두 국회에서 결정된다. 국회와 행정부는 세목과 과세표준 및 세율뿐 아니라 앞서 언급한 2011년~2012년 취득세의 감축 사례와 같이 지방자치단체의 의견을 듣지 않고 일방적으로 조세감면을 결정한다. 게다가 지방정치인들은 탄력세율의 재량적 운용이 득표에 불리하다고 판단해 최저 탄력세율을 적용하여 탄력세율제를 유명무실하게 만들었다. 따라서 우리나라 지방자치단체의 과세권 수준은 사실상 과세권 제로의 '범주 e'에 가깝다.

[표 6-2] OECD의 비중앙정부* 과세권 분류

분류	정의
a1 a2	- 비중앙정부는 상위 정부와 상의할 필요 없이 세율과 세금감면을 결정 - 비중앙정부는 상위 정부와 상의한 후 세율과 세금감면을 결정
b1 b2	- 비중앙정부는 세율을 결정, 상위 정부는 세율의 상한과 하한을 결정하지 않음 - 비중앙정부는 세율을 결정, 상위 정부는 세율의 상한과 하한을 결정
c	- 비중앙정부는 세금감면을 결정
d1 d2 d3 d4	- 비중앙정부가 세입분할(revenue spilit)을 결정하는 조세공유제 운영 - 비중앙정부가 동의하는 경우에 세입분할이 이루어지는 조세공유제 운영 - 세입분할이 법률로 정해지고, 상위 정부가 연 1회 이내 변경하는 조세공유제 운영 - 세입분할이 매년 상위정부에 의해 변경되는 조세공유제 운영
e	- 중앙정부가 비중앙정부의 세율과 세원을 결정
f	- a, b, c, d, e에 해당되지 않는 기타 사례

* 비중앙정부 = 주정부 또는 지역정부와 지방정부를 포함.
출처: (Blochliger & King, 2006: 182).

아래 [그림 6-2]에서 보는 바와 같이, OECD 연방국가의 경우 무려 76.0%의 비중앙정부는 세율과 조세감면에 대한 온전한 조세자치권을 누린다. 중앙정부와 조세를 공유하는 비중앙정부는 12.6%다. 세율에 대해서만 조세자치권을 갖는 비중앙정부는 2.7%에 불과하다. OECD 연방국가 비중앙정부가 세율과 조세감면을 스스로 결정할 수 없는 경우는 8.4%(중앙정부의 일방적 결정 6.2% + 기타 2.2%)에 지나지 않는다.

[그림 6-2] OECD 회원국 비중앙정부의 조세자치권

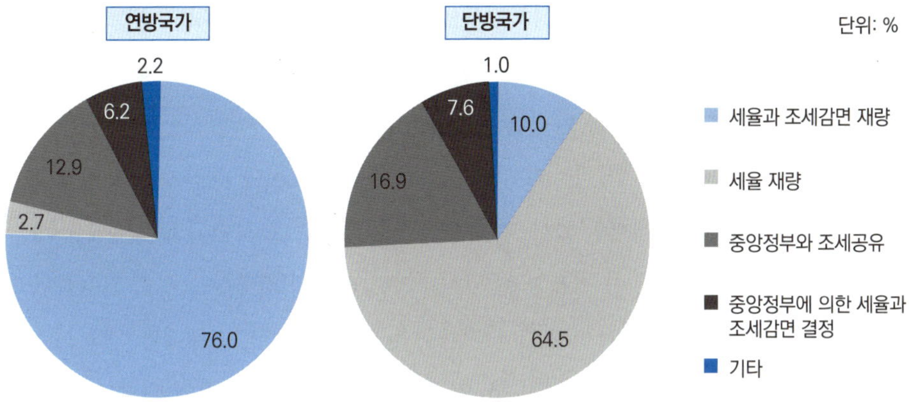

출처: OECD 재정분권 자료(2019).

OECD 단방국가의 경우에도 지역정부와 지방정부의 64.5%는 세율 재량권을 갖는다. 16.9%는 중앙정부와 조세를 공유한다. 세율과 조세감면 자치권을 온전하게 누리는 지역정부와 지방정부도 10%에 달한다. 중앙정부가 일방적인 세율 및 조세감면 결정권을 행사하는 비율은 7.6%에 불과하다.

우리나라 지방자치단체의 조세자치권 수준이 OECD 연방국가는 말할 것도 없고 OECD 단방국가 중에서도 얼마나 빈약한지 한눈에 알 수 있다.

연방제(federalism)는 작은 자치공동체의 장점과 거대한 국가공동체의 장점을 서약(foedus)을 통해 결합한 헌정질서를 말한다. 다니엘 일라저(Elazar, 1991: 5-6)는 연방원리를 자치(self-rule)와 공동통치(shared rule)의 결합으로 설명한다. 연방제란 개인과 집단 및 정체가 각자의 개별적 정체성을 유지하면서 공동 목적을 의욕적으로 추구하는 방식으로 항구적이지만 제한된 연합을 이루는 상향적 헌정질서를 말한다.

'연방' 아이디어는 성경에서 비롯되었다

서구의 철학자와 신학자 및 정치이론가는 한결같이 '연방' 아이디어가 성경에서 기원했다고 지적한다. '연방'이란 용어는 당초 성경에서 묘사된 인간과 신의 동

반관계를 정의하기 위한 신학적 목적에서 사용되었다. 성경에 묘사된 인간과 신의 파트너십은 이후 정치체제를 형성하는 인간과 가정, 나아가 혼합정체 창설로 인도하는 '약정(covenant)' 개념으로 발달했다. 신학 용어가 정치 영역에 확장 적용되어 "연방"이란 정치적 용어가 탄생한 것이다.

'연방적(federal)'이란 히브리어로 평화를 뜻하는 brit와 마찬가지로 약정을 뜻하는 라틴어 foedus에서 나왔다. 본래 연방제는 약정으로 확립되고 규제되는 파트너십체제를 의미한다. 이 체제는 각 당사자가 상대방의 정체성을 서로 인정하면서 동시에 통합을 꾀하는 동반자 간 권력분점을 이루는 거버넌스체제다. 권력분점의 연방제는 brit와 어원이 같은 히브리어 shalom이 뜻하는 '약정에 의한 온전함'과 '진정한 평화'를 지향한다.

연방의 원리는 자치(self-rule)와 공동통치(shared rule)가 어우러질 때 구현된다. 가장 넓은 의미의 연방주의(federalism)는 모든 당사자의 개별 정체성을 유지하면서 공동목표를 추구하기 위해 항구적으로 제한적 동맹을 맺은 개인, 집단, 정체의 결속을 포함한다. 연방주의는 공동정부의 활동이 연방제 구성요소의 개별적 순수성을 유지하면서 이들이 권리를 가지고 공동결정과 행정과정에 참여하도록 헌법적 권력분산을 규율하는 정치원리다. 연방제(federal system)는 헌법을 통해 모든 구성요소의 존립과 권한을 보호하도록 권력을 일반정부와 구성정부 간에 분산시켜 이 목적을 달성한다. 아울러 연방제에서 구성원은 모두 의사결정과 집행과정에 참여해 협상을 통해 기본 정책을 결정하고 집행한다.

오늘날 연방주의 혁명은 조용히 그러나 매우 광범위하게 진행되었다. 근대 및 탈근대에 연방화는 한편으로 정당한 내적 다양성을 유지하면서 새로운 정치체제를 통합하기 위해, 다른 한편으로는 경제적 이익과 안보를 강화하려고 기존 정치체제를 서로 결속시키기 위해 진행되었다. 오늘날 세계 인구의 거의 40%는 공식적으로 연방제 정체에 살고 있으며, 나머지 인구의 3분의 1은 모종의 연방적 방식이 적용된 정체에서 살고 있다(Elazar, 1991: 5-6).

연방제를 말하면 과거 북한의 사이비 고려연방제 통일방안을 연상하는 사람들이 있지만, 연방제야말로 진정한 민주공화정신을 구현하는 헌정질서다. 연방제는 우리나라 정치권에서도 낯설지 않은 개념이다. 2002년 한나라당 이회창 대통령 후보는 "강소국 연방제" 실현을 공약으로 내걸었다. 새천년민주당 노무현 후보는 "제주도를 연방국가의 주"처럼 만들겠다고 공약하고 재임 중 제주특별자치도를 출범시켰다. 2017년 문재인 후보는 "연방적 지방분권"을 공약으로 제시하고 재임 중 국세의 지방세 전환을 추진했다.

모범적 연방국가로서 정치안정과 번영을 견인해온 스위스 연방헌법의 보완성원칙(subsidiarity principle)과 국민과 캔톤의 헌법개정권은 캔톤정부와 코뮌정부의 과세고권을 보장한다. 스위스 연방헌법 제3조는 "캔톤은 연방에 위임되지 아니한 모든 권리를 행사한다"라고 규정한다. 지방자치단체가 "법령의 범위 내에서 자치에 관한 규정을 제정할 수" 있도록 제한하는 우리나라 헌법 117조와 얼마나 다른가. 스위스 연방헌법 제139조와 제140조는 '국민과 캔톤 각각의 과반수 찬성'을 헌법개정 요건으로 규정한다. 이것 역시 '국회 제적의원 3분의 2 이상의 찬성을 얻은 경우에만 국민투표'에 부치도록 규정한 우리나라 헌법 제130조와 크게 다르다. 이런 의미에서 스위스 캔톤은 국민에 버금가는 준주권적 자치권을 행사한다.

Ⅴ. 캔톤 · 코뮌의 조세자치권과 탁월한 성과

캔톤정부와 코뮌정부의 막강한 조세자치권을 주민투표로 행사해온 스위스의 번영은 놀랍다. 2024년 인구 100만 명당 학술특허 출원 수(722건) 세계 1위, 글로벌 혁신지수(GII) 세계 1위, 글로벌 인재경쟁력지수(GTCI) 세계 1위, OECD의 정부신뢰도 세계 1위, 세계경제포럼(WEF)의 국가경쟁력 세계 2위, 포춘 글로벌기업밀도 1.22[63]로 세계 1위, 외국기업의 본사 6,500여 개의 전국적 산포, 스위스 경제의 70%를 담당하는 수많은 중소기업, 실업률 2.4%로 사실상 완전고용 상태, GDP 대비 공공부채는 40.9%로 OECD 평균 112.3%의 대략 3분의 1, 빈곤선 이하 인구는 8.2%로 한국(15.0%) · 프랑스(15.4%) · 일본(15.4%) · 독일(15.8%) · 영국(18.0%)의 대략 절반 수준, 구매력평가 기준 1인당 GDP 82,914달러로 세계 7위였다. 스위스의 경제의 놀라운 성적표다.

63 스위스의 포춘 글로벌기업밀도는 인구 100만 명당 포춘 500대 기업 수를 말함.

중세 스위스는 다른 나라 전쟁에서 싸울 용병을 주요 수출품으로 삼았을 정도로 가난한 산악사회였다. 당시 스위스의 많은 가정은 자녀들이 독일이나 프랑스 등 이웃 나라 상류층가정에서 머슴살이로 번 돈으로 빈궁한 살림을 보탰다.

그러나 18세기 후반부터 사정이 달라졌다. 특히 1848년 연방국가로 출범한 이후 스위스 산업은 번창하기 시작했다. 현대 스위스는 고도로 번창한 사회로서 외부의 충격에 유연하고 탄력적으로 대처해왔다. 스위스 경제는 1970년대 경제위기에도 큰 충격 없이 순항했다. 1990년대 이후 한동안 경제가 다소 주춤했으나 실업률은 4%를 넘지 않았다. 2008년 글로벌 금융위기로 여느 나라들이 막대한 공공부채와 고실업으로 고통을 겪는 상황에서도 스위스는 2~3%의 GDP 성장을 기록하며 견뎌왔다. 요즘 스위스 경제는 세계적 경기침체와 스위스 프랑화의 초강세에도 유럽 평균의 절반을 밑도는 실업률을 유지하며 호조를 보여왔다.

수년 전 한국행정연구원을 방문한 스위스 프라이부르크대학의 라이너 아이헨베르거 교수는 스위스 번영의 비결이 무엇보다 재정연방제와 직접민주제에 있다고 강조했다(Eichenberger, 2020: 96-107). 스위스의 경쟁적 재정연방제는 비중앙정부의 막강한 과세권과 조세경쟁, 재정주민투표, 재정균형화와 채무조정제도 등을 핵심요소로 한다(안성호, 2018: 제5장).

1. 캔톤과 코뮌의 막강한 과세권과 조세경쟁

스위스는 26개 캔톤과 2,172개 코뮌으로 구성된 작은 나라다. 인구가 각각 1.6만 명에서 160만 명에 26개 캔톤이 누리는 자치권은 막강하다. 캔톤은 자율적으로 소득세, 부유세, 법인세를 부과할 수 있다. 이를테면, 캔톤은 세율, 누진율, 공제액을 포함한 과세권을 행사한다. 캔톤은 캔톤세 관련 법률을 제정하며, 매년 조세승수를 정해 캔톤세에 적용한다.[64]

평균 인구 약 4천1백 명에 불과한 2,172개의 스위스 코뮌은 강력한 자치권을 행사한다. 각 코뮌은 연말이 되면 캔톤세에 적용할 조세승수를 결정한다. 위 [표 6-3]에서

64 캔톤은 연방헌법에 따라 명시적으로 연방정부에 배정되지 않는 모든 세출과 규제 관련 권한을 행사한다. 그리고 캔톤의 자치권에 영향을 미치는 연방헌법 개정은 국민투표를 통해 투표자의 과반수의 찬성과 동시에 캔톤 과반수의 찬성으로 확정된다.

보는 바와 같이, 캔톤과 코뮌은 소득세, 부유세, 순이윤자본세, 상속/증여세 등에서 온전한 과세권을 가진다.

[표 6-3] 스위스의 연방 · 캔톤 · 코뮌 세금

	소득/부유세	소비/서비스세 등
연방	소득세, 순이윤세, 예납세, 연방원천세(배당금 등), 군역면제세	부가가치세, 인지세, 관세, 특별소비세(담배, 맥주, 증류주, 자동차 등), 카지노세
캔톤	소득세, 순부유세, 인두세 또는 가구세, 순이윤자본세, 상속/증여세, 부동산세, 부동산양도세	자동차세, 애완견세, 인지세, 수력발전세, 카지노세 등
코뮌	소득세, 순부유세, 인두세 또는 가구세, 순이윤자본세, 상속/증여세, 영업세, 자본소득세, 부동산세, 부동산양도세	애완견세, 카지노세 등

출처: 스위스 연방정부 사무처 자료.

2021년 스위스 총 조세수입의 40.4%를 차지한 소득세는 캔톤정부와 코뮌정부의 가장 중요한 세금이었다. 캔톤과 코뮌은 스위스 총 소득세의 무려 81.6%를 부과해 징수했다. 캔톤은 48.2%로 거의 절반을, 코뮌은 33.4%로 거의 3분의 1을 과세해 징수했다. 연방정부가 과세해 거둔 소득세는 고작 18.4%에 불과했다. 비지방정부 세금수입의 75% 이상을 소득세로 충당하는 OECD 회원국은 스위스를 비롯해 스웨덴, 덴마크, 핀란드, 노르웨이, 아이슬란드, 독일, 룩셈부르크, 슬로베니아 등 9개국이다.

[그림 6-3] 총 조세수입 중 비중앙정부의 세금수입 비율

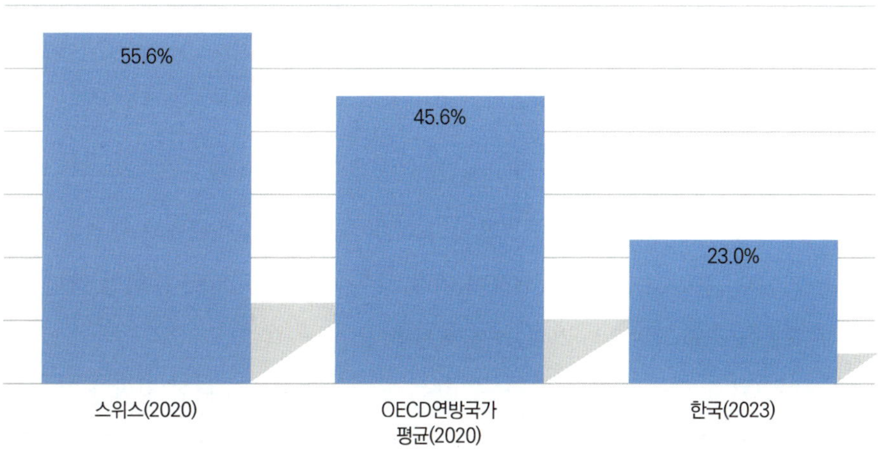

출처: 필자 작성.

스위스 비중앙정부의 세금수입 비율은 여느 나라보다 월등히 높다. 2020년 스위스에서 캔톤과 코뮌의 세수가 총 조세수입에서 차지하는 비율은 55.6%였다. 그해 OECD 연방국가의 평균은 이보다 10%p 낮은 45.6%였다. 2023년 우리나라 지방정부의 세수가 총 조세수입에서 차지하는 비율은 24.6%에 불과했다. 스위스보다 31%p, OECD 연방국가 평균보다는 21%p 낮았다.

캔톤과 코뮌의 막강한 과세권은 캔톤 간 및 코뮌 간 활발한 조세경쟁을 유발한다. 예컨대, 스위스 중부에 위치한 작은 주크 캔톤은 조세경쟁을 선도하며 스위스 최고의 1인당 GDP를 자랑하는 지역으로 발돋움했다. 전형적인 농촌 배경의 주크 캔톤은 1960년대 현신적 조세개혁을 추진하기 전까지는 가장 가난하고 부채가 많은 낙후된 지역이었다. 주크 캔톤은 스위스 평균의 절반 이하로 세금을 내리고 세출을 감소시킨 후 개인과 기업에게 스위스와 유럽에서 가장 매력적인 지역으로 부상했다.

[그림 6-4] 스위스 캔톤의 최고 개인소득세율 격차(2023년)

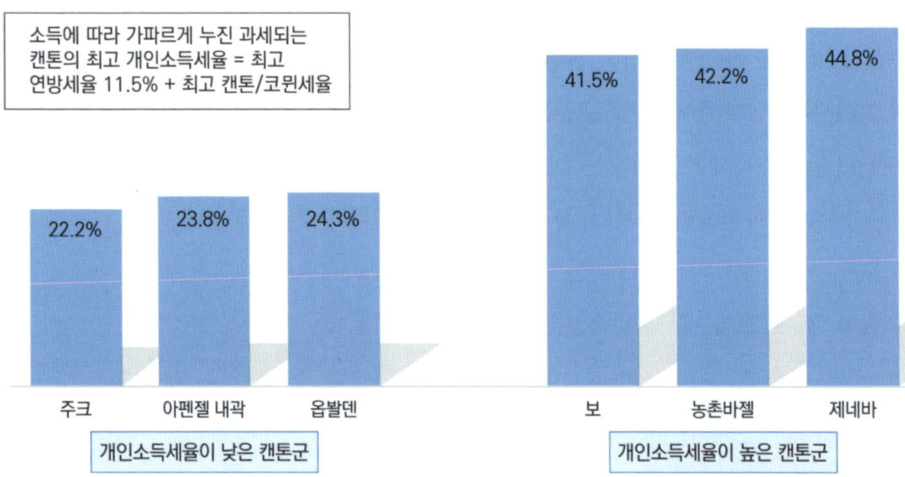

출처: 필자 작성.

위 [그림 6-4]는 캔톤 간 조세경쟁이 초래한 최고 개인소득세율의 현격한 차이를 확인할 수 있다. 2023년 개인소득세율이 가장 낮은 세 캔톤은 20% 초반인 반면, 가장 높은 세 캔톤은 40% 초반으로 거의 두 배에 달한다.

아래 [그림 6-5]는 법인세율이 높은 캔톤과 낮은 캔톤을 대비한 것이다. 법인세율이 낮은 순위로 1위인 주크 캔톤부터 8위의 아펜젤 외곽 캔톤은 11.8~13.0%이지만, 19

위인 졸로둔 캔톤부터 가장 높은 26위의 베른 캔톤은 15.3~21.0%이다. 2023년 우리나라의 법인세율은 24.0%, OECD 평균은 23.7%인데 비해, 스위스에서 가장 높은 법인세율을 부과하는 베른 캔톤조차 EU 평균 21.1%보다 조금 낮았다. 기업강국 스위스의 비결을 엿볼 수 있다.

[그림 6-5] 스위스 캔톤의 법인세율 격차(2023년)

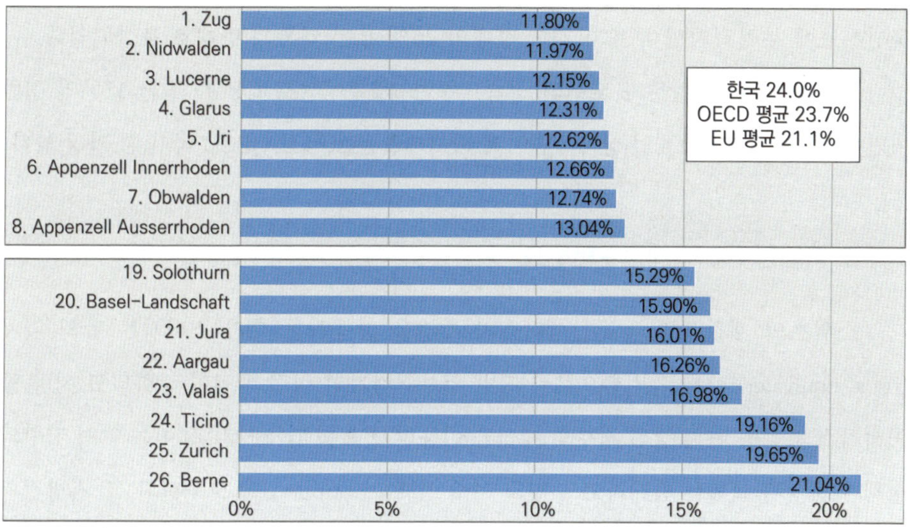

출처: 스위스 연방사무처 자료.

그러나 최근 스위스의 낮은 법인세율은 국제적 비난을 받았다. OECD 협약은 스위스에 법인세율 15% 하한 규제를 요구했다. 이에 따라 '최저 법인세율 15%' 헌법개정안이 국민투표에 부쳐졌다. 투표결과, 투표자의 80% 찬성과 26개 모든 캔톤의 찬성으로 가결되었다. 2024년 1월 1일부터 '최저 법인세율 15%'이 시행되기 시작했다. 15% 미만의 법인세율을 부과하던 주크 캔톤을 비롯한 18개 캔톤은 세율인상을 단행했다. 세율인상으로 거두어들인 세금은 연구개발비 등으로 다시 법인에 돌려주는 방향으로 가닥을 잡았다. 2023년 말까지 스위스의 평균 법인세율은 14.6%였다.

기업친화적 상속 · 증여세는 기업들이 스위스에 본사를 옮기도록 유인하는 또 하나의 조세다. 스위스에서 총 조세수입의 0.7%를 차지하는 상속 · 증여세는 캔톤과 코뮌의 조세다. 슈비츠 캔톤을 제외한 모든 캔톤은 상속 · 증여세를 과세한다.[65] 그리고 루체

65 단 루체른 캔톤은 증여세가 없다.

른과 보 등 4개 캔톤은 캔톤과 코뮌이 상속 · 증여세를 공동과세한다. 제네바 캔톤 외 모든 캔톤에서 상속세와 증여세의 세율은 평균 7%로 같다. 중요한 것은 대체로 배우자와 직계 자손에게는 상속 · 증여세가 전액 면제되고, 배우자와 직계 자손 외의 타인에게 상속 · 증여하는 경우에는 낮은 세율이 부과된다는 것이다. 다만 이 경우에도 상속 · 증여받은 자가 '기업 또는 농업을 계속 유지하는 조건으로 세금이 감면될 수 있다. 2015년 '고정세율 20%로 연방 상속 · 증여세 도입'을 위한 국민발안이 제기되어 국민투표에 부쳐졌지만 투표자 71% 반대와 26개 모든 캔톤의 반대로 무산되었다.

2022년 스위스 캔톤과 코뮌의 상속 · 증여세율은 7%로 OECD 평균 15%의 절반 미만이다. 우리나라 국세인 상속 · 증여세 최고세율은 50%로 OECD 국가 중 가장 높다.

2. 직접민주제와 재정주민투표

스위스의 재정분권은 공공서비스의 재정을 감당하는 측과 소비하는 측의 일치(fiscal equivalence)를 촉진함으로써 지방 의사결정자의 직접 책임이 강화되고 지방 공공서비스 제공을 위해 상위 정부의 예산을 이용할 필요를 감소시킨다. 이는 다시 지방의 정책 다양성과 실험을 확대하고 주민의 이주 선택(exit option)을 고무한다. 또 지방정치인이 주민의 선호에 민감하게 반응하게 만들고 주민에게 관련 정보를 제공하도록 유도한다. 주민은 어느 지방으로 이사할지 또는 회사를 어디에 설립할지 결정할 때 이런 정보를 활용한다. 아울러 주민과 지방정치인은 늘 다른 지방의 정책실험을 참고하며 과세권을 어떻게 행사하고 예산을 어떻게 배정할지, 예산지출보다 감세가 더 바람직한지 고민한다.

직접민주제는 재정분권의 이런 기능을 더욱 촉진한다. 스위스 재정연방제의 중요한 특징은 가장 중요한 재정문제를 원칙적으로 시민이 직접 결정해야 한다는 원칙을 준수한다는 것이다. 부가가치세와 연방직접세 등의 연방세는 15년마다 국민투표로 결정한다. 캔톤과 코뮌의 재정을 규율하는 캔톤헌법은 반드시 주민투표로 확정된다.

대다수 캔톤헌법은 캔톤과 코뮌의 재정자치권 행사에 주민의 직접참여를 규정하고 있다. 대다수 캔톤이 의무적 재정주민투표와 선택적 재정주민투표를 동시에 채택하며, 일부 캔톤은 두 제도 중 하나를 채택하고 있다. 현재 17개 캔톤은 일정액 이상의 재정지출을 초래하는 사업에 대해 의무적 재정주민투표를, 20개 캔톤은 일정 수의 유권자가 요구하는 경우에 실시하는 선택적 주민투표를 채택하고 있다.

의무적 주민투표에 부쳐지는 사업의 규모는 대다수 캔톤에서 절대액으로 정해지지만, 액수는 천차만별이다. 슈비츠 캔톤은 44만 프랑에 불과하지만, 루체른 캔톤은 4,400만 프랑에 달한다.

의무적 재정주민투표에 부쳐지지 않은 사업에 대한 주민투표를 제기하는 데 필요한 서명자 수는 란쯔게마인데 캔톤(압펜젤 내곽 캔톤과 글라루스 캔톤)의 단 1명으로부터 벤른 캔톤의 15,000명까지 매우 다양하다. 대다수 코뮌도 캔톤의 재정주민투표제와 같이 다양한 방식으로 과세와 세율을 비롯한 중요한 재정문제를 주민투표나 주민총회에서 숙론을 거쳐 결정한다.

주민은 재정주민투표를 통해 캔톤정부와 코뮌정부의 경상예산, 자본예산의 투자항목, 세목, 세율, 연간 조세승수, 사용료, 정부재산의 매입과 매각 등 캔톤과 코뮌의 중요한 재정문제를 직접 결정한다. 일부 주민은 주민총회나 의회에서 재정위원으로 피선되어 캔톤정부와 코뮌정부의 세부적 재정활동을 통제한다. 재정위원으로 구성된 재정위원회는 캔톤재정과 코뮌재정에 대한 조사권과 감사권을 행사하고, 캔톤정부와 코뮌정부의 재정정보를 주민에게 보고한다.

그동안 수많은 경험적 연구는 재정주민투표의 긍정적 효과를 밝혀왔다(안성호, 2005: 270-281). 재정주민투표는 세출의 증가를 억제하고, 공공부채를 감소시키며, 조세가격(tax price)과 공공서비스의 관계를 긴밀히 연결해 공공서비스를 효율적으로 제공하게 만든다. 아울러 재정주민투표는 자발적이고 양심적인 납세를 촉진하고 조세회피를 억제하는 경향이 있음도 확인되었다.

3. 재정균형화제도

스위스에는 1848년 연방국가로 출범한 이후 1959년까지 111년 동안 연방 수준의 재정균형화제도가 없었다.[66] 다만 1938년부터 연방정부의 개입 없이 캔톤들 간에 모종의 재분배가 이루어졌다. 1959년 재정균형화제도가 도입된 후 30여 년이 지난 1990년

66 이 장에서는 연방 수준의 재정균형화제도로서 연방과 캔톤 간 재정균형화제도를 논의한다. 캔톤 수준의 재정균형화제도인 캔톤과 코뮌 간 재정균형화제도는 캔톤마다 다르지만 대체로 연방 수준의 재정균형화제도를 준용한다.

대 초 그동안의 제도 시행을 점검했다. 연방보고서는 재정균형화제도를 "일관성 없는 목표의 혼재, 과잉 중앙집권, 비효율적 이전지출 메커니즘"을 가진 제도로 평가했다. 재정균형화제도는 지역 간 격차를 벌려놓았고, 거버넌스와 공공지출에 나쁜 유인을 제공했음이 드러났다(안성호, 2018: 112-123).

연방보고서가 나온 후 10여 년 동안 의견수렴과 숙론을 거쳐 개혁안이 마련되었다. 개혁안의 목표는 캔톤의 자율성 강화, 캔톤 재정력 격차의 감소, 정부기능의 효율성 증대, 그리고 캔톤 간 공정한 조세경쟁의 유도였다. 스위스의 재정균형화제도는 독일기본법에 규정된 '균등한 생활 수준의 유지'와 달리 캔톤 간 격차를 어느 정도 완화하면서 연방정부와 캔톤정부 간 기능의 적정 분담을 추구했다.

개혁안은 국민투표에 부쳐져 65% 찬성과 23개 캔톤의 찬성으로 채택되었다. 재정력이 튼튼한 공여캔톤(contributing cantons)은 개혁안 채택으로 부담이 늘 것을 우려해 반대했다. 우익진영은 개혁안이 우량한 정책을 펴온 캔톤의 부담을 더 증가시킨다고 주장했다. 반면 좌익진영은 개혁안의 채택으로 세율인하와 조세감면 경쟁이 격화될 것을 우려했다. 개혁안은 찬성을 유도하기 위해 양측 이해관계자의 목소리를 최대한 반영했다. 결국, 국민투표로 채택된 개혁안은 경쟁력이 떨어지는 다수 캔톤과 경쟁력 있는 소수 캔톤의 정치적 타협의 산물이었다(Bessard, 2013).

2008년 시행된 새 재정균형화제도는 캔톤의 조세 잠재력에 상응하는 세입 균형화, 즉 '취약' 캔톤의 재정을 재정교부금을 통해 캔톤 평균 재정력의 85%까지 올려주는 것을 목표로 재정교부금을 산정하는 방식으로 설계되었다. 아울러 새 제도는 연방과 캔톤 간 기능의 분리, 지리 · 인구 · 도시화에 따른 세출 수요의 균형화 수단으로 연방보조금을 마련하고, 이 연방보조금의 용도를 캔톤의 재량에 맡겼다. 아울러, 새 제도는 공공서비스 수혜자의 지리적 이동으로 발생하는 문제를 새로운 형태의 캔톤 간 협력으로 해결하도록 유도하는 한편, 비교적 형편이 어려운 '곤란한' 캔톤의 새 제도 적응을 위한 전환자금을 따로 마련했다.

새 재정균형화제도의 도입으로 2014년 전체 연방정부 예산의 2.5%(캔톤예산의 6%)가 재정균형화자금으로 투여되었다. 새 제도의 도입으로 작지만 낮은 세금을 부과하면서 가장 부유한 주크 · 슈비츠 · 니드발덴 캔톤과 대기업이 밀집된 취리히 · 바젤 · 제네바 · 보 캔톤이 1인당 가장 많은 수평적 세입균형화 지원금을 부담했다. 캔톤 상호

간에는 재정균형화 교부금의 40%와 '곤란한' 캔톤 보조금의 3분의 1이 재배분되었다. 전체 재정균형화 금액의 3분의 2는 연방정부에 의해 캔톤에 직접 지원되었다.

이후 연방정부는 4년마다 새 제도의 운영성과를 평가하고 필요한 경우 연방의회에 개선안을 제시했다. 2010년 첫 성과평가는 새 제도가 대체로 긍정적 효과를 냈다고 진단했다. 그러나 좀 더 경쟁적인 재정연방제를 원하는 사람들은 새 제도가 여전히 수혜캔톤(receving cantons)의 도덕적 해이를 조장하고 캔톤 간 조세경쟁을 과도하게 제약하는 문제를 완전히 극복하지 못했다고 비판했다. 이들은 10개의 공여캔톤과 15개의 수혜캔톤을 인정하는 현행 재정균형화제도는 재분배를 위한 재분배제도라고 주장했다.

Ⅵ. 스위스 재정연방제의 굿 거버넌스

재정연방제는 장점이 있으나 지나친 재정분권으로 출혈경쟁(race-to-the-bottom)과 재정적 무책임을 조장하고, 규모경제(economies of scale)를 희생시킨다는 비판이 있다. 그러나 스위스 재정연방제는 대체로 이런 우려를 불식하고 굿 거버넌스를 실현해왔다. 그 이유는 무엇인가?

1. 출혈경쟁이 없는 이유

재정분권 반대론자는 재정분권화가 비중앙정부를 과세 가능한 자원을 유치하기 위해 과도한 감세경쟁을 벌이도록 유인한다고 비판한다. 이들은 같은 유인을 가진 비중앙정부가 경쟁자보다 더 낮은 수준으로 감세 경쟁을 벌여 결국 세금수입으로 적정 수준의 세출을 감당할 수 없고 재분배도 악화시킨다고 주장한다.

그러나 '출혈경쟁'은 스위스에서 일어나지 않았다. 스위스에서 조세경쟁은 캔톤 간 조세부담의 균일화를 초래하지도 않았다. 26개 캔톤 간 평균 조세부담 편차는 세월이 흐를수록 오히려 조금씩 늘어났다. 대다수 공공서비스에서 스위스의 1인당 정부지출액은 독일보다 더 많다. 조세경쟁이 복지 수준의 하락을 초래하지도 않았다. 스위스에서 중 · 저소득 가구에 부과되는 세율은 매우 낮다. 스위스의 부유층은 일부 저세율 캔톤에 살지 않는 한 높은 세금을 피할 수 없다. 30여 개 유럽국가 중 5개만 부유세를 징수하는 데, 스위스는 그중에서도 한계세율 연 최고 1%로 세율이 가장 높고 포괄적인 부유세를 부과한다. 캔톤 간 및 코뮌 간 치열한 세금 경쟁이 적용된다는 점을 고려할 때, 이런 사실은 놀랍다. 더욱이 대다수 유럽국가는 자본소득에 대하여 근로소득보다 훨씬 낮은 세율을 부과하는 데 반해, 스위스는 여전히 자본소득에 높은 세율을 부과한다. 비록 스위스의 사회보장 혜택은 제한적이지만, 고소득층에게 부과되는 사회보장부담금은 매우 높다. 고소득층 사회보장부담금을 세금으로 간주할 경우 일부 캔톤의 소득세 한계세율은 50%에 이른다. 게다가 캔톤과 코뮌 수준에서 재분배가 이루어져 GDP 대비 교부금과 보조금 비율은 약간 증가했다.

스위스가 출혈경쟁의 덫에 걸리지 않은 비결은 다음 네 가지 이유 때문이다 (Eichenberger, 2020: 102). 첫째, 캔톤과 코뮌의 재정 자율성이 매우 높지만, 이로 인한 심한 재정력 격차를 완화하는 재정균형화제도가 존재하기 때문이다. 연방 차원에서 캔톤의 재정을 조정하는 제도가 있으며, 캔톤 차원에서도 코뮌의 재정을 균형화하는 제도가 존재한다. 둘째, 스위스 연방소득세의 누진도가 매우 높기 때문이다. 셋째, 공공서비스의 재분배를 지향하는 연방정부의 사회보장제도가 있기 때문이다. 넷째, 직접민주제가 지역 간 고소득층 유치경쟁을 제한하기 때문이다. 부유층이 시민투표에서 행사하는 영향력은 의회에 미치는 영향력보다 훨씬 작다. 더욱이 캔톤 간 조세경쟁은 의회 내 부유층의 영향력이 아니라 시민투표로 결정된 세율을 통해 이루어진다.

2. 긴급구제 불가원칙과 채무제동제도

재정분권은 캔톤과 코뮌에 엄격한 예산제약을 수반하지 않으면 재정적 무책임을 유발한다는 비판이 있다.

그러나 스위스의 경험은 그 반대의 사례를 보여주었다. 차입 및 부채와 관련하여 캔톤과 코뮌은 연방정부로부터 제약을 받지 않지만, 캔톤과 코뮌의 재정은 국제비교의 관점에서 매우 건전하다. 스위스 캔톤과 코뮌의 막강한 과세권과 최소한의 재정조정 조치는 캔톤정부의 평균 재정자립도를 80% 이상으로 높이고, 코뮌정부의 재정자립도를 거의 90%에 이르게 만든다.

고도의 재정자치는 캔톤과 코뮌의 주민과 공직자의 높은 재정책임감을 전제로 한다. 간혹 캔톤과 코뮌의 재정주민투표가 심각한 재정적자나 재정위기를 초래하지 않을

까 우려하지만, 이런 우려는 기우다. 자율과 책임의 자치 원리가 성실히 지켜지기 때문이다. 일찍이 1929년 한 캔톤이 부채제동제도를 도입한 이후 오늘날 대다수 캔톤은 이 제도를 벤치마킹해 활용하고 있다.

스위스 캔톤과 코뮌의 재정에 대한 이런 낙관적 평가는 저절로 얻어진 것이 아니다. 발레 캔톤 소속 로이커바트 코뮌의 사례는 스위스 재정연방제가 자치공동체의 재정 책임을 얼마나 엄중하게 묻는지 보여주었다. 주민 1,750명의 로이커바트 코뮌은 1981년부터 대규모 온천리조트 개발을 위한 투자를 시작했다. 그런데 무리한 투자로 무려 3억4천6백만 프랑(주민 1인당 20만 프랑)의 빚더미를 떠안았다. 1998년 로이커바트 코뮌은 모라토리엄을 선언하고 발레 캔톤에 긴급구제를 요청했다.

그러나 발레 캔톤은 대리 변제를 거부했다. 이에 채권은행은 연방법원에 소송을 제기했다. 연방법원은 캔톤이 코뮌을 구제할 의무가 없다고 판결했다. '자유에는 책임이 따른다'는 긴급구제 불가원칙을 천명한 것이다. 결국, 1998년부터 2004년까지 로이커바트 코뮌은 자치권을 박탈당한 상태로 캔톤정부의 대집행(代執行)을 받는 신세로 전락했다. 그후 로이커바트 코뮌은 부채상환을 위해 증세에 힘썼다. 이 노력을 인정받아 연방정부의 재정지원이 이루어져 재정위기를 극복한 후 6년여 만에 가까스로 자치권을 회복했다.

제도경제학자 아이헨베르크 교수에 의하면, 캔톤과 코뮌이 과도한 빚을 내지 않는 두 가지 이유가 있다(Eichenberger, 2020: 102-103). 첫째, 스스로 증세를 통해 부채를 상환하려고 노력하지 않는 한 캔톤과 코뮌은 상위 정부로부터 일체 구제금융을 받을 수 없다. 둘째, 캔톤과 코뮌이 차입을 자제하는 또 하나의 이유는 부채의 증가가 부동산 가격의 하락을 초래하기 때문이다. 스위스에서 지방정부의 부채 규모는 부동산 가격 하락의 주요 원인이다. 캔톤과 코뮌의 과도한 부채가 토지가격을 하락시키는 것을 아는 부동산 소유 주민은 지방정부의 부채증가에 민감하게 반응하기 마련이다(Stadelman & Eichenberger, 2014: 498-529).

GDP 대비 연방정부의 낮은 공공부채 비율은 스위스 재정연방제의 자랑이다. 2024년 스위스의 GDP 대비 공공부채는 40.9%로 OECD 평균 112.3%의 대략 3분의 1에 불과하다. 스위스가 이처럼 낮은 공공부채 수준을 유지하는 비결은 캔톤과 코뮌의 막강한 조세자치권과 함께 재정주민투표제도에 있다. 시민은 캔톤과 코뮌에서 재정주민투표로 세입과 세출을 구체적으로 직접 통제할 수 있다. 심지어 연방 수준에서도 15년마다 부가가치세와 직접세를 국민투표로 결정하며, 조세와 관련한 헌법개정안을 발의하여 연방재정을 직접 통제할 수도 있다.

이와 대조적으로 연방재정에 대한 시민통제는 의무적 · 선택적 재정주민투표에 의한 캔톤과 코뮌의 재정에 대한 시민통제보다 느슨하다. 따라서 연방내각과 연방의회는 비교적 자유롭게 세출을 늘릴 가능성이 열려 있다. 실제로 연방재정에 대한 다소 느슨한 시민통제는 연방정부의 세출증대를 초래한다. 연방헌법 제126조에 "연방은 세출과 세입의 균형을 꾸준히 유지해야 한다"는 균형예산원칙이 제대로 준수되지 않는 사례가 있다. 근래 연방의회는 종종 세입을 초과하는 세출예산을 의결하여 공공채무가 점차 늘었다.

이에 따라 연방정부는 대다수 캔톤에서 성공적으로 활용해온 채무제동제도를 연방 수준에 확대 적용하는 방안을 모색했다. 2001년 연방정부의 채무제동을 의무화하는 '지출에 대한 연방결의' 헌법개정안이 국민투표에 부쳐져 투표자 84.7% 찬성과 26개 캔톤의 찬성으로 가결되었다. 이에 따라 연방헌법 제126조 제2항에 "승인을 위해 제안된 총 세출예산의 상한액은 경제 상황을 고려한 추계수입 총액에 맞추어야 한다"는 규정이 추가되었다. 세출 상한액을 세입에 맞추도록 구체적으로 규정해 채무억제 규정의 실질적 구속력을 강화한 조치다.

2003년 '채무제동' 헌법규정이 시행된 이후 정부채무의 증가속도가 느려졌고, GDP 대비 공공채무의 비율도 다소 감소했다.

3. 코뮌의 숙론과 민주적 효율성

평균 인구 4천1백 명에 불과한 코뮌의 과세권이 스위스 경쟁력의 원천이라는 말을 선뜻 이해하기 어려워하는 사람들이 많다. 그러나 일반적으로 '기술적 규모의 경제'가 존재하지만, 정치에는 '규모의 불경제'가 존재한다. 코뮌과 같은 작은 자치공동체에 숙론과 민주적 효율성이라는 굿 거버넌스의 원리가 작용한다는 말이다.

스위스 코뮌의 주민총회와 주민투표는 숙론이 이루어지기 좋은 공적 공간을 제공한다. 어떻게 코뮌의 주민총회와 주민투표가 의회보다 더 나은 결정을 내릴 수 있는가? 그 대답은 이렇다. 코뮌에서 주민은 두 개의 공적 기관을 선출한다. 하나는 통상 5~7명으로 구성되는 코뮌 집행부이고, 다른 하나는 5~7명으로 구성되는 감사위원회다. 감사위원회의 임무는 집행부의 제안을 비판하고 평가하는 것이다. 주민총회와 주민투표에서 주민은 세금을 포함한 중요한 지역사회 이슈를 집행부와 감사위원회 및 개별 주민이 제공하는 정보에 근거해 숙론을 거쳐 결정한다. 반면에 의회에서 야당은 집행부와 다수연합의 제안을 항상 반대한다. 집행부의 정책이 좋은 성과를 내면 그 성과는 여당에 귀속되기 마련이므로, 야당은 늘 집행부의 흠을 잡고 반대하는 경향이 있다. 야당은 집행부가 실정을 저지를 때 재선이라는 가장 큰 이득을 얻을 수 있기 때문이다. 따라서 야당은 집행부의 실정을 의도적으로 유도한다. 그러나 정당원이 아닌 위원으로 선출된 감사위원회는 건설적 비판을 하고 때로 더 나은 해결방안을 제안한다. 이렇게 하는 것이 재선을 위한 최선의 길이기 때문이다. 의회와 함께 강한 감사위원회를 가진 코뮌은 그렇지 않은 코뮌보다 훨씬 더 양호한 재정성과를 보이는 것으로 밝혀졌다(Schelker & Eichenberger, 2010: 357-380).

2009년 노벨경제학상 수상자 엘리너 오스트롬과 남편 빈센트 오스트롬은 좀 다른 관점에서 소규모 자치공동체의 "민주적 효율성(democratic efficiency)"에 주목했다. 반세기 동안 오스트롬 부부는 소규모 자치공동체, 즉 다중심거버넌스체제(polycentric governance system)의 연구에 몰두했다. 이들의 연구에 의하면, 다중심거버넌스체제는 단일중심체제(monocentric system)보다 민주정치의 측면은 물론 효율성 측면에서도 훨씬 더 우월하다. 이들은 그 이유를 다중심거버넌스체제의 민주적 효율성 기제, 즉 경쟁, 발언권, 공공혁신가정신, 민관공동생산(coproduction), 가외성(redundancy)으로 설명했다.[67] 엘리너 오스트롬(Ostrom, 2009: 4)은 노벨상 수상강연에서 수십 년 동안 경험적 연구를 통해 확인한 다중심거버넌스체제의 민주적 효율성을 다음과 같이 역설했다.

> "(지난 반세기 동안의) 경험적 연구는 대도시 개혁론자의 지방정부 합병 논거를 기각해왔고, 대도시 다중심거버넌스의 복잡성은 혼돈이 아니라는 사실이 명백히 입증되었다. (…) 그동안 다중심주의와 단일중심주의의 본질과 역할에 관한 오해가 있었다. 지방분권적 다중심체제는 속성상 무질서와 비효율을 초래하는 주범으로 매도되었다. 효율성은 중앙집권화와 동일시되었고, 질서는 단일중심주의의 특성으로 가정되었다. 그러나 이런 통념은 정반대의 효과를

67 다중심거버넌스의 민주적 효율성 기제에 관한 자세한 설명은 (안성호, 2018: 307-312)를 참고하시오.

나타내는 대책을 세우도록 유도했고, 쇄신 · 적응 · 조정방식에 관한 의사결정권을 현장의 당사자로부터 박탈함으로써 오히려 문제를 더 악화시켰다."

Ⅶ. 조세자치 없이 특별자치 없다

필자는 앞에서 지난 수십 년 동안 지방분권정책과 지역균형발전정책을 추진했음에도 불구하고 수도권 초집중과 지방소멸 위기가 엄습한 근본 원인이 지방자치단체의 지방세 규모가 작은 데다 과세권조차 없기 때문이라고 논변했다. 필자는 과세권이 없는 지방자치단체는 지방정부일 수 없다고 생각한다. 전국이 고루 잘 사는 나라를 만들려면 조세자치권을 지방정부와 주민에게 보장해야 한다. 재정개혁의 핵심 과제는 국세를 지방세로 대폭 전환하는 것과 함께 지방세의 과세권을 지방정부와 주민에게 이양하는 것이다. 이런 재정개혁을 먼저 특별자치시 · 도에서 시범적으로 시행하고 그 경험에 기초해 전국적으로 확대하는 것이 바람직하다고 본다.

1. 시민과 지방정부 불신의 극복

현 중앙집권적 재정체계는 시민과 지방자치단체에 대한 강한 불신에 근거해 설계되어 있다. 그러므로 재정연방제의 장점을 활용하기 위해서는 시민과 지방정부에 대한 강한 불신부터 극복해야 한다.

경험적 연구는 시민이 선출된 대표 못지않게 지혜롭게 재정적 판단을 내리고, 심지어 시민은 선거주기에 얽매여 단기주의적 재정판단을 내리는 선출된 대표의 민주적 근시안을 교정하는 능력을 발휘한다는 사실을 밝혀왔다(Smith, 2021: 8-22). 그리고 주기적으로 실시되는 국민의식조사에 의하면, 지방자치단체의 신뢰도는 언제나 대통령과 국회, 법원, 검찰 등 여느 중앙정부 기관의 신뢰도보다 높다.

인간 존엄성을 존중하는 헌법질서에 적응한 시민은 자율과 책임의 자치 원리를 실천하는 '자치하는 인간'이다. 미국 뉴잉글랜드의 타운미팅 민주주의를 반세기 동안 연구한 프랑크 브라이언(Bryan, 2004: 296)은 "인간은 기회가 주어질 때 스스로 다스릴 수 있다. 나는 사람들이 그렇게 하는 것을 관찰해왔다"고 증언했다. 인간은 자치할 능력을 지닌 존재일 뿐만 아니라 자치를 욕구하는 존재다. 2009년 노벨경제학상을 수상한 엘리노 오스트롬과 남편 빈센트 오스트롬은 자치하는 인간을 세 가지 특질을 발현하는 인간, 즉 조건부 협동인과 학습인 및 창작인으로 설명한다(안성호: 2018: 68-70).

사회를 바라보는 우리의 관점도 바꿔야 한다. '다수의 법칙' 또는 집단지성의 원리로 알려진 콩도르세(Condorcet) 배심원정리는 시민의 자치능력에 대한 불신이 그릇된 통념임을 일깨운다. 콩도르세 배심원정리에 따르면, 상식을 가진 사람이 많아질수록 다수의 의견이 올바를 확률이 높아지며, 개인이 옳은 결정을 내릴 확률이 50%를 초과할 경우 집단의 크기가 커질수록 그 집단이 올바른 결정을 내릴 확률이 높아진다(권찬호, 2022: 71-124).

150년 이상의 스위스 직접민주제 경험과 100년 이상 미국의 다수 주정부와 지방정부 경험은 콩도르세 배심원정리의 타당성을 입증했다. 더욱이 직접민주제의 숙의 수준을 높이는 제도 발전으로 시민자치능력은 크게 향상되었다. 직접민주제에 관한 경험적 연구는 이를 누누이 밝혀왔다.

우리는 흔히 단일중심적 위계질서를 효율적인 체제로 속단하지만, 오히려 다중심거버넌스 결사질서가 민주적 효율성을 보장하는 체제임이 이론적으로나 경험적으로 밝혀졌다. 1948년 출범한 스위스 연방제는 "아래에서 위로 세워진, 무게 중심이 아래에 있는" 다중심거버넌스 결사질서의 장점을 활용해 번영해왔다(Steinberg, 2015). 스위스 재정연방제는 이웃 연방국가인 독일의 연구자들조차 선망하며 벤치마킹하는 재정혁신 사례다.

2. 조세자치권 혁신지침

스위스 재정연방주의의 관점에서 특별자치시 · 도의 조세자치권을 확대하는 혁신지침을 제시하면 다음과 같다. 첫째, 중앙정부-특별자치시 · 도-기초정부의 정부간관계(IGR)를 자치(self rule)와 공동통치(shared rule), 보완성원칙에 따라 재설계한다. 특별자치시 · 도에게 연방 주에 상당하는 자치권을 부여한다. 특별자치시 · 도 산하의 시 · 군 · 구 또는 제주도와 세종시의 경우 읍 · 면 · 동 등의 기초정부에 소정의 재정자치권을 이양한다.

둘째, 지방정부의 조세자치권은 조세의 규모와 함께 세율 · 감세 결정권에 의해 결정된다. 정책성과에 따라 세수 탄력성이 큰 국세인 개인 · 법인 소득세 등의 일정 부분을 특별자치시 · 도로 이관하고 세율과 감세의 결정권을 준다.

셋째, 특별자치시 · 도와 그 산하 기초정부의 주민은 과세권을 주민투표로 결정하도록 개방적 재정주민투표제를 도입한다.

넷째, 지방재정조정제도를 전면 재정비한다. 특별자치시 · 도의 조세자치권 확대로 인한 타 시 · 도와의 과도한 재정력 격차를 완화하기 위한 재정조정제도를 설계한다. 이때 재정력이 강한 시 · 도가 전국 평균의 85% 미만의 약세 시 · 도에게 지원하는 수평적 재정 균형화 방안을 모색한다. 아울러 특별자치시 · 도는 재정 책임을 이완하지 않는 범위 안에서 산하 기초정부 간 과도한 재정력 격차를 완화하는 지방재정조정제도를 마련한다.

다섯째, 조세자치권 확대에 대한 장기적 청사진을 구상하고 이에 기초해 중 · 단기적 계획을 수립해 단계적으로 점검하며 추진한다.

3. 지방세 탄력세율과 조세자치 확대 없는 특별자치

지방세법은 다양한 세목에 탄력세율제를 규정하지만, 극히 제한된 과세권일 뿐 아니라 실제 활용된 사례도 몇 건 되지 않는다(정지선, 2021: 21-24). 지방세법은 지방자치단체장이 취득세, 부동산 등록분 등록면허세, 균등분 주민세, 지방소득세, 소유분 자동차세, 재산세, 소방분 지역자원시설세, 지방교육세의 50% 범위에서 조례로 정해 가감할 수 있도록 규정한다. 일견 제법 지방자치단체의 탄력세율 결정권이 있는 것처럼 보인다. 그러나 중앙집권적 조세체계, 탄력세율 활용을 무력화시키는 지방재정조정제도, 그리고 지방자치단체의 중앙정부 의존적 타성은 탄력세율제도를 사실상 유명무실한 제도로 만들었다.

최근 이례적으로 탄력세율제를 활용한 사례가 생겼다. 2022년 서울시 서초구는 코로나 19 확산에 대처한다는 명분으로 재산세 표준세율 50%를 감면하는 조례를 제정했다. 이에 서울시는 이 조례의 무효확인 소송을 대법원에 제기했다. 대법원은 이 서울시의 소송을 기각하여 서초구의 재산세 탄력세율 조정권을 인정했다. 뒤이어 일부 지방자치단체가 균등분 주민세와 소방분 지역자원시설세의 탄력세율제를 이용한 사례가 있다.

2024년 2월 말 정부는 지방세특례제한법 시행규칙을 개정하여 수도권에서 비수도권 기회발전특구로 이전하는 기업에 대해 취득세와 재산세를 대폭 감면받을 수 있도록 조치했다. 그러나 기업의 지방투자를 유인하기 위한 이 조치는 지방자치단체의 조세자치권 확대와는 전혀 상관이 없다. 기회발전특구가 중앙정부에 의해 지정될 뿐만 아니라 지방세 감면이 중앙정부가 정한 시행규칙으로 일률적으로 규제되기 때문이다.

최근 특별자치시 · 도에 미미한 과세권이 주어진 것은 사실이다. 제주특별자치도와 세종특별자치시는 특별법이 정한 범위 내에서 일부 조세에 대한 제한된 과세권을 부여받았다. 제주도는 지방세 납부기한 연장 등을 조례로 정하거나 취득세 · 재산세 · 자동차세 등의 세율을 100% 범위에서 조례로 가감할 수 있고(제주특별자치도특별법 121조와 122조), 세종시는 기초지방자치단체에서 광역지방자치단체로 승격되면서 광역시 및 구세 세목을 특별자치시세로 부과 · 징수할 수 있다(세종특별자치시특별법 제14조).

그러나 제주와 세종이 특별자치시 · 도로 지정되면서 세목을 신설하고 세율을 변경할 수 있는 포괄적 과세권을 부여받지는 못했다. 제주와 세종의 재정적 특례는 조세자치권 특례가 아니라 중앙정부의 재정지원 특례일 뿐이다.

제주도는 특별자치도 출범과 함께 재정부족액과 관계없이 보통교부세 총액의 3%를 중앙정부로부터 특별지원을 받게 되었다(제주특별자치도특별법 제124조). 제주도가 받은 보통교부세는 2007년 5,885억 원에서 2024년 1조7,953억 원으로 증가했다. 세종시는 특별자치시 출범 이후 2026년까지 재정부족액의 25% 이내 금액을 추가한 보통교부세를 받을 수 있도록 기준재정수요액을 보정 받을 수 있게 되었다(세종특별자치시특별법 제14조). 아울러 제주도는 중앙정부의 7개 특별행정기관의 제주 이관에 따라 연간 약 3,000억 원을, 세종시는 행정중심복합도시 건설 등의 이유로 매년 약 500억~1,000억 원을 지역균형발전특별회계로부터 지원받아왔다.

강원도와 전라북도는 특별법에 따라 중앙행정기관장의 결정으로 지역균형발전특별회계를 통해 재정지원을 받을 수 있다. 그러나 아직 보통교부세 특례를 인정받거나 지역균형발전특별회계를 통해 재정지원을 받지 못했다. 이에 따라 강원도와 전라북도는 특별자치도 출범 이후 줄곧 중앙정부에게 제주도와 세종시와 같은 특별한 재정지원을 요청하고 있다. 여전히 특별자치제도를 중앙정부로부터 재정적 특혜를 얻어내는 창구로 생각하는 사람들이 많다.

[표 6-4] 특별자치시 · 도의 재정특례제도 등(2023년)

구분	제주특별자치도	세종특별자치시	강원특별자치도	전북특별자치도
출범 시기	2006.7.1.	2012.7.1.	2023.6.11.	2024.1.18.
근거 법률	제주특별자치도 설치 및 국제자유도시 조성을 위한 특별법(제주특별법)	세종특별자치시 설치 등에 관한 특별법(세종시법)	강원특별자치도 설치 및 미래산업글로벌도시 조성을 위한 특별법(강원특별법)	전북특별자치도 설치 및 글로벌 생명경제도시 조성을 위한 특별법(전북특별법)
총 인구수	675,252명	386,525명	1,527,807명	1,754,757명
소관	기초자치단체 없음		기초자치단체 있음	
재정자립도	36.9%	69.7%	29.4%	27.9%
재정자주도	73.7%	76.1%	76.8%	71.1%
지방세	- 제주특별자치도세 - 대통령령 대신 조례로 결정 - 조례로 지방세 감면·세율조정	세종특별자치시세	-	-
보통교부세	보통교부세 총액의 3%	재정부족액의 25% 이내 추가	-	-
지역균형발전 특별회계	제주특별자치도계정	세종특별자치시계정	-	-

출처: (유영아, 2024: 2).
주1: 재정자립도는 지방자치단체 예산 규모 중에서 자체수입(지방세, 세외수입)이 차지하는 비중임. 2023년 자료임.
주2: 재정자주도는 지방자치단체 예산 규모 중에서 자주재원(지방세, 세외수입, 지방교부세, 조정교부금)이 차지하는 비중임. 2023년 자료임.
주3: 「강원특별법」은 2024년 6월 8일 시행. 「전북특별법」은 2024년 12월 27일 시행.

4. 특별자치시 · 도의 조세자치 혁신방안

특별자치시 · 도를 조세자치 선도지역으로 활용하는 몇 가지 조세자치 혁신방안을 제안한다. 첫째, 특별자치시 · 도에서 기존 지방세의 탄력세율과 감세 결정과 조세 특례의 중요한 결정은 재정주민투표를 거치도록 한다. 아울러 대규모 예산이 소요되는 사업을 시 · 도 또는 시 · 군 주민투표로 결정하도록 제도개선을 모색한다.

둘째, '법정외세' 특례를 인정한다. 특별자치시 · 도는 법률에 정해지지 않은 지방세 세원을 발굴하여 세율과 감세를 주민투표로 결정하고, 이에 따라 발생하는 세수증가로 기존 지방교부세 등에서 불이익을 받지 않도록 해야 한다. 현재 강원도는 0.3원/kWh로 고정된 화력발전 지역자원시설세 탄력세율(지방세법 제146조 제2항의2)을 50% 범위에서 가감할 수 있는 특례를 요구하고 있다. 이런 낮은 수준의 과세권조차 자율권을 인정하지 않고 일일이 중앙정부의 허락을 받아야 하는 조세자치권 제약은 없애야 한다.

[표 6-5] 스위스와 한국의 소득세 비중(2023년)

	국세 중 소득세 등		지방세 중 소득세 등	
	소득세	기타 국세	소득세	기타 국세
스위스	47.4%	소비세 50.8%	77.0%	재산세 17.5% 소비세 4.1%
한 국	33.8%	소비세 55.0%	17.6%	소비세 51.8% 재산세 22.4%

출처: IMF.

셋째, 소득세는 국세 중에서 특별자치시 · 도세로 이양돼야 할 가장 중요한 세목이다. 캔톤 간 및 코뮌 간 조세 경쟁이 주로 소득세 세율을 중심으로 전개되는 스위스의 지방세 중에서 소득세가 차지하는 비율은 77.0%에 달한다. 나머지 20% 남짓은 재산세(17.5%)와 소비세(4.1%)다. 이와 대조적으로 우리나라 지방세에서 소득세가 차지하는 비율은 17.6%에 불과하다. 우리나라에서는 지방세의 절반 이상이 소비세(51.8%)이고, 4분의 1가량이 재산세(22.4%)다. 더욱이 지방세에 대한 과세권조차 사실상 없다. 지방이 조세 경쟁을 통해 발전을 도모하게 만들기 위해서는 소득세의 상당 부분을 특별자치시 · 도세와 산하 시 · 군[68]에게 이관하고 세율과 감세 결정권을 주민투표로 행사하도록 만드는 방안을 마련할 필요가 있다.

[표 6-6] 스위스와 한국의 조세와 소득세 비교(2023년) (단위: %)

	GDP 대비 조세 비중	국세 대 지방세		소득세		개인소득세		법인소득세	
		국세	지방세	국세	지방세	국세	지방세	국세	지방세
스위스	21.2%	47.7	52.3	36.0	64.0	20.3	79.7	56.9	43.1
한 국	22.4%	75.1	24.9	90.5	9.5	85.3	14.7	100.0	0.0

출처: IMF.

넷째, 개인소득세와 함께 법인소득세를 특별자치시 · 도세와 산하 시 · 군세로 이관하여 적정 조세경쟁을 유도해야 한다. 2023년 우리나라 소득세의 국세와 지방세 비율은

68 현재 기초정부가 없는 제주와 세종의 경우 읍 · 면 · 동을 기초정부로 만드는 자치체제 개편이 바람직하다.

90.5%와 9.5%다. 이중 개인소득세의 국세와 지방세 비율은 85.3%와 14.7%다. 법인소득세는 모두 국세다. 소득세는 대부분 국세인 데다, 지방소득세는 오직 개인소득세뿐이다.

이와 대조적으로 스위스의 캔톤과 코뮌은 주로 개인소득세와 법인소득세의 조세 경쟁으로 지역발전을 도모한다. 2023년 스위스 소득세의 국세와 지방세의 비율은 36%와 64%다. 이중 개인소득세의 국세와 지방세 비율은 20.3%와 79.7%이고, 법인소득세의 국세와 지방세 비율은 56.9%와 43.1%다.

스위스 사례를 참고해 국세인 소득세의 상당 부분을 특별자치시 · 도세와 산하 기초정부세로 전환할 수 있다. 국세인 소득세를 특별자치시 · 도와 산하 시 · 군의 개인소득세와 법인소득세로 단계적으로 이관하여 재정자립도를 높이면서 시 · 도 간 및 시 · 군 간 적정 조세 경쟁을 유도하는 방향으로 지방재정조정제도를 설계한다. 이때 특별자치시 · 도와 산하 시 · 군의 세율과 감세는 주민투표로 결정하는 것을 원칙으로 한다.

다섯째, 국세인 상속 · 증여세, 부동산양도소득세 등을 특별자치시 · 도세로 이관하고 조세자치권을 부여한다. 최근 지방시대위원회는 시 · 도마다 1개 '기회발전특구'를 선정해 상속세 감면을 추진하려고 준비하고 있다.

여섯째, 특히 기초정부 없는 제주도와 세종시는 읍 · 면 · 동 주민이 회비를 걷어 추진하는 공익사업을 재정지원 등으로 촉진할 필요가 있다. 제주도의 마을 '리정세' 사례와 세종시의 읍 · 면 · 동 혁신사례는 참고할 가치가 크다.

일곱째, 수직 · 수평적 재정균형화제도의 정비가 필요하다. 특별자치시 · 도의 조세자치 혁신에 부응해 지방정부의 증세 노력을 촉진하도록 기존 지방교부세와 국고보조금의 개편이 필요하다. 새 제도의 수직 · 수평적 재정교부금은 시 · 도의 조세 잠재력에 기초해 배분한다. 조세 잠재력은 주요 세원에 대한 표준화된 조세수입으로 계산한다. 전국 시 · 도 평균 재정력 이상을 갖는 '공여' 시 · 도는 능력에 따라 그 평균 재정력의 85% 이하인 '취약' 시 · 도에게 수평적 재정교부금을 지원한다. 특별자치시 · 도 내 기초정부의 재정균형화는 시 · 도의 수직 · 수평적 재정균형화 방식을 준용한다.

제7장
지방소멸 대응 지역대표형 상원

♦

"미국의 헌법제정자들이 연방적 지역대표형 상원제도를 창안하지 못했다면, 미국은 탄생하지 못했을 것이고, 세계 역사는 다르게 전개되었을 것이다."

- 제임스 맥클레런

"오늘날 정당의 과두제적 지배, 생산적 토론의 부재, 반목과 대립의 정치가 열린 토론을 불가능하게 한다. 이런 상황에서 정쟁으로부터 다소 거리를 둔 상원은 열린 토론의 장을 활성화하는 데 도움을 준다."

- 도널드 셸

"양원제는 거대 정치세력의 독주를 견제하고 정치세력 간 합의를 촉진하여 다수결민주제의 정글정치를 순화시킨다."

- 메그 러셀

Ⅰ. 사느냐 죽느냐, 그것이 문제다

"사느냐 죽느냐, 그것이 문제다." 윌리엄 셰익스피어의 비극 〈햄릿〉에서 주인공 햄릿이 고뇌하는 독백 대사다. 이 대사는 지방소멸에 직면한 오늘 한국의 정치인과 국민에게 던져진 국가 흥망이 걸린 질문으로 번안될 수 있다.

2017년 9월 한국을 방문한 크리스틴 라가르드 IMF총재는 초저출산-초고령화로 저성장과 재정감축의 늪에 빠진 한국을 "집단자살 사회"로 규정했다. 그녀가 확인한 2016년 한국의 출산율은 1.17명이었다. 그러나 출산율 하락은 여기서 멈추지 않았다. 출산율이 0.78명을 기록한 2022년의 이듬해 5월 한국을 방문한 옥스퍼드대 인구학자 데이비드 콜먼 교수는 한국이 지구상에서 가장 먼저 사라질 국가가 될 것을 우려했다. 2023년 12월 2일 〈뉴욕타임스〉에 실린 '한국은 소멸하는가?'라는 칼럼은 한국의 초저출산율이 "14세기 유럽의 흑사병이 몰고 온 인구급감을 능가하는 수준"이라고 경고했다. 경각심을 일깨우기 위한 침소봉대가 아니었다. 1960년 108만 명에 달한 신생아 수는 2023년 23만 명으로 무려 6분의 1로 격감했다.

비수도권 지방부터 인구절벽의 충격이 시작되었다. 2024년 현재 초·중등 폐교학교 수는 3,955개에 달한다. 입학정원을 채우지 못해 문을 닫기 시작한 지방사립대에서는 대졸 초봉 남짓한 보수를 받는 비정년 계약직 교수채용이 관행으로 굳어졌다. 청년을 수도권에 빼앗긴 지방은 생기를 잃은 지 오래다. 정부와 지방자치단체는 지난 20여 년 동안 온갖 정책을 추진하며 약 3백조 원의 돈을 쏟아부었다. 그러나 지방소멸 문제는 점점 더 심각해지고 있다.

최근 출산율 하락을 걱정하는 한 기자의 질문에 20대 청년들의 반응은 절망과 냉소뿐이다(강윤주, 2024). "당장 내 한 몸 건사하기 힘들고 앞으로 어떻게 살아갈지도 막막한데 무슨 한가한 소리예요." "결혼이요? 아무리 하고 싶어도, 아무나 누릴 수 없는 특권이 아닐까요." "나를 잃을지도 모른다는 두려움이 가장 커요. 몸도 망가지고, 쌓아 올린 경력이 결혼과 출산으로 한순간에 저당 잡힐까 봐 너무 무서워요." "내 한 몸 돌보기도 힘든데 굳이 아이를 낳아 나의 불행을 또다시 대물림해야 하나요?"

그동안 경험적 연구는 한국의 인구절벽과 지방소멸 위기를 수도권 초집중과 무한경쟁의 불안사회에 기인하는 것으로 진단해왔다. 수도권 초집중과 무한경쟁의 불안사회를 시급히 개선하지 않으면, 인구절벽과 지방소멸은 회복 불가능한 상태로 빠져들 것이 자명하다.

이 장의 목적은 인구절벽과 지방소멸 위기에 대응하는 헌정혁신 방안으로서 지역대표형 상원의 필요성을 논의하고 양원제 개혁방안을 제시하는 것이다. 이를 위해 먼저 인구절벽과 지방소멸 위기의 현황과 원인을 검토하고, 이 위기에 대한 기존 정책의 한계를 지적한다. 이어 인구절벽과 지방소멸 위기에 대응하는 헌정혁신 방안으로서 지역대표형 상원의 필요성을 논변한다. 마지막으로 지역대표형 상원을 둔 양원제 국회 개혁안을 제시한다.

Ⅱ. 한국의 인구절벽 vs. OECD 회원국의 인구감소

한국의 출산율은 1970년 4.53명에서 2023년 0.72명으로 급락했고, 신생아 수는 1970년 101만 명에서 2023년 23만 명으로 급감했다. 53년 동안 출산율은 6분의 1 미만으로, 신생아 수는 4분의 1 미만으로 추락한 셈이다.

[그림 7-1] 한국의 출산율 추이와 출생아 수 감소

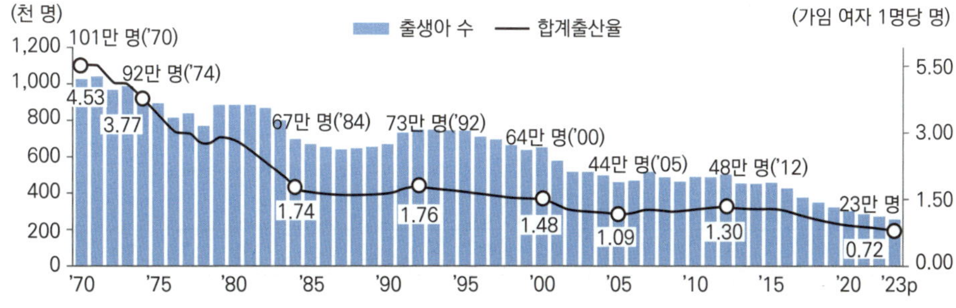

출처: (통계청, 2024).

[그림 7-2] OECD 주요 회원국의 출산율과 순위(2023년)(단위: 명)

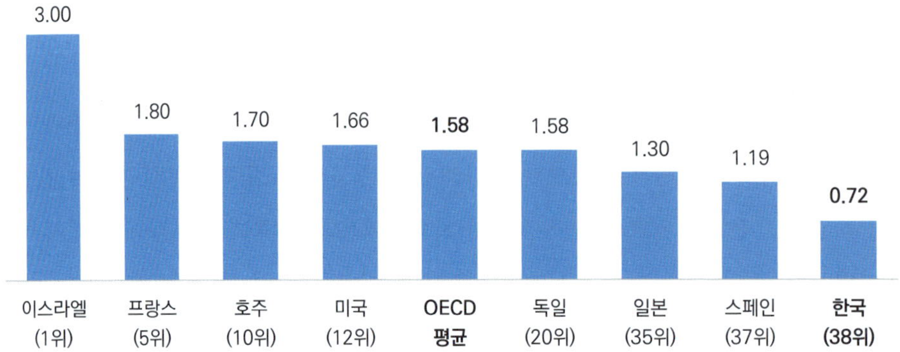

출처: (통계청, 2024).
Note) 한국은 2023년, 회원국은 2021년 기준/ OECD 평균은 38개 회원국의 2021년 자료로 산출.

2023년 한국의 출산율 0.72명은 OECD 회원국의 평균 출산율 1.58명의 절반에도 미치지 못한다. 한국은 OECD 회원국 중 출산율이 1.0명 미만인 유일한 국가로서 인구 대체출산율 2.1명의 약 3분의 1에 불과한 초저출산율을 기록하고 있다. 여느 선진국의 출산율은 1.5~1.8명이며, 우리보다 앞서 인구 · 지방소멸을 경험하며 비상대책을 시행해온 일본의 출산율은 우리나라 출산율의 두 배에 가까운 1.3명에 이른다.

[그림 7-3] 한국, OECD 및 세계의 출산율 추이(1960-2021년)

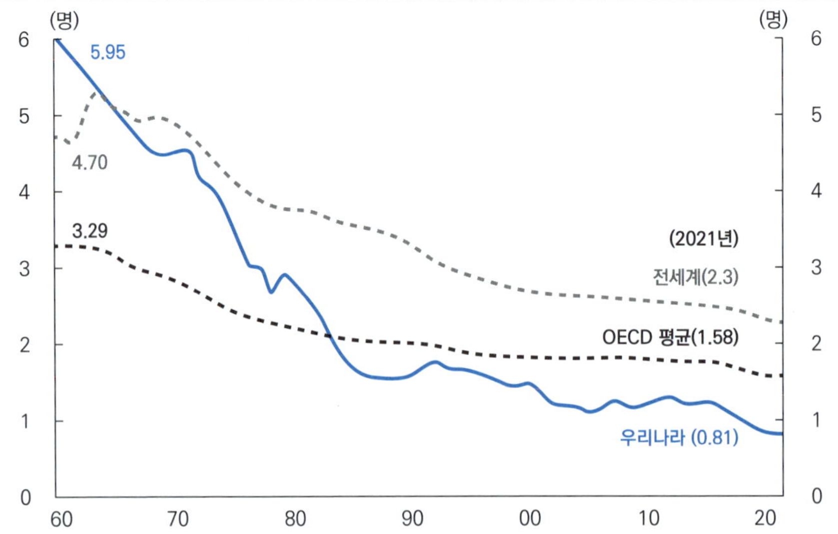

출처: (한국은행, 2023).

위 [그림 7-3]에서 보는 바와 같이, 1960년대 이후 OECD 회원국과 세계 평균 출산율은 비교적 완만하게 감소했지만, 한국의 출산율은 1960년 5.95명에서 2021년 0.81명으로 대략 7분의 1로 급락했다. 한국의 출산율 하락이 계속된 기간도 세계에서 가장 길다. 한국은 2002년부터 2023년까지 무려 22년 동안 초저출산율의 기준인 1.3명 미만의 초저출산율을 기록한 유일한 국가다.

Ⅲ. 한국의 지방소멸 원인

유독 한국이 OECD 회원국 평균의 절반에도 못 미치는 초저출산율을 기록해온 원인은 무엇인가? 필자는 그 핵심 원인을 수도권 초집중과 무한경쟁의 불안사회로 진단한다.

1. 수도권 초집중

수도권 과밀대책은 1970년대부터, 중앙권한의 지방이양은 1990년대부터 각각 시작되었다. 1999년 이후 역대 정부는 특별법을 제정하고 대통령위원회를 설치하여 지역균형발전정책과 지방분권개혁을 추진해왔다. 그러나 그 결과는 참담하다.

놀랍게도 이 기간에 지방재정의 중앙재정 의존도는 오히려 높아졌다. 총 조세 중 지방세 비중은 1995년 21.6%에서 2023년 23.0%로 고작 1.4%p 증가하는 데 그쳤다. 지방정부 일반회계 세입 중 지방세 수입 비중은 1991년 32.2%에서 2023년 23.0%로 정체되었다. 지방재정자립도는 1991년 66.4%에서 2023년 50.1%로 무려 16%p 이상 하락했다.

수도권과 비수도권의 격차는 더 벌어져 마침내 지방소멸의 위기에 봉착했다. 수도권과 비수도권 GRDP 격차는 2010년 1.2%에서 2021년 5.6%로 큰 폭으로 벌어졌다. 총인구 중 수도권 인구의 비중은 1990년 42.8%에서 2024년 4월 50.8%로 급증했다. 그 결과 현재 229개 시 · 군 · 구 중 무려 122개가 소멸 위험지역으로 분류되는 상황에 이르렀다.

[그림 7-4] 청년층 순유출률*과 전국 출산율 추이

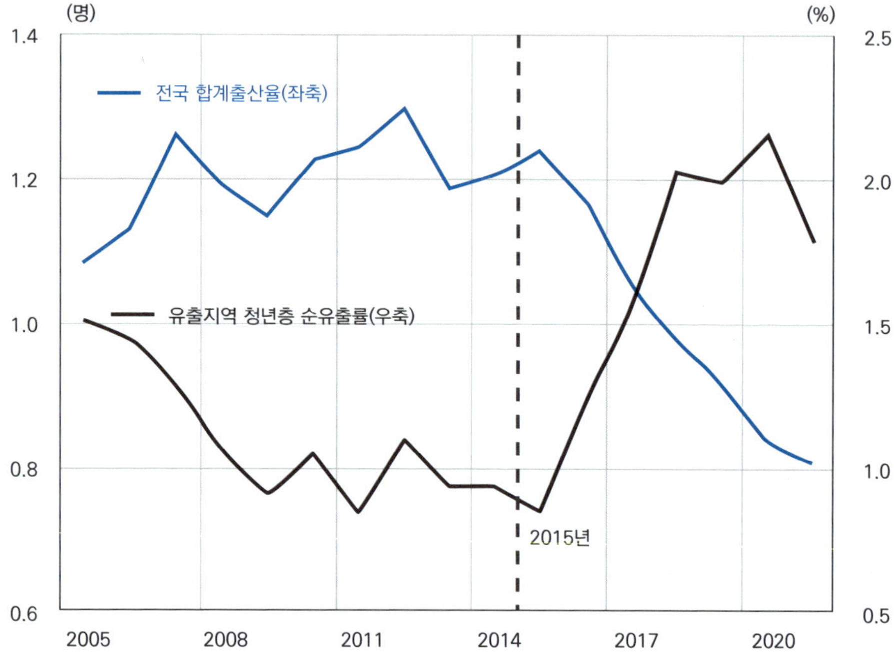

출처: (한국은행, 2023).
* 인구유출 지역인 동남, 호남, 대경권의 순유출률

수도권 초집중은 초저출산율과 출산율을 급락시킨 주범이다. 앞에서 살펴본 바와 같이, 우리나라 출산율은 세계 최저 수준으로 OECD 평균 출산율의 절반에도 미치지 못한다. 한국은행 황인도 등(2024)의 분석에 의하면, 2015년을 기점으로 전국의 출산율이 급락한 반면, 비수도권 청년의 수도권 유출률은 급상승했다. 이는 비수도권 청년유출이 전국 출산율 급락의 주요 요인임을 뜻한다. 2015~2021년 중 수도권 인구증가를 초래한 비수도권 청년 유입의 기여율은 78.5%에 달했다. 비수도권 중에서도 특히 동남권, 호남권, 대경권의 청년유출이 심각했다.

[그림 7-5]는 인구밀도와 출산율의 높은 상관관계를 보여준다. 상관계수가 −0.90에 달한다. 이는 비수도권 청년이 수도권으로 이동해 출산을 미루거나 포기했다는 것을 뜻한다.

[그림 7-5] 인구밀도와 출산율의 상관관계(2019~2021년 평균)

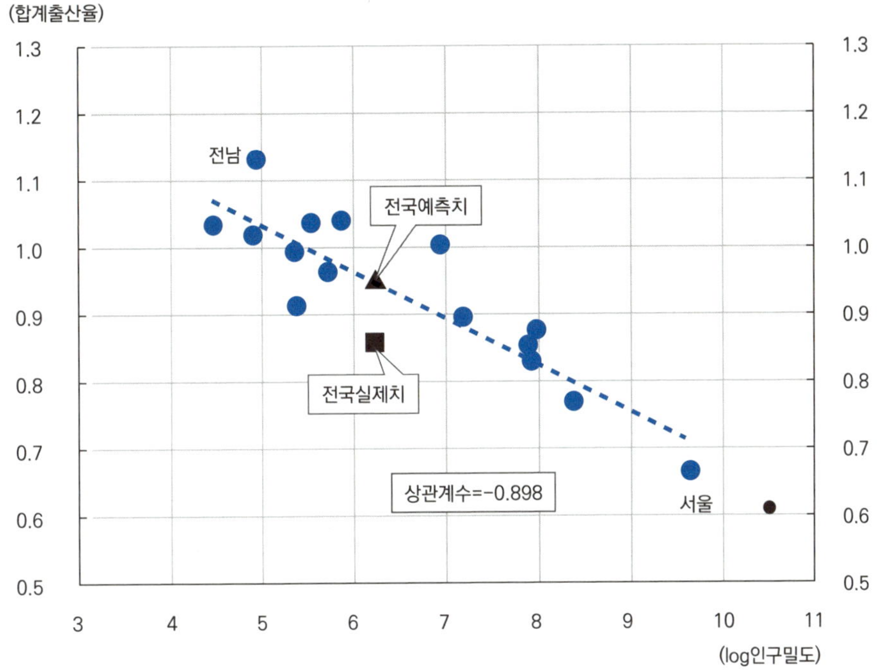

출처: (한국은행, 2023).

인구밀도와 출산율의 높은 상관관계는 이미 여러 선행연구를 통해 증명되었다. 1970년대에 인구학자 리처드 이스터린(Easterlin, 1976)은 인구밀도 증가가 출산율 하락으로 이어진다는 것을 발견했다. 2000년대 들어와 볼프강 루츠와 렌 치앙(Lutz & Qiang, 2002)은 187개 국가의 1960년부터 1990까지 패널 데이터를 분석하여 인구밀도가 높을수록 출산율이 낮아짐을 밝혔다. 최근 장대익 등(2020)도 우리나라 데이터 분석으로 높은 인구밀도가 출산율 하락의 주요 요인임을 확인했다.

2. 무한경쟁의 불안사회

무한경쟁의 불안사회는 우리나라 초저출산율을 초래한 또 다른 주범이다. 2023년 한국을 방문한 인구학자 데이비드 콜먼은 우리나라 초저출산의 가장 중요한 원인으로 경쟁압력을 지적했다. 한국은행 황인도 등(2023)도 청년층의 경쟁 압박을 초저출산율의 주요 원인으로 지목했다. 한국은행 연구팀은 경쟁압력 체감도가 높을수록 희망하는 자녀 수가 줄어들며,

특히 청년세대는 부모세대보다 더 많은 스트레스로 불안해한다고 평가했다.

한국은행의 연구팀은 경쟁 압박으로 인한 심리적 불안의 구체적 내용을 주거 불안, 고용 불안, 양육 불안으로 분류했다. 분석결과, '주택마련 비용에 대한 부담'이 결혼과 출산 의향을 낮추는 핵심 요인으로 밝혀졌다. 아울러, 고용안정성과 자녀의 양육부담감도 출산율을 떨어뜨리는 주요 요인임이 확인되었다.

한국은행 정종우 등(2024)은 과도한 입시경쟁이 학생의 정서불안과 학습능력을 떨어뜨리고 수도권 인구집중과 초저출산을 유발한다고 분석했다. 연구팀은 서울 거주 학생과 비서울 거주 학생 간 서울대 진학률 격차의 92%가 학생의 거주지역에서 비롯되었음을 확인했다. 이에 따라 서울에 집중되는 과도한 입시경쟁을 지역으로 분산시키는 과감한 지역별 비례선발제를 교육개혁안으로 제시했다.

한국에서 경쟁은 '자연스러운 것', '좋은 것', '불가피한 것'으로 받아들여진다. 경쟁이 있어야 발전하고, 경쟁을 통해 성장한다는 생각이 한국인의 의식을 지배하고 있다. 김누리(2024) 교수는 한국에서 이처럼 '경쟁 이데올로기'가 위력을 발휘하는 이유를 그릇된 '능력주의 이데올로기'와 '공정 이데올로기'에 의해 떠받쳐지고 있기 때문으로 설명한다. 경쟁의 '결과'는 능력주의 이데올로기에 의해 정당화되고, 경쟁의 '과정'은 공정 이데올로기에 의해 합리화된다는 것이다. 우리나라가 OECD 회원국 평균의 2배에 이르는 세계 최고 자살률, 세계 최악의 불평등, 세계 최저의 출산율 등 '지옥 같은 사회'가 된 것은 경쟁-능력주의-공정의 이념체제 때문이라고 진단한다. 그리고 이 "야만의 트라이앵글"을 극복하려면 무엇보다 경쟁교육의 패러다임을 바꿔야 한다고 역설한다. 2024년 10월 6일 KBS TV를 통해 방영된 인구포럼에서 게르하르트 슈뢰더 전 독일총리 역시 한국의 인구절벽과 지역소멸 문제를 해결하려면 독일 중소도시 대학의 혁신사례를 참고할 필요가 있다고 강조했다.

Ⅳ. 기존 지방소멸 대책의 결함

기존 지방소멸 대책에는 금전적 유인정책의 한계와 민주적 근시안(democratic myopia)이라는 두 가지 문제점을 안고 있다.

1. 금전적 유인을 능가하는 경쟁문화 압박

기존 정책은 주로 금전적 유인을 근거로 설계되었다. 아기를 낳는 부모와 소멸위험 지방에 이주하는 사람들에게 금전적 이익을 주는 정책으로 인구절벽과 지방소멸 문제를 해결하려고 했다. 그러나 막대한 예산을 투여한 정책에도 불구하고 초저출산율은 해마다 기록을 경신하며 추락했다.

2024년 3월 29일 자 『파이낸셜 타임즈』의 특집기사는 금전적 유인에 기초한 출산정책의 한계를 보여주는 경험적 연구결과를 발표했다(Burn-Murdoch, 2024). 1980년부터 2019년까지 대다수 선진국은 아동수당, 육아지원금, 육아휴가 등 가족친화적 출산정책에 1인당 실질 지출액을 세 배가량 늘렸지만, 출산율은 오히려 1.85명에서 1.53명으로 떨어졌다. 강력한 가정친화적 정책으로 유명한 핀란드조차 2010년 이후 출산율은 3분의 1 정도 하락했다. 엄청난 출산장려금을 지급한 헝가리에서도 출산율 하락은 막을 수 없었다.

부유한 국가의 경우 육아지원금이 충분히 지원되는 나라의 출산율은 부모가 육아비를 전담하는 나라의 출산율보다 높지 않았다. 다시 말해, 출산율과 가정친화적 지출 간의 상관관계는 미미했다. 이 분석결과는 부모에게 자녀 출산을 결정하는 문제가 돈 이외의 다른 요인에 의해 더 큰 영향을 받고 있음을 뜻한다.

가정친화적 정책은 분명 개인과 사회에 긍정적인 영향을 미친다. 이미 자녀를 낳기로 선택한 부모에게 가정과 일의 조화를 이루고, 아동의 빈곤을 완화하는 데 도움을 준다. 그러나 가정친화적 정책은 출산율을 높이는 데 결정적 영향을 미치지 못한다. 문화가 정책보다 더 강력한 영향력을 발휘하는 것으로 밝혀졌다.

이른바 헬리콥터 양육(helicopter parenting)은 출산율 저하에 큰 영향을 미치는 요인으로 주목받아왔다. 헬리콥터 양육이란 자신에게 높은 기준을 적용하는 부모가 자녀에게도 지나치게 높은 기준을 요구하는 과잉양육을 말한다. 원어민 유아원과 유치원 교육비에서 시작해 초등학교부터는 의대 진학반 학원비 등으로 월 수백만 원을 쓰는 극성부모가 종종 거론된다. 이런 특급 사교육 수요는 부모들 간 치열한 경제적 지위 경쟁을 유발하고 소득 계층 간 위화감을 불러일으키고 있다(Doepke & Zilibotti, 2019).

1965년 선진국 부모가 자녀 양육을 위해 쓰는 시간은 하루 평균 한 시간 남짓에 불과했지만 2018년 하루 평균 세 시간으로 급상승했다. 놀랍게도 한국 부모의 육아 양육

시간은 하루 평균 무려 4시간으로 세계에서 가장 길다. 자녀 양육시간이 길수록 출산율이 떨어지는 경향이 있다. 이를테면, 선진국 중 헬리콥터 양육 부담이 이례적으로 낮은 프랑스의 경우 2023년 출산율은 1.8명으로 한국 출산율의 2.5배에 달했다.

출산율을 낮추는 두 번째 문화요인은 출산에 대한 청년의 부정적 인식이다. 1993년 61%의 미국인은 자녀를 갖는 것이 충만한 삶을 위해 중요하다고 생각했다. 그러나 요즘은 그렇게 생각하는 미국인은 26%에 불과할 뿐이다. 인구경제학자 리만 스톤(Stone, 2023)은 출산율을 떨어뜨리는 주요 요인으로 치열한 경쟁 속에서 개인의 성장과 경력발전을 도모하려는 부모의 욕구를 지적했다. 앞서 언급한 스톤의 연구도 헬리콥터 양육이 출산율을 하락시킨 주요 요인임을 재차 확인했다. 이 연구에서 육아비 부담은 14번째 영향요인에 불과했다.

2. 민주적 근시안

인구절벽과 지방소멸 대책의 효과는 20~30년 후에 비로소 드러난다. 따라서 이 위기는 4년 또는 5년마다 선거를 치르는 정치인과 정당의 단기적 시계(視界)에서 크게 벗어나기 마련이다. 정치인과 정당의 시선은 온통 다음 선거에 집중하는 데다 흔히 유권자가 단기적 이익에 민감하게 반응하는 것을 가정하고 정책을 추진한다.

정치인과 정당의 민주적 근시안은 선거주기 이외에 미래세대의 부재, 이익집단의 기득권 유지, 투기적 자본주의에 의해서도 더욱 악화된다(Smith, 2021: 8-22). 정치인이 신경을 써야 할 유권자에는 미래세대가 포함되어 있지 않다. 다음 세대에 주역이 될 18세 미만의 국민은 투표권이 없는 데다 투표율마저 낮다. 나이 많은 유권자가 이들의 관심을 반영해 투표할 것을 기대하기도 어렵다. 오히려 세대 간 갈등은 날로 심해지고 있다. 정치적으로 배제된 선거구민의 이익은 결국 기존의 민주적 정치과정에서 간과될 수밖에 없다.

민주적 근시안은 이익집단의 압력에 의해서도 고착된다. 이익집단의 압력은 정치적 의제를 제한한다. 기득권을 지키기 위해 현상 유지(status quo)를 원하며 변화에 저항하기 때문이다. 이익집단은 막대한 자금력과 인맥을 동원해 장기적 관점의 정책변화를 가로막는다. 대표적 이익집단으로 의사협회와 원전산업계를 들 수 있다. 최근 의사협회의 의사증원 반대는 정부의 불도저식 정책추진과 충돌하며 의료대란을 불러왔다. 얼마 전 원전산업계의 재생에너지전환 반대는 정부의 이념적 정책추진과 맞물려 환경과 경제를 함께 고려하는 에너지 혼합(energy mix) 정책기조를 뒤흔들었다.

더욱이 민주적 근시안은 투기적 자본에 의해서도 더 나빠진다. 중요한 의사결정을 시장에 맡기고 오직 개인책임을 강조하는 신자유주의는 인구절벽과 지방소멸 같은 당장 체감되지 않는 장기적 정책선택에 관심을 기울이지 않는다. 단기적 이익이 장기적 투자를 압도하는 시장에서 단기적 경제성과는 GDP 또는 GRDP로 계산될 뿐이다. 인구절벽, 지방소멸, 환경오염, 생물다양성 감소 등은 이윤추구 행위의 불가피한 외부효과로 간주된다. 한해 R&D 예산을 5조 원이나 삭감하여 물의를 일으킨 사건은 시장의 자유를 신봉하는 정부의 단기주의 사고를 보여준 대표적 사례다. 정부가 유권자의 즉각적 만족을 추구하는 소비주의와 시장주의를 부추길 때, 장기적 관점의 지속가능발전은 사라지고 만다.

Ⅴ. 왜 지역대표형 상원인가?

오늘날 선진 7개국(G7)은 모두 양원제 국가다. G20 국가[69] 중 상원이 없는 국가는 중국 · 사우디아라비아 · 튀르키예 · 한국이다. V-Dem연구소의 분류에 따르면, 중국과 사우디아라비아는 폐쇄전제정이고, 튀르키예는 선거전제정이다. 따라서 상원이 없는 민주국가는 오직 한국뿐이다. 그나마 중국은 전인대(全人代)의 대표성 한계를 보완하기 위해 자문역할을 수행하는 정협(政協)이라는 유사(類似) 상원을 두고 있다. 전인대와 정협을 통칭하여 양회(兩會)라고 부른다.

양원제는 한국 헌정사에서도 낯선 제도가 아니다. 양원제 국회는 1848년 제헌헌법 초안을 작성하는 과정에서 진지하게 논의되었고, 1952년 제1차 발췌개헌을 통해 대통령 직선제와 함께 헌법에 규정된 이후 약 10년 동안 사문화(死文化)된 상태에서 헌법기관으로 유지되었다. 제2공화국 시절 소선거구 직선 민의원과 특별시와 도의 대선거구 직선 참의원으로 구성된 양원제 국회를 직접 운영한 경험도 있다. 그러나 5.16쿠데타로 정권을 잡은 군부는 1962년 제5차 개헌으로 양원제를 전면 폐지했다. 양원제 중단은 군

69 G20 회의는 19개 주요 국가와 EU의 수장으로 구성된 회의체다. 양원제 국가인 스위스는 G20 회원국이 아니지만, GDP 규모 순위는 세계 19위이다.

사정권이 남긴 유산이다.

단원제 국회는 동질적 국민의 일반의사가 단일의 의사결정기구를 통해 효과적으로 표출되고 수렴될 수 있다는 논리에 근거한다. 그러나 우리는 국민이 지역에 강한 연고를 갖는 이질적 집단들로 구성되어 있고, 이들 이질적 지역들의 이해갈등이 다수결 원리가 지배하는 단원제 국회에서 무난하게 조정되고 타협되기 어렵다는 것을 빈번히 경험했다. 이에 따라 개헌론자들은 지역의 소수이익이 다수결 원리로부터 보호받을 수 있는 헌법적 장치가 필요하며, 그 유력한 대안으로 국회에 지역대표형 상원 설치를 주장해 왔다.

지역대표형 상원의 설치는 세계 최저인 출산율을 높이고 지방소멸을 재촉하는 수도권 일극 집중과 지역 간 불균형 발전을 바로잡고 전국이 고르게 잘사는 나라를 만드는 데도 필요하다. 지역대표형 상원의 설치는 영 · 호남 지역갈등에 이어 수도권과 비수도권 지역갈등을 겪고 있고, 향후 남 · 북한 지역갈등이 예상되는 통일을 대비해야 하는 우리에게도 피할 수 없는 헌법개혁의 과제이다. 나아가 지역대표형 상원은 '성찰과 숙고의 원'으로 적절히 설계되는 경우 '지혜의 저수지'로서 졸속입법을 예방하여 입법품질을 높이며, '입법의 안전밸브'로서 거대 정치세력의 독주를 견제하고 정치세력 간 합의를 유도해 승자독식의 이전투구 대결정치를 순화하고 포용과 공론의 정치를 활성화하는 데 도움을 줄 수 있다.

1. 지방소멸 대응 지방의 국정참여

지역대표형 상원의 창설은 21세기 국가 존립을 위협하는 지방소멸의 난제 해결을 위해 가장 절실한 헌정혁신 과제다.

2023년 한국은 국토의 11.8%인 수도권에 총인구의 절반 이상(50.6%)이 거주한다. 아래 [그림 7-6]에서 보는 바와 같이, 한국은행 정민수 등(2023)이 26개 OECD 회원국을 대상으로 분석한 결과, 총인구와 GDP 중 수도권 인구와 GRDP 비중은 음(-)의 상관관계를 보였다. 즉 총인구와 GDP 규모가 클수록 수도권의 비중은 점차 낮아졌다. 그런데 유독 우리나라는 OECD 회원국의 평균 추세선에서 크게 벗어나 있다. 우리나라 수도권의 집중도는 분석대상 26개 OECD 회원국 중 단연 1위를 기록했다.

[그림 7-6] 수도권의 인구 및 생산 비중(2019~2022년)

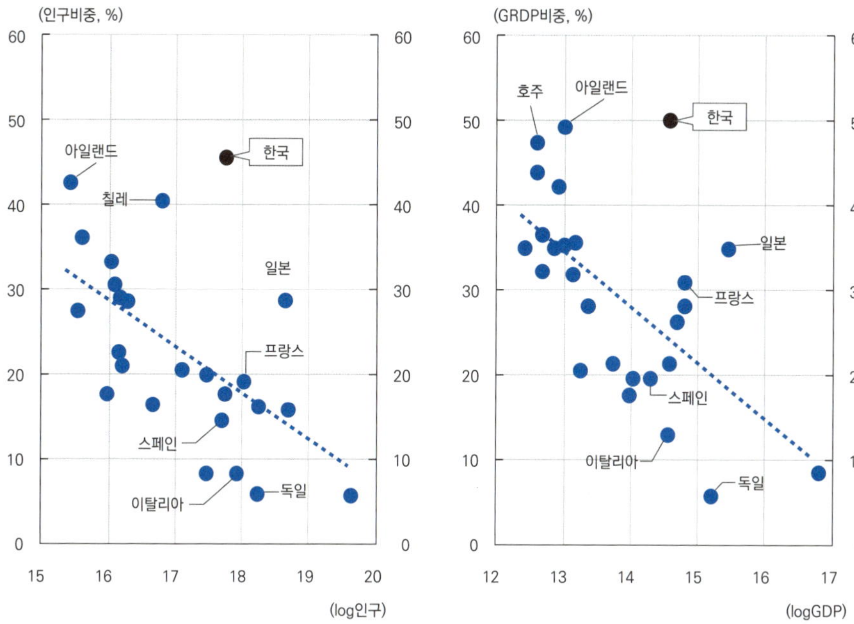

출처: (한국은행 정민수 등, 2023: 5).

국토 대부분이 사막인 호주를 예외적 사례로 간주하는 경우, 미국 · 독일 · 스위스 등 강한 지역대표형 상원을 둔 연방국가 수도의 인구 집중률은 대략 5% 미만이다. 반면, 단방국가인 영국 · 프랑스 · 일본의 수도권 인구 집중률은 각각 12.5%, 18.7%, 28.0%에 달한다.

단방국가인 영국 · 프랑스 · 일본 중 우리나라처럼 중앙집권적 전통이 강한 나라로서 지난 반세기 이상 지방분권과 국토균형발전정책을 추진해온 프랑스 사례는 주목할 만하다. 아래 [그림 7-7]에서 보는 바와 같이, 가파르게 상승하던 프랑스의 수도권 집중도는 1970년대 중반 이후 감소 추세로 돌아섰다. 프랑스의 수도권 일드프랑스(Île-de-France)의 인구 집중률은 1975년 21.3%까지 상승하다가 점차 감소하여 2022년 18.7%로 낮아졌다. 과연 프랑스 지방분권 국토균형발전정책의 성공비결은 무엇인가?

연구자들은 프랑스의 성공 요인으로 정책추진기관, 특별법 제정, 지방분권형 헌법 개정, 국토계획협약과 더불어 보수와 진보 정권교체와 무관하게 일관성 있게 추진된 정책을 지적해왔다.

[그림 7-7] 프랑스 수도권의 인구집중률 변동(1955~2022년)

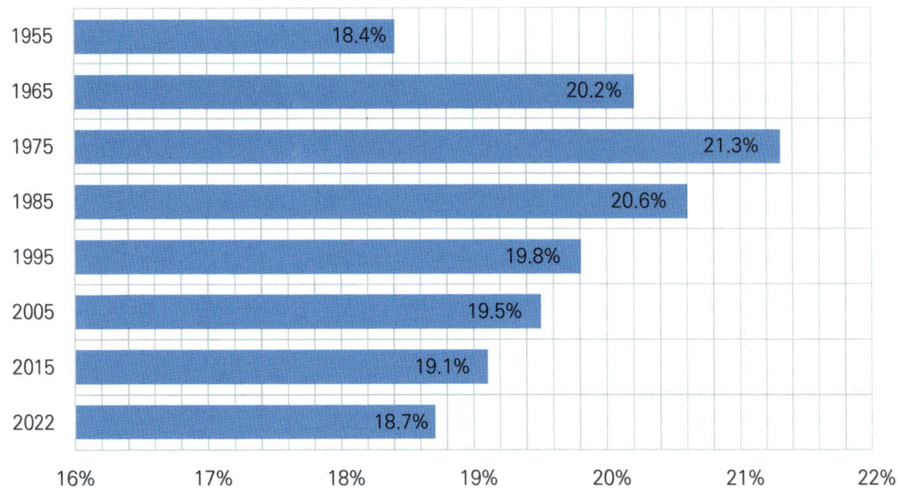

출처: (공재형, 2023: 7).

필자는 프랑스의 성공 요인으로 기존 연구자들이 간과한 프랑스 상원(le Sénat)의 역할에 주목한다. 우리나라는 참여정부 이후 지방분권 균형발전정책의 추진동력이 떨어진 데다 정권교체로 정책의 기조가 뒤틀리고 역행하는 사태가 반복되었다. 반면 프랑스는 보수와 진보 정권교체와 상관없이 일관된 정책을 추진했다. 중앙집권 전통이 뿌리 깊은 프랑스가 이룬 지방분권 균형발전정책의 성공은 지방정부를 대표하는 상원이 없었다면 불가능했을 것이다.

프랑스에서 하원과 거의 대등한 권한을 갖는 상원은 6년 임기의 의원 348명으로 구성된다. 상원의원은 데빠르트망(departement)을 선거구로 하여 선출된 하원의원과 상원의원, 각급 지방의회의원 등으로 구성된 약 162,000명의 선출직 선거인단에 의해 선출된다. 선출직 선거인단의 약 95%는 꼬뮌의회의원이다. 상원의원 중 상당수는 지방의회의원 또는 지방자치단체장을 겸직한다. 2003년 개정헌법은 제1조에 프랑스를 "분권적으로 조직된" 국가로 천명하고, 제14조에 "상원은 공화국의 지방자치단체를 대표한다"고 규정했다. 아울러 지방 관련 법안을 반드시 상원에 먼저 제출하도록 의무화하여 상원의 심의 · 표결 우선권을 명시했다. 2009년부터는 '지방자치단체 및 지방분권 상원대표단'을 설치하여 지방 현안에 대한 상원의 역할을 한층 강화하였다(박인수, 2017: 319-322).

일찍이 미국 제헌의회의 제임스 매디슨은 하원의 "난폭한 열정과 충동"을 제어하고 정부의 "변덕스러운 정책뒤집기"를 막아줄 상원의 필요성을 역설했다(Hamilton, 2013: 372-384). 20여 년 전 윌리엄 라이커(Riker, 1992)는 양원제의 가장 큰 장점을 정권교체에 따른 정책뒤집기를 부추기는 다수의 폭정을 통제하는 것으로 보았다. 그는 영국의 국유화와 시장개입정책이 정권교체 때마다 뒤집혀 큰 혼란과 값비싼 대가를 치른 데 비해, 미국의 1930년대 뉴딜정책과 1950~60년대 시민권정책이 흔들리지 않은 까닭이 양국 양원제의 성격 차이에서 비롯되었다고 진단했다. 라이커는 사실상 단원제에 가까운 약한 양원제를 가진 영국은 정권교체로 정책 뒤집기를 반복했지만, 미국은 지역대표형 상원을 둔 강한 양원제 덕분에 정책의 일관성을 유지할 수 있었다고 설명했다.

2. 국민통합을 위한 지역적 소수의 포용

지역대표형 상원은 동서 지역갈등과 수도권과 비수도권 간 지역갈등을 완화하고 통일 후 남북 간 국민화합을 촉진하는 입법기관으로 활용될 수 있다.

단원제 국회는 동질적 국민의 일반의사가 단일의 의사결정기구를 통해 효과적으로 표출되고 수렴될 수 있다는 논리에 기초한다. 그러나 지역에 강한 연고를 갖는 이질적 집단들로 구성된 국민의 이해갈등은 다수결 원리가 지배하는 단원제 국회에서 조정 · 타협되기 힘들다. 그래서 지역의 소수이익이 다수결 원리로부터 보호받을 수 있는 헌법적 장치가 필요하며, 그 유력한 대안으로 국회에 지역대표형 상원을 설치한다. 이와 관련하여 미국과 스위스의 지역대표형 상원의 기원은 귀중한 교훈을 시사한다.

역사적으로 미국은 지역대표형 상원의 창안 덕분에 만들어진 나라다. 미국의 필라델피아 헌법회의는 아메리카 식민지에 제각기 다른 발전과정을 거쳐 형성된 13개 주가 하나의 국민국가로 통합하기로 협의하는 과정이었다. 이 과정에서 인구가 가장 많은 버지니아는 하원을 국민이 인구비례로 직선하고, 상원을 각 주 의회의 추천 인물 중 하원이 선출하는 방안을 주장했다. 이에 대해 작은 주들은 반발했다. 뉴저지는 작은 주들을 대표해 각 주가 동등한 대표권을 갖는 단방제 국회를 제안했다. 큰 주들은 뉴저지 안을 거부했다. 한동안 교착상태가 이어졌다. 마침내 코네티컷은 하원의원을 인구수에 비례하여 직선하고, 상원의원을 각 주의 인구수와 관계없이 2명씩 주 의회에서 간선하자는 절충안을 제안했다. 헌법회의가 갈등으로 파경에 이를 것을 우려한 주 대표들은 결국 코네티컷 절충안으로 합의했다. 코네티컷 대타협은 미합중국의 탄생을 의미했다. 만일 "미국의 헌법 제정자들이 연방적 지역대표형 상원을 창안하지 못했다면, 미국은 태어나지 못했을 것이고, 따라서 세계 역사는 다르게 전개되었을 것이다"(McClellan, 2000).

미국과 같이 스위스도 건국과정에서 동맹회의를 주도한 큰 캔톤과 작은 캔톤 사이에 심각한 갈등이 빚어졌다. 급기야 1847년 7개의 작은 구교 보수주의 캔톤은 분리동맹(Sonderbund)을 결성하고 동맹회의 도중에 퇴장했다. 이 상황이 계속되는 경우 주변 강대국이 간섭할 것이 분명했다. 이 위기에서 다수세력인 개신교 진보적 캔톤은 분리동맹주들을 무력으로 제압했다. 이 과정에서 진보진영은 약 100명의 희생자를 냈고, 분리동맹은 이보다 적은 수의 희생자를 냈다. 진보진영은 내란을 수습한 후 미국의 양원제를 벤치마킹해 분리동맹에 가담한 7개 캔톤을 포용하는 헌정혁신을 단행했다. 1848년 스위스연방의 출범은 지역적 소수를 포용하는 지역대표형 상원의 갈등해결 및 국민통합 효력이 다시 입증되었다.

지역대표형 상원의 구성에서 지역의 소수를 배려하는 방식은 크게 두 가지다. 첫 번째 방식은 미국과 스위스처럼 모든 지역에 같은 상원의원 수를 배정하는 것이다. 두 번째 방식은 독일처럼 주의 인구수를 다소 고려하여 지역별 상원의원 수를 안배하는 것이다.

3. 국회신뢰의 제고를 위한 비례대표와 숙론

지역대표형 상원은 비례대표와 숙론의 제도설계를 통해 국회에 대한 국민의 신뢰수준을 높일 수 있다.

[그림 7-8] 국가기관에 대한 신뢰도

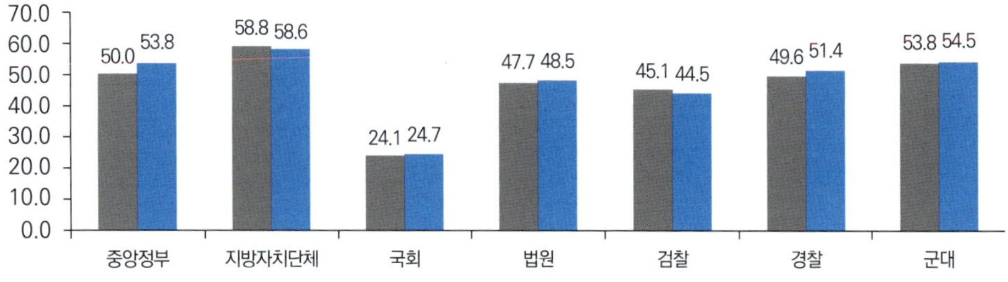

출처: (한국행정연구원, 2023).

2023년 한국행정연구원의 사회통합실태조사([그림 7-8])에 의하면, 국회에 대한 국민의 신뢰도는 10점 만점에 고작 2.0점으로 국가기관 중 최하위로 평가되었다. 응답자 4명 중 3명은 국회를 믿지 못하겠다고 응답했다. 국민이 선출한 국회의 신뢰도는 그렇지 않은 중앙정부 · 법원 · 검찰 신뢰도의 약 절반에 불과했다. 특히 국회의 신뢰도가 다수 국민의 개혁 압박을 받아온 검찰[70] 신뢰도의 절반에 불과한 것은 충격적이다.

우리나라 국회 불신의 심각성은 국제 비교를 통해서도 극명하게 드러난다. 아래 [그림 7-9]에서 보는 바와 같이, 2023년 OECD 회원국 평균의 정부신뢰도와 국회신뢰도는 각각 39.3%와 36.5%로 2.8%p의 격차를 보였지만, 우리나라의 정부신뢰도와 국회신뢰도는 각각 37.2%와 20.6%로 무려 16.6%p의 격차를 보였다. 이처럼 우리나라의 국회신뢰도와 정부신뢰도의 격차가 OECD 회원국 평균 격차의 무려 6배나 되는 까닭은 무엇인가? 국민의 국회불신 이유를 국회의원의 탓으로만 돌릴 수 없다. 1987년 민주화 이후 총선 때마다 거의 절반씩 국회의원 물갈이를 했지만, 국회신뢰도는 오르지 않았다.

[그림 7-9] OECD 국가 중 가장 불신받는 국회, 법원, 검찰(2023년)

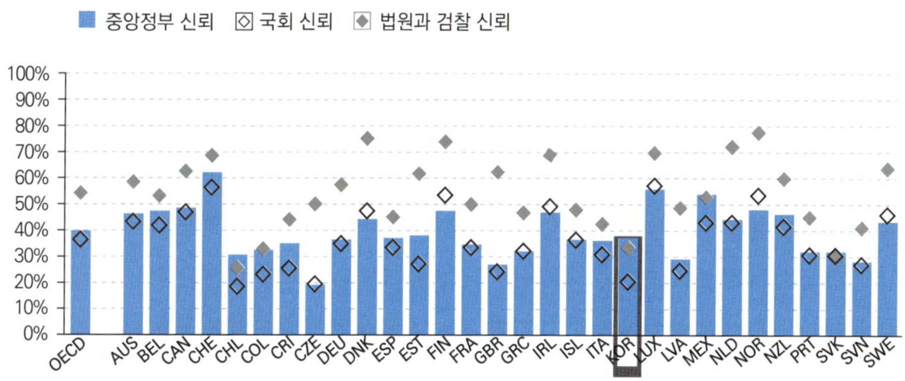

출처: (OECD, 2024).

연구자들은 상원의 정당성을 높이는 방안으로 비례대표선거제 도입과 숙론의 제도화를 제안해왔다. 도널드 셸(Shell, 1999)은 비례대표제로 뽑힌 지역대표형 상원이 "정당의 과두제 지배, 생산적 토론의 부재, 반목과 대립의 정치"에 "열린 토론의 장"을

70 2024년 5월 뉴스토마토가 조사한 결과에 의하면, 응답자의 53.1%는 "검찰의 직접 수사권을 폐지하고 기소권만 가지게 하는 개혁안"에 찬성했다. 반대한 응답자는 29.6%에 불과했다.

만들어줄 것을 역설했다. 메그 러셀(Russell, 2001) 역시 비례대표선거제로 구성된 상원은 “거대 정치세력의 독주를 견제하고 정치세력 간 합의를 촉진함으로써 다수결민주정의 정글정치를 순화한다”고 주장했다.

필자는 셸과 러셀의 상원개혁 방안이 우리나라에서도 타당할 것으로 판단한다. 비례대표선거제를 도입하여 정당 간 적대감과 정치적 양극화를 부추기는 양당제의 폐해를 완화하고, 지역대표형 상원을 창설하여 양원 국회의 입법역량과 행정부 견제능력을 강화하면, 국회신뢰는 한층 높아질 것이다. 아울러 양원제 개헌으로 발생할 추가비용을 국회의원 보좌인력 감축 등으로 전액 보전하여 특권을 내려놓는 모습을 보여준다면, 국회를 보는 국민의 부정적 시선도 크게 개선될 것이다.

Ⅵ. 지역대표형 상원을 둔 준내각제

국회신뢰를 쌓는 더 강력한 방안으로 지역대표형 상원을 둔 준내각제 개헌이 있다. 최근 국제학회는 준내각제를 제왕적 대통령제 개혁의 유력한 대안으로 논의하고 있다.

1. 양원 준내각제

대통령제의 해악 중 하나는 정치의 대통령제화(presidentialization)[71]다. 정치의 대통령제화는 정당을 대통령에게 종속시키고[72] 국회를 정쟁과 언어폭력(때로 물리적 폭력)이 난무하는 대권 진지로 전락시킨다. 반(反)정당주의와 반(反)의회주의를 부추기는 제왕적 대통령제를 고수하면서 건강한 정당과 신뢰받는 국회를 기대하기는 어렵다.[73]

독일 포츠담대 슈테펜 강호프는 양원 국회를 통해 대통령제의 단점인 행정부 일인주의(executive personalism)를 극복할 수 있다고 보았다. 아울러, 양원 국회는 내각제의 권력융합으로 인한 권력분립 상실문제도 해결할 수 있다고 주장했다. 그는 식민지 시

71 정치의 대통령제화는 부실하게 설계된 내각제에서도 “정치적 개인화(political personalization)” 양상으로 확인되지만(Rahat & Kenig, 2018: chap. 9), 제왕적 대통령제에서 극단적 형태로 나타난다.

72 대통령제에서 정당의 대통령화는 야당도 피할 수 없다. 이를테면, 야당에서도 차기 대통령 후보로 유력한 정치인이나 당대표의 1인 지배 현상이 나타난다.

73 정부형태로서 준내각제에 관한 자세한 논의는 이 책 제8장에서 다룬다.

대의 영국식 하원과 미국식 지역대표형 상원이 결합해 탄생한 호주의 양원 국회에서 대통령제와 내각제를 넘어선 "준내각제(semi-parliamentarism)"라는 새로운 정부형태를 확인했다(Ganhof, 2012, 2021, 2024a, 2024b).

준내각제에서 하원은 내각제처럼 총리와 내각의 기원과 생존을 결정한다. 그러나 상원은 대통령제처럼 권력분립의 원칙에 따라 법률과 정책에 대해 거부권을 행사한다. 따라서 하원의 다수를 대표하는 내각은 상원에 발의된 모든 법안과 정책에 대해 주도권을 행사할 수 없다. 내각은 자신의 정책을 추진하기 위해 상원의 정당과 의원을 사안별로 설득해야 한다. 역사적으로 호주는 모국인 영국의 소선거구 다수제 모형에 따라 하원의 다수당이 내각을 구성하도록 했다. 이후 연방국가 수립과 동시에 미국의 지역대표형 상원을 참고해 하원과 거의 동등한 권한을 갖는 직선 상원이 하원을 견제하도록 만들었다(강원택, 2012: 187-204). 이로써 호주의 준내각제는 행정부 일인주의를 피하면서 양원 국회를 통한 권력분립을 달성했다.[74]

강호프(Ganghof, 2014: 66-107)는 여섯 가지 정부형태가 두 가지 민주정치 비전인 단순다수결(simple majoritarianism)과 복합다수결(complex majoritarianism) 실현에 어떤 장단점을 갖는지 분석했다. 강호프의 분석에 따르면, 대통령제는 민주정치 비전 실현에서 가장 열등한 정부형태다. 대통령제는 군주제의 유산인 일인 행정부의 결함으로 정당과 의회의 정책수행능력을 떨어뜨리고 권위주의 독재로 타락하기 쉽다. 아렌트 레입하트(Lijphart, 1992: 13)는 직선 대통령제가 내각제의 행정부보다 국민에게 더 직접적이고 명백하게 책임진다고 보았지만, 현실에서 직선 대통령제는 무책임을 유발하며 오만과 독선에 빠지기 쉽다. 한편 내각제의 간선 행정부는 대통령제의 일인 행정부의 위험을 줄이지만 권력융합으로 인해 권력분립을 희생시킨다. 준내각제는 내각제의 이런 결함을 해결한다. 준내각제는 행정부 일인주의의 위험 없이 권력융합의 문제를 해결하여 순수 내각제보다 단순다수결과 복합다수결의 민주주의 비전을 더 균형 있고 효과적으로 실현한다.

필자는 제8장에서 강한 양원 국회로 대통령제와 내각제의 결함을 모두 극복하는

74 강호프(Ganghof, 2021: 133-137)에 의하면, 단원제 국회에서 큰 규모의 정당 또는 몇 개 정당들의 의원들로 "신임위원회(confidence committee)"를 구성하고 이 위원회가 내각 구성권과 불신임권을 갖는 방식으로도 준내각제의 효과를 얻을 수 있다. 또는 상원을 선거가 아니라 추첨으로 구성해 준내각제의 효과를 거둘 수도 있다(Abizadeh, 2021b)는 견해가 있다.

준내각제를 제왕적 대통령제의 유력한 대안으로 제안한다. 아울러 준내각제의 안정성과 국민화합 능력을 높이기 위해 정부수반(head of government)인 총리와 별도로 정파적 대립에서 벗어나 국가를 대표하고 국민을 통합하는 국가원수(head of state)를 선거인단을 통해 선출하는 방안을 제시한다.

2. 지역대표형 상원을 둔 양원제 설계지침

효과적 양원제를 설계할 때 지켜야 할 준칙과 양원 준내각제의 가능성을 염두에 둔 지역대표형 상원과 하원의 윤곽을 제시하면 다음과 같다.

양원제가 효과적으로 운영되려면 적어도 세 가지 요건을 갖추어야 한다(Russell, 2013; Mueller *et al.*, 2021). 즉 상원과 하원이 거의 균등한 권한을 가져야 하고, 제각기 다른 방식으로 구성되어야 하며, 구성원으로부터 정당성을 인정받아야 한다.

첫째, 상원은 하원에게 국정 책임을 묻고, 의견이 다른 경우 대등한 지위에서 상의하고 타협하며 중대한 사안에 대해 거부권을 행사한다. 균등한 권한을 갖는 양원 간 이견을 좁히기 위해 의안의 왕복 독회, 양원합동회의, 조정위원회 등의 이견조정 절차를 마련한다.

둘째, 상원이 하원의 복사판이 되지 않도록 상원의원과 하원의원의 선출방식을 각각 다르게 정한다.[75] 이를테면, 하원을 소선거구 다수선거제로 구성하는 경우, 상원은 시 · 도별 중대선거구 비례대표선거제로 구성한다.

셋째, 상원이 제 역할을 다하기 위해서는 구성원으로부터 정당성을 인정받아야 한다. 먼저, 일반적으로 임명보다 간선, 간선보다 직선이 상원의 정당성을 높인다.[76] 상원의 정당성을 구성하는 두 번째 요인은 숙론이다. 숙론을 촉진하는 상원은 높은 정당성을 인정받는다. 상원의 정당성을 구성하는 세 번째 요인은 성과다. 상원의 입법활동과 행정부 견제역할이 효과적일수록 상원의 정당성은 높아진다.

넷째, 영 · 호남 갈등과 수도권과 비수도권 갈등 및 지역 분할 어려움을 고려해 상원의원이 대표하는 지역을 현행 17개 시 · 도지역으로 구분하되 과소 지역을 인구비례

75 하원의 선출방식과 같거나 차별화하기 어려운 선출방식으로 구성된 상원은 국민의 다양한 의사를 반영하고 "민주정의 지혜(democracy's wisdom)"를 활용하는 데 도움이 안 된다.

76 그러나 예외적인 경우도 있다. 예컨대, 영국에서 비(非)직선 상원은 종종 직선 하원보다 더 큰 신뢰를 받는다.

보다 우대하는 방식으로 상원의 의석을 배정한다.

다섯째, 의원의 증원과 상원의 창설로 발생하는 모든 경비는 현행 의원 1인당 의정 지원인력 8~9명을 4~5명으로 줄이는 방식 등으로 전액 충당한다.

3. 지역대표형 상원을 둔 양원제

양원제의 설계준칙을 지키며 헌정혁신의 실현 가능성과 향후 준내각제 + 간선 대통령으로 전환될 가능성을 고려한 지역대표형 상원의 기본구조를 제시하면 다음과 같다.

총리와 내각 선출권과 불신임권을 행사하는 하원과 이 밖의 사안에서는 하원과 동등한 권한을 갖고 거부권을 행사할 수 있는 직선 상원으로 구성되는 강한 양원제[77] 국회를 만든다.

양원의 의원정원은 하원 220명과 상원 140명으로 합계 360명으로 한다.

하원은 소선거구 다수제로 선출하는 220명의 국민대표로 구성하고, 상원은 17개 시 · 도별 대선거구 비례대표제로 선출하는 140명(지역대표 104명 + 비례대표 32명)으로 구성한다.

지역대표 상원의원 104명은 인구 1백만 명 이하의 세종과 제주는 각각 3명씩, 인구 9백만 명 이상인 서울과 경기는 각각 12명씩, 나머지 시 · 도는 각각 6명씩 시 · 도별로 선출한다.

비례대표 상원의원 32명은 상원의원선거에서 전국 득표율 2~3% 이상을 올린 정당에게 득표율에 비례하여 배정한다.

모든 공직 후보는 당원의 투표로 결정하고, 이를 위반한 당선은 무효 처리된다. 지역정당제를 도입하고, 위성정당을 금지한다. 4년 임기의 하원의원과 상원의원은 동시선거로 선출한다.

77 양원 간 이중정당성 갈등을 해결하기 위해 상원을 약화하거나 폐지해서는 안 되며, 오히려 하원과 거의 동등한 권한(예: 상원의원의 내각 참여과 거부권 인정 등)을 행사하는 강한 상원과 함께 양원 간 이견조정제도가 필요하다(Ganhof, 2021: 121).

3. 양원의원의 선거제도

하원의원은 소선거구 다수제에 준연동형 비례대표제를 부분적으로 결합한 현행 1인 2표의 혼합제를 그대로 유지하거나 준내각제 설계원리에 더 충실히 부응하여 소선거구 다수제로 전면 개편하여 선출한다.

상원의원은 제한연기투표제(limited voting system) 또는 단기이양투표제(single transferable voting system)로 선출한다. 제2공화국 참의원의원은 제한연기투표제로 선출되었다. 당시 참의원의원은 특별시와 도를 선거구로 하여 각 선거구에서 2명에서 8명이 선출되었다. 제한연기투표제는 유권자가 각 선거구에서 선출되는 당선자 수보다 적은 수의 복수 후보를 선택하도록 하여 득표 순위에 따라 당선자를 결정하는 방식이다. 제한연기투표제는 유권자가 한 선거구에서 여러 명의 후보를 선택하기 때문에 소수정당의 후보도 선택될 가능성이 있어 준(準)비례대표제로 분류되기도 한다. 이 제도는 선거구의 규모가 커질수록 단순다수제보다 비례성을 어느 정도 높일 수 있으며, 단기이양투표제에 비해 운영이 간편하다는 장점이 있다.

지역대표형 상원의원의 두 번째 선출방식은 단기이양투표제다. 중대선거구에 적용되는 단기이양식 선거제도는 유권자가 투표용지에 등재된 후보자 중에서 자신의 선호에 따라 후보 순위를 1, 2, 3 등의 방식으로 적는 제도다. 당선자의 선출방식은 우선 선출의 쿼터(Droop quota)를 정하는 것부터 시작된다. 쿼터는 총 유효투표 수(V)를 선거구의 선발의석 수(S)에 1을 더하여 나눈 값[Q = V/(S + 1)]이 된다. 제1순위의 선호 득표만을 계산하여 정해진 쿼터를 넘으면 당선이 확정된다. 그런데 당선이 확정된 후보가 얻은 득표 중에서 쿼터를 넘는 수만큼의 잉여 득표는 제2순위의 선호에 따라 각 후보자에게 비율대로 이양되고, 득표가 이양되는 방식은 소속 정당과 관계없이 다음 선호로 이어진다. 당선자의 결정방식은 다소 복잡하지만, 유권자의 의사가 충실히 반영되면서 정당의 영향력으로부터 다소 자유롭게 하는 특징이 있어 지연주의(地緣主義) 정당투표의 병폐를 극복하는 데 도움을 준다. 2008년 영국정부는 2008년 백서에서 향후 상원의원을 직선하는 경우 단기이양투표제를 채택할 계획을 발표했다.

4. 양원 간 이견조정제도

양원의 이견조정제도는 지역대표형 상원을 효과적으로 운영하는 데 매우 중요하다. 지역대표형 상원제도의 효과성은 양원 간 이견이 있을 때 상원의 관점이 어느 정도 반영될 수 있는지에 따라 크게 좌우되기 때문이다.

1) 일반의안: 의안을 처음 통과시킨 원으로부터 의안을 전달받은 두 번째 원은 전체 또는 부분적으로 첫 번째 원과 의견을 달리하는 경우 개정안을 작성해 첫 번째 원으로 송부한다. 이런 식으로 양원 간 왕복과정을 2회 거친 후에도 이견을 좁히지 못하면 각원의 재적의원 과반수가 출석한 양원합동회의에서 출석의원 과반수로써 의결한다.[78] 양원합동회의에서 하원의장은 표결권을 가지며, 양원합동회의 의장인 상원의장은 가부동수일 때 결정권을 행사한다. 각원이 의안을 받은 날로부터 휴회기간을 제외하고 60일 이내에 의결하지 않을 때는 이를 부결된 것으로 간주한다. 참고로, 준내각제 국가인 호주에서는 통상적 제도로 이견 조정이 어려운 중대한 사안은 새로운 선거를 치러 양원을 새로 구성하는 방식으로 국민이 직접 결정한다.[79]

2) 예산안: 예산안에 관하여 상원이 하원과 다른 의결을 하였을 때는 하원의 재의에 회부하여 그 의결을 국회의 의결로 한다.[80] 상원이 예산안을 받은 날로부터 30일 이내에 의결하지 않을 때는 이를 부결된 것으로 간주한다.

3) 지역의 이익에 영향을 미치는 의안과 외교 · 국방 · 통일에 관한 의안: 지역의 이

78 제1공화국 제1차 개정헌법(1952. 7. 7.) 제37조는 양원의 의결이 일치하지 않을 때 각원의 재적의원 과반수가 출석한 양원합동회의에서 출석의원 과반수로써 의결하고, 민의원의장은 표결권을 가지며, 양원의장은 가부동수인 경우에 결정권을 가진다고 규정했다.

79 호주헌법 제57조는 양원의 이견조정이 여의치 않을 때 총선으로 양원을 해산하는 이른바 "이중해산(dual dissolution)"을 규정한다. 호주 내각은 상원이 하원 발의의 동일 법안(재정법안 포함)을 첫 번째 거부한 지 적어도 3개월 후 또다시 거부하여 이견조정이 어렵다고 판단하면 총독에게 양원의 해산을 요구할 수 있다. 이 요구에 따라 양원 해산을 수반하는 총선거가 치러진다. 그런데 선거를 통해 새로 구성된 양원에서도 교착상태가 풀리지 않을 경우, 총독에 의해 소집된 양원합동회의—단 참석한 하원의원 수가 상원의원 수의 2배 이상인 조건—에서 그 법안 또는 개정안을 투표에 부쳐 다수결로 최종 의결한다. 그러나 지금까지 양원 간 교착으로 합동회의가 열린 사례는 극히 드물다. 호주의 헌정질서는 이처럼 양원 간 교착을 선거를 통해 국민이 직접 해결한다는 점에서 영국의 "무제한의 법적 의회주권(the unlimited legal parliamentary sovereignty) 개념과 미국의 권리 기반의 법원 중심 헌정질서(the rights-based, court-centered constitutionalism)"와 달리 스위스의 국민투표적 국민주권(referendum popular sovereignty) 헌정질서를 지향한다(Partlett, 2024: 156-181).

80 제1공화국 제2차 개정헌법(1954. 11. 29.) 제37조는 "예산안에 관하여 참의원이 민의원과 다른 의결을 하였을 때에는 민의원의 제의에 부하고 그 의결을 국회의 의결로 한다."고 규정하였다.

익에 영향을 미치는 의안, 즉 국가사무 중 기관 · 단체위임사무와 자치사무에 관련된 의안은 상원에 먼저 부의하여야 한다. 지역의 이익에 영향을 미치는 의안과 외교 · 국방 · 통일에 관한 의안에 대해서 양원 간 왕복과정을 2회 거친 후에도 양원 간 이견이 좁혀지지 않는 경우 양원 동수의 위원으로 구성되는 조정위원회를 개최하여 타협안을 마련한 후 각원에 다시 보내 최종 의결한다. 어느 한 원이라도 반대하면 이 의안은 부결된 것으로 본다. 다만 어느 한 원이 부결된 이 의안의 조기 결정이 필요하다고 선언할 경우 새로운 선거를 치러 양원을 새로 구성하는 방식으로 국민이 결정한다.

조정위원은 17 지역에서 각 1명씩 17명의 상원의원과 정당의석을 고려해 선정된 17명의 하원의원으로 구성된다. 각 지역을 대표하는 조정위원은 지역정부의 의사를 존중하여 자율적으로 협상하고 표결한다. 조정위의 의결은 다수결로 한다. 조정위 회의는 조정위가 공개를 결정하지 않는 한 비공개로 열린다. 조정위는 양원 간 이견이 있는 사안에 대해서만 타협안을 마련한다. 조정위에서 다수결로 의결된 타협안은 각원에 회부되어 수정불가의 조건으로 각각 최종 의결을 거친다. 어느 한 원이라도 반대 의결을 하면 의안은 부결된다.

5. 지역의회의 법안발의권과 지역대표 투표방식

지역의회는 지역에 중대한 영향을 미치는 법안을 상원의원의 소개로 상원에 법안을 발의하거나 위원회와 본회의에 참석해 의견을 개진할 수 있도록 한다. 참고로, 독일에서는 주정부 각료가 상원의원 자격으로 주정부가 작성한 법안을 상원에서 직접 발의할 수 있다. 이 법안은 상원에서 채택되는 경우에 하원에 소개된다. 이 경우에도 역시 주정부 각료인 상원의원이 이 법안을 하원에 소개한다. 이런 헌법적 법안발의권은 주정부 각료인 상원의원에게 다른 사안에 대해서도 하원의 위원회와 본회의에 참석해 의견을 개진할 수 있는 권한으로까지 확대된다(Patzelt, 1999: 58).

지역에 중대한 영향을 미치는 법안의 경우 해당 지역의 상원의원은 지역정부와 상의하여 일괄투표한다. 독일 상원을 벤치마킹해 설계된 남아공 상원은 주에 영향을 미치는 법안과 그 밖의 일반법안으로 구분하고, 주에 영향을 미치는 법안과 헌법개정안은 주의회의 명령과 방침에 따라 지역대표단의 일괄투표한다. 그러나 일반법안에 대해서는 정당노선에 따라 투표할 수 있다.[81] 따라서 주에 영향을 미치는 법안과 헌법개정안이 통과되기 위해서는 9개 주 중 최소한 5개 주의 동의를 얻어야 한다. 다만 남아공의 상원은 독일 상원과 달리 상원의 주대표가 각 주의회에서 정당세력에 비례해 선출되고 주 수준의 반대당원도 포함되기 때문에 상원에서 각 주의 반대당의원의 목소리를 들을 수 있다(Murray, 1999: 92-110).

6. 추가적 지역대표성 강화방안

이 밖에 상원의 지역대표성을 강화하기 위해서는 다음과 같은 추가적 조치가 필요하다.

1) 지역별 의석배치: 독일과 스위스처럼 상원의사당의 의석을 정당별로 배치하지 않고 지역별로 배치하여 의원의 지역별 소속감과 결속력을 높일 수 있다.

2) 상원의원의 지역의회 보고 의무화: 상원의원이 출신 지역의회에 출석하여 의정활동을 보고하는 것을 의무화하는 것도 상원의 지역대표성을 강화한다.

3) 지역정부 · 의회 대표의 상원회의 발언: 지역정부와 지역의회 대표에게 상원회의에 출석하여 발언할 수 있는 권한을 부여한다.

4) 지방정부 대표단의 상근 옵서버: 남아공 상원에서는 의원 간선에 참여하지 않는 지방정부를 대표하여 지방정부연합회(SALGA)가 추천하는 10명의 대표단이 상원회의에 상근 옵서버로 참여해 투표권 없이 발언권과 자문권을 행사한다.

5) 상원의원선거와 지역선거의 동시실시: 상원의원선거를 하원의원선거와 분리하여 지역선거와 함께 실시함으로써 중앙정치에 종속되지 않고 지방의제에 충실한 선거로 만들 수 있다(Doria, 2006: 34-35).

81 독일 상원의 지역대표 역할은 지역대표들의 투표방식에 의해 한층 강화된다. 독일의 주 대표단장은 주 의석수에 상응하는 수만큼의 투표권을 일괄해서 행사한다. 이런 주별 일괄투표는 독일의 상원의원이 각 주의 각료라는 사실을 고려할 때 당연하다. 더욱이, 각 주의 대표단이 상원에서 어떻게 투표할 것인지는 주정부에 의해 정해지지만 흔히 사전에 주정부들이 모여 연방정책에 대한 일반적 입장을 정해 체결한 제휴협정(coalition agreements)에 따른다(Patzelt, 1999: 61).

제8장
대통령제와 내각제를 넘어서

"너희 왕이 너희를 다룰 방법은 이러하리니, (…) 너희 자신은 그의 노예가 되리라."

- 사무엘상 8:17

"우리가 더 도덕적인 사회를 만들려면, 도덕적 인간이 되어 제도도 함께 돌봐야 한다. (…) 계층제의 최정상에 오직 한 명의 수장이 앉아 있는 피라미드모형은 낡았다. 그 결과 우리는 지금 주요 기관에서 신뢰상실의 위기에 직면해 있다."

- 로버트 그린리프

"준내각제는 강한 양원제 의회의 권력분립을 통해 대통령제의 행정부 일인주의 위험을 피하고 내각제의 권력융합 문제를 해결한다."

- 슈테펜 강호프

Ⅰ. 민주공화국의 선출된 왕

우리나라의 민주공화제는 순국선열과 애국지사의 피와 땀과 눈물로 세워졌다. 3·1혁명은 비폭력 독립운동이었지만 엄청난 희생을 수반했다. 7,509명이 죽었고, 15,961명이 다쳤으며, 45,958명이 감옥에 갇혔다. 3·1운동 직후 중국 상하이에 모인 독립운동가들은 임시의정원을 열고 1919년 4월 11일 '대한민국 임시헌장'을 제정·반포했다. 이 헌장 제1조 "대한민국은 민주공화제로 함"은 해방 후 대한민국 헌법 제1조에 그대로 옮겨져 오늘 우리가 그 혜택을 누리고 있다. 한나 아렌트의 '혁명'[82] 기준에 따르면, 이 헌장을 통해 3·1운동은 비로소 5천 년 군주제를 해체하고 민주공화국 헌정질서를 세운 3·1혁명으로 거듭났다.

"대한민국은 민주공화제로 함"에서 민주는 국민이 주인이라는 뜻이고, 공화제는 군주 없이 통치한다는 의미다. 그러니 "민주공화국은 국민이 주인이 되는, 왕 없는 나라임을 거듭 못 박은 것이다"(한인섭, 2019: 6). 1920년 정월 초하루 3·1혁명의 씨앗을 뿌렸고 통합 상해임시정부를 낳은 대한민주공화국의 아버지 도산(신용하, 2021)은 임시정부의 신년 하례회에서 "오늘날 우리나라에는 황제가 없나요?/ 있소./ 대한나라에 과거에는 황제가 1인밖에 없었지만 금일에는 2천만 국민이 모두 황제요"라고 시작하는 축사를 했다.

민주공화국이 진정 '국민이 주인이 되는, 왕 없는 나라'라고 한다면, '선출된 왕'[83]인

82 아렌트는 저항행위가 아니라 그 행위가 새로운 질서를 만들어내는 경우에만 진정한 의미에서 혁명이라고 본다. "억압으로부터 해방이 적어도 자유의 헌법(the constitution of freedom)을 목표로 하는 곳에서만 비로소 혁명에 대해 언급할 수 있다"(Arendt, 2006: 25).

83 군주제에서도 세습 왕 외에 선출된 왕이 있었다. 예컨대, 고대 로마의 왕정 시절 귀족 가문의 가부장들이 선출한 7명의 왕은 민회에서 추인된 것으로 보인다. 유럽의 원시민주정(Urdemocratie)은 귀족적이고 군주적인 특징을 띠고 나타나곤 했다. 따라서 당시 정부형태를 귀족정, 군주정, 민주정 중 어느 하나로 엄격하게 규정하기 어렵다. 지방자유(Gemeindefreight)가 실현된 고대 유럽 여러 곳에서 왕을 주민의 의

대통령은 민주공화국과 어울리지 않는다. 우리는 2022년 대선 TV토론에서 한 후보의 손바닥에 써진 임금 '王' 자를 보고 깜짝 놀랐지만, 본래 대통령제는 군주제의 유산이다(Colomer, 2013: 79-97).

대한민국의 대통령제는 태생부터 순조롭지 않았다. 1919년 이승만은 상해임시정부의 의정원이 자신을 국무총리로 임명한 데 불만을 품고 대통령제를 우겨 관철했다. 2025년 의정원은 결국 그를 탄핵한 다음 처음 계획대로 내각제로 복귀했다. 해방 후에도 이승만은 유진오 헌법기초위원의 간곡한 만류와 국회의원들의 설득에 아랑곳하지 않고 대통령을 고집해 차지하고 독재로 치달았다. 박정희는 5 · 16쿠데타 후 대통령제를 부활시켜 결국 종신 '체육관 대통령'으로 군림했다. 전두환은 군사반란과 광주시민 학살을 자행하며 체육관 대통령이라는 이름의 왕관을 자신의 머리에 씌웠다. 이들의 말로는 비참했다. 역대 다른 대통령들도 영광의 시간은 짧았고, 고통과 불행의 시간은 길었다. 대권 유혹은 마약처럼 강력하다. 대통령의 불행은 국가공동체를 위험에 빠뜨린다. 군주제의 유산인 대통령제는 이미 기원전 380년경 플라톤이 『국가』에서 경고한 망국적 정치 내전의 뇌관이었다(Plato, 2016: bk.7).

한국 정치는 내전 상태다. 정당과 국회는 정파들의 대권 진지가 된 지 오래다. 국회의 특검 요구 특별법안에 대한 대통령의 거부권 남발과 여야의 극단적 대치로 정치는 실종되고 국정은 마비되었다. 선거는 정책경쟁이 아니라 여당의 실정(失政)으로 반사이익을 얻는 네거티브 경쟁으로 타락했다. 한국은 OECD 국가 중 갈등과 정치적 양극화가 가장 극심한 나라다. 한국은 자살률과 노인빈곤율이 OECD 국가 중 가장 높고, 합계출산율이 세계에서 가장 낮다. 정부의 강압적 의사 증원정책은 파국적 의료대란을 초래했다. 기후위기, 연금개혁, 사법개혁, 교육개혁, 언론개혁, 정치개혁 등 중대한 국정 난제는 마냥 방치되고 있다.

오랜 세월 제왕적 대통령제 개혁의 필요성이 제기되었지만, 지난 총선 이후 정치권과 언론이 내놓은 개혁방안은 4년 중임 대통령제 일색이다. 문제는 대통령제 개보수로 대통령제 위험의 근원이 치유되지 않는다는 점이다. 우리나라와 유사한 경험을 해온 브라질은 1997년 5년 단임제를 4년 중임제로 바꿨다가 이제 다시 5년 단임제로 되돌아가겠다고 오락가락하고 있다. 현실주의자들은 그럴지라도 의견조사에서 다수 국민이 직

사에 따라 세우고 그에 대한 저항권을 인정한 전통이 발견된다. 예컨대, 고대 스칸디나비아 법률은 "왕이 법을 어기면, 왕에게 화살을 쏘아야 한다."고 규정했다(Gasser, 2022: 38-39).

선 대통령을 원하니 어쩔 수 없는 것 아니냐고 반문한다. 의견조사 결과는 과연 진정한 '국민의 목소리(vox populi)'인가?

의견조사 결과에서 대통령제를 선호하는 응답이 많다는 이유로 대통령제 고수를 주장하는 것은 무책임하다. 2023년 5월 국회가 실시한 선거제도 공론화 500인회의 결과는 학습과 숙의 및 토론을 거친 공론조사가 의견조사와 얼마나 다른지 보여주었다. 단 2주 동안의 학습과 숙의 및 토론만으로도 놀라운 변화가 일어났다. 사전 의견조사에서 '지역구 의원 수 감소, 비례대표 의원 수 증가'에 대해 27%에 불과하던 선호율은 공론조사에서 70%로 뛰어올랐다. 이는 대통령제에 대한 국민의 선호가 충분한 학습과 숙의 및 토론이 이루어지는 경우 크게 달라질 수 있음을 시사한다. 충분한 학습과 숙의 및 토론을 거친, 그래서 "정보가 충분히 제공된 선호(informed preferences)"라야 진정한 '국민의 목소리'로서 정당성을 지닌다(Beitz, 1990: 179; Murihead & Rosenblum, 2020: 102-103).

이 장의 목적은 제왕적 대통령제 개혁의 대안으로 '준내각제 + 간선대통령제'를 제안하고 그 정당성을 논변하는 것이다. 이를 위해 첫째, 대통령제의 병폐를 국내외 연구성과에 근거하여 논의한다. 둘째, 대통령제 개혁의 대안으로 제시된 내각제와 준대통령제(이원정부제)의 장단점을 검토한다. 셋째, 대통령제와 준대통령제 및 내각제의 약점을 극복하기 위해 최근 슈테펜 강호프가 제시한 여섯 가지 기본 정부형태를 소개한다. 넷째, 이중 주목해야 할 의회-독립정부와 준내각제의 장단점을 평가한다. 다섯째, 제왕적 대통령제의 유력한 대안으로 '준내각제 + 간선 대통령제' 설계안의 대강을 제시한다. 끝으로, 헌정혁신을 위해 극복해야 할 과제와 방안을 논의한다.

Ⅱ. 대통령제, 무엇이 문제인가?

일부 연구자들은 대통령제(presidentialism)의 제도적 틀 안에서 대통령제 개혁안을 모색해왔다. 안용흔(2020)은 결선투표제를 도입해 유력 대통령 후보 수를 증가시킴으로써 협치를 유도할 수 있다고 주장했다. 이선우(2023)는 대통령제의 갈등과 대립을 줄이고 협치를 촉진하기 위해 결선투표제 도입과 비례대표제 확대를 제안했다. 결선투표제 도입과 비례대표제 확대는 대통령제에서 협치를 유도하거나 강제할 수 있다. 그러나 문제는 이들이 전제한 이른바 '다당 또는 연합 대통령제(multiparty or coalitional presidentialism)'[84]가 실제 운용과정에서 지대추구와 부패를 양산하는 기제로 타락한 사례가 매우 많다는 것이다. 브라질, 아르헨티나, 볼리비아, 콜롬비아, 에콰도르, 파나마, 우루과이 등 라틴아메리카 국가와 사하라 이남과 구소련의 다당 대통령제에서 공통으로 확인된 엘리트 지대추구와 부패는 예외적 개인 비리가 아니라 대통령에 집중된 권력으로 인한 견제와 균형의 파괴, 이익집단의 할거(割據), 책임의 실종 등 거버넌스 실패의 결과였다(Mello & Spektor, 2018: 113-128). 한편 박용수(2016)는 제왕적 대통령 폐단이 주로 시행령 등에 대한 재량권 행사와 검찰과 국정원 등 권력기관의 편법 운용에 기인함으로 정치개혁의 초점을 제도보다 세력균형과 정치행태 등 비제도적 측면에 두어야 한다고 주장했다. 비제도적 개혁의 중요성을 강조한 의도를 인정한다. 그러나 비제도적 개혁만으로 대통령제의 병폐를 극복할 수 있을지 의심스럽다.

이처럼 대통령제 유지를 전제한 개혁안의 공통점은 강호프(Ganghof, 2021) 등이 대통령제의 치명적 결함으로 지적한 "행정부 일인주의(executive personalism)"를 개혁 대상으로 삼지 않은 것이다. 과연 행정부 일인주의 위험을 내장한 "대통령이라는 이름의 선출된 왕"(Colomer, 2013; Nelson, 2014; Prakash, chap.1)을 그대로 두고 제왕적 대통령제 개혁이 가능한가?

혹자는 제왕적 대통령제의 문제를 감사원 등의 소속을 국회로 이관하고 연방적 지방분권을 추진하면 대통령의 전횡을 막을 수 있다고 주장한다. 물론 대통령의 권한을 대폭 줄이고 강력한 지방분권을 추진하면 대통령제의 위험성은 줄어들 것이다.

그러나 설혹 이런 고난도의 분권화 개혁이 성공할지라도, 대통령제 위험의 근원은 사라지지 않는다. 우리나라 감사원보다 더 큰 권한을 갖는 미국 연방회계감사원(GAO)은 연방의회 소속이다. 미국 대통령은 예산편성권과 법률안제출권 및 개헌발의권도 없다. 게다가 미국은 주를 대표하는 상원을 둔 지방분권적 연방국가다. 이런 미국에서 대통령제는 20세기 초까지 그럭저럭 큰 무리 없이 작동했다. 그러나 제1, 2차 세계대전과 대공황을 거치면서 대통령의 권한은 급속히 확대되었고, 이어서 대통령제의 결함이 드

84 '다당 또는 연합 대통령제'에 관한 연구는 (Pereira & Melo, 2012: 156-170; Chaisty *et al.*, 2014: 72-94; 정진영 2000: 426-428) 등을 참고할 것.

러나기 시작했다. 닉슨 행정부 시절 대통령의 권한 남용은 "제왕적 대통령"이라는 용어를 만들어냈다.[85] 트럼프 집권 이후 미국은 그동안 근근이 지켜온 '대통령제 위험 예외국가'라는 명성마저 상실했다. 2024년 11월 미국 국민은 4년 전 대선 결과에 불복하며 국회의사당 폭동을 선동한 트럼프를 다시 대통령으로 선출했다. 한때 노예해방의 선봉에 섰던 공화당은 이제 대권 쟁취의 권력투쟁에서 민주정치를 파괴하는 정당으로 타락했다(Levitsky & Ziblatt, 2024). 2024년 7월 1일 『뉴욕타임즈(NYT)』 편집진은 이례적으로 트럼프 재선이 미국과 세계를 심각한 위험에 빠뜨릴 것을 경고하는 특별 공동사설을 발표했다.

대통령제는 1787년 아직 모든 나라가 왕에 의해 지배되던 때 필라델피아에 모인 아메리카 동부 13개 주의 대표들에 의해 창안되었다. 이들은 뛰어난 재능과 덕성을 갖춘 인물들이었으나 앞으로 진행될 민주정부의 변화를 충분히 예견하지 못했고, 공화국 헌법에 관한 지식도 불충분했다. 이들이 생각해낸 공화국 행정부는 의회와 분리된 뽑힌 왕, 곧 대통령이었다.

피라미드체제의 정점에 왕이 군림하면 압제와 착취는 거의 피할 수 없다. 기원전 11세기 사무엘 사사(士師)는 왕을 세워달라는 이스라엘 백성에게 결국 "너희가 그의 노예가 될 것"이라고 경고했다(「사무엘상」 8: 17). 그동안 '선출된 왕' 대통령을 둔 국가들은 거의 모두 독재화와 체제 불안을 겪었다. 도널드 트럼프가 정계에 등장하기 십여 년 전, 그러니까 아직 미국이 대통령제 실패의 "예외" 국가로 인정받던 때, 로버트 달은 대통령제 채택의 안타까움을 이렇게 에둘러 표현했다. "만일 미국의 제헌의회가 30년쯤 뒤 소집되었다면 내각제가 채택되었을 것이다"(Dahl, 1999: 164). 미국 건국의 아버지들은 당시 입헌군주국인 영국에서 행정권이 왕에게서 총리와 내각으로 빠르게 이동하고 있음을 간파하지 못했다. 영국의 내각제는 1810년 즈음에야 자리를 잡았다.

1. 일인 수장제의 함정

리더십 고전인 『서번트 리더십』(1997)을 저술한 로버트 그린리프는 직접 대통령제를 거론하지 않았다. 그러나 도덕적 리더십을 허무는 성향을 지닌 '일인(一人) 수장제'에

85 "제왕적 대통령"이라는 표현은 아더 슐레징거가 닉슨 행정부의 권력남용을 비판해 저술한 책의 명칭(*the Imperial Presidency*)에서 비롯되었다(Schlesinger, 1973).

관한 그의 논의는 대통령제의 위험을 일깨운다. 그린리프는 "삶의 건강성과 온전함에 절대적으로 필요한 희망의 구조적 토대를 다지기 위해서 섬기는 기관(the institution as servant)"을 만들어야 한다고 역설했다. 그는 섬기는 리더십을 촉진하려면 반드시 섬기는 기관을 만들어야 하고, 섬기는 기관을 만드는 지름길은 행정권을 오직 한 사람의 수장(首長)에게 집중시키는 피라미드체제를 '동료 중 수석(primus inter pares)'이 이끄는 동료제(collegial system)로 바꾸는 것이라고 강조했다. 그린리프(1997: 76-79)가 지적한 일인 수장제의 함정은 다음과 같다.

피라미드의 정점에 오른 수장은 친근한 동료의 진솔한 도움을 받을 수 없다. 그의 수하에는 오직 뒤틀리고 여과된 정보만을 전달하는 부하만 존재하기 때문이다.

자기방어적 전지전능한 신 이미지는 비판과 도전을 차단함으로써 일인 수장의 판단을 왜곡시킨다.

피라미드 정상에 홀로 자리한 수장은 종종 아첨하는 측근의 장막에 가려져 오만한 외톨이의 고독으로 고통받는다.

일인 수장은 이론적으로 결단력 때문에 옹호된다. 그러나 현실의 일인 수장은 흔히 고질적 우유부단함과 의사결정 지체로 조직의 활력과 경쟁력을 파괴한다.

권력을 독점하는 일인 수장은 구성원의 자발성과 열정을 고취하는 설득의 리더십을 발휘할 수 없을 뿐만 아니라 구성원의 리더십 훈련 기회를 빼앗아 리더를 고갈시킨다.

일인 수장의 과중한 업무 부담과 정보 부하는 전략적 사고와 창조적 업무수행을 가로막는다.

분주한 일정에 쫓기는 일인 수장은 숙의 토론하고 소통할 여유 없이 압축된 보고와 비서진이 가공한 정보에 기대어 중대한 사안을 결정한다.

일인 수장은 임기 종료 1~2년 전부터 후임자 물색과 함께 레임덕 함정에 빠진다.

통제와 명령으로 지배하는 일인 수장은 사회 전반에 피라미드의 정상을 차지하려는 권력 추구자들의 권력투쟁 문화를 부추긴다.

2. 대통령제의 위험성

미국 예일대학의 후앙 린쯔 등(Linz, 1990a, 1990b, 1994)이 정부형태를 비교한 문헌은 이들이 요즘 우리가 겪는 대통령제의 함정과 정치적 난맥상을 직접 체험하며 연구한 것이 아닌지 의심이 들 정도로 사실적이고 상세하다. 최근 새로운 정부유형 분류를 제시한 독일 포츠담대학의 슈테펜 강호프(Ganghof, 2021, 2024a, 2024b) 등은 대통령제와 준내각제를 집중적으로 비교 · 연구했다. 강호프는 대통령제의 치명적 위험이 근원적으로 한 명의 불완전한 인간에게 너무 큰 권력을 주는 행정부 일인주의에 기인한다고 판단했다. 진지한 연구자와 민주공화국의 시민은 '대통령제가 민주정치에 부적합'하다는 이들의 냉정한 평가를 거부하기 어려울 것이다. 린쯔와 강호프 등이 지적한 대통령제의 결함을 정리하면 다음과 같다.

대통령제에서 대통령과 의회 간 정통성 다툼은 종종 정치를 교착상태에 빠뜨리고 체제 불안을 일으킨다. 대통령제의 이중 정통성 문제는 특히 여소야대의 분점정부(divided government) 상황에서 거부권 남발과 '시행령 통치' 등으로 정치를 마비시킬 수 있다. 이 와중에 사법이 정치를 압도하고 군부나 검찰의 정권 탈취가 발생하기 쉽다.[86]

대통령제의 행정부 일인주의는 반(反)정당주의[87]와 반(反)의회주의를 표방한다. 대통령은 종종 자신의 득표율을 상회하는 권력 착시와 과도한 자신감으로 정당을 비난하고 국회를 무시한다. 그 결과 제 기능을 발휘하지 못하는 미성숙한 정당과 국회는 불신과 멸시의 대상으로 전락하곤 한다.

대통령의 고정된 임기는 대통령의 실정과 폭주를 견제하기 어렵게 만들고, 이로 인해 길고 복잡한 탄핵 갈등으로 체제위기를 겪는다. 탄핵은 보통 법으로 규정된 구체적 이유가 있을 때 가능하다. 정치적 이유만으로 탄핵이 이루어지는 경우는 드물다.[88]

---

86 대통령제는 현직자에 의한 민주정치 붕괴와 퇴행을 초래할 가능성이 매우 높다(Maeda, 2010; Svolik, 2015).

87 반정당주의(antipartyism)는 대통령제의 행정부 일인주의를 정당화하는 유력한 수단이다(Ganghof, 2021: 150). 역사적으로 반정당주의는 두 가지 흐름을 형성했다. 하나는 정치적 다원주의를 전면 거부하고 정당을 어떤 이상적 통일성을 무너뜨리는 주범으로 간주하는 것이다. 다른 하나는 혼합정과 같은 일부 다원주의 정체를 인정하면서도 정당을 분열적 정치를 조장하는 필요악으로 보는 것이다. 정당은 어원적으로 첫 번째 관점을 견지한다. 이를테면 한자 '黨'은 '常(항상 상)'과 '黑(검을 흑)'이 합해진 단어로서 '어둠의 지속'을 의미한다. 전한(前漢) 시대 유학자 동중서는 사상을 하나로 통일해야만 통치의 효율성이 극대화된다고 주장했다. 이른바 '대일통(大一統)' 사상은 황제 한 사람에게 권력을 고도로 집중시키는 중앙집권체제를 이상적 정치제도로 본다. 공산당 일당독재는 대일통 사상의 현대적 변형이다. 오늘날 대통령제의 반정당주의는 대일통 편견과 결합해 정당의 발전을 가로막아왔다. 정당의 민주적 성숙 없이 민주정치의 성숙이 불가능하다면(Muirhead & Rosenblum, 2020: 95-110), 대통령제 개혁 없이 정당정치의 성숙은 기대하기 어렵다.

88 미국의 트럼프 대통령은 두 번이나 탄핵소추를 당했으나 상원의 부결(의원 3분의 2 다수찬성 미달)로 무산되었다.

대통령 단임제나 연임 제한은 임기 중 이룩한 국정성과에 대한 보상이나 문책을 어렵게 만든다. 대통령의 재선이 허용되는 경우에도 대통령의 정치적 실정과 폭주에 대한 책임을 물으려면 임기가 끝날 때까지 기다릴 수밖에 없다. 여당이 대통령 임기 중 중대한 실정으로 총선에서 참패해도 체제위기를 수반하는 탄핵 절차 외에 정권을 교체할 다른 방법은 없다.

장기독재를 방지하기 위해 도입된 대통령 중임제한은 국정운영의 경험과 경륜 축적, 정책의 일관성 유지, 그리고 장기적 관점에서 국정 난제를 해결하기 어렵게 만든다. 4년 중임 대통령제 개헌안도 이 문제를 해결하지 못하기는 마찬가지다.

승자독식의 대통령선거는 흔히 승자와 패자 간 적대감과 심한 갈등과 국민분열을 조장한다. 권력을 독점한 승자와 그로부터 소외된 패자 사이에 사생결단의 암투가 벌어진다. 경쟁은 비난 게임으로 타락하고, 협치는 공염불일 뿐이다.

대통령은 종종 역할갈등을 겪는다. 즉 국가를 대표하고 국민을 통합하는 국가원수의 역할과 한 정당의 정치인으로서 타 정당과 경쟁 · 대결 · 타협하는 정파적 역할 사이에서 갈팡질팡한다.

대통령선거는 종종 이미지 조작과 대중선동으로 정당 경험과 정치 경륜이 매우 짧거나 없는 문외한을 대통령으로 당선시킨다. 문외한 대통령(outsider president)은 종종 여당을 사당화하고 야당을 적대시하며 폭정을 자행한다. 문외한 대통령은 특히 여소야대 상황에서 국회에서 의결된 법률안에 대한 거부권 남발로 국회와 극심한 대결을 일으켜 정치를 마비시키곤 한다. 만일 우리나라가 대통령제를 채택하지 않았더라면, 정치적 경륜이 전혀 없는 문외한 윤석열 전 대통령은 등장하지 않았을 것이다.

대중 선동적 대통령선거와 대통령의 자의적 국정운영은 정치 불안정을 증폭시킨다. 대통령은 오늘은 신이 점지한 인물처럼 추앙받지만, 내일은 무너진 신상처럼 저주를 받기 일쑤다.

대통령제는 강력한 리더십과 안정된 정부를 보장하지만, 내각제는 그렇지 못하다는 통념이 있다. 그러나 현실은 정반대인 경우가 많다.[89] 대통령은 여소야대 상황에서 국

89 영국의 내각제에서는 법률안에 대한 최종 심사권도 의회 상원에 주어져 있으므로 의회가 입법과 행정 및 사법의 전권을 갖는다. 이를 의회주권(parliamentary sovereignty)이라고 한다. 따라서 영국 의회는 헌법재판소와 같은 외부 기관의 개입이나 해석에 구속되지 않고 어떤 법이라도 제정하거나 개정할 수 있다. 다만 과거에 상원의 법률귀족이 맡았던 최고법원 역할을 2009년부터 독립적 대법원이 수행해오고 있다(강원택, 2022: 120-121).

민의 지지율까지 떨어지면 레임덕으로 전락하고 때로는 독재자로 돌변한다.

대통령제의 비대한 비서실은 장관의 역량 발휘를 가로막는다. 대통령제의 장관은 임기가 매우 짧을뿐더러 임기 중에 터득한 경험도 다음 정부로 이어져 축적되지 않는다. 여기에 대통령이 바뀔 때마다 정책 뒤집기를 반복하면, 정부에 대한 국민의 신뢰도와 대외정책의 경우 국가에 대한 국제신인도는 나락으로 추락한다.

'직선 대통령이 더 민주적'이라는 통념이 있다. 이 통념은 대통령의 직접 선출이 민주적 정당성을 보장한다고 가정한다. 그러나 이 가정은 일관된 경험적 지지를 얻지 못했다. 민주적 정당성은 절차의 특징인 직선이 아니라 그 절차가 정치체제 전반에 미치는 효과로 확보된다.

대통령 권력은 흔히 정당과 정치의 대통령제화(presidentialization)를 초래하고, 국회를 대권 쟁취의 전초기지로 변질시킨다. 그리하여 진영 간에 이미 기원전 380년경 플라톤이 『국가』에서 우려했던 "망국적 공직 쟁탈전"이 벌어진다.

Ⅲ. 내각제 또는 준대통령제가 대안인가?

흔히 제왕적 대통령제 개혁의 대안으로 내각제(또는 의회제 parliamentarism)나 준대통령제(semi-presidentialism)가 거론된다. 내각제 또는 준대통령제는 대통령제의 결함을 극복할 수 있는가?

내각제 또는 준대통령제의 장단점을 논의하기 전에 먼저 우리나라 대통령제에 포함된 내각제적 요소를 검토할 필요가 있다. 우리나라 대통령제의 내각제적 요소는 1948년 제헌국회의 헌법기초위원회가 만든 내각제 헌법안이 이승만 국회의장의 완강한 반대로 갑자기 대통령제로 바뀌어 발생한 결과다. 강원택(2022: 90-95)은 현행 우리나라 대통령제의 내각제적 요소로 "대통령을 보좌하며 위임받은 권한을 행사하는 총리, 행정부의 예산안과 법안의 제출권, 대통령의 '실질적' 집권당 지도자, 국회의원의 장관 겸임, 당정회의의 관행, 국회의 총리와 국무위원 해임건의안 의결" 등을 지적한다. 이런 관점에서 우리나라 헌법은 제헌 이후 지금까지 '대통령제와 내각제의 변형된 혼합형'을 규정해왔다고 볼 수 있다. 그러나 실제 운영된 정부형태는 입법부와 사법부를 압도하는 강력한 권한을 갖는 초대통령제(hyper-presidentialism)였다.

이홍구(2017) 전 국무총리는 현행 헌법 제86~89조의 내각제 원리를 충실히 준수하는 방식으로 제왕적 대통령제를 개혁할 수 있다고 주장했다. 이를테면, 국회의원의 광범위한 지지를 받고 국회와 행정부 간 소통을 활성화할 수 있는 인물을 총리로 지명하고, 총리의 국무위원 임명제청권과 해임건의권을 실질적으로 인정하며, 국무회의의 심의과정을 대통령의 독주에 대한 견제와 균형을 잡는 제도로 운영하면 제왕적 대통령제의 많은 문제점이 해결될 수 있다고 보았다. 이 제안은 헌법개정 없이도 현행 헌법의 내각제적 요소를 충실히 준수하면 제왕적 대통령제 개혁이 가능하다는 것이다. 그러나 사실상의 준대통령제 개혁방안인 이 제안은 대통령 권력이 압도하는 현실정치의 벽을 넘지 못했다. 개헌 없이 제왕적 대통령제 개혁은 불가능하다는 것이 중론이다.

1. 내각제의 약점과 보완

내각제는 일인 행정부의 함정을 피함으로써 대통령제의 치명적 결함을 극복하거나 완화한다. 이 점에서 내각제는 대통령제보다 우월하다(Linz, 1990b; Linz, 1994; Ganghof, 2021; 김욱, 2009; 김용철, 2017). 그러나 의회 권력과 행정부 권력을 일원화하는 내각제의 권력융합은 그 대가로 견제와 균형의 권력분립을 희생시킨다. 이런 단점에도 불구하고, 내각제의 다른 약점은 대부분 제도혁신으로 해결되거나 완화될 수 있다. 흔히 지적되는 내각제의 약점은 다음과 같다.

내각제에서 여당은 다수당으로서 행정부와 입법부를 모두 장악하기 때문에 행정부에 대한 입법부의 견제가 현저히 감퇴한다. 이 문제를 해결하기 위해 사법부가 사법심사의 예외 영역인 통치행위의 범위를 좁게 해석하거나 행정부의 재량권 한계를 엄격히 제한할 수 있다. 그러나 이 해법은 사법 기술관료에 대한 민주정치의 우위성을 훼손한다.[90] 순수 내각제의 권력융합이 초래하는 내재적 약점이다.

내각제의 특징인 의회의 내각 신임/불신임권과 총리의 의회 해산권은 프랑스 제3, 4공화국이나 1990년대 이전 이탈리아처럼 국정 불안을 일으킬 수 있다. 독일 내각제는

90 사법부 전횡을 막기 위해 의회의 민주적 우위성을 인정할 때, 토마스 제퍼슨을 비롯한 건국의 아버지들이 우려한 의회 독재의 문제가 발생한다. "권력은 한 사람이 아니라 여러 사람에 의해 행사되어도 줄지 않는다." 의회 독재를 예방하는 유력한 방안으로 뒤에서 논의할 준내각제의 '양원 권력분립'과 함께 국민투표와 국민발안 등 직접민주제를 활용할 수 있다(안성호, 2018: 187-247).

제2차 세계대전 후 이 결점을 '건설적 불신임제'로 해결했다. 건설적 불신임제란 하원이 과반수의 찬성으로 후임 총리를 선출하는 경우에만 현재의 총리를 해임할 수 있도록 하원의 권한을 제한하는 제도다. 독일은 건설적 불신임제 덕분으로 고도의 정치적 안정을 누려왔다. 1949년 콘라드 아데나워 총리 이래 2024년 현 올라프 숄츠 총리까지 단 아홉 명의 총리만 존재했다. 그동안 불신임투표의 성공은 단 한 차례뿐이었다.[91]

내각제는 불비례적 선거제와 결합되는 경우 위기에 빠질 수 있다. 튀르키예와 헝가리의 내각제는 비례대표성이 낮은 선거제도로 득표율보다 많은 의석을 차지한 제1당이 독자적으로 개헌할 수 있도록 만들었고, 이를 견제할 대항 권력이 없는 상황에서 선거독재로 퇴행했다(Cohen, 2024: 5-18).[92] 내각제의 이런 위험은 비례성을 강화한 선거제도로 극복될 수 있다.

그러나 내각제에서 비례성이 높은 선거제도로 군소정당이 난립할 경우, 연합정부 구성은 쉽지 않다. 게다가 간신히 구성한 연합정부는 한두 군소정당의 탈퇴로 붕괴의 위기에 직면할 수 있다. 요즘 이런 위기에 처한 이스라엘 내각제는 민주정치의 퇴행을 겪고 있다.[93] 독일도 바이마르 공화국 때 유사한 위기를 겪었다. 전후 독일은 바이마르 공화국의 경험을 교훈 삼아 5% '선거문턱(electoral threshold)'을 설정하여 이 문제를 해결했다. 선거문턱이란 오직 일정 득표율을 확보한 정당에게만 득표율에 비례해 의석을 배정하는 제도다.[94]

91 영국의 보수당은 1979년부터 1997년까지 18년 간 집권했다. 이어 노동당은 1997년부터 2010년까지 13년 간 집권했다. 이어 보수당이 14년 동안 집권한 후 2024년 총선에서 노동당이 승리해 집권하기 시작했다. 그리고 스웨덴 사민당은 1932년부터 1976년까지 무려 44년 동안 연속해서 집권해 복지국가 모델을 안착시켰다. 내각제에서 합법적 장기집권이 갖는 장점은 국민의 강력한 지지를 받는 정당이 정책을 일관성 있게 추진할 수 있다는 것이다. 이런 장기집권이 부패와 매너리즘에 빠지지 않는 까닭은 내각제가 선출직 공직자들에게 임기와 상관없이 유연하고 신속하게 집권의 성과를 평가하고 그에 상응해 집권 여부로 보상하거나 처벌하기 때문이다.

92 2002년 아직 내각제 국가였던 튀르키예의 제1당 AKP는 34.3%의 득표로 개헌선을 넘는 66.0%의 의석을 얻은 후 개헌을 통해 대통령제로 전환하고 선거독재 국가로 퇴행했다. 2010년 헝가리의 제1당 피데츠는 53.6% 득표로 개헌선을 넘는 68.1%의 의석을 얻은 후 역시 개헌을 통해 핵심 견제기관인 헌법재판소를 무력화했다.

93 단 하나의 선거구에서 국회의원 전원(120명)을 비례대표제로 선출하고, 1.5% 이상 득표한 정당에게 의석을 배정하는 이스라엘에서 2021년 30석을 얻은 리쿠트당은 군소정당을 모아 64석의 불안한 연정을 구성했다. 이후 연정은 중도 노선의 정당 가입과 탈퇴로 불안한 상태로 국정을 이끌면서 부패혐의로 재판중인 네타냐후 총리를 보호하기 위해 사법권을 침해하는 입법을 강행했는가 하면, 연정의 연명을 위해 극우 군소정당의 비타협적 노선에 따라 민간인 살상을 수반한 부당한 전쟁을 계속하고 있다.

94 비례대표제로 인한 군소정당 난립 문제를 해결하기 위해 영국처럼 소선거구 다수제 선거로 하원을 구성

내각제에서는 종종 정치인들 간 막후 협상으로 내각이 구성되기 때문에 선거를 통해 나타난 유권자의 정치적 의사가 왜곡될 수 있고, 또 내각이 어떻게 구성될지 미리 알기 어렵다는 비판이 있다. 그러나 대통령제 역시 이 비판을 피할 수 없다. 대선과정에서 유권자는 내각이 어떤 인물들로 구성될지 거의 알지 못한다. 더욱이 이 비판은 과장된 측면이 있다. 이를테면, 영국의 반대당은 예비내각(shadow cabinet)을 통해, 그리고 독일은 선거 전에 어느 정당과 연립정부를 구성할 것인지 미리 알림으로써 이 문제를 완화해왔다.

내각제에서 의원만 내각의 각료로 임명되어야 한다는 통념이 있다. 그러나 이는 인재의 제한적 등용이라는 단점이 있다. 일본은 이 문제를 해결하기 위해 전체 각료의 절반까지 의원이 아닌 인재를 등용할 수 있다. 영국과 캐나다는 의원이 아닌 인물에게 임명직 상원의원 자격을 주고 각료로 등용할 수 있다. 이탈리아와 오스트리아 역시 의원이 아닌 인물을 총리와 장관으로 임명할 수 있다.

내각제가 정치인들의 뒷거래와 부패를 조장한다는 주장도 있다. 특히 내각제 도입으로 공직 후보의 정당공천을 둘러싸고 '공천 장사'가 만연할 것을 우려한다. 그러나 이 우려는 독일처럼 모든 공직 후보를 당원의 투표로 결정하도록 의무화하고, 여느 선진국처럼 지역정당을 허용하여 경쟁의 진입장벽을 낮추는 등의 정당 민주화로 불식시킬 수 있다.

제2공화국 시절 9개월 동안 다수당인 민주당의 신파와 구파 간 극심한 갈등을 내각제의 내재적 결함으로 오해하는 사람들이 있다. 그러나 민주당은 내각제 도입 전에 이미 분열되어 있었다. 당시 양원합동회의에서 선출된 대통령은 구파를 이끌었고, 총리는 신파를 이끌었다. 민주당은 경쟁하는 두 정당의 지도자가 이끄는 일종의 연합정당이었다(강원택, 2022: 205-207). 게다가 우리는 요즘 정당 간 갈등이 대통령제에서 내전 상태로 치닫고 국민분열을 조장하고 있음을 경험하고 있다. 대통령제는 내각제보다 정당과 리더에 대한 정서적 양극화를 훨씬 더 강하게 부추기는 경향이 있다(Reiljan *et al.*, 2024: 654-670).

남북대치 상황에서 북한의 수령제에 대항할 강력한 대통령제가 필요하다는 주장도 있다. 그러나 요즘 우리는 취약한 지지기반의 결속을 다지기 위해 오히려 위기를 조

하는 경우 국민의 다양한 의사를 국정에 고루 반영할 수 없는 또 다른 문제를 낳는다.

성하는 매우 허약하고 불안한 대통령제를 경험하고 있다. 대통령제는 내각제보다 종종 더 취약하다(Linz & Valenzuela, 1994: 9). 더욱이 영국의 내각과 스위스의 대연정 내각은 전시에도 대통령보다 더 강력한 리더십을 발휘해 위기를 극복할 수 있음을 입증했다. 제2차 세계대전을 승리로 이끈 영국 윈스턴 처칠의 거국내각과 히틀러의 침공 야욕을 꺾은 스위스 7인 대연정 내각은 그 대표적 사례다.

2. 위험하고 불안정한 준대통령제

준대통령제[95]는 행정부 권력을 대통령과 총리에게 모두 부여한 정부형태다(강원택, 2022: 172). 준대통령제는 대통령제와 달리 의회가 내각 불신임권을 가지며, 내각제와 달리 대통령이 실질적이고 강력한 권한을 갖는다.

1980년 모리스 듀베르제의 논문('새로운 정치체제모형: 준대통령정부')이 발표된 이후 대통령제에 내각제를 접목한 준대통령제가 주목을 받아왔다. 오늘날 프랑스 제5공화국(1958~현재) 정부를 준대통령제의 표준모형으로 간주하지만, 준대통령제의 최초 실험은 막스 베버의 제안[96]에 따라 20세기 초반 독일에서 시작되었다. 제1차 세계대전 패전 후 혼란 상황에서 독일의 바이마르 공화국은 1925년부터 대통령을 직선했다. 오늘날 여러 나라에서 채택한 다양한 준대통령제는 바이마르 공화국의 그것과 근본적 차이가 없다.

바이마르 공화국의 직선 대통령은 7년 임기 후 재선에 도전할 수 있었다. 대통령은 총리 임명권을 가졌다. 그러나 내각 선임권을 가진 총리는 의회의 신임을 받아야 했다. 대통령은 총리와 공동 서명하여 의회를 해산할 수 있었다. 만일 총리가 의회 해산을 거부할 때, 대통령은 총리를 교체하여 의회를 해산하고 총선을 실시할 수 있었다. 대통령은 군대 지휘권을 행사하고 비상명령권도 보유했다.

준대통령제는 바이마르 공화국의 실패를 초래한 주요 원인 중 하나였다(Linz &

95 우리나라에서 준대통령제는 흔히 이원정부제, 이원집정제 또는 분권형 대통령제 등으로도 불린다.

96 사민당의 프리드리히 에버트가 의회에서 대통령으로 선출된 후 막스 베버는 『제국의 대통령』(1919)에서 다음 대통령은 "반드시 국민에 의해 직선되어야 한다."고 주장했다. 베버는 제1차 세계대전의 패전과 뒤이은 혁명으로 인한 경제위기를 극복하기 위해서 로마공화정 시대의 국익을 대변하는 '민중민주주의적 독재자(plebiscitarian dictator)'가 필요하다고 판단했다(Alan Lacerda, 2020: 23-25). 베버의 직선 대통령 제안은 당시 프랑스 제3공화국의 간선 대통령과 결합된 내각제의 파행 상황에서 호응을 얻었다. 결국 1925년 바이마르 공화국의 제2대 대통령은 직선되었다.

Valenjuela, 1994: 140-150).[97] 의회의 다수에 의해 대통령의 법안이 부결되자, 대통령이 자기에게 주어진 긴급령과 의회 해산권을 빈번히 발동하여 무리하게 극복하려는 시도가 결국 바이마르 공화국의 붕괴로 이어졌다.

게다가 제1차 세계대전 때 참모총장으로 이름을 떨친 파울 폰 힌덴부르크는 최초의 국민 직선에서 제2대 대통령으로 당선된 후 히틀러의 집권 때까지 연임했다. 그는 강력한 대통령 권력을 보유하고도 히틀러의 등장을 막지 못했고 오히려 대공황의 혼란 속에서 히틀러를 총리로 임명하는 실책을 범했다.

준대통령제는 주로 대통령의 성격과 능력 및 권력의 크기에 따라 대통령제 또는 내각제와 유사하게 운영된다. 준대통령제는 옹호자들의 기대와 달리 역사적으로 대통령과 총리가 함께 정부를 공동 관리하는 절반 대통령제와 절반 내각제로 운영된 사례는 없다(Linz & Valenjuela, 1994: 145). 그동안 프랑스 제5공화국은 대부분 대통령제와 유사하게 운영되었고, 가끔 대통령과 총리가 다른 당 소속인 동거정부(cohabitation government)에서 내각제와 비슷하게 운영되었다. 이런 준대통령제 운영방식은 제3, 4공화국 때 정치의 중심에 있던 의회를 주변부로 밀어내고 선출된 왕인 대통령을 중심으로 정치적 안정을 도모하려던 제5공화국 헌법의 취지에 대체로 부합했다.[98]

준대통령제를 긍정적으로 보는 사람들은 대통령제와 내각제의 장점이 나타나기를

97 히틀러 전체주의 등장은 제1차 세계대전 패배와 그로 인한 막대한 전쟁배상금 부담, 공산혁명 확산에 대한 경계심, 대공황과 살인적 실업률, 바이마르 민주정치에 대한 엘리트의 불신, 극단적 양극화를 억제할 국가기관의 능력 결여, 히틀러의 병적 카리스마뿐만 아니라 정치 불안과 불신을 증폭시킨 정부형태(준대통령제)의 탓도 컸다. 지오바니 사르토리(1997: 128-129)는 특별히 6만 표당 한 석씩 정당에 배정하는 순수 비례대표제로 인한 파편화되고 양극화된 정당체제를 지적했다. 1928년 무려 15개의 서로 다른 정당들이 의회에 진출했다. 게다가 의석을 얻지 못했지만 주요 정당의 표를 갉아먹은 미니정당이 26개에 달했다. 이런 상황에서 힌덴부르크 대통령은 자신이 지명한 총리와 내각이 의회 과반 의석을 확보하기 위해 비상대권을 수시로 발동해 의회를 해산시키고 총선을 실시함으로써 극심한 정치적 불안을 조장했다. 연구자들은 종종 "바이마르 공화국의 '이상적' 민주정이 나치 전체주의를 초래"했다고 주장한다. 그러나 비교정부론의 관점에서 볼 때, 바이마르 공화국의 민주정은 적어도 다섯 가지 결함을 지녔다. 1) 권위주의적 리더의 출현 위험을 내재한 대통령 직선과 대통령의 비상대권, 2) 대통령과 총리 간 권한 구분의 불명확성, 3) 내각의 잦은 불신임을 제어할 '건설적 불신임제' 결여, 4) 군소정당의 난립을 막을 '선거문턱' 결여, 5) 국회가 의결한 법률(예: 수권법)을 폐지하고 플레비시트(plebiscite)의 오용을 막을 '시민-통제 국민투표(citizen-controlled referendum)'의 결여 등이다.

98 프랑스 제5공화국의 선거제도는 소선거구 결선투표제(single-member constituency second ballot system)다. 대통령선거에서는 1차 선거에서 상위 득표자 두 명이 2주 뒤 2차 선거를 치른다. 그리고 의원선거에서는 1차 투표에서 유권자의 12.5% 이상 득표한 후보들이 2차 결선투표를 치른다. 소선거구 결선투표제는 극단적 이념 정당을 걸러낸다.

기대하지만, 현실에서는 오히려 양자의 결점이 드러나기 쉽다. 이를테면, "국제와 국내를 넘나드는 이슈(intermestic issues)"가 일상화된 상황에서 대통령과 총리에게 각각 외치와 내치를 맡기는 방안(양동훈, 1999; 김종갑 · 이정진, 2017; 2014년 국회 헌법개정자문위원회 등)은 비현실적이고 불안정하다. 준대통령제가 대통령제와 내각제를 절충한 형태로 운영되기보다 평소 대통령제로 운영되다가 동거정부 상황에서 내각제로 운영되는 까닭은 대통령과 총리의 분업이 쉽지 않음을 반영한다(강원택, 2022: 211).

권력의 중심이 상황의 변화에 따라 대통령 또는 총리에게 전환되기도 좀처럼 쉽지 않다. 2002년부터 프랑스의 대통령 임기가 5년으로 단축되어 여소야대의 동거정부 등장이 줄었지만, 2024년 7월 총선에서 제3당 소속으로 전락한 마크롱 대통령은 부득이 의회가 선출한 좌파 총리와 불편한 동거를 하지 않을 수 없게 되었다. 과거 세 차례 동거정부 경험에 의하면, 대통령은 주도권을 갖고 국정을 운영하기 어렵다. 향후 프랑스의 국정운영이 어떻게 전개될지 귀추가 주목된다. 만일 직선 대통령이 국가원수로서 자신의 위상과 권력에 집착해 의회 해산권을 무기로 의회와 대립하는 경우, 체제 불안은 피할 수 없다. 물론 이런 체제위기는 대통령과 총리가 같은 정당이나 연정 출신 경우에도 발생할 수 있다.

Ⅳ. 새로운 정부형태 분류

19세기와 20세기 초까지 비교정부론의 관심은 미국의 대통령제와 영국의 내각제에 집중되었다. 1980년 뒤베르제의 논문이 나온 이후 여기에 프랑스 제5공화국의 준대통령정부가 추가되었다. 지금도 비교정부론 교과서는 대통령제와 내각제 및 준대통령제를 표준적 정부형태로 다룬다.

그러나 근래 이와 다른 정부형태에 관심을 기울이는 연구자들이 생겼다. 이들 중 대표적 연구자는 독일 포츠담대학의 슈테펜 강호프다. 강호프는 『대통령제와 내각제를 넘어서: 민주적 설계와 권력분립』(2021)에서 민주적 정부형태가 기본적으로 '행정부의 기원과 생존'의 차이에 따라 달라진다는 점에 착안하여 [표 8-1] 및 [그림 8-1]과 같이 여섯 가지 정부유형론을 제시했다.

[표 8-1] 강호프의 민주적 정부형태

행정부의 일부 또는 전부가 직선되는가?	행정부의 생존이 직선 의회에 달려 있는가?		
	전부	일부	아니요
예	직선총리제 ('92-'01년 이스라엘)	준대통령제 (프랑스 제5공화국)	대통령제 (미국)
아니요	내각제 (영국)	준내각제 (호주, 호주 5개 주)	의회-독립정부 (스위스)

출처: (Ganghof, 2021: 33).

[그림 8-1] 여섯 가지 기본 정부형태

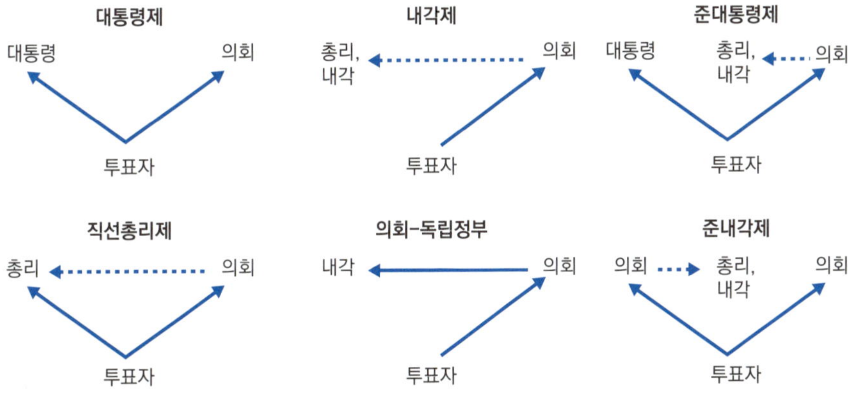

[범례] → : 선거, ⋯▸ : 선거와 해임

출처: (Ganghof, 2024b: 4).

대통령제는 행정부의 일부 또는 전부가 국민에 의해 직접 선출되는 정부형태다. 대통령의 임기는 선거를 통해 결정된다.[99] 따라서 대통령은 오직 탄핵이라는 비상수단에 의해서만 해임된다. 내각제는 총리와 내각의 기원과 생존이 의회의 신임 여부에 의존하는 정부형태다. 준대통령제는 대통령제와 내각제를 절충한 정부형태다. 준대통령제에서 대통령의 선출과 임기는 국민투표로 결정되고, 총리와 내각의 기원과 생존은 의회가 결정한다. 이를 '총리-대통령제'라고 부른다. 하지만 대통령은 [그림 8-1]에 표시되지 않았으나 프랑스처럼 총리를 임명하고 해임할 수 있는 헌법적 권한을 가질 수 있다. 이 경우 '대통령-의회제'라는 준대통령제의 하위 유형이 생긴다.

99 다만 미국에서는 대통령의 선출과 임기가 선거인단의 투표로 결정된다.

위에서 설명한 세 가지 전통적 정부형태 외에도 직선총리제와 의회-독립정부(parliament-independent government) 및 준내각제(semi-parliamentarism)가 있다. 먼저 1992년 도입된 이스라엘의 직선총리제는 내각의 생존을 국회의 신임에 맡기면서도 총리를 국민이 직접 선출하는 정부형태다. 국회의 과도한 분열적 파당주의를 제한하기 위해 도입된 직선총리제는 총리 후보 선택과 정당 선택을 달리하는 분할투표(split-ticket voting) 경향이 나타나 양대 정당의 지위가 오히려 약화된 데다 직선 총리와 야당이 다수인 의회 간 극심한 갈등을 빚어 2001년 폐지되었다.

의회-독립정부는 스위스에서 성공적으로 운용되어온 정부형태다. 양원합동회의가 4대 정당에서 2:2:2:1의 '마법의 공식'에 따라 선출한 7인의 연방내각은 연방의회의 불신임으로 해임되지 않는다. 1848년 스위스는 내각제의 전통에 따라 연방의회가 연방내각을 구성하더라도 연방의회에 의한 연방내각의 불신임을 허용하지 않았다. 아울러 미국의 연방제와 지역대표형 상원을 참고하면서도 전통과 맞지 않는 대통령제 도입은 전혀 고려하지 않았다. 연방내각은 전통에 따라 7인의 동료 각료가 1년씩 돌아가며 각부장관과 '동료 중 수석'의 대통령직을 수행하는 합의제로 운영하고, 연방의회의 불신임 위협이 없는 대신 국민투표와 국민발안 등 직접민주제를 통해 국민과 캔톤에 의해 통제받도록 설계했다.

준내각제는 양원제 의회를 통해 대통령제의 일인 행정부 결점과 내각제의 권력융합 결점을 극복하려는 정부형태다. 호주와 호주 5개 주의 준내각제에서 하원은 내각제처럼 총리와 내각의 기원과 생존을 결정하지만, 상원은 대통령제처럼 권력분립의 원칙에 따라 법률과 정책에 대해 온전한 거부권을 행사한다. 그러므로 하원의 다수를 대표하는 내각은 상원에 발의된 모든 법안과 정책에 대하여 주도권을 행사할 수 없다. 따라서 내각은 자신의 정책을 추진하기 위해 상원의 정당과 의원을 사안별로 설득해야 한다. 역사적으로 호주는 식민지 모국인 영국의 웨스터민스터 모델에 따라 하원의 다수당이 내각을 구성하도록 했다. 이후 독립을 위한 헌법제정과정에서 미국의 연방제와 지역대표형 상원을 벤치마킹하면서 연방하원과 거의 동등한 권한을 갖는 직선 연방상원을 설치하고 대통령 대신 연방상원이 연방하원을 견제하도록 만들었다. 이렇게 호주연방의 정부형태는 행정부 일인주의를 피하면서 양원을 통한 권력분립을 실현하는 준내각제 사

례로 간주된다.[100]

강호프(Ganghof, 2014: 66-107)는 각 정부형태가 두 가지 민주정치 비전인 단순다수결(simple majoritarianism)과 복합다수결(complex majoritarianism)을 실현하는 데 어떤 장단점을 갖는지 분석했다.[101] 대통령제는 민주정치 비전 실현에서 가장 열등한 정부형태다. 대통령제는 군주제의 유산인 일인 행정부의 함정으로 정당과 의회의 정책수행능력을 떨어뜨리고 권위주의 독재로 타락하기 쉽다. 아렌트 레입하트(Lijphart, 1992: 13)는 직선 대통령제가 내각제의 행정부보다 국민에게 더 직접적이고 명백하게 책임진다고 보았지만, 현실에서 직선 대통령제는 무책임을 유발하며 오만과 독선에 빠지기 쉽다. 반면 내각제의 간선 행정부는 대통령제의 일인 행정부의 위험을 감소시킨다. 여기서 한 걸음 더 나아가 준내각제는 행정부 일인주의의 위험 없이 권력융합을 해결함으로써 순수 내각제보다 단순다수결과 복합다수결의 민주주의 비전을 더 균형 있고 효과적으로 실현한다.

Ⅴ. 대통령제와 내각제를 넘어서

대통령제와 준대통령제가 위험하고 불안정하며, 내각제가 권력융합의 내재적 결함을 지닌 제도라면, 그 대안은 무엇인가? 강호프의 정부유형 분류는 두 가지 유력한 대안을 제시한다. '의회-독립정부(의회로부터 독립된 대연정제)'와 '준내각제(직선 양원이 서

100 강호프(Ganghof, 2021: 133-137)에 의하면, 단원제 국회에서 큰 규모의 정당 또는 몇 개 정당의 의원들로 "신임위원회(confidence committee)"를 구성하고 이 위원회가 내각 구성권과 불신임권을 갖는 방식으로도 준내각제의 효과를 얻을 수 있다. 또는 상원을 선거가 아니라 추첨으로 구성해 준내각제의 효과를 거둘 수도 있다(Abizadeh, 2021b)는 견해가 있다.

101 강호프(Ganghof, 2021: 66-86)에 의하면, 민주정치는 '다수결원칙'에 기초해 세워지며, 따라서 민주정치의 비전은 다수결원칙을 반영해야 한다. 민주정치의 비전은 크게 단순다수결과 복합다수결로 구분될 수 있다. 단순다수결은 다수제로 다수 정당을 형성하여 정책을 결정하도록 유도한다(Rosenbluth & Shapiro, 2018). 반면 복합다수결은 비례성이 높은 선거제도로 구성된 정당들이 이슈별 입법연합을 형성해 정책을 결정하도록 유도한다(Ward & Weale, 2010). 강호프에 의하면, 민주적 이상은 단순다수결과 복합다수결을 적절히 결합해 균형을 잡는 정부형태에 의해 실현되는데, 준내각제가 바로 그런 정부형태다. 준내각제는 대통령제의 장점인 권력분립을 양원제 의회를 통해 살리면서 동시에 대통령제의 결함인 일인 행정부의 위험을 피할 수 있다. 준내각제에서 발생하는 양원 간 갈등과 교착은 의회의 중위투표자 입법성향과 양원 간 이견조정제도로 비교적 온건하게 해결된다(Ganghof, 2021: 66-107; Weale, 2024: 244-250).

로 견제하는 준내각제)'가 그것이다.

1. 의회-독립정부

스위스인들은 전통적으로 "개인의 돌출행동과 군주적 · 독재적 성향"을 혐오한다. 1848년 스위스 국민은 7인의 동료제 내각을 연방의회에서 선출하여 대통령제의 결정적 결함인 일인 행정부 문제를 해결했다. 아울러 내각의 구성과 불신임에 대한 상원의 간섭을 배제하여 상원에서 권력분립의 장점인 이슈별 정당연합 입법을 가능하도록 만들었다. 양원 중 한 원에서 과반 다수를 차지하는 정당이 없는 연방의회에서 모든 정당은 승리연합(winning coalition)에서 배제될 수 있다.[102] 따라서 잠시 예외적 시기를 제외하면 1959년 이후 줄곧 4대 동일 정당으로 구성되어온 스위스 대연정을 "과대 연합정부"로 매도할 수 없다. 스위스 연방의회에서 개별 법안은 일반적으로 내각정당 중 일부가 승리연합에서 빠진 상태로 최소승리연합을 이루어 입법된다. 이런 입법 패턴은 스위스에서 가장 중요한 입법행위자들이 중도 노선의 정당들임을 뜻한다. 이런 이유로 스위스 의회독립제는 이슈별 중위투표자 선호에 민감하게 반응하는 입법을 원하는 사람들에게 정치적 평등을 실현하는 이상적 정부형태로 평가받고 있다.

스위스에서 의회-독립 대연정은 양원제 국회와 강한 연방제, 직접민주제, 그리고 평균 10년 이상의 각료재임 전통 등과 어우러져 고도의 정치안정과 경제번영을 일구었다. 의회독립제의 탁월한 성과에도 불구하고, 스위스 정부형태를 채택하는 나라가 드문 까닭은 이런 추가적 제도개혁 부담 때문이다. 그런데 오늘날 우루과이가 라틴아메리카에서 이례적으로 정치안정을 누리고 우량한 경제성과를 거두는 원인이 놀랍게도 스위스 정치체제를 참고한 역사적 유산 때문으로 평가되고 있다(Katz, 2021: 1-23). 우루과이는 1918년 호세 바트예 오르도네즈 대통령의 끈기와 용단으로 스위스의 동료제 연방내각과 직접민주제의 아이디어를 벤치마킹하여 헌정혁신을 이루었다. 이후 우여곡절을 거쳐 비록 순수 대통령제로 복귀했지만 행정권의 공유전통은 아직 남아 있으며, 직접민주제는 면면히 이어지며 중대한 사안을 국민이 결정하는 전통을 준수해왔다. 1세기 이상 지난 오늘날에도 우루과이 국민은 바트예 대통령의 헌정리더십 혜택을 누리며 그를 고마운 정치지도자로 기리고 있다.

102 물론 이것은 양원이 거부권을 행사할 수 없음을 뜻하지 않는다.

2. 준내각제

권력분립의 이점을 누리면서 동시에 일인 행정부의 위험을 피하는 또 하나의 대안적 정부형태는 준내각제다. 강호프는 준내각제를 일인 행정부의 병폐 없이 권력분립의 장점을 살릴 수 있는 가장 유력한 정부형태로 평가한다. 투표자들은 하원과 상원을 각각 불비례적 선거제와 비례적 선거제로 직선하여 권력분립을 이룬다. 그리고 하원에게 총리와 내각을 선출하고 불신임할 수 있는 권한을 부여하여 대통령제의 일인 행정부 결함도 극복하거나 완화한다.

잘 설계된 준내각제는 양원제 국회를 통해 경쟁하는 민주주의 비전인 단순다수결과 복합다수결 간 적정 타협을 도모하고, 대통령제와 내각제 사이에도 적정 타협을 도모한다. 이를테면 투표자들은 단순다수결 비전이 기대하는 바와 같이 다수대표제 선거로 형성된 하원의 안정된 단일정당 내각에게 명백한 행정권을 부여하고 책임을 물을 수 있다. 아울러 상원의 비례성은 복합다수결 비전에 부응하여 입법유연성과 다차원적 정책 선택을 가능케 한다. 단일정당 내각은 자신이 원하는 정책을 추진하기 위해 비례적 선거제로 구성된 상원에서 이슈마다 다른 정당을 설득해야만 한다. 강호프(Ganghof, 2021: 66-129)는 29개 민주국가의 비교분석을 통해 준내각제가 내각제보다 민주적 목표를 달성하기에 유리함을 확인했다.

게다가 준내각제는 행정부의 수직적 지배를 완화하면서 동시에 수평적 정치책임을 강화한다. 더욱이 준내각제는 민주적 퇴행에 효과적으로 대응하고(Ganhof, 2021: 163-166), 강력한 사법심사에 의존하는 대신 내각을 견제하고 문책한다(Ackerman, 2000; Waldon, 2006; Watkins & Lemieux, 2015). 호주의 양원제가 권리의 상세한 헌법적 · 사법적 보호에 의존하지 않고서도 높은 정치적 책임을 확보해온 이유다(Gardbaum, 2014: 636). 이런 논리에 대해 양원제가 슈퍼다수결의 특성을 가지기 때문에(Przeworski, 2010: 142) 사법심사제도처럼 정치적 평등의 가치를 훼손한다는 비판이 있다. 그러나 잘 설계된 양원 내각제는 이런 우려를 불식한다(Ganghof, 2021: 143-144). 이를테면, 하원의 다수인 내각정당은 중도적 이념 공간에 위치하고[103] 상원에서 이슈별로 최소승리연합의 형성에 참여한다. 아울러 하원과 동등한 민주적 정당성과 거

---

103 준내각제는 유권자의 중위 포지션에 근접하는 의사결정을 유도함으로써 양원 간 극단적 이념논쟁과 정치적 양극화를 완화한다(Birch, 2024: 269-272).

의 동등한 권한(예: 상원의원의 내각 참여와 거부권 행사 등)을 갖는 상원은 양원 간 이견 조정제도(shuttle & 'navette' system)로 교착을 예방한다. 이는 마치 대통령제에서 대통령의 거부권이 의회의 단순 또는 절대다수에 의해 거부되는 것과 같다.

요컨대, 준내각제에서 다수제로 뽑힌 하원은 총리를 비롯한 내각을 조각하고 불신임할 수 있는 권한을 가지며, 비례대표제로 선출된 상원은 하원과 동등한 민주적 정당성을 가지고 법안과 정책에 대해 거부권을 행사할 수 있다. 이런 양원 준내각제는 일인 행정부의 결함을 예방한다는 점에서 대통령제와 준대통령제보다 우월하며, 순수 내각제의 권력융합 약점도 극복할 수 있다. 여기에 지역대표형 상원의 도입으로 지역적 소수의 보호, 지방분권과 지역균형발전 촉진, 입법과정의 '성찰과 재고' 기회의 확대 등이 실현된다면(안성호, 2007: 117-142), 양원 준내각제의 장점은 훨씬 더 커진다. 게다가 강호프의 준내각제 아이디어는 소선거구 다수제로 선출된 하원에서 다수당의 단독 집권을 용인함으로써 준내각제 도입에 대한 거대 양당의 저항도 줄일 수 있다.

Ⅵ. '준내각제 + 간선 대통령' 헌정혁신안

의회-독립정부와 준내각제는 모두 대통령제의 일인 행정부 결함을 피하면서 순수 내각제의 권력융합 결점을 극복하려는 정부형태다. 그런데 스위스의 의회-독립정부는 4개 정당을 대표하는 7인의 각료가 매년 윤번제로 대통령직을 맡는 동료대통령은 연방제와 직접민주제와 결합될 때 시너지 효과를 발휘한다. 이 시너지 효과를 거두기 위해 몇 가지 헌정혁신 과제를 동시에 추진하기는 어려운 일이다. 따라서 필자는 이보다 다소 단순한 헌정혁신, 즉 강한 양원제 의회의 권력분립을 통해 대통령제와 내각제의 결함을 동시에 극복하는 준내각제를 제왕적 대통령제의 유력한 대안으로 제안한다. 아울러 준내각제의 안정성과 국민화합 능력을 보완하기 위해 정부수반(head of government)인 총리와 별도로 정파적 대립에서 벗어나 국가를 대표하고 국민을 통합하는 국가원수(head of state)의 역할을 담당하는 독일형 간선 대통령을 선거인단을 통해 선출하는 방안을 제시한다.[104]

104 우리나라 제2공화국은 내각제를 표방했지만 양원합동회의에서 선출된 대통령에게 총리 지명권, 조약 비준권, 선전 포고권, 국군 통수권, 계엄 선포권 등 막대한 권한을 부여했다. 이런 의미에서 제2공화국

1. 준내각제

총리와 내각 선출권과 불신임권을 행사하는 하원과 이 밖의 사안에서는 하원과 동등한 권한을 갖고 거부권을 행사할 수 있는 직선 상원으로 구성되는 강한 양원제[105] 국회를 만든다.

하원은 소선거구 다수제로 선출하는 240명 이내의 국민대표로 구성하고, 상원은 17개 시/도별 대선거구 비례대표제로 선출하는 120명(지역대표 89명 + 비례대표 31명) 이내로 구성한다.

지역대표 상원의원 89명은 인구 1백만 명 이하의 세종과 제주는 각각 2명씩, 인구 9백만 명 이상인 서울과 경기는 각각 10명씩, 나머지 시/도는 각각 5명씩 시/도별로 선출한다. 그리고 비례대표 상원의원 31명은 상원의원선거의 전국 득표율 2~3%를 넘는 정당에게 득표율에 비례하여 배정한다.

모든 공직 후보는 당원의 투표로 결정하고, 이를 어긴 경우 당선은 무효 처리된다. 지역정당은 허용하고 위성정당을 금지한다. 4년 임기의 하원의원과 상원의원을 동시선거로 뽑는다.

하원과 상원 간 서로 경쟁하는, 강한 양원제를 예방하고 조정하기 위한 이견조정제도를 마련한다. 이 제도로도 이견 조정이 어려운 중대한 사안은 호주 사례와 같이 새로운 선거를 치러 양원을 새로 구성하는 방식으로 국민이 직접 결정한다.

의원의 증원과 상원의 창설로 발생하는 추가 경비는 현행 의원 1인당 의정 지원인력 8~9명을 4~5명으로 줄이는 방식 등으로 전액 보전한다.

정부형태는 준대통제의 성격을 띤다고 볼 수 있다. 2016년 대화문화아카데미의 개헌안도 행정집행권은 총리와 내각에 부여하면서도 상당히 강력한 대통령 권한을 제안했다. 이 개헌안은 법안 거부권, 주요 정책에 대한 국민투표를 요구할 수 있는 권한, 법률안 위헌 제소권, 사면권 등을 대통령의 권한으로 규정했다. 필자는 제2공화국과 대화문화아카데미의 대통령 권한이 준내각제와 어울리는 간선 대통령제로서는 너무 비대하다고 판단한다. 향후 이에 관한 체계적 연구와 토론이 필요하다.

105 양원 간 이중정당성 갈등을 해결하기 위해 상원을 약화하거나 폐지해서는 안 되며, 오히려 하원과 거의 동등한 권한(예: 상원의원의 내각 참여과 거부권 인정 등)을 행사하는 강한 상원과 함께 양원 간 이견조정제도가 필요하다(Ganhof, 2021: 121). 양원 간 갈등을 조정하는 이견조정제도에 관한 상세한 내용은 (안성호, 2013: 237-241)을 참고할 것.

2. 간선 대통령

대통령은 하원의원 240명 + 상원의원 120명 + 비례선거인 120명으로 구성된 480명의 선거인단에서 선출한다. 여기서 비례선거인 120명은 각 정당에 상원의원선거의 전국 득표율에 비례해 배정된 선거인단으로 구성된다.

대통령 선거인단은 토론 없이 투표한다. 대통령 후보자 중 과반 득표자가 당선된다. 1차 투표에서 과반 득표자가 나오지 않으면 2차 투표를 실시한다. 2차 투표에서도 과반 득표자가 나오지 않으면 3차 투표에서 최다 득표자가 당선된다.

대통령의 임기는 5년이며, 1회에 한해 재선이 가능하다. 대통령 유고 시 상원의장이 그 직무를 대행한다.

행정부 수반의 권한은 총리가 가지고, 대통령은 외국과 조약체결권, 외교사절의 파견 및 접수권, 법령의 서명 및 관보를 통한 공포권, 선출된 총리에 대한 임명권, 그리고 총리의 제청에 따른 각료 임면권, 판검사와 국가공무원 임면권, 사면권 및 하원 해산권을 갖는다.

대통령은 당파성을 넘어선 '중립적 권력'의 대변자로서 국가를 대표하고 국민을 통합하는 헌법수호자(Verfassungshüter)의 역할을 담당한다.

대통령의 직무수행을 지원하는 사무국에 120명 이내의 직원을 둔다.

Ⅶ. 제왕적 대통령제 개혁의 걸림돌

1. 채 해병 사건의 교훈

2025년 6월 채 해병 순직 사건을 수사할 특별검사가 임명되었다. 이 사건의 자세한 내막은 특검에 의해 밝혀질 것이지만, 사건 발생의 논리 구조는 단순하다.

사건 발생 당시 임성근 해병대 1사단장은 "VIP" 측근을 자처한 이종호의 천거로 3성 나아가 4성 장군 승진을 설레는 마음으로 하루하루 기다리고 있었다. 마침 그때 수해로 인한 실종자를 수색하는 임무가 해병대에 맡겨졌다. 임성근 사단장은 이 기회에 VIP의 마음을 사로잡을 공적을 세우고 싶은 과잉 충성심이 발동했다. 그는 실종자 수색을 명령했다. 그의 관심은 오로지 용산의 VIP에 쏠려 있었다. 수해현장 병사의 위험에 신경 쓸 겨를이 없었다. 갑자기 채 해병이 급류에 휩쓸려 생명을 잃었다. 박정훈 수사단장의 수사결과가 VIP에게 전달되었다. VIP는 임성근 사단장의 문책이 뒤따를 수사단장의 보고서를 전해 듣고 격노했다. VIP의 격노는 수사외압의 원인이 되어 일파만파 오늘의 채 해병 순직 사건으로 비화했다. 법절차를 준수한 박정훈 대령은 보직 해임되었고 항명죄로 기소되었다. 이후 VIP 보호를 위한 은폐와 거짓말이 양산되었다.

권력기관의 속성을 누구보다 잘 아는 윤 전 대통령은 취임 이후 검찰청, 경찰청, 국정원, 군대 등의 고위직 인사를 대폭 물갈이했다. 특히 군대 수뇌부를 이례적으로 전면 교체하면서 승진하는 장군을 부부동반으로 초대하여 융숭하게 대접했다. 임성근 사단장은 해병대 개편계획과 관련하여 VIP의 특별 관리 대상이었던 것으로 보인다.

430여 년 전 임진왜란 때 이순신 장군은 선조의 출전 명령을 어긴 죄로 모진 고문을 받고 옥에 갇혔다. 충신 이순신이 고의로 항명할 리 없었다. 당시 부산에서 거제도 북쪽 해안에 이르는 해역은 온통 왜군 진지로 변해 있었다. 이 상황에서 왕의 명령대로 진격했다간 참패할 것이 분명했다. 그는 필시 "이길 수 없는 전쟁은 군주가 싸우라고 명해도 싸우지 않을 수 있다(戰道不勝 主曰必戰 無戰可也)"는 손자병법을 떠올렸다. 그는 항명죄로 극형에 처할 위험을 무릅쓰고 군대와 백성의 안전을 위해 출전을 미루는 결단을 내렸다. 이에 격노한 선조는 그를 호출해 하옥시키고, 대신 원균에게 출전을 명령했다. 원균 장군은 불리한 전세에도 불구하고 왕의 명령에 따랐고 결국 괴멸했다.

장자크 루소는 『사회계약론』(1762)에서 군주정이 공화정보다 열등한 까닭은 무엇보다 군주제에서는 아첨꾼과 사기꾼, 모사꾼이 출세하는 반면, 공화정에서는 여론이 이런 자들의 고위직 임용을 막기 때문이라고 역설했다(Rousseau, 2010: 39). 제왕적 대통령제는 군주제의 이런 함정으로부터 안전하다고 보기 어렵다. 권력 피라미드의 정상에 앉은 대통령은 현장 상황을 정확하고 세세하게 파악할 수 없다. 대통령제에서 고위직을 추구하는 사람들의 시선은 현장이 아니라 대통령을 향하기 마련이다.

이에 비해 내각과 내각을 구성하는 정당이 집단적으로 권력을 행사하는 내각제는 권력의 일인집중을 완화한다는 점에서 대통령제와 준대통령제보다 덜 위험하다. 사르토리(Sartori, 1994: 102-104)는 총리와 일반각료 간 권력격차를 기준으로 내각제를 세 가지 유형, 즉 보스총리(first above unequals), 총수총리(first among unequals) 및 동료

총리(first among equals)로 구분했다.[106] 보스총리에서 총수총리로, 다시 동료총리로 갈수록 총리와 일반각료의 권력격차는 줄어들고, 권력행사 방식은 지배권력(power over others)에서 공유권력(power with others)으로 점차 이동한다.

[그림 8-2] 정부형태별 권력의 집중과 공유

피라미드체제	동료제
지배권력(power over others)	공유권력(power with others)
← 권력의 일인집중	권력의 집단공유 →
대통령제 — 준대통령제	내각제 — 준내각제

출처: 필자 작성.

준내각제는 하원과 상원 간 권력분립을 통해 세 번째 내각제 유형인 동료총리제보다 권력의 견제와 균형을 한층 더 심화시킨 민주공화적 헌정질서에 부응하는 정부형태라고 볼 수 있다. 이런 '준내각제 + 간선 대통령' 정부에서 채 해병 순직 사건과 같은 피라미드체제의 비극이 발생할 가능성은 희박하다.

2. 누가 제왕적 대통령제를 원하는가?

일반적으로 유력한 대통령 후보는 대통령제 유지에 집착한다. 이승만은 스펙과 인지도를 무기로 제헌헌법 초안의 내각제를 거부하고 대통령제를 고집했다. 박정희는 군사쿠데타로 집권해 내각제를 대통령제로 바꿨고, 전두환은 무력으로 유신독재의 '체육관 대통령'이 되었다. 대권 유혹은 뿌리치기 힘든 마약과 같다. 대권이 눈앞에 어른거리는데 대의(大義)를 위해 대통령제를 포기하라고 요구하는 것은 동물적 인간 본성에 반하는 공허한 구두선(口頭禪)처럼 들린다.

한편 내각제를 주장하는 정치세력은 대통령제의 위험성을 우려하는 사람들과 대선 승리의 가능성이 낮은 후보세력이다. 3 · 1운동 직후 상해임시정부의 대다수 독립투쟁가와 해방 후 제헌헌법 기초자와 대다수 국회의원은 내각제를 당연한 정부형태로 여

106 보스총리는 총리가 다른 각료보다 우위에 위치해 이끄는 영국의 총리를, 총수총리는 총리가 다른 동료 각료와 함께 이끄는 독일의 총리를, 그리고 동료총리는 총리가 다른 동료 각료와 공동으로 이끄는 여느 내각제 국가의 총리를 말한다.

졌다. 자유당 시절 야당은 양원제 국회와 내각제 도입을 원했다. 전두환은 집권 말기 퇴임 후에도 대통령으로 남아 상왕(上王) 행세를 하기 위한 불순한 목적으로 내각제 이용을 고려했다. 이어 노태우 정권은 여소야대를 타개하기 위해 3당을 합당하며 내각제 개헌을 약속했다. 그러나 이 약속은 차기 대선에서 당선이 유력한 김영삼 후보의 반대로 지켜지지 않았다. 김대중 후보는 내각제 개헌을 전제로 김종필 자민련 총재와 DJP 연합정당을 구성했다. 그러나 김종필 총리의 현실주의적 입장 전환으로 내각제 개헌은 무산되었다. 이후에도 꾸준히 내각제 개헌론이 이어졌다. 문재인 전 대통령조차 국회의원 시절 내각제를 대통령제보다 우월한 제도로 평가했다. 지금도 여야를 막론하고 다수 국회의원은 내심으로 국회를 정치의 중심으로 만드는 내각제 개헌을 원할 것으로 추정된다. 그리고 취임 후 줄곧 정치위기에 직면해온 윤석열 전 대통령이 비공식적으로 내각제 개헌을 언급한 적이 있다는 전언도 있다.

당장 내각제 개헌이 실현되기 어렵다면, 차선책으로 4년 중임 대통령제에 내각제의 장점을 접목한 준대통령제 개헌을 주장하는 사람들도 적지 않다. 일반적으로 준대통령제는 제도 자체의 매력보다 대통령제를 주장하는 정치세력과 선거에서 지더라도 국회에서 총리를 선출해 행정권의 부분적 공유를 정치세력 간 타협의 결과로 채택되는 경향이 있다.

3. 브라질의 반면교사

브라질과 한국은 비슷한 시기에 유사한 정치체제를 경험했다. 브라질은 1961년 9월에서 1963년 1월까지, 한국은 1960년 8월부터 1961년 5월까지 내각제를 경험했다. 또 브라질은 1964년에서 1985년까지, 한국은 1961년부터 1987년까지 군사통치를 경험했다. 군사독재를 경험한 브라질과 한국은 5년 단임 대통령제도 함께 경험했다. 다만 브라질은 1988년 5년 단임제를 채택했다가 1997년 4년 중임제로 바꿨으나, 한국은 1987년 5년 단임제를 계속 유지하고 있다.

2024년 총선 이후 정치권과 언론은 제왕적 대통령제 개혁의 방안으로 4년 중임제 개헌을 제안하고 있다. 5년 단임제에서 4년 중임제로 바꾸는 것이 제왕적 대통령제 개혁으로 타당한 것인지 신중한 검토가 필요하다. 이미 20여 년 전 5년 단임제에서 4년 중임제로 바꾼 브라질에서 대통령제 폐단으로 정치적 혼란이 계속되면서 다시 5년 단임제로 회귀하자는 주장이 제기되고 있는 사실을 주목해야 한다.

브라질의 리틀 트럼프로 불리는 보르소나루 전임 대통령은 2018년 대선과정에서 자신이 당선되면 단임제 개헌을 단행하겠다고 약속했다. 하지만 그는 약속을 어기고 재선에 도전하여 룰라에게 패배했다. 2023년 12월 세 번째 임기를 시작한 룰라 대통령도 한때 "국정 전념을 위해 단임제 복귀가 필요"하다고 주장했다. 사실 브라질에서 5년 단임제를 4년 중임제로 바꾼 후 기대했던 정치적 안정과 경제적 발전은 실현되지 않았다. 군사독재 이후 군부의 정치개입이 없어지고 2000년대 전후 잠시 중도적 정치안정을 이루는 듯했으나 "거액월부결제(mensalão)"와 "세차작전(Operation Car Wash)"과 같은 초대형 부패 스캔들이 터지고 정치적 양극화가 진행되는 가운데 2018년 극우 문외한 보르소나루 대통령 집권으로 심각한 민주주의 퇴행과 사회경제적 혼란[107]을 겪었다. 한때 기대를 모았던 브라질의 '다당 또는 연합 대통령제'는 엘리트의 지대추구와 부패 조장, 견제와 균형 파괴, 이익집단 득세, 무책임을 초래한 주요 원인으로 드러났다(Mello & Spektor, 2018: 113-128). 브라질 사례는 5년 단임제를 4년 중임제로 바꾸는 것이 대통령제의 위험성을 막지 못한다는 분명한 교훈을 주었다.

브라질의 경험이 우리에게 주는 또 한 가지 교훈은 대통령제 개혁의 가장 큰 걸림돌은 바로 기존 대통령제에 기득권이 걸린 유력한 정치인과 정치세력이라는 것이다. 브라질은 21년 군사독재 말기인 1985년 대통령 직속 헌법연구임시위원회를 만들어 대통령제 개혁을 논의했다. 이때 내각제 개헌 주장이 제기되었다. 이에 유력 정치인들은 내각제 개헌에 강력히 반발했다. 결국, 이들의 저항으로 대통령제와 내각제를 절충한 준대통령제로 타협되었다. 이에 불만을 품은 사르네이 대통령은 위원회의 '준대통령제' 헌법안을 제헌의회에 제출하지 않았다.

제헌의회에서 다시 대통령제 개혁논의가 시작되자 이미 위원회에서 타협된 준대통령제와 4년 중임제가 부상했다. 그러나 이에 반대한 사르네이 대통령과 새 헌법의 진보적 조항에 반대한 자본가단체의 동맹으로 5년 단임제로 결말이 났다. 대통령제에서 대통령이나 차기 유력 후보가 지지하지 않는 헌법개혁의 어려움을 여실히 보여주었다.

107 2024년 GDP 세계 8위 국가인 브라질의 정부 실패는 심각하다. 인구 2억 1천 6백만 명 중 절반은 기본적 위생시설을 갖추지 못한 빈민가에서 살고 있다. 3천 5백만 명은 깨끗한 물을 마실 수 없다. 정부 세입의 16%에 달하는 높은 공교육비 지출에도 불구하고 학생의 국제시험 성적은 가난한 알바니아와 요르단 수준보다 더 나쁘다. 코비드-19 팬데믹 위기에서 브라질 정부의 처참한 대응능력과 권위주의화에 대해서는 (Avritzer & Rennó, 2021: 442-457)을 참고할 것.

1992년 꼴로르 대통령의 탄핵을 계기로 다시 대통령제 개혁이 개헌 이슈로 등장했다. 이번에는 사르네이 대통령의 무능과 꼴로르 대통령의 탄핵으로 대통령제에 대한 국민 불신이 커진 상황에서 내각제 전환에 국민의 관심이 크게 높아졌다. 그러나 차기 대권 장악을 노린 현실주의자들은 내각제에 대한 국민의 관심을 흐트러뜨리는 묘안을 찾아냈다. 이들은 과거 군사독재와 싸울 때 내걸었던 민주화 구호인 "즉시 직선제(diretas-ja)"를 연상시키는 "언제나 직선제(diretas siempre)"라는 구호를 내걸고 대통령 직선제로 민주정치를 지키자고 선전했다. 아직 대통령 직선제를 민주화 투쟁의 성과로 기억하는 다수 유권자는 유력 정치인들의 '대통령 직선제 = 민주정치'라는 주술에 세뇌되었다. 이런 상황에서 치러진 1993년 국민투표는 대통령제 55.5%, 내각제 24.7% 찬성으로 결말이 났다(정진영, 1997: 51-55).

4. 시민혁명이 필요하다

브라질 국민투표의 교훈은 국가공동체의 미래를 위해 자신의 기득권을 내려놓는 유력 정치인의 헌정리더십과 숙론하고 행동하는 시민비르투 없이 제왕적 대통령제의 개혁은 실현되기 어렵다는 것이다.

미국 제헌의회에 참여한 알렉산더 해밀턴은 「연방주의 논고」(1788) 제1호에서 아메리카 식민지 주민이 "성찰과 선택에 따라 훌륭한 정부를 세울 능력이 있는지," 아니면 "끝없이 우연과 폭력에 의존해야 하는 운명을 선택할 것인지"를 결정해야 하는 역사적 순간에 서 있다고 역설했다(Hamilton *et al.*, 2013: 13). 헌정혁신의 길은 험난하다. 정부형태는 흔히 엘리트들의 권력투쟁과 이해관계에 따라 결정된다. 아직 직선 대통령을 선호하는 사람들이 적지 않다. 게다가 "강력한 지도자"를 바라는 사람들도 2017년 17%에서 2024년 40%로 급증했다. 이런 상황에서 지금 우리는 제왕적 대통령제 개혁이라는 시대적 과제 앞에서 자유와 번영으로 인도하는 "성찰과 선택"의 좁은 문으로 들어갈지, 아니면 기득권 유지에 매달려 "우연과 폭력"이 지배하는 작금의 정치 내란에 계속 휩싸일지를 결정해야 할 갈림길에 서 있다.

우리는 권력이동을 수반하는 헌정혁신이 유력 정치세력의 '기득권 내려놓기' 없이는 한 발짝도 앞으로 나갈 수 없음을 경험해왔다. 민주공화국의 시민혁명이 계속되어야 하는 이유다. 자유헌정질서(constitutio libertatis)로 인도하는 헌정혁신은 좁은 문이다.

우리가 이 좁은 문에 들어가려면, 도산이 평생 목숨을 바쳐 실천한 민주공화국의 대공정신(大公精神)을 실천하는 '섬기는 지도자'의 헌정리더십과 '깨어 있는 시민'의 비르투가 필요하다.

제9장
국민주도 헌정혁신

♦

"헌법은, 그것이 이해되고 승인되고 사랑받을 때, 표준이고 기둥이며 유대다. 하지만 이런 지성과 애착을 상실한 헌법은 허공에 뜬 연이나 풍선과 같다."

– 존 애덤스

"헌법은 정부의 행위가 아니라 정부를 구성하는 국민의 행위다."

– 한나 아렌트

"대한민국은 민주공화국이다. 대한민국의 주권은 국민에게 있고, 모든 권력은 국민으로부터 나온다."

– 대한민국헌법 제1조

Ⅰ. 제7공화국, 국민주도 헌정혁신으로 열자

V-Dem 연구소의 「2024년 민주정치보고서」는 2023년 한국을 독재화가 진행된 42개 국가 중 하나로 진단했다. 한국은 자유민주정치지수(LDI)로 2017년 세계 12위까지 올랐다가 2023년 세계 47위로 급락했다. 이 보고서는 한국을 자유민주국가군에서 탈락할 위험에 처한 나라로 경고했다. 불행하게도 이 경고는 끝내 현실이 되고 말았다. 2024년 12월 3일 밤 윤석열 전 대통령은 비상계엄을 선포했다. 천우신조와 민주시민의 기개로 곧바로 비상계엄이 해제되었다. 그러나 헌정 위기는 이어지고 있다. 국가 쇠망을 재촉하는 정치 내전이 격화되는 가운데 주말마다 탄핵과 내란혐의에 대한 찬반 시위가 격돌하고 있다. 최근 발표된 V-Dem 연구소의 「2025년 민주정치보고서」는 2024년 한국이 끝내 자유민주정 국가에서 선거민주정 국가로 강등되었다고 발표했다.

2016~2017년 촛불집회로 대통령을 탄핵했지만 8년 만에 또다시 전보다 더 혹독한 헌정 위기가 반복된 까닭은 무엇인가? 촛불집회가 새로운 헌정질서를 세우는 데 실패했기 때문이다. 프랑스혁명을 비롯해 러시아혁명과 중국혁명 등 여러 혁명이 실패한 근본 원인은 정당 수뇌부가 권좌와 집권화에 집착하고 권력투쟁에 몰두하면서 정작 혁명의 본령인 '자유헌정질서(constitutio libertatis)'를 세우는 일에 무관심했기 때문이다(Arendt, 2006: chap. 4). 아스팔트 위 시민집회는 오직 "시민의 공적 자유공간을 제도화"하는 헌법개혁을 통해서만 시민혁명으로 거듭날 수 있다.

거대 정당은 기득권 구조를 흔드는 헌정혁신에 저항적이다. 그동안 역대 국회는 정치개혁 및 헌법개정 특위를 만들어 운영했다가 아무런 성과 없이 해산하기를 거듭했다. 스스로 기득권을 내려놓는 정치집단을 기대하기 어렵다. "정당 간 투쟁은 대의(大義) 실현을 위한 투쟁인 동시에 공직 수여권을 쟁취하는 투쟁"인데, 정당은 "관직의 축소를 대의 포기보다 더 심각하게 여긴다"(Weber, 2012: 131-133). 오로지 관직 사냥을 추구하는 정당들이 있는가 하면, 관직의 공유를 암약하는 정당들도 많다.

막스 베버는 근대 정당정치의 이런 당파성을 신념윤리와 책임윤리로 무장하고 소명의 정치를 실천하는 카리스마적 리더가 출현하고 정파로부터 중립적인 전문관료제의 확립으로 극복될 수 있다고 보았다. 그러나 역사는 베버의 기대와 전혀 다르게 전개되었다. 무솔리니, 히틀러, 스탈린, 일제 군부 독재자와 영혼 없는 전문관료제의 결합은 전쟁과 살육, 테러, 공포의 전체주의를 만들어냈다(Arendt, 2016a). 2차대전 후에도 전체주의 망령은 사라지지 않았다(Arendt, 2016b). 요즘 다시 무서운 기세로 '제3물결 독재화'가 진행되고 있다. V-Dem 연구소의 분석에 의하면, 2024년 말 세계 인구의 72%는 독재국가에 살고 있다. 정당 과두제의 타락을 막기에 카리스마적 리더와 병리적 전문관료제는 너무 위험하다. 그렇다면 정당 과두제의 타락을 막는 다른 방안은 없는가?

대의민주제의 핵심 행위자인 정당 과두제의 타락을 막는 안전하고 확실한 방안은 1% 직접참정[108]을 활용하는 것이다. 1% 직접참정 활용으로 대의민주제를 교정 · 보완하여 더 충실한 대의민주제로 만드는 것이다. "진정한 민주정에서 관직은 특권이 아니라 무거운 책임"으로 여겨진다(Rousseau, 2010: 57). 국민주도 헌정혁신은 관직을 출세와 특권의 자리가 아니라 "국민에 대하여 책임을 지는" 봉사자의 자리(대한민국헌법 제7조)로 만드는 출발점이다. "대한민국의 주권은 국민에게 있고, 모든 권력은 국민에게서 나온다."라는 헌법 제1조는 한낱 계몽적 수사가 아니라 실천 명령이다. 우리나라 국민의 86%는 중대한 국정 현안을 직접 결정하길 원하고 있다(OECD, 2023). 대의민주제를 교정 · 보완하는 '1% 직접참정'은 헌법 제1조의 국민주권을 실천하는 지레다.

우리나라는 1948년 처음 헌법을 만들 때나 그 이후 아홉 차례 헌법을 고칠 때도 국민이 주체가 된 적은 한 번도 없었다. 1960년 4 · 19혁명 후 제3차 개헌과 1987년 6월항쟁 후 제9차 개헌은 국민의 열망이 어느 정도 반영되었으나 국민주도 개헌은 아니었다. 지금도 정치권은 개헌을 국민의 의견을 수렴하되 정당이 주도하는 특권으로 여기는 고루한 관념에서 벗어나지 못하고 있다.

시민의 공적 자유공간을 제도화하는 국민주도 헌정혁신을 실현하려면, 헌법개정 국민발안제 도입이 필요하다. 아울러 국민주도 개헌절차법을 제정하고 국민투표법을

108 '1% 직접참정'이란 대의민주제를 근간으로 하면서 중대한 사안에 대해서만 직접민주제를 활용하는 것을 뜻한다. 개방적 직접민주제를 가장 빈번하고 폭넓게 활용해온 스위스의 경우 연방 수준에서 직접입법은 전체 입법의 대략 1%다.

전면개정해야 한다.

이 장은 국민주도 헌정혁신의 논거와 방안을 제시하기 위해 다음과 같은 연구과제를 다룬다. 첫째, 국제적 참여헌정주의(participatory constitutionalism) 동향을 개관한 후 근래 경제적 위기의 극복방안으로 국민주도 헌법개혁을 시도한 아이슬란드와 칠레의 사례[109]를 분석한다. 둘째, 오랜 세월 직접주도 헌정혁신을 추진하여 정치적 안정과 경제적 번영을 누려온 스위스 사례[110]를 살펴본다. 셋째, 아이슬란드와 칠레 및 스위스 사례가 향후 우리나라 국민주도 헌정혁신에 시사하는 교훈을 논의한다. 넷째, 직접민주제를 활용한 국민주도 헌법개혁의 반대 논거를 검토한다. 끝으로, 개헌 국민발안제 도입과 국민투표법의 전면개정 및 국민주도 개헌절차법 시안을 제시한다.

Ⅱ. 국제적 참여헌정주의 동향

'87년 헌법은 대통령 직선제 도입을 위해 민정당과 민주당 각각 4인씩 8인이 2개월 동안 호텔 밀실에서 합의한 결과다. 국민의 참여가 차단된 밀실 회담에서 거대 양당의 이해관계가 관철된 헌정질서, 즉 '소수를 배제한 승자독식 다수제, 지방을 종속시킨 과잉 중앙집권제, 시민을 소외시킨 엘리트지배 대의제'를 특징으로 한 빈약한 민주정이 만들어졌다. 특히 '87년 헌법은 유신헌법으로 폐지된 '선거권자 50만 명 이상의 헌법개정 국민발의권'을 복원시키지 않았다. 또 대통령이나 국회 재적의원 과반수가 발의한 개헌안을 국회 재적의원 3분의 2 이상 찬성으로 의결된 후 국민의 숙론 없이 국민투표에 부쳐 선거권자 과반수 투표와 투표자 과반수 찬성으로 의결하도록 규정(헌법 제128조~제

109 현재 인구 40만 명의 아이슬란드는 1918년 덴마크로부터 독립한 노르딕국가다. 아이슬란드는 2024년 이코노미스트가 발표한 민주정치지수의 순위에서 세계 4위를 기록한 내각제 국가다. 인구 2010만 명의 칠레는 1973년 미국 CIA의 지원을 받은 아우구스토 피노체트 주도의 쿠데타로 1990년까지 군부독재를 겪은 후 민주국가 이행에 성공한 나라다. 칠레는 2024년 이코노미스트의 민주정치지수 순위 32위를 기록한 "흠결이 있는" 대통령제 민주국가다. 참고로, 2024년 이코노미스트는 한국의 민주정치지수 순위를 칠레보다 낮은 34위로 평가했다.

110 스위스는 1848년 연방헌법 제정으로 연합국에서 연방국으로 전환되었다. 스위스는 대의민주제를 근간으로 하면서 코뮌과 캔톤 및 연방 수준에서 직접민주제를 빈번히 활용하는 준직접민주제(semi-direct democracy) 국가다. 아울러 스위스는 국회에서 선출된 4대 정당 소속 7명의 각료가 1년씩 돌아가며 동료대통령직(collegial presidency)을 맡는, 그러나 의회의 불신임을 받지 않는 "의회-독립정부(parliament-independant government)" 국가다.

130조)함으로써 개헌과정에 국민의 의미 있는 참여를 사실상 봉쇄했다.

1980년대 후반 우리나라가 군부독재를 끝내며 제9차 개헌안을 이처럼 엘리트 정치인에 의해 폐쇄적으로 작성한 것과 대조적으로 일부 국가들은 국민참여 헌법개혁을 시도했다(Landmore, 2020: 179). 1986년 니카라과와 1988년 브라질을 선두로 1995년 우간다, 1996년 남아프리카에서 국민참여 헌정혁신이 시도되었다. 1990년대 국민참여 헌법개혁은 국제적 법규범으로 정착되었다(Saati, 2017: 113-136). 2000년대 이런 추세는 더욱 강화되었다. 2007~2010년 케냐, 2008~2015년 네팔, 2008~2023년 아이슬란드, 2009~2013년 짐바브웨, 2011~2014년 튀니지, 2012년 이집트, 2012~2016년 아일랜드, 2015~2023년 칠레는 다양한 형태의 국민참여 헌법 만들기를 추진했다.

이런 참여헌정주의(participatory constitutionalism)의 특징은 개헌의제를 선정하고 개헌안을 작성하는 과정에서 국민이 직접 발언하고 숙론할 기회를 주는 것이다. 참여헌정주의는 엘리트들이 협상을 통해 작성한 개헌안에 대해 국민의 찬반 의사만 밝히는 투표에 참여하거나, 심지어 개헌안을 작성할 헌법회의를 구성하는 선거에 참여하는 것만을 의미하지 않는다. 참여헌정주의는 헌법안 자체의 내용과 형식에 대한 국민의 직접적 영향력 행사를 겨냥한다.

2000년대 이후 참여헌정주의에 몇 가지 변화가 있었다. 첫째, 새로운 정보기술을 활용하여 참여를 확대했다. 아이슬란드, 아일랜드, 이집트, 튀니지 등은 대면 접촉과 우편을 통한 오프라인 참여에 의존한 과거 방식에서 탈피해 크라우드소싱(crowdsourcing)을 통한 온라인 참여로 대규모 국민의 참여를 유도했다.

참여 확대는 헌법의 정당성을 높이는 장점 외에도 "다중의 지혜(wisdom of crowds)" 활용이라는 이점도 있다. 특히 아이슬란드와 아일랜드는 국민을 정보와 지식의 원천으로 인식하고 헌법개혁에 광범위하게 참여시키고자 노력했다. 이른바 지식민주정치(epistemic democracy) 개념은 국민의 참여권 인정을 넘어서 정책성과를 높이는 "열린 정부(open government)"의 실현이라는 점에서 참여헌정주의의 중요성을 일깨웠다(Ladmore, 2020: 181).

새로운 참여헌정주의의 두 번째 특징은 참여의 확대와 함께 "공적 대화(public dialogue)"의 활성화를 도모한 것이다. 아이슬란드와 칠레는 국민의 일방적 자문이 아니라 국민과 헌법안 작성자 간 및 국민 상호 간 쌍방적 대화를 통해 숙론을 유도하려고 노력했다. 이런 숙의민주정치(deliberative democracy) 관점은 컴퓨터 알고리즘에 의한 허위조작정보의 양산으로 정치적 양극화와 진영 간 정치 내전이 벌어지는 요즘 더욱 절실해졌다.

2000년대 이후 참여헌정주의의 세 번째 특징은 직선 헌법회의나 추첨으로 뽑힌 시민의회가 개헌의 의제를 설정하고 헌법안을 직접 작성하도록 시도한 것이다. 이 시도는 정당의 영향력을 감소시키고 통상의 입법을 넘어선 국민주도의 헌정혁신을 추진하려는 선의에도 불구하고 공식적 결정권을 보유한 엘리트 정치인의 무관심과 거부로 실패할 개연성이 높다(Choudhry & Tushnet, 2020: 175). 아이슬란드와 칠레는 확립된 공식적 국민참여 개헌절차 없이 헌법개혁을 추진한 결과 실패했다(Heiss & Suárez-Cao, 2024: 282-285; Welp, 2024: 259-262). 최종 결정권을 가진 엘리트의 기득권을 내려놓게 만드는 개혁이 얼마나 어려운지 확인시켜주었다.

Ⅲ. 아이슬란드의 국민주도 헌정혁신 시도

1. 개관

2008년 가을 아이슬란드는 4개 국립은행의 붕괴를 신호로 재정위기에 봉착했다. 2008~2009년 겨울 '냄비와 팬'을 든 시위대는 아이슬란드 국회 앞 광장에 모여 정부의 무능과 부패를 비판했다. 2009년 봄 정권교체로 몇 년간 헌법개혁을 주장해온 좌파 연합정부가 집권하면서 국민주도 헌정혁신이 탄력을 받았다.

2009년 한 시민단체가 제1차 국민포럼을 구성했다. 국민포럼(National Forum)은 추첨으로 선발된 1,200명, 이익집단, 사회단체 대표 300명으로 구성되었다. 국민포럼의 162개 원탁에서 논의된 결과는 국민에게 공개되었다. 제1차 국민포럼의 논의결과는 새로운 헌법의 필요성을 재확인했다.

2010년 6월 집권한 사회민주동맹(SDA)은 좌파녹색운동(LGM)과 연합정부를 구성하고 개헌절차법(Act on Constitutional Assembly)을 제정했다. 이 법에 따라 2010년 11월 국회가 임명한 헌법위원회는 무작위로 국민위원 950명을 선발해 제2차 국민포럼을 구성했다. 국민포럼의 임무는 개헌초안의 작성에 참고할 정부조직과 헌법에 관한 국민의 주요 관심과 강조점을 정리하는 것이었다. 국민포럼은 하루 동안의 브레인스토밍 후에 7명 전문가의 도움을 받아 8개 주제별로 정리한 보고서를 작성했다.

2010년 11월 개헌초안을 작성할 25명의 헌법회의(Constitutional Assembly) 위원을 뽑는 선거가 있었다. 25명의 헌법회의 위원 중 40%를 여성 몫으로 할당할 만큼 진보적 색채가 강한 헌법회의가 구성되었다. 그러나 2011년 1월 대법원은 헌법회의 위원의 선출과정에 절차적 하자가 있다는 이유[111]로 선거결과를 '무효'로 판결했다. 국회는 대법원의 판결에도 불구하고 이미 선출된 위원 25명을 재임명하는 방식으로 명칭을 "헌법평의회(Constitutional Council)"로 바꿔 출범시켰다.

헌법평의회는 헌법초안 작성작업을 12차례 온라인에 게시해 크라우드소싱으로 의견을 수집했다. 관심이 있는 사람은 누구나 페이스북과 트위터 같은 소셜미디어 플렛폼에 댓글을 올려 피드백을 보낼 수 있었다. 헌법평의회 회의는 실시간으로 생중계되었다. 그리고 평의원의 인터뷰가 유튜브 등에 주기적으로 올려졌다. 결국, 대략 6,000개의 댓글이 온라인에 게재되었다. 댓글에 응답해주는 방식으로 쌍방 대화가 이루어지는 경우가 많았다. 헌법평의회는 크라우드소싱을 통해 총 323개의 제안을 수용해 소위원회에서 논의했다.

2011년 7월 헌법평의회는 4개월 동안 작성한 개헌초안을 국회에 제출했다. 국회는 헌법감시위원회(Constitutional and Surveillance Committee)를 설치하여 개헌초안에 대한 의견을 수렴하고, 2012년 10월 개헌초안에 대한 국민의 평가를 묻는 자문형 국민투표를 시행했다. 투표율 49%를 기록한 국민투표에서 투표자의 73%는 헌법평의회의 개헌초안을 지지했다.[112]

하지만 국민투표 후 총선 전까지 6개월 동안 국회는 개헌을 진척시키지 않았다. 오히려 총선이 다가오자 지금까지 개헌을 지지하던 일부 여당 의원마저 국내외 법률 전문가의 비판과 경제계의 우려를 핑계로 헌법평의회의 개헌초안에 대해 회의적 입장으로 선회했다.

2013년 4월 총선에서 진보 연정에서 보수 연정으로 정권교체가 이루어졌다. 집권

111 보수 야당인 독립당의 관계자 3명은 투표절차에 위법이 있었다고 대법원에 제소했다.

112 찬성률이 높았던 여섯 가지 질문은 개헌초안을 비롯해 도·농 간 의석수 불평등을 해소하기 위한 1인 1표원칙(67%), 천연자원의 공적 소유(83%), 총선 주기의 단축(78%), 국민소환권(73%), 국교지정(57%)이었다.

한 보수 연정은 이전 진보 연정이 추진한 헌법개혁을 중단했다. 이후 부분개헌 논의가 이따금 이어졌다. 이런 상황에서 2016년 보수 연정의 총리가 부패 추문으로 갑자기 물러나면서 헌법개혁에 관한 관심이 되살아났다. 그러나 헌법개혁은 2016년 총선과 2017년 총선에서 핵심 선거 쟁점으로 부상되지 않았다.

2017년 새 정부의 총리는 공론조사(deliberative poll)를 활용한 새로운 개헌절차를 밟겠다고 선언하고 개헌작업을 재개했다. 국회와 정당의 개헌논의가 다시 시작되었다. 개헌시민단체는 정부와 국회가 2012년의 국민투표 결과를 이행할 도덕적 · 정치적 책임이 있다고 주장했다. 2022년 수도 레이캬비크의 도로 곳곳에는 "헌법개혁이 어디로 갔는가?"라는 구호를 내건 개헌시민단체 벽보가 나붙었다. 2010년 재정위기로 촉발된 "새로운 아이슬란드" 헌정혁신 이야기는 15년이 지난 지금도 진행 중이다.

2. 실패요인

아이슬란드는 2010년 금융위기의 여파로 분출한 사회적 분노와 기존 정치권에 대한 불신을 배경으로 국민 스스로 새 헌법을 만들려고 시도했으나 15년이 지난 지금까지 헌법개혁을 이루지 못했다. 아이슬란드 헌법개혁의 실패 원인을 정리하면 다음과 같다. 첫째, 절차적 하자와 정당성 훼손의 문제가 있었다. 아이슬란드 대법원은 2010년 11월 실시된 헌법회의 위원을 뽑는 선거를 투표용지 기밀누설 등의 문제로 무효로 판결했다. 이로 인해 국민이 직접 뽑은 헌법회의는 해산되었다. 국회는 당초 '국민이 선출한 회의'를 '국회가 임명한 자문기구'로 변경하고 선거에서 뽑힌 25명을 개명한 헌법평의회 위원으로 임명했다. 보수 야당 등 반대세력은 이를 인정하지 않고 반발했다. 제1야당은 개헌과정 전반에 필리버스터와 지연전략 등으로 방해했다. 개헌에 대한 국민의 의견도 찬반으로 양분되었다. 절차상 흠결은 개헌의 정당성을 크게 훼손시켰다.

둘째, 개헌초안 작성에 최종 입법권을 갖는 정치인과 정당의 참여가 배제되었다. 개헌작업을 기성 정치권 바깥에서 진행하려던 접근이 현실 정치와 충돌을 일으켰다. 아이슬란드의 개헌안은 국회가 개헌안을 두 차례 승인해야 효력이 발생한다. 초안작성에서 배제된 국회는 혁신적 내용을 담은 헌법평의회의 개헌초안을 수용할 정치적 유인이 부족했다. 개헌초안은 개헌을 주도해온 여당의 일부 의원마저 입장을 변경했고, 정치세력 간 합의를 유도하는 노력이 부족한 가운데 보수 야당의 강한 반대로 끝내 국회 문턱을 넘지 못했다.

셋째, 개헌초안의 내용과 형식에 대한 논란이 개헌의 발목을 잡았다. 헌법평의회는 국민포럼이 작성한 보고서에 기초하고 크라우드소싱으로 수집한 국민 의견에 대해 공개 토론을 벌였다. 2011년 7월 헌법평의회는 헌법초안을 마련했다. 이 헌법초안은 다수 국민과 국제사회의 찬사와 함께 회의적인 평가도 받았다. 아이슬란드의 법조계와 유럽평의회 베니스위원회는 이 초안의 조문체계와 새로운 제도의 복잡성과 비일관성, 기존 체제와의 비정합성 문제 등을 지적했다. 이런 비판은 보수 세력의 반대 논리에 힘을 실었다.

넷째, 국민참여 헌법개혁을 추진한 진보 연합정부의 미온적 태도와 의지 부족이 문제였다. 진보 연합정부는 헌법평의회로부터 접수한 헌법초안을 어떻게 처리할지 명확한 입장을 정하지 못하고 머뭇거렸다. 무려 1년 동안 지체하다 2012년 10월 권고적 국민투표를 시행했다. 투표자의 3분의 2가량이 헌법평의회의 헌법초안을 지지했으나 법적 구속력이 없는 국민투표에 불과했다. 더구나 국민투표 문항 설계의 모호성으로 인해 해석 논쟁을 불렀다. 결국, 2013년 4월 총선을 앞두고 충분한 토론과 조정이 이루어지지 못한 채 시간만 흘렀다. 선거 이후 들어선 보수 연합정부는 헌법평의회의 개헌초안을 공식적으로 폐기했다.

다섯째, 유권자의 변덕을 실패의 원인으로 지적하는 연구자도 있다. 재정위기의 고비를 넘기자 헌법개혁에 대한 국민의 관심이 떨어진 데다 2013년 총선에서 헌법개혁을 반대해온 보수 진영에게 정권을 넘겨준 민심 변화가 실패의 원인이라는 것이다.

Ⅳ. 칠레의 국민주도 헌정혁신 시도

1. 개관

1980년 아우구스토 피노체트 군사독재(1973~1990년) 치하에서 제정된 칠레 헌법은 그동안 몇 차례 일부 조항을 제거하는 개헌이 있었으나 그 골격이 민주화 이후에도 그대로 유지되었다. 2019년 산티아고 지하철 요금 인상으로 촉발된 대규모 시위는 불평등을 구조화시킨 신자유주의적 헌법의 전면개정 요구로 이어졌다(Couso, 2024: 3-5).

2019년 12월 국회는 극우 공화당과 공산당이 기권한 상태에서 새로운 개헌절차를 규정한 개헌안을 의결했다.

2020년 10월 실시된 국민투표에서 78%의 국민은 헌법개정의 추진과 직선 헌법회의(Constitutional Convention)의 구성에 찬성했다. 극우 공화당과 공산당 이외에 보수와 진보 및 중도 성향의 유권자는 모두 국민주도 헌법개혁을 지지했다.

국회가 마련한 헌법회의 운영규칙은 매우 자세하고 엄격했다. 개헌안의 각 조항은 재적 위원 3분의 2 찬성으로 채택하도록 요구되었다. 헌법회의의 개헌안 작성에 외부의 개입은 금지되었다. 다만, 헌법회의의 재적 위원 4분의 1 이상은 다수가 이 규정을 제대로 준수하는지 5인의 대법원 판사 패널에게 판결을 요구할 수 있었다.

코로나 팬데믹 때문에 연기된 헌법회의 위원선거가 2021년 5월 시행되었다. 헌법회의 위원구성에 세계 최초로 양성 동수제와 전체 위원의 12%에 달하는 17명의 원주민 할당제가 적용되었다. 선거결과는 놀라웠다. 당선된 155명의 헌법회의 위원 중 105명이 정치 경험이 없는 무소속 시민 후보였다. 무소속 위원이 각 조항을 확정 짓는 특별다수결 정족수를 넘은 것이다. 이들은 기존 정치권에서 소외되었던 정치 신인으로서 대체로 진보적 성향을 띠었다. 헌법회의 의원선거에서 보수 진영은 거부권을 행사할 수 있는 50석 당선을 목표로 선거운동을 폈으나 고작 20석을 얻는 데 그쳤다. 실망한 보수 진영은 헌법회의를 회의적인 시각으로 바라보기 시작했다.

헌법회의는 2021년 7월부터 2022년 7월까지 1년 동안 개헌안을 작성했다. 헌법회의는 다양한 목소리를 내는 진보적 성향의 무소속 위원과 진보 정당 소속의 의원에 의해 주도되었다. 많은 국민은 이들의 당파적 태도를 신랄히 비판하는 보수 언론의 보도를 접하며 헌법회의에 대한 부정적 인식을 굳혀갔다. 보수 진영의 소외와 냉소 속에서 작성된 진보적 개헌안은 기존 헌법의 중앙집권적 신자유주의 헌정질서를 대폭 수정하여 낙태, 건강, 교육, 사회복지 분야의 사회권 강화와 지방분권을 포함했다. 개헌안의 조항 수가 기존 헌법의 129개 조항에서 387개 조항으로 늘어났다.

2022년 9월 4일 헌법회의가 작성한 헌법안 승인 여부를 묻는 국민투표가 시행되었다. 의무투표제 도입으로 86%의 사상 최고의 투표율을 기록한 국민투표에서 뜻밖에 투표자의 62%가 반대해 개헌안을 부결시켰다. 앞선 국민투표에서 압도적 다수의 찬성으로 구성된 헌법회의가 만든 개헌안이 부결되는 이변이 생긴 것이다. 의무투표제의 도입으로 평소 정치에 무관심하던 유권자가 대거 투표에 참여한 것도 개헌안 부결에 일조했다. 결국, 칠레는 직선 헌법회의의 헌법안을 국민 손으로 폐기한 몇 안 되는 사례 중 하나가 되었다.

개헌안이 부결된 후에도 헌법개혁의 국민적 요구는 사라지지 않았다. 과반의 국민이 개헌을 원한다는 여론조사 결과가 발표되었다. 정치권은 수개월 동안 협상을 벌인 후 다시 새로운 개헌절차를 밟기로 합의했다. 이번에는 극우 공화당도 협상에 참여했다. 합의된 개헌절차는 절차적 규제조항과 함께 개헌기구를 규율하는 12대 원칙을 포함했다.

2023년 3월 국회는 진보와 보수 각 12명씩 헌법학자와 법조인, 전직 정치인, 사회과학자 등을 전문가위원회 위원으로 임명했다. 동년 5월 국민 직선으로 55명의 헌법평의회(Constitutional Council) 위원을 선출했다.[113] 선거결과, 극우 공화당 후보가 22명이나 선출되는 이변이 발생했다. 다른 보수당 후보의 당선자를 합하면 보수 위원이 전체 55명의 위원 중 34명에 달했다. 이번에는 보수 진영이 5분의 3 의결정족수를 크게 상회하는 압도적 다수가 된 것이다.

헌법개혁을 반대해온 극우 공화당 후보가 대거 당선된 까닭은 칠레의 극우화와 관련이 있다. 헌법평의회 위원의 극우화 현상은 선거운동이 마약밀매 범죄와 치안, 이민자 급증 등 안보 이슈에 압도된 상황에서 벌어졌다. 헌법평의회가 진보 위원이 전문가위원회의 조언을 무시할 수 있는 다수를 이룬 데다 견제 역할을 해주길 기대했던 절차점검위원회(Technical Admissability Committee)[114]조차 좌우 진영으로 양분되었다. 이런 상황에서 제1차 개헌안에 담겼던 진보적 의제가 대부분 삭제된 반면, 시장 친화적인 신자유주의적 의제를 비롯해 낙태를 전면 금지하는 태아 생명권, 주택보유세 폐지, 원주민 공동체 규정의 삭제 등과 같은 극우와 보수 성향의 개헌안이 작성되었다.

2023년 12월 실시된 국민투표 결과, 56%의 투표자는 개헌안에 반대했다. 3년에 걸친 칠레의 개헌 노력은 진보와 극우·보수의 양극단을 오가다 끝내 무산되고 말았다. 개헌을 핵심 공약으로 내걸었던 가브리엘 보리치 대통령은 임기를 마치는 2026년 3월까지 제3차 개헌을 추진하지 않겠다고 발표했다.

113 헌법평의회는 전문가위원회가 작성한 개헌초안에 기초해 개헌안을 마련하는 임무를 맡았다. 전문가위원회와 헌법평의회의 조항별 의결정족수는 종전 재적위원 3분의 2에서 재적위원 5분의 3으로 완화되었다.

114 국회가 지명한 14명의 절차점검위원회는 12대 개헌 원칙의 준수를 감독했다.

2. 실패요인

2002년에 이어 2023년 공들여 마련한 국민주도 개헌안이 국민투표에서 부결된 이유를 정리하면 다음과 같다. 첫째, 지나치게 급진적인 개헌안에 대한 국민의 우려가 컸다. 개헌안은 칠레 사회에 오랫동안 억눌려왔던 사회적 정의와 포용적 가치를 반영했으나 일부 조항의 과도한 급진성이 다수 국민에게 거부감을 주었다. 예컨대, 칠레를 다민족 국가로 선언하고 원주민 자치를 보장한 조항은 단일국가 정체성에 익숙한 유권자들에게 개헌안 전체에 대한 부정적 인식을 심어 놓았다. 이 밖에도 교육 · 의료 · 주거 등에 대한 사회권 보장, 환경 의무의 강화, 상원의 폐지 등 광폭의 헌정질서 변혁에 대한 두려움을 자극했다. 보수 진영은 "너무 유토피아적이고 현실과 동떨어진 헌법안"이라고 비판했다. 중도적 유권자들도 경제적 불확실성과 기존 질서의 불안정을 초래할 수 있다고 우려했다.

둘째, 직선 헌법회의와 헌법평의회가 이념적 색채가 강한 인사들로 구성됨으로써 헌법개혁을 지지하는 연합세력 형성과 정치적 양극화 극복을 어렵게 만들었다(Couso, 2024: 9-13). 2022년 구성된 헌법회의에서 보수 정당의 의석이 전체 155석 중 20석에 불과했다. 중도 · 우파 세력이 헌법안 작성 과정에서 사실상 거의 영향력을 행사하지 못하는 구조였다. 보수 정당과 보수 유권자들은 자신들의 목소리가 반영되지 않은 헌법안이라며 처음부터 강하게 반대했고, 심지어 중도좌파 내부에서도 일부 조항에 대한 이견으로 찬반이 갈렸다. 협상과 타협을 순수성의 포기로 간주하는 무소속 인사의 강경한 태도가 반대와 이견을 조정 · 포용하고 헌법개혁을 지지하는 연합세력의 형성을 방해했다. 헌법회의는 정당과의 관계를 단절하는 관점에서 설계되고 운영되었다. 국회는 오직 개헌 프로세스를 설계하고 국민투표를 소집하는 역할만 했다. 다수의 무소속 정치신인으로 채워진 헌법회의는 정당과 더욱 멀어졌다. 2023년 구성된 직선 헌법평의회는 거꾸로 극우와 보수가 다수를 차지했다. 그 결과 이번에는 극우 보수적 성격의 개헌안이 만들어졌다. 결국, 정당과 거리를 두었으나 정당 구도의 이념적 대결이 연장된 직선 개헌기구는 정치적 양극화의 벽을 뚫기는커녕 확대 재생산했다.

셋째, 개헌기구의 경직된 절차규칙은 생산적 대화를 가로막았다. 이를테면, 2022년 개헌안 조항의 표결에서 재적 위원 3분의 2 이상 찬성요건은 온건한 진보와 온건한 보수의 생산적 대화에 걸림돌이 되었다. 온건한 진보가 온건한 보수와 협상을 벌여 일부라도 타협하는 경우 강경한 진보의 합의 파기를 우려했다. 더구나 조항마다 요구된 3분 2 의결정족수는 최종 개헌안 심의과정에서 조항 간 협상과 타협의 여지를 없앴다. 결국, 3분의 2 의결정족수 요건은 온건한 진보와 온건한 보수의 생산적 대화를 차단하여 개헌안에 대한 광범위한 지지연합 형성을 어렵게 만들었다(Ginsburg & Álvarez, 2024: 182-191). 2023년 개헌안 조항의 의결정족수가 재적 위원 5분의 3으로 완화되고 다수의 횡포를 막기 위한 제도보완이 이루어졌으나 위원의 진영 간 갈등의 극복에는 역부족이었다.

넷째, 헌법회의에 대한 신뢰에 상처를 입히는 추문이 발생했다. 헌법회의의 일부 위원의 일탈 행동은 국민의 신뢰를 떨어뜨렸다. 예컨대, 한 의원이 백혈병 투병 중이라고 속여 동정표로 당선된 사실이 밝혀졌다. 언론에 대서특필된 이 사건은 헌법회의의 도덕성을 실추시켰다. 게다가 회의 진행 중 일부 급진 성향 의원의 과격한 발언과 예의에 어긋나는 행동이 개헌에 회의적이었던 보수 언론의 집중 조명을 받으면서 헌법회의에 대한 불신을 키웠다.

다섯째, 개헌안에 대한 숙론의 부족과 허위조작정보의 위험을 피하지 못했다. 보수 우파의 레거시 미디어는 개헌반대 캠페인으로 국민투표 부결을 이끌었다. 게다가 소셜 미디어 등을 통해 퍼진 가짜뉴스와 과장된 주장이 개헌안에 대한 공포감을 조장했다. 심지어 개헌안이 주택과 연금기금의 개인 소유권을 박탈하고 낙태를 권장한다는 허위조작정보가 나돌았다. 미국의 국회의원까지 허위조작정보를 사실로 믿고 개헌안 반대를 부추겼다. 결국, 불평등을 조장하는 신자유주의적 피노체트 헌법의 개혁은 극우적 보수 진영의 허위정보의 덫에 걸려 좌절되고 말았다.

여섯째, 2022년 의무투표제 도입으로 정치에 무관심한 유권자가 투표에 참여하여 투표결과의 보수화를 부추겼다. 의무투표제는 투표율을 85%로 끌어올렸다. 그렇지 않아도 개헌안의 급진적 전면 개혁에 막연한 불안감이 조성된 상황에서 평소 정치에 무관심하고 변화에 둔감한 다수 유권자가 투표에 참여했다. 당초 개헌을 원했던 다수 유권자가 개헌을 주도한 진보 진영의 소극적이고 안일한 대처 속에서 보수 진영의 조직적인 반대 캠페인과 허위조작정보의 영향으로 개헌안 반대투표로 돌아섰다.

Ⅴ. 스위스의 국민주도 헌법개혁과 직접민주제

1. 개관

스위스는 150년 이상 직접민주제를 활용해온 나라로서 국민이 헌법개정에 직접 참여하는 전통이 확립되어 있다. 연방 차원에서 헌법을 개정하려면 반드시 국민투표를 거쳐야 하며, 국민은 헌법개정 국민발안권을 발동해 스스로 개헌안을 제안할 수도 있다.

[표 9-1] 스위스의 개헌 국민발안제와 국민투표제

제138조 (연방헌법의 전면개정을 위한 국민발안)

① 투표권을 가진 10만 명의 국민은 그들의 발안이 공고된 날로부터 18개월 이내에 연방헌법의 전면개정을 제안할 수 있다.

② 이 발안은 국민투표에 회부한다.

제139조 (연방헌법의 부분개정을 위한 국민발안)

① 투표권을 가진 10만 명의 국민은 그들의 발안이 공고된 날로부터 18개월 이내에 연방헌법의 부분개정을 요구할 수 있다.

② 연방헌법의 부분개정을 위한 국민발안은 일반적 제안 또는 구체적 초안 형식을 취할 수 있다.

③ 그 발안이 형식과 주제의 일관성을 결하거나 국제법의 명령규정을 위배하는 경우, 연방의회는 그 발안의 전부나 일부를 무효로 선언한다.

④ 연방의회가 일반적 제안 형식의 발안을 승인하는 경우 발안에 기초해 부분 개정안을 작성해 국민과 캔톤의 투표에 회부한다. 연방의회가 발안을 거부하는 경우 국민투표에 부치고, 국민은 발안의 채택 여부를 결정한다. 국민이 발안의 채택을 결정하는 경우, 연방의회는 발안의 취지에 맞는 개헌안을 작성한다.

⑤ 구체적 초안 형식의 발안은 국민과 캔톤의 투표에 부친다. 연방의회는 발안의 채택 또는 거부를 권고한다. 연방의회는 발안에 대한 대안을 제시할 수 있다.

제139조b (국민발안과 대안에 관한 절차)

① 국민은 발안과 대안에 동시에 투표한다.

② 국민은 발안과 대안에 모두 찬성할 수 있다. 국민은 두 제안이 모두 채택되

는 경우 둘 중 어느 제안을 더 선호하는지를 묻는 세 번째 질문에 응답할 수 있다.

③ 세 번째 질문에 대한 응답에서 두 제안 중 하나가 국민으로부터 더 많은 표를 얻고, 다른 하나가 캔톤에서 더 많은 표를 얻은 경우, 세 번째 질문에서 국민득표율과 캔톤득표율을 합해 더 높은 총 득표율을 기록한 제안이 효력을 발생한다.

제140조 (필수적 국민투표)

① 다음 사항은 국민투표와 캔톤투표에 부쳐진다.

a. 연방헌법의 개정;

b. 집단적 안전보장기구 또는 초국가적 공동체 가입;

c. 헌법조항에 의거하지 않고 유효기간이 1년을 초과하는 긴급 연방법률; 다만, 긴급 연방법률은 연방의회에서 통과된 때로부터 1년 이내에 투표에 부쳐진다.

② 다음 사항은 국민투표에 부쳐진다.

a. 연방헌법의 전면개정을 위한 국민발안;

b. 연방의회에서 부결된, 일반적 발안 형식의 부분개헌 국민발안;

c. 양원의 의견이 일치하지 않는 전면개헌 여부

출처: 2025년 스위스 연방헌법.

10만 명의 국민은 연방헌법의 전면개정이나 부분개정을 원하는 경우 발안이 공고된 날로부터 18개월 이내에 서명을 모아 개헌안을 발의할 수 있다. 10만 명의 국민 외에도 연방의회[115]와 연방정부도 연방헌법의 개정을 요구할 수 있다. 연방헌법의 개정안은 국민투표에 부쳐져 투표자의 과반수와 26개 캔톤의 과반수, 즉 이중 다수(dual majority)의 찬성으로 확정된다.

스위스는 대의민주제를 근간으로 하면서도 직접민주제를 매우 빈번하게 활용해온 준직접민주제(semi-direct democracy) 국가다. 스위스의 직접민주제는 코뮌과 캔톤 수준은 물론 연방 수준에서도 국민을 정치의 주체로서 영향력을 행사하도록 만들었다. 연방 수준의 직접입법 건수는 연방의 전체 입법 건수 중 1% 정도에 불과하나 스위스의 정치 전반을 국민의 뜻에 충실히 복무하는 숙론민주정으로 변경시켰다. 1948년 스위스 연방 출범 이후 2025년 2월까지 총 690건의 국민투표가 시행되었다. 이 중에서 537건

115 양원이 연방헌법 전면개정에 합의하지 못할 경우, 국민은 전면개정 여부를 결정한다. 전면개헌이 국민투표로 결정되면, 선거를 통해 양원을 새로 구성한다(스위스 연방헌법 제193조 제2항과 제3항).

(78%)이 1950년 이후에 실시된 것이다. 지난 75년 동안 평균 매년 7건의 안건이 국민투표에 부쳐진 셈이다.

[표 9-2]는 2015년부터 2024년까지 10년 동안 스위스에서 시행된 국민투표 건수를 보여준다. 10년 동안 83건의 국민투표가 시행되었다. 매년 8.3건의 주요 국정 이슈가 국민투표에 부쳐진 셈이다. 83건의 국민투표 중에서 55건인 3분의 2가 개헌 국민투표였다. 55건의 개헌 국민투표 중에서 39건인 71%가 국민발안에 의한 개헌 국민투표였고, 나머지 16건인 29%가 연방의회(내각)가 제기한 개헌안에 대한 국민투표였다. 국민발안제가 국민주도 헌정혁신의 가장 중요한 수단임을 알 수 있다.

그런데 국민발안과 관련해 흔히 제기되는 의문은 국민발안의 낮은 채택률이다. [표 9-2]에서 보는 바와 같이 2015년부터 2024년까지 10년 동안 국민발안의 채택률이 약 10%(39건 중에서 4건)에 불과하다.[116]

[표 9-2] 2015년~2024년 스위스 국민투표 건수 (단위: 건)

연 도(년)	헌법개정 국민투표				기타 국민투표		합 계
	국민발안		연방의회(내각)				
	승인	부결	승인	부결	승인	부결	
2015	-	4	1	-	1	-	6
2016	-	9	-	-	2	2	13
2017	-	-	1	3	1	2	7
2018	1	4	1	-	1	-	7
2019	-	1	-	-	2	-	3
2020	-	4	-	-	3	2	9
2021	1	5	-	1	3	2	12
2022	1	2	1	-	4	3	11
2023	-	-	3	-	-	-	3
2024	1	6	2	3	-	-	12
합 계	4	35	9	7	17	11	83

출처: 필자 작성.

그러나 낮은 채택률만 보고 개헌 국민발안의 중요성을 간과해선 안 된다. 개헌 국

116 1891년 도입된 후 2025년 2월까지 134년 동안 국민발안의 채택률도 11%(= 26/231 × 100)다.

민발안의 영향력은 국민발안이 연방입법에 미치는 간접효과를 종합적으로 고려해서 평가해야 한다. 국민발안이 연방입법에 미치는 간접적 효과는 세 단계를 거쳐 나타난다(안성호, 2018: 241-242). 첫 단계는 국민발안위원회가 18개월 동안 10만 명의 서명을 받고 또 1~2년 동안 이어지는 국민투표운동 과정에서 제도정치권이 공식적 정책의제로 다루지 않은 주요 사안을 국민에게 알리고 설득하는 과정이다. 상당수 국민발안은 최종 채택이 아니라 바로 이 목적을 위해 제기된다고 말해도 과언이 아니다. 사회변혁을 꿈꾸는 시민운동가에게 국민발안보다 더 효과적인 시민운동 수단은 없다.

둘째 단계는 국민발안의 요건이 충족되었다는 연방사무처의 승인을 받은 후 시작된다. 스위스 연방사무처는 제기된 국민발안이 "형식과 주제의 일관성을 결하거나 국제법의 명령규정을 위배하는 경우"가 아닌 경우 국민발안의 무효를 선언하지 않는다. 심지어 '군대 폐지 국민발안'도 두 차례나 공식적 국민발안으로 인정되어 국민투표에 부쳐져 부결되었다. 그렇다고 연방의회가 국민발안에 대해 손을 놓고 방관하는 것은 아니다. 연방의회는 국민발안의 채택 또는 거부를 적극적으로 권고한다. 연방의회가 국민발안의 거부를 권고하는 경우 국민투표에서 국민발안이 거부될 공산이 크다. 그러나 국민발안의 부결이 곧 국민발안의 완전한 실패를 의미하지 않는다는 점에 주목해야 한다. 국민투표에서 부결된 국민발안은 종종 연방내각과 연방의회의 정책에 상당한 영향력을 행사한다. 연방내각과 연방의회는 비록 부결된 국민발안일지라도 종종 국민발안의 과정과 국민투표에서 확인된 국민의 의사에 민감하게 반응해 정책변화를 시도한다. 예컨대, '군대 폐지 국민발안'과 '원전 폐지 국민발안'은 거듭해서 부결되었지만 연방내각과 연방의회의 정책에 중대한 변화를 초래했다.

셋째 단계는 연방의회가 국민발안의 내용을 어느 정도 수용한 '대안'을 제시하는 경우에 시작된다. 국민발안위원회는 연방의회의 대안을 보고 투표운동비용과 예상되는 투표결과를 고려해 국민발안의 철회 여부를 결정한다. 실제로, 국민발안위원회가 자신들의 요구를 부분적으로 수용한 대안에 만족하고 국민발안을 철회하는 사례가 적지 않다. 철회되지 않은 국민발안이 대안과 함께 국민투표에 부쳐질 때 대안이 채택될 확률이 꽤 높다. 이 경우에도 국민발안을 지지한 투표자도 실망하거나 분노하지 않는다. 되레 이들은 자신들의 요구를 어느 정도 수용한 대안의 채택을 흔쾌히 받아들인다. 스위스 국민투표에서 "행복한 패자(happy losers)"의 비밀은 부분적으로 바로 여기에 숨겨져 있다.

2. 성공요인

스위스 국민주도 헌정혁신의 성공요인을 정리하면 다음과 같다. 첫째, 제도적 안정성과 명확한 절차는 스위스 국민주도 헌정혁신의 첫 번째 특징이다. [표 9-1]에서 보는 바와 같이 스위스 연방헌법은 헌정혁신의 핵심 수단인 국민발안을 명확히 규정하고 있으며, 연방의회를 통과한 모든 개헌안 역시 국민투표에 부쳐 투표자 다수와 캔톤 다수의 이중 다수 찬성을 얻어야 효력이 발생한다. 이처럼 이중다수제로 헌법개정에 국민과 지역의 합의를 도모한다. 10만 명의 서명을 모은 개헌안은 발안이 형식과 주제의 일관성을 결하거나 국제법의 명령규정을 위배하지 않는 한 모두 국민투표에 부쳐진다. 연방헌법과 그에 근거한 법률에 달리 규정되지 않는 한, 연방헌법은 법률제정 절차에 따라 개정된다(스위스 연방헌법 제192조 제2항). 이처럼 스위스의 확립된 개헌절차는 아이슬란드와 칠레처럼 집권 연합정당이나 다수당 또는 대통령이 주도해 마련한 개헌기구의 정파성과 구성 · 운영의 불안정성 문제를 일으키지 않는다. 무엇보다, 국민이 헌법개정의 발안부터 최종 승인까지 직접 참여를 보장하는 국민발안제는 개헌과정의 정당성을 보장하고 헌정혁신의 성공 가능성을 높인다.

둘째, 점진적 개혁과 잦은 국민표결은 스위스 국민주도 헌정혁신의 두 번째 성공요인이다. 스위스 국민은 매년 2~4차례 미리 정해진 날짜에 많아야 2~3건의 개헌안을 서명 수집부터 보통 2~3년 동안 숙론을 거친 후 표결한다. 스위스 국민은 1891년 국민발안이 도입된 이후 2025년 2월까지 무려 231건의 개헌안을 직접 발의하고 투표로 결정했다.[117] 스위스의 점진적 개헌은 한 번에 큰 변화를 시도하기보다 필요할 때마다 부분적 조정을 통해 헌법을 혁신함으로써 사회적 충격을 최소화했다. 특히 개헌 국민발안제는 승자독식의 갈등사회를 권력분점의 화합사회로 서서히 그러나 단호하게 변화시켰다. 이를테면, 1918년 스위스 국민은 개헌 국민발안제를 활용하여 연방하원의 원선거를 다수제에서 비례대표제로 바꿔 스위스연방 출범 이후 70년 동안 이어진 승자독식의 1당 지배를 끝장냈다. 1900년 첫 시도의 실패 후 18년 만에 이룩한 성취였다. 스위스에서도 정치인은 개헌 국민발안을 부담스러워한다. 2차대전 중 잠시 개헌 국민발안제 활용을 중지시킨 조치가 종전 후 4년이 지나도록 복원되지 않았다. 스위스 국민은 개헌 국민발안을 활용해 개헌 국민발안제 복원을 시도했다. 연방의회와 내

117 231건 중 단 3건만 빈번한 개헌으로 인한 헌법체계의 재정비를 위해 전면개헌을 시행했다.

각은 정치안정과 효율적 국정운영을 위해 이 발안의 거부를 권고했다. 그러나 1949년 국민투표에서 국민은 50.7%의 국민과 12.5개 캔톤의 찬성으로 가까스로 개헌 국민발안제를 되살려냈다.

셋째, 개헌 국민발안과 국민투표의 산물인 권력분점 헌정질서는 스위스 국민주도 헌정혁신의 세 번째 성공요인이다. 스위스의 정치문화는 전형적인 합의민주제로서 주요 정당이 모두 연방정부에 참여하는 대연정 형태의 행정부를 구성하고 지속적인 협상과 타협을 유도한다. 이른바 스위스 '협약체제(concordance system)'는 다수가 소수를 배제하지 않고 4대 정당이 정치적 책임을 공유한다. 권력분점은 헌법개정과 같은 중대한 사안을 추진할 때 광범위한 정치적 합의를 유도하는 토대다. 매년 몇 차례씩 주기적으로 시행되는 국민투표와 국민발안은 집권 세력에게 늘 국민적 심판의 위험성을 상기시켜 어느 정파를 막론하고 국민 다수가 수용할 수 있는 개헌안을 마련하도록 유도한다. 스위스에서는 국민투표에서 패배할 위험을 줄이기 위해 법안 입안 초기부터 다양한 이해관계자와 야당까지 포괄하는 광범위한 협의를 거치는 것이 관례다. 이런 합의적 정치문화는 개헌과정에서 정치적 반대를 최소화하고 국민의 신뢰를 확보함으로써 헌정혁신의 성공률을 높이는 핵심 요인이다.

넷째, 지속적 국민주도 헌정혁신은 스위스 국민에게 시민의식과 정부신뢰 및 헌정애국심을 고취한다. 스위스 국민의 높은 시민의식과 세계 최고의 정부신뢰는 민족성이나 문화가 형성한 것이 아니라 국민주도 헌정혁신을 통해 형성된 것이다. 2차대전 때 히틀러의 침공 의지를 좌절시킨 스위스 국민의 결사항전 의지는 언어와 종교 또는 이념으로 뭉친 단일민족의 결속이 아니라 국민주도 헌법개혁이 만들어낸 권력공유 민주공화정(power-sharing democratic republic)에 대한 애정, 즉 헌정애국심에서 비롯된 것이다. 스위스 국민의 집단지성이 오랜 세월에 걸쳐 만든 숙론민주정 헌정질서가 스위스의 정체성을 형성했다. 국민은 자신의 수준에 맞는 헌정질서를 갖지만, 동시에 헌정질서는 국민의 수준을 결정한다. 자신의 저서마다 "제네바 시민"임을 자랑스럽게 밝힌 장-자크 루소는 『사회계약론』(1762)에서 국민주도 헌정혁신의 중요성을 이렇게 강조했다.

> "나라의 번영을 위해 우리가 해야 할 가장 중요한 과업은 강건한 헌법을 만드는 것이다. 인간의 신체는 자연의 작품이지만, 국가의 헌법은 인공의 예술작품

이다. (…) 나라의 헌법이 좋으면 좋을수록, 시민은 사적 관심보다 공적인 일을 더 소중하게 여긴다."

Ⅵ. 아이슬란드, 칠레, 스위스 사례의 교훈

아이슬란드 · 칠레 · 스위스 사례가 향후 우리나라 국민주도 헌정혁신에 시사하는 교훈을 정리하면 다음과 같다.

1. 정치적 합의와 정당성 확보

헌정혁신에 대한 정치적 합의 수준을 높이는 것이 매우 중요하다. 세 나라 사례에서 가장 두드러진 차이는 정치권 내 합의와 협력의 정도다. 스위스는 헌법개정을 추진할 때 정부와 의회, 여 · 야가 사전에 충분히 협의하고 조정하여 광범위한 지지 기반을 마련한다. 이는 국민투표라는 최종 관문을 통과하기 위해 필수적인 전략인데, 실제로 스위스에선 국민투표 요건이 협치의 강력한 동기부여 수단으로 작용하여 주요 정치세력의 협력을 유도한다. 반면 아이슬란드와 칠레에서는 개헌 세력과 반대 세력 간 틈새가 끝내 좁혀지지 않아 실패로 귀결되었다. 아이슬란드는 보수 야당이 끝까지 참여를 거부했고, 칠레는 우파 또는 좌파 진영이 극렬히 대결하다 국민투표 부결로 귀결되었다. 국민주도 헌정혁신은 정치 엘리트의 참여와 합의 없이 성공하기 어렵다. 한국의 경우 주요 개헌 의제에 대한 여 · 야의 시각차가 매우 크다. 이런 상황에서 진보 또는 보수 진영의 일방적 국민주도 헌정혁신은 아이슬란드 · 칠레 사례처럼 실패할 위험성이 높다.

헌정혁신이 성공하려면 제도 설계와 절차의 정당성을 높여야 한다. 스위스는 연방헌법 규정에 따라 절차적 정당성이 담보된 공식 경로를 따라 개헌이 이루어진다. 국민발안, 의회심의, 지방정부와 이익집단 등 광범위한 의견 청취와 수렴, 최종적으로 국민표결의 주요단계가 모두 헌법에 규정된 절차로서 예외 없이 지켜진다. 반면 아이슬란드는 두 번 국회 승인이라는 높은 개헌절차를 우회하려다 오히려 그 제약에 발목이 잡혔다. 칠레는 특별법을 제정해 헌법회의 또는 헌법평의회 등 일회성 개헌기구를 구성해 국민주도 헌정혁신을 시도하다 진영 갈등의 벽을 넘지 못하고 좌초했다. 이처럼 예외적으로 마련된 임시적 헌정혁신 절차는 정치적 정당성 시비에 휘말리기 쉽고, 헌정혁신 과정에서 예측하지 못한 문제가 발생할 위험성이 크다. 아울러 새로운 헌정혁신 절차에 대한 국민적 이해와 학습이 부족한 상태에서 작성된 개헌안은 정치권은 물론 일반 국민의 공감대를 넓히고 광범한 지지를 확보하는 데 어려움이 많다. 세 나라의 사례가 우리에게 주는 교훈은 국민참여 헌정혁신 절차를 마련할 때 헌법과 법률을 통해 절차적 정당성을 최대한 보장하는 방안을 모색해야 한다는 것이다. 매우 어려운 헌정혁신의 관문이지만, 먼저 개헌 국민발안을 위한 개헌을 단행하는 한편, 개헌 국민발안제가 도입되기 전 기존의 개헌절차가 인정하는 국회와 대통령이 발의한 개헌안의 개헌절차를 준수하면서 헌법개혁을 이루기 위해 국민주도 개헌절차법을 제정할 필요가 있다.

2. 급진 개헌 vs. 점진 개헌

스위스의 지속적 점진모델은 아이슬란드와 칠레의 단발적 급진모델보다 헌정혁신의 성공 가능성을 높인다. 국가의 기본적 법규범인 헌법의 개정은 사회 전체의 분위기와 여론 동향에 큰 영향을 받는다. 스위스는 150년 이상 매년 몇 차례씩 한 번에 많아야 3건 이내의 개헌 의제에 대해 2~3년 동안 차분히 범사회적 국민투표토론을 통해 헌법개혁을 추진해왔다. 반면 아이슬란드와 칠레는 경제적 위기를 타개하기 위해 전면적인 국민주도 헌정혁신을 추진하다 광폭의 급진적 헌정질서 변화에 대한 정치권의 저항과 국민적 거부감으로 헌정혁신에 실패했다. 특히 칠레의 경우처럼 정치적 갈등과 양극화가 심한 경우 극단적 정치세력에 의한 허위정보와 음모론의 양산과 확산이 국민주도 헌정혁신을 파국으로 치닫게 만들 수 있다. 국민주도 헌정혁신이 성공하려면 정부와 시민단체 및 언론이 협력하여 개헌 쟁점에 대한 객관적 사실과 주장에 관한 정보를 충분히 제공하여 국민이 극단적 선동이나 오해 없이 자신의 의사를 형성할 수 있도록 긴 기간 동안 다양한 공론장을 제공해야 한다.

개헌 시기와 빈도 및 의제의 선택도 중요하다. 스위스가 오랜 시간 점진적으로 민주주의를 발전시켜온 반면, 아이슬란드와 칠레는 급진적 전면개헌을 추진하려다 광폭의 급격한 변화에 대한 보수 정치세력과 국민의 우려와 반발을 극복하지 못하여 국민주도 헌정혁신에 실패했다. 스위스처럼 한 번에 다룰 개헌 의제를 3건 이내로 줄이는 것이 바람직하다. 변화에 대한 우려와 반발을 설득하고 공감대를 확산하며 개헌 의제에 대한 숙론을 촉진하려면 개헌 의제의 수를 줄이고 개헌 기간을 충분히 늘리는 점진적 개헌 전략이 필요하다(Couso, 2024: 18-19).

3. 국민주도 헌정혁신과 직접민주제

아이슬란드와 칠레의 국민참여 헌정혁신 시도가 개헌으로 귀결되지 않았다는 점에서 흔히 실패사례로 거론되지만, 국민참여 헌법개혁 과정에서 이룬 세부적 성과를 검토할 때 향후 국민주도 헌정혁신에 활용할 귀중한 교훈을 얻을 수 있다.

유럽 법률가 단체인 베니스위원회(Venice Commission, 2013)는 아이슬란드의 헌법평의회가 내부 논의와 크라우드소싱을 거쳐 작성한 개헌안이 법률 형식적 통일성을 갖추지 못한 결함에도 불구하고 기존 헌법보다 여성, 장애인 등 소수자의 권리와 제3세대 인권의 확장 · 보호에 훨씬 적극적이고 구체적이며, 공중의 핵심 이익에 관련된 사안의 결정에 시민의 직접 참여를 확충한 점에서 특별한 장점이 있다고 평가했다.[118] 예일대의 엘렌 랜드모어(Landmore, 2020: 190-197) 교수는 "권리강도(rights-heaviness)와 민주성(democraticity)"이라는 기준으로 나누어 세부 조항을 비교하여 헌법평의회의 개헌안이 기존 헌법보다 우월할뿐더러 전문가의 개헌안보다도 더 낫다고 평가했다. 랜드모아는 개헌안이 기존 헌법과 전문가 개헌안에 포함되지 않은 헌법 및 법률 국민발안권, 국민투표 청구권, 대통령 소환권 등 개방적 직접민주제 도입과 정책의 투명성과 숙의성을 규정한 것은 직업정치인이 아닌 25명의 헌법평의회와 무엇보다 크라우드소싱을 통한 광범위한 국민참여 덕분이라고 진단했다. 아울러 아이슬란드 사례는 크라우드소싱을 통해 대규모 인구를 헌법개혁에 참여시킬 수 있음을 보여주었다.

칠레의 두 차례 국민주도 헌정혁신 실패도 헛수고가 아니었다. 물론, 반복된 개헌안 부결로 개헌 피로감과 정치권 불신이 커졌고, 헌정혁신에 대한 실망도 컸다. 그러나 칠레국민은 두 차례의 국민주도 헌정혁신 실패에서 원주민의 권리와 양성평등 및 사회권 확대 등의 진보적 의제에 대한 전국적 대규모 토론을 경험했다. 이런 의제에 관한 국

118 직접민주제를 소국에 적합한 제도라고 생각하는 사람들이 있다. 시민집회를 숭앙했던 장-자크 루소는 『사회계약론』(1762)에서 오직 "신과 같은 인민"만이 온전한 직접민주정치를 구현할 수 있다고 썼다. 그러나 만일 루소가 비대면 표결투표인 오프라인 및 온라인 시민투표(referendum)를 예견했다면 그의 정부형태 논의는 사뭇 달라졌을 것이다. 인구 4천만 명에 세계 5위 국가 수준의 GDP 규모를 가진 미국 캘리포니아주는 1911년부터 주민발안 등 직접민주제를 빈번히 활용해왔다.

민의 이해도가 높아졌고 어느 정도 공감대도 형성되었다. 이런 의제는 아직 헌법 조문에 규정되지 못했으나 향후 정책과 입법에 긍정적 영향을 미칠 것으로 기대된다. 도전하지 않으면 아무것도 얻을 수 없다.

아이슬란드와 칠레 사례가 우리에게 주는 교훈 중 하나는 직선 헌법평의회 또는 헌법회의가 국민주도 헌정혁신의 정당성을 담보하지 못한다는 것이다. 두 나라에서 모두 선출과정에서 불미스러운 사고가 발생했고 선출된 위원의 이념 편향성과 운영의 미숙 등으로 헌법혁신기구의 공신력을 훼손했다. 정당 간 갈등이 헌정혁신기구의 구성과 운영과정에 연장될 위험성도 확인되었다. 이런 이유로 최근 아이슬란드는 직선 헌정혁신기구 대신 무작위 추첨방식의 시민의회 구성을 통한 공론조사 활용을 모색하고 있다. 아일랜드의 시민의회를 통한 헌정혁신은 모범사례로 국제적으로 큰 관심을 끌었다. 2015~2018년 아일랜드는 시민의회 공론조사 방식으로 헌법개정에 성공했다. 2016년 무작위로 뽑힌 시민 99명과 독립의장이 5개월 동안 낙태법개혁(헌법 제8조 수정조항 폐지)을 포함한 다섯 가지 의제를 숙의한 결과를 2018년 국민투표로 확정지어 국제적 모범사례로 주목을 받았다.

Ⅶ. 개헌 국민발안제와 개헌절차법의 설계

현행 우리나라 헌법은 개헌안 발의권을 국회 재적의원 과반수 또는 대통령에게만 부여하고 있다(제128조). 국회나 대통령이 제안한 개헌안은 대통령이 20일 이상의 기간 공고하여야 하고(제129조), 대통령이 공고한 날로부터 60일 이내 국회 재적의원 3분의 2 이상의 찬성을 얻은 경우에만 국회가 의결한 후 30일 이내에 국민투표에 부쳐 유권자 과반수의 투표와 투표자 과반수의 찬성을 얻어 채택된다(제130조). 현행 헌법은 국민의 개헌안 발의권을 인정하지 않고, 국민의 다수가 원하더라도 국회 재적의원 3분의 2 이상이 찬성하지 않으면 국민투표조차 시행되지 않는다. 게다가, 국민은 국회나 대통령이 제안한 개헌안을 숙의·토론할 최소한의 기간도 허용되지 않는다. 심지어, 유권자의 과반수가 참여하지 않는 국민투표는 불성립되고 만다.

설상가상으로, 국민투표법은 2014년 헌법재판소가 재외선거인의 국민투표권을 제한한 제14조 제1항을 헌법불합치 결정을 내린 지 10년이 넘게 지났으나 개정되지 않았다. 더욱이, 국민투표법은 정당원이 아닌 국민의 찬반 토론을 포함한 일체의 투표 캠페인을 금지한다(제25조와 제28조). 현행 국민투표법은 국민투표를 국민의 권리로 인정하지 않는 사실상 국민투표통제법이다.

이런 법제 상황에서 국민주도 헌법개혁은 성공할 수 없다. 중장기적으로 헌법개정절차와 국민투표법의 전면적 개정이 필요하다. 필자는 헌법개정절차를 전면적으로 개정하기 전에 과도적으로 개헌 국민발안제 도입, 국민투표법 전면개정, 개헌절차법 제정을 제안한다.

1. 개헌 국민발안제 도입과 국민투표법 전면개정

국회의원선거권자 80만 명(유권자의 약 1.8%)은 개헌안을 발의할 수 있다. 개헌안 발의단체는 구체적 개헌 문안을 작성하여 개헌안을 발의할 수 있다. 개헌안에 대한 국민투표를 청구하는 서명을 수집하는 기간은 12개월 이상으로 하고, 인터넷 서명을 허용한다.

개헌안에 대한 찬성 또는 반대 국민투표운동 기간은 12개월 이상으로 한다. 국회는 개헌안 발의단체가 제시한 개헌안에 대해 찬성 또는 반대의 의견을 표명하거나 대안을 제시할 수 있다. 개헌안 발의단체는 국회의 대안을 수용할 경우 자신의 발의안을 철회할 수 있다. 무작위 추첨으로 구성된 시민의회는 9개월 동안 개헌안에 대해 학습하고 숙론한 결과를 의결하고 경과보고서와 요약본을 발표한다. 국민투표의 50% 유효투표율을 폐지한다. 개헌안은 국회의 의결 없이 이중 다수, 즉 투표자 과반수와 9개 시·도의 찬성으로 확정된다. 직접참정제의 정착을 지원하기 위해 대만과 이탈리아 사례를 참고하여 장관급 부처 또는 대통령위원회를 설치한다.

국민투표법을 국민투표 친화적 법률로 전면 개정한다.

2. 국민주도 개헌절차법 제정

개헌 국민발안제의 도입으로 국민이 발의한 개헌안의 개헌절차와 국회의원과 대통령이 발의한 개헌안의 개헌절차가 이원화되는 과도적 상황을 관리하는 국민주도 개헌절차법 제정이 필요하다. 개헌절차법에는 국민주도 개헌의 원칙과 절차에 관한 규정, 개헌

의제의 설정, 국민포럼, 전문가위원회, 17개 시 · 도 추천 지역위원회, 무작위 추첨으로 뽑힌 시민의회 및 국회 개헌특위의 구성과 역할 등에 관한 규정을 포함해야 한다.

성별, 나이, 지역 등을 고려해 추첨으로 선발된 시민위원 300명에 17개 시도가 각 5명씩 추천한 지역대표 85명을 더한 385명으로 공론화 시민의회를 구성한다. 시민의회는 국회의원과 대통령이 제안한 개헌안을 숙의 · 토론하기 위해 9개월 동안 매월 2회 이상 공론회의를 개최한다. 시민의회는 개헌 의제에 관한 객관적 정보를 제공받고, 전문가와 관계자의 의견을 청취하고 질의하며, 소집단 토론과 전체회의 토론을 진행한다. 동시에 시 · 도공청회, 크라우드소싱, 지방4단체, 지역위원회 등을 통한 국민과 지역의 의견을 쌍방 소통방식으로 수렴하여 최대한 합의의 정신을 살리되 의견이 분분한 경우 5분의 3 다수결로 사안별 및 최종 의결을 거친 헌법초안을 작성하여 국회 개헌특위에 제출하고 활동보고서와 요약본을 공포한다. 국회 개헌특위는 시민의회의 개헌시안에 기초하여 개헌안을 작성한다. 이어 국회 개헌특위의 개헌안을 국회 본회의 의결을 거쳐 현행 개헌절차에 따라 처리한다.

[에필로그]

좋음에서 위대함으로: 숙론민주정의 비밀

"길게 보면 국민은 정부가 만드는 대로 만들어지는 존재임이 분명하다. (…) 자유 없는 애국심, 비르투 없는 자유, 시민 없는 비르투는 없다. 시민을 창출하라. 그러면 그대가 얻고자 하는 모든 것을 얻을 것이다. 시민이 없는 나라에는 지배자 밑에 비천한 노예만 득실거릴 것이다."

- 장-자크 루소

"사회적 혁신은 과학기술 혁신만큼 중요하며 때로 그보다 더 중요하다. (…) 혁신을 제도화하려면 고도의 분권화가 필요하다."

- 피터 드러커

"좋음은 위대함의 적이다."

- 짐 콜린스

민주공화정의 세 가지 적

V-Dem연구소가 발행한 「2025년 민주정치보고서」는 지난 25년 동안 범세계적으로 제3물결 전제화가 진행되어왔으며, 그 기세는 좀처럼 꺾일 조짐이 보이지 않는다고 분석했다. 2024년 세계인구의 72%는 전제국가에 살고 있다. 평균 세계시민이 누리는 민주정치 수준은 1985년 수준으로 퇴행했고, 민주국가의 경제력은 1978년 이래 최저 수준으로 떨어졌다. 특별히 이 보고서는 한국이 2023년에 이어 2024년에도 전제화가 진행된 결과로 마침내 자유민주정 국가에서 선거민주정 국가로 추락했다고 발표했다.

우리나라 민주정의 저급한 품질은 V-Dem연구소의 분석 이전에도 지적되었다. 2021년 한국행정연구원의 국가포용성지수(SII) 연구는 우리나라의 정치적 포용성 수준을 36개 OECD 회원국 중 32위로 평가했다. 당시 정치적 포용성 수준이 한국보다 낮은 나라는 자유민주정 국가인 이스라엘(33위, 2023년 선거민주정 국가로 강등), 선거민주정 국가인 멕시코(35위), 선거전제정 국가인 헝가리(34위)와 튀르키예(36위)뿐이었다.

한국 민주정의 저급한 품질과 취약성은 2024년 12월 3일 친위쿠데타 내란의 밤에 적나라하게 드러났다. 천우신조(天佑神助)와 구사일생(九死一生)의 복원력으로 국가 쇠망의 헌정 위기를 가까스로 모면했다. 현행 빈약한 민주정의 품질을 획기적으로 높이지 않으면 언제라도 이런 헌정 위기가 다시 발생할 수 있다.

민주공화정은 무너지기 쉬운 정치체제다. 민주공화정은 내전이나 내부 선동으로 언제나 다른 정체로 바뀔 수 있다. 민주공화정을 지키려면 지속적 감시와 용기가 필요하다. 민주공화정에서 "국민은 힘과 절개로 무장하고 매일 노예의 평화보다 위험한 자유를 더 원한다"고 말해야 한다(Rousseau, 2010: 34).

민주공화정은 외부의 적에 의해서도 파괴될 수 있다. 기원전 4세기 아테네의 민주정은 민주정 자체의 결함 때문이 아니라 그리스를 통째로 집어삼킨 마케도니아의 군대에 의해 무너졌다. 만일 아테네가 델로스 동맹의 수장 국가로서, 이후 마케도니아와 로마가 점령지 주민에게 시민권을 주어 포용한 것처럼, 동맹국 주민에게 시민권을 주었더라면 그 단결력으로 국난을 극복하고 민주정을 지킬 수 있었을 것이다(Woodruff, 2012: 162-163).

오늘날에도 민주공화정은 외부의 적으로부터 위협을 받고 있다. 러시아의 블라디미르 푸틴은 우크라이나의 유로마이단 민주화운동(2013-2014)을 자신의 장기 집권에 대한 위협으로 판단하고 2014년 크림반도를 점령한 데 이어 2022년 우크라이나 민주세력을 괴멸시키려고 전면전을 일으켰다. 2021년 중국과 국경을 접한 미얀마의 민주정은 군부 쿠데타로 또다시 무너졌다. 지금도 미얀마 민주세력은 잔인무도한 군사정권과 이를 두둔하는 중국을 상대로 무력으로는 도저히 이길 수 없는 처절한 저항을 계속하고 있다. 최근 중국은 12.3 비상계엄으로 야기된 혼란을 틈타 서해의 배타적 경제수역에 헬기장을 갖춘 해상 부유물을 설치해 대한민국의 대응능력을 시험하고 있다.

민주공화정은 내외의 가시적 적뿐만 아니라 방심이라는 부작위(不作爲)에 의해서도 허물어질 수 있다. 마치 공기 중에 방치된 쇠가 녹이 슬어 부식되듯이, 방치된 헌정체제는 전제화의 부식을 피할 수 없다. 이른바 헌정부식 현상은 일찍이 로마공화정 민회에서 나타났다. 국토 확장으로 방대한 지역에 흩어져 사는 시민은 수도 로마의 민회에 모이는 것이 점점 더 힘들어졌다. 민회가 쇠퇴하면서 로마공화정도 쇠락의 길에 들어섰다.

1831년 9개월 동안 신생 미국을 답사한 프랑스의 알렉시스 드 토크빌은 무작위로 인한 헌정부식의 위험성을 간파했다. 토크빌은 『미국의 민주정』(1840)에서 각별한 대책을 세우지 않으면 민주정은 "자연적" 집권화로 인해 다양성과 자유를 상실하고 획일주의로 치달아 "허약한 국민(feeble men)과 소심한 국가(small-minded nations)"로 귀결될 것으로 예견했다(Tocqueville, 2003: 783-822).

> "우리 앞에 다가올 민주정치 시대에 방심하면 정부는 자연스럽게 점점 더 집권화될 것으로 생각한다. 개인의 독립과 지방의 자유는 언제나 지극한 정성과 노력을 기울여 만들어지는 인공물이다."

토크빌의 예견은 적중했다. 20세기 미국과 독일에서 심각한 집권화가 진행되었다. 중앙집권이 좀처럼 쉽지 않을 것 같은 연방국가인 미국과 독일도 "자연적" 집권화의 압력을 피하기 어려웠다. 미국에서 총 공공지출 중 연방정부의 세출은 1929년 30%에서 2020년 58%로 거의 두 배나 뛰어올랐다. 독일에서 총 세금수입 중 연방정부의 세금수입은 1950년 61%에서 1995년 93%로 32%p나 증가했다.[119]

반면 스위스는 "자연적" 집권화의 압력을 피할 수 있었다. 스위스의 연방정부 세금수입 비중은 1950년과 1995년 사이에 오히려 16%나 하락했다. 그 비결은 연방 수준에서 활용되는 직접민주제에 있었다. 직접민주제가 중앙집권을 차단한 것이다(안성호, 2018: 200). 독일이 2차대전 이후 스위스보다 훨씬 더 중앙집권화된 까닭은 연방 수준

119 독일은 통일과 EU 출범을 계기로 2006년부터 2014년까지 과도한 중앙집권을 완화하는 연방주의개혁을 단행했다. 독일 기본법은 연방과 지방의 경합적 입법사항에 대해 과감한 수정을 가하여 지방의 입법권을 확대하는 한편, 연방의 전속적 입법사항에 대한 지방의 견제를 강화했다. 또 기본법 제8a장의 신설과 확대개편을 통해 연방과 지방간의 공동사무와 행정협력 분야에서 사실상 연방과 지방이 대등한 관계에서 협정을 통해 법률을 대체할 수 있는 구속적 결정을 할 수 있게 하였고, 나아가 민간단체와의 파트너십 구축과 이에 대한 지원을 명문화했다. 그러나 미국은 헌법개정이 지극히 어려운 경성헌법 국가로서 그동안 과도한 중앙집권화에 대한 헌법적 대응을 전혀 시도하지 않았다.

에서 직접민주제를 활용하지 않았기 때문이다.

포용이 혁신이다

사회적 혁신은 때로 과학기술 혁신보다 중요하며, 혁신을 제도화하려면 고도의 분권화가 필요하다(Drucker, 1998: 149-157). 국가포용성지수(SII) 연구는 정치적 포용성 수준이 높을수록 정책 혁신성도 높아지는 경향이 있음을 확인했다. 흔히 포용이 나태와 방종을 부추겨 혁신을 방해한다고 생각하는 사람들이 적지 않다. 그러나 통념과 달리 경험적 연구는 적절히 설계된 포용이 혁신을 촉진하는 힘이 있음을 밝혀왔다. 시민의 포용, 지방의 포용, 소수의 포용은 국가거버넌스 실패를 극복하는 헌정혁신의 열쇠다.

일찍이 고대 그리스의 아테네와 시라쿠사 등 민주적 도시국가는 평민을 포용하는 헌정혁신으로 헬라스 문명을 꽃피웠다. 저명한 고전학자 폴 우드러프는 아테네와 시라쿠사에서 평민의 직접참정이 확대된 두 가지 이유를 지적했다(Woodruff, 2012: 60-62). 첫째, 아테네와 시라쿠사의 엘리트들은 평민의 직접참정 확대가 도시국가의 단합과 번영에 도움이 된다는 것을 터득했다. 아울러 이들은 직접참정 확대가 평민의 지지를 얻는 데도 유리하다는 것을 깨달았다.

둘째, 아테네와 시라쿠사의 엘리트들은 직접참정의 확대가 자주국방에 도움이 된다는 사실을 알게 되었다. 경제적으로나 문화적으로 번영을 구가한 그리스의 민주적 도시국가를 지키기 위해서는 강력한 군대가 필요했다. 이들은 강력한 군대를 만드는 비결이 직접참정 확대에 있음을 깨달았다. 직접참정을 통해 스스로 다스리는 주체로 격상된 아테네와 시라쿠사의 평민은 지배자를 위해 싸우는 동원된 병사가 아니라 바로 자신과 가족을 위해 싸우는 사기충천한 시민군이었다.

그리스의 시인 에우리피데스는 당시 "자유로운 도시국가 아테네"의 활기찬 분위기를 감격스런 어조로 칭송했다. 비슷한 시기 장군이자 정치가였던 페리클레스는 전몰자 추모연설에서 "선조가 용맹으로 지켜낸 자유의 땅" 아테네를 다음과 같이 묘사했다(투키디데스의 『펠로폰네소스 전쟁사』 제2권 37장).

> "우리의 정치체제는 이웃 나라를 모방하지 않습니다. 우리는 모방자가 아니라 다른 나라의 본보기입니다. 우리 체제는 소수가 아닌 다수에게 유리합니다.

우리 체제를 민주정이라고 부르는 까닭입니다. 우리의 법률은 개인적 차이에도 불구하고 공정하게 집행됩니다. 사회적 지위가 낮더라도 공직 임용은 능력에 대한 평판에 따라 이루어집니다. 사회계급은 공직 임용의 자격 결정에 전혀 고려되지 않습니다. 가난도 그의 길을 막을 수 없습니다. 국가를 위해 봉사할 수 있는 인물이라면 조건을 갖추지 못한 것 때문에 정치에서 배제되는 일은 없습니다. 우리가 통치에서 누리는 자유는 우리의 일상적 삶으로 확장됩니다. 일상적 삶에서 우리는 서로를 질투하며 감시하지 않습니다. 이웃이 스스로 좋아서 하는 일을 불평하지 않고 나쁜 눈빛으로 서로에게 상처를 주지도 않습니다. 이런 사적 관계의 친밀함 때문에 무질서가 생기지도 않습니다. 무질서에 대한 두려움을 없애는 최선의 대책은 공직자를 따르고 법률을 준수하는 것입니다. 그리고 무엇보다 약자를 보호하며 법률에 쓰여 있지 않더라도 공동체의 규범을 어길 때 불명예가 따른다는 것을 가르치는 것입니다. (…)

우리는 공적 임무를 수행하지 않는 시민을 야심이 없는 사람이 아니라 쓸모없는 사람으로 간주합니다. 우리 아테네인은 토론을 실천의 장애물이 아니라 지혜로운 행동을 하기 위한 준비단계로 생각합니다. 흔히 무지와 경박함으로 결정을 망치지만, 우리 아테네인은 모든 결정에서 고도의 신중함과 단호함을 발휘하는 놀라운 능력을 지니고 있습니다."

기원전 4~5세기 아테네 민주정은 여성, 노예, 외국인 거주자의 참여를 배제한 약점에도 불구하고 시민을 포용하는 직접참정 헌정혁신을 통해 약 180년 동안 번영을 구가했다. 아테네 민주정은 인류에게 시민을 포용하는 헌정체제의 우수성을 증명하였다.

민주정의 적들은 끈질기게 창검이나 말로 민주정을 말살시키려 시도했지만, 그리스 민주정의 불씨는 꺼지지 않았다. 그 불씨는 로마공화정으로 이어졌고, 때로 인간적 규모의 민회 형태로 인류의 진보를 견인했다. 그 불씨는 거대한 영토를 포괄하는 국민국가의 대규모 인구에 부응해 대의민주제를 발전시켰다. 이어 대의민주제의 한계를 교정 · 보완하는 시민발안제와 시민투표제 등으로 진화하며 직접참정의 잠재력을 증명했다.

고대 그리스의 민주정과 로마공화정의 평민에게 목숨을 바쳐 조국을 지킨 참전의 보상으로 직접참정권이 주어졌다. 마찬가지로 헌정위기 때마다 민주공화정을 지켜온 국민에게 헌법 제1조가 규정한 국민주권의 증표로서 직접참정권을 주는 것이 온당하다. 절대다수 국민은 직접참정을 바란다. 우리나라 국민의 86%는 중대한 국정 사안을 직접 결정하길 원하고 있다(2023년 OECD 조사자료).

2025년 대선과정에서 이재명 후보는 차기 정부가 국민주권정부로 거듭날 것이며, 민회와 같은 민주주의를 실현하고 국민발안제 도입을 포함한 개헌을 추진하겠다고 약속했다. 부디 국민주권정부가 1% 직접참정 실현으로 자유와 번영으로 가는 숙론민주정 헌정혁신의 문이 열리길 소망한다. 국민주권정부는 이 헌정혁신만으로도 현재와 미래의 대한민국 국민에게 가장 소중한 유산을 남긴 정부로 길이 기억될 것이다.

피라미드체제의 병폐

"공무원은 국민 전체에 대한 봉사자이며 국민에 대하여 책임을 진다." 우리나라 헌법 제7조 제1항의 규정이다. 그러나 이 헌법규정이 무색하게도 2024년 12.3 비상계엄이 선포되기 직전 대통령의 지지도는 11%에 불과했다. 2024년 우리나라의 국회와 법원 · 사법체계에 대한 국민의 신뢰도는 21%와 33%로, OECD 평균보다 각각 무려 16%p와 20%p나 낮다(2024년 OECD 조사자료).

헌정체제의 실패는 국가실패를 초래한다. 신학자이자 정치사상가인 라인홀드 니버는 『도덕적 개인, 비도덕적 사회』(1932)라는 의미심장한 책을 저술했다. 도덕적인 개인이 모여 이룬 대규모 집단은 왜 비도덕적으로 변하는가? 『서번트 리더십』(2002)의 저자 로버트 그린리프는 그 이유를 집단의 구조를 바꾸지 않고 오직 도덕적 개인을 만들려는 편향된 사회개혁 관념 때문이라고 지적했다. 그린리프는 우리가 도덕적인 사회에 살고 싶다면, 도덕적 인간이 되어 제도개혁에 더 많은 관심과 노력을 기울여야 한다고 역설했다. 그는 오랜 실무경험과 깊은 사색을 통해 과도한 집권화를 제도화한 피라미드체제에 문제의 근원이 있다고 보았다. 피라미드체제는 그 정점에 앉은 사람을 오만방자한 이기주의자로 만드는 경향이 있다. 따라서 이 피라미드체제를 섬기는 리더십을 북돋우는 동료체제로 전환하는 거버넌스체제의 일대 혁신이 필요하다고 역설했다(Greenleaf, 2002: chap. 2).

기원전 11세기 이스라엘 민족의 지도자 사무엘은 다른 나라처럼 전쟁을 이끌 왕을 세워 달라는 장로들에게 왕을 세우면 백성의 재산을 빼앗아 결국 백성을 노예로 삼을 것이라고 경고했다(「사무엘상」 8:11-17).

> "왕이 너희를 다스리는 방식은 이러하리라. 왕은 너희 아들에게 병거와 말을 맡겨 병거 앞에서 달리게 하고, 일부 아들을 군대의 천부장과 오십부장으로 삼으며, 다른 아들을 자기 밭을 갈고 곡식을 추수하며 병기와 그 제구를 만드는 노역에 종사시킬 것이다. 왕은 너희 딸을 왕실의 향료를 만들고 요리하며 떡 굽는 자들로 만들 것이며, 너희 밭과 포도원과 감람원의 제일 좋은 것과 너희 곡식과 포도원 소산의 십일조를 취해 신하와 관료에게 나눠줄 것이다. 왕은 또 너희 노비와 가장 아름다운 소년과 나귀를 징발하고 너희 양 떼의 10분의 1을 걷어가리니, 너희가 그의 노예가 될 것이다."

피라미드체제는 지배자의 정의감과 이성을 마비시킨다. 자신의 저서마다 제네바 공화국임을 자랑스럽게 밝혔던 루소는 일인 지배의 군주제 병폐를 신랄하게 지적했다(Rousseau, 2010: 38).

> "인간이 타인을 지배하도록 운명 지워졌을 때, 그로 인해 정의감과 이성은 사라진다. 젊은 군주에게 통치술을 가르치기 매우 어렵다고 말하지만, 사실 군주 교육 자체가 별 도움이 안 된다. 그에게 통치술이 아니라 복종하는 방법부터 가르치는 것이 더 나을 것이다. 역사적으로 칭송받는 군주는 군림하도록 양육되지 않았다. 통치술은 아무리 배워도 몸에 익혀지지 않는다. 통치술은 명령하는 기술이 아니라 오히려 복종하는 방법을 배움으로써 더 잘 학습되는 학문이다."

피라미드체제는 시민의 자유정신과 자율성도 파괴한다. 토크빌은 민주정에서 과도한 집권화가 국민주권의 허울을 쓰고 국민을 미성숙한 어린아이처럼 취급하여 결국 "겁 많고 부지런한 짐승의 무리"로 전락시킨다고 경고했다(Tocqueville, 2003: 803-809).

> "권력의 과도한 집중은 시민을 계속 유아 상태에 묶어두어 쾌락만 추구하도록 만든다. (…) 정부는 매일 자유로운 인간 행위가 별 쓸모가 없도록 만들어 자

유로운 행위의 가치와 빈도를 줄인다. 그리하여 시민의 자유의지를 아주 좁은 범위로 한정시키고 점차 자치권을 빼앗는다. (…) 정부는 자유의지를 말살하지는 않더라도 위축시키고 왜곡시키며 통제한다. (…) 마침내 국민은 목자 정부(the government as shepherd)에 복종하는 겁 많고 부지런한 짐승의 무리로 전락한다."

서번트 리더십을 북돋우는 숙론민주정

동료체제와 같이 권력공유를 특징으로 하는 숙론민주정은 과연 그린리프의 기대처럼 겸손과 비르투를 갖춘 서번트 리더십을 북돋우는가? 2018년 한국행정연구원은 스위스 로잔대 연구진과 함께 이 연구문제를 풀기 위한 경험적 연구에 착수했다. 우리나라와 스위스의 공직자를 대상으로 조사하여 분석한 결과, 권력공유체제(power sharing system)로서 숙론민주정은 서번트 리더십을 고무하는 경향이 있는 것으로 밝혀졌다(이광훈, 2012: 35-59).

모범적 숙론민주정 국가인 스위스와 스칸디나비아의 선출직 공직은 막강한 권력을 누리고 대단한 금전적 보상을 탐하는 사람에게 구미가 돋는 일자리가 아니다. 이들 국가에서 선출직 공직은 다소의 희생정신 없이 감당하기 어렵다. 그렇다면 권력과 보수 유인이 적은 스위스와 스칸디나비아에서 정치인은 무엇으로 보상을 받는가? 그들은 권력과 돈보다 대의(大義)에 헌신한 자긍심과 구성원의 인정과 존경으로 보상받는다(안성호, 2021: 서문과 제1장). 정치인에 대한 구성원의 인정과 존경은 국민의 높은 정부신뢰도를 통해 간접적으로 확인할 수 있다. 2019~2022년 스위스국민의 정부신뢰도는 84%로 OECD 회원국 평균의 거의 두 배에 달했다. 스칸디나비아의 정부신뢰도는 67%로 OECD국가 평균 45%보다 22%p나 높았다. 한국은 OECD 평균보다 낮은 43%를 기록했다(2024년 OECD 조사자료).

일찍이 플라톤은 『국가』(BC 380년경)에서 통치가 쟁취의 대상이 될 때, 이 싸움은 동족 간의 내란으로 치달아 당사자는 물론 다른 사람도 파멸시킨다고 경고했다. 그리고 "통치하기를 가장 덜 열망하는 사람들이 다스리는 나라가 반목하지 않고 가장 잘 운영될 것"으로 예상했다.[120] 플라톤의 통찰은 오늘날 경험적 연구를 통해 입증되었다(안성

120 플라톤은 『국가』에서 통치자와 수호자 계층에게 재산과 가족의 사적 소유를 금지하는 공동생활을 요구

호, 2021: 서문과 제1장).

매너와 미드의 사회실험 연구는 권력공유체제와 서번트 리더십의 친화력을 입증했다(Maner & Mead, 2010: 482-497). 이 연구결과를 빈약한 민주정과 숙론민주정의 개념틀에 적용해 재해석하면 다음과 같다. 첫째, 지배욕이 남다른 권력 마니아는 권력공유를 특징으로 하는 숙론민주정보다 권력 격차가 큰 빈약한 민주정을 더 선호하는 경향이 있다.[121] 권력에 중독되어 권력 남용을 일삼는 권력 마니아는 권력과 물질적 보상이 적은 숙론민주정의 공직에 큰 매력을 느끼지 않는다.

둘째, 권력과 지위의 불안정성은 이기적 행동을 부추긴다. 선거 때마다 거의 절반씩 물갈이되는 우리나라 국회의원직의 불안정성은 이전투구의 권력투쟁을 조장한다. 반면에 재임 중 중대한 실책을 범했거나 스스로 물러나지 않는 한 거의 재신임되는 숙론민주정 공직자는 큰 불안감을 느끼지 않고 일한다. 이런 심리적 안정은 생존본능에서 분출하는 이기적 행동을 자제하게 만들고 공익과 대의를 위해 일할 가능성을 높인다.

공직자의 겸손과 비르투 결여는 인간 본성 때문이 아니고 빈약한 민주정에서 살아온 결과다. 노예근성은 폭력적 헌정체제가 심어놓은 굴종의 습성이다. 반면 숙론민주정 헌정질서는 겸손과 비르투로 무장한 민주공화국 시민을 만든다.

겸손과 비르투로 일구는 위대한 성취

스위스 프라이부르크 대학의 아이헨베르거와 슈타델만은 스위스와 스칸디나비아 국가의 탁월한 정책성과를 정치인의 오만과 착취적 행동을 차단하는 포용적 헌정질서의 산물로 분석했다. 이들은 스위스와 스칸디나비아의 번영이 정치계급의 권력독점과 지대추구 행동을 예방하고 정책경쟁을 유도하는 연방주의적 분권화, 직접민주제, 중선거구 다수제 집행부와 같은 포용적 헌정체제에서 기인한다고 진단했다(Eichenberger & Stadelman, 2021: 54-69).

스탠포드대 짐 콜린스는 포브스 500대 기업 1,435개를 5년간 심층 조사했다. 조사

했다. 말년의 저술인『법률』에서는 이를 크게 완화해 통치자와 수호자 계층은 그가 기획한 가상적 도시국가인 마그네시아에서 배정받은 토지의 4배 이상 축적하지 못하도록 제한했다. 플라톤은 국가의 정의를 실현하기 위해 엄격하게 권력의 사유화를 예방하는 제도와 더불어 공익을 실현하기 위해 솔선수범하는 공직 리더들이 필요하다고 생각했다.

121 다만 빈약한 민주정과 심지어 권위주의 지배에서도 간혹 서번트 리더십을 발휘한 사례들이 있다(Lee, 2020: 1-44).

결과, 15년 이상 평균보다 3배 이상 수익을 올린 11개 기업의 경영자는 겸손과 강인한 실천력, 즉 비르투를 겸비한 '제5수준 리더십'을 발휘한다는 사실이 밝혀졌다(Collins, 2001). 콜린스는 "좋음에서 위대함으로의 전환"은 정상의 자리에 '겸손과 단호한 결의(humility and fierce resolve)'의 역설적 조합을 실천하는 제5수준 리더들이 없는 조직에서는 발생하지 않는다고 단언했다. 위기든 안정된 상황이든 차이가 없다. 이는 윤리적 설득이 아니라 경험적 데이터가 증명하는 사실이라고 콜린스는 역설했다.

이후 콜린스는 사례분석을 통해 한때 탁월한 성과를 낸 위대한 기업일지라도 정상에 앉은 리더가 자만하면 몰락의 길에 들어선다고 경고했다(Collins, 2009). 콜린스의 연구팀은 웬만큼 잘 운영되는 좋은 기업을 탁월한 성과를 올리는 위대한 기업으로 변화시키는 힘은 영웅적 경영자의 카리스마가 아니라 "소박하고 온화하며 과묵하고 자기를 숨기며 심지어 수줍음 타는" 겸손한 경영자의 대의(大義)와 조직에 대한 투철한 헌신[122]임을 발견했다. 이들은 그것이 학계에서 이미 연구되어온 서번트 리더십의 특징임을 알았지만, 좋은 기업을 만드는 제1수준~제4수준을 뛰어넘는 경영진의 역량이라는 의미를 담아 '제5수준 리더십'으로 달리 호칭했다.[123]

그동안 경험적 연구는 겸손과 비르투를 겸비한 제5수준의 리더십, 즉 서번트 리더십이 변혁적 리더십, 진정성 리더십, 윤리적 리더십 등 다른 리더십 유형을 능가하는 탁월한 성과를 올리는 경향이 있음을 누누이 밝혀왔다(안성호, 2021: 20-22).

숙론민주정이 북돋우는 서번트 리더십의 겸손과 비르투야말로 위대한 성취를 일구는 아르키메데스의 지렛대다. 21세기 복합위기의 시대 우리는 과잉 민주정이 아니라 시민 · 지방 · 소수를 배제하는 빈약한 민주정 때문에 고통받고 있다. 빈약한 민주정에서 시민 · 지방 · 소수를 포용하는 숙론민주정으로 거듭날 때, 우리는 위대한 성취를 이룰 수 있다. 번영의 자유헌정질서(constitutio libertatis)로 가는 길이 있다. 그 길은 바로 숙론민주정을 통해 나 있다.

122 제5수준의 리더는 야심적이지만, 그 야심의 초점은 리더 자신이 아니라 대의와 조직에 있다. 에이브러햄 링컨은 노예제를 폐지하고 통합된 미국을 실현하기 위해 자신의 생명을 바친 섬기는 리더였다.

123 후속 연구는 제5수준 리더십과 서번트 리더십이 같은 개념임을 재확인했다(Leid Ⅲ et al., 2014: 17-32).

참고문헌

QR코드를 스캔하시면 이책의 참고문헌으로 연결됩니다.

색인

약력

서울대 행정학박사, 미네소타대 풀브라이트 방문학자, 런던정경대(LSE) 연구학자, 대전대 교수와 부총장, 서울행정학회장, 한국지방자치학회장, 개헌국민연대 공동대표, 제주·세종 자치분권균형발전특별위원장, 한국행정연구원장 역임.

현재) 대전대 석좌교수, 국민주도상생개헌행동 상임공동대표, 정책공간 포용과혁신 이사 겸 국가거버넌스 분과위원장.

저서

『왜 서번트 리더십인가』(2인 편저, 2021), 『왜 분권국가인가』(2016, 개정판 2018), 『양원제 개헌론』(2013), 『현대 리더십의 이해』(2인 공저 2010), *East Asian Cooperation in the Glocal Era* (eds., 2006), 『분권과 참여: 스위스의 교훈』(2005), 『지방거버넌스와 지방정책』(2인 공저, 2004), 『스위스 연방민주주의 연구』(2001), 『한국지방자치론』(1995), 『리더십철학』(역서, 1989) 등.

국가는 어떻게 번영하는가
숙론민주정 헌정혁신

초판발행 2025년 7월 15일

지은이 안성호
펴낸이 안종만·안상준

편 집 문선미
기획/마케팅 김한유
표지디자인 BEN STORY
제 작 고철민·김원표

펴낸곳 (주) 박영사
서울특별시 금천구 가산디지털2로 53, 210호(가산동, 한라시그마밸리)
등록 1959. 3. 11. 제300-1959-1호(倫)
전 화 02)733-6771
f a x 02)736-4818
e-mail pys@pybook.co.kr
homepage www.pybook.co.kr
ISBN 979-11-303-2367-1 93350

정 가 23,000원